PENGUIN
COMPANHIA DAS LETRAS

Imagens da África

ALBERTO DA COSTA E SILVA nasceu em São Paulo, em 12 de maio de 1931. Passou a infância em Fortaleza e a mocidade no Rio de Janeiro.

Diplomata, formado pelo Instituto Rio Branco em 1957, serviu em Lisboa, Caracas, Washington, Madri e Roma, antes de ser embaixador na Nigéria, República do Benim, Portugal, Colômbia e Paraguai. Foi chefe do Departamento Cultural, subsecretário-geral e inspetor-geral do Ministério das Relações Exteriores.

Pertence, desde 2000, à Academia Brasileira de Letras, da qual foi secretário-geral (2001) e presidente (2002-3), e é sócio titular do Instituto Histórico e Geográfico Brasileiro.

Publicou seu primeiro livro, *O parque e outros poemas*, em 1953. Lançou, ainda, *Poemas reunidos* (2002), que traz seus oito livros de poesia, e dois volumes de memórias, *Espelho do príncipe* (1994) e *Invenção do desenho* (2007). Em sua obra de ensaísta, destacam-se *O pardal na janela* (2002), *Das mãos do oleiro* (2005) e *O quadrado amarelo* (2009). Como historiador da África e das relações entre o Brasil e esse continente, escreveu *A enxada e a lança: A África antes dos portugueses* (1992), *A manilha e o libambo: A África e a escravidão, de 1500 a 1700* (2002), *Um rio chamado Atlântico: A África no Brasil e o Brasil na África* (2003) e *Francisco Féliz de Souza, mercador de escravos* (2004). É autor também de *Castro Alves, um poeta sempre jovem* (coleção Perfis Brasileiros, Companhia das Letras, 2006). Organizou para a Penguin-Companhia das Letras o volume *Essencial Jorge Amado* (2010). Dirigiu a parte brasileira da *Enciclopédia Internacional Focus* (Lisboa, 1963-8) e organizou o primeiro volume, *Crise colonial e independência* (2011), da série *História do Brasil Nação: 1808-2010*, dirigida por Lilia Moritz Schwarcz.

Imagens da África

Da Antiguidade ao século XIX

Organização e notas de
ALBERTO DA COSTA E SILVA

PENGUIN
COMPANHIA DAS LETRAS

Grafia atualizada segundo o Acordo Ortográfico da Língua Portuguesa de 1990, que entrou em vigor no Brasil em 2009.

Published by Companhia das Letras in association with Penguin Group (USA) Inc.

PROJETO GRÁFICO PENGUIN-COMPANHIA
Raul Loureiro, Claudia Warrak

PREPARAÇÃO
Mariana Delfini

REVISÃO
Huendel Viana
Jane Pessoa
Márcia Moura

Dados Internacionais de Catalogação na Publicação (CIP)
(Câmara Brasileira do Livro, SP, Brasil)

Imagens da África: (da Antiguidade ao Século XIX)/ organização e notas de Alberto da Costa e Silva — 1ª ed. — São Paulo: Penguin, 2012.

Vários autores.
Bibliografia.
ISBN 978-85-63560-57-5

1. África – Civilização. 2. África – Colonização 3. África – História. I. Título. II. Silva, Alberto da Costa

12-11872 CDD-960

Índice para catálogo sistemático:
1. África: História 960

[2012]

EDITORA SCHWARCZ S.A.
Rua Bandeira Paulista, 702, cj. 32
04532-002 — São Paulo — SP
Telefone: (11) 3707-3500 Fax: (11) 3707-3501
www.penguincompanhia.com.br
www.companhiadasletras.com.br
www.blogdacompanhia.com.br

Sumário

Introdução

Aos gregos, etruscos, cartagineses e romanos não eram estranhos os negros. Vindos ou trazidos Nilo abaixo e mais raramente de oásis em oásis, pelos caminhos para nós invisíveis do Saara, eles figuram como soldados mercenários, acrobatas, lutadores, homens livres ou escravos nos textos dos poetas e dos filósofos, nas esculturas, nas pinturas, nos mosaicos e na cerâmica. É possível que, na Roma imperial, embora fossem poucos, não chamassem a atenção na rua, e que o cidadão comum não ignorasse que pertenciam ao outro lado do deserto. Nada ou quase nada se sabia, porém, sobre seus rincões de origem, ainda que houvesse quem acreditasse que, depois de uma faixa de terra onde moravam os negros, o calor escaldante do sol impedia a vida ou só permitia o crescimento de monstros.

Essa crença de que a África ao sul do Saara tinha a feição de um pesadelo não se apagará, de todo, por muito tempo. Nas obras de autores árabes e europeus e até praticamente as últimas décadas do século XIX, o fantástico teima em se afirmar como verdade, e um sacerdote atento ao que via, como frei João dos Santos, não duvidou da história de um homem que amamentava; e um meticuloso historiador de Angola, Antônio de Oliveira de Cadornega, nos passa, sem hesitar, a informação de homens que se transformavam em leões; e os exploradores Hermenegildo Capelo e Roberto Ivens nos asseguram ter visto em Angola mulheres sem o bico dos seios. Poderia multiplicar os exemplos, mas dou apenas mais um, que se destaca por persistente: o da existência de tribos de homens com rabo ou com rabo e cabeça de cachorro. No início do Quinhentos, Duarte Pacheco Pereira não tinha dúvida sobre eles e, três séculos e meio depois, o naturalista e cônsul da França Francis de Castelnau andou a persegui-los, mais crédulo do que incrédulo, em entrevistas com escravos na Bahia, tendo resumido essas conversas num pequeno livro, *Renseignements sur l'Afrique Centrale et sur une nation d'hommes a queue qui s'y trouverait, d'après le rapport des nègres du Soudan, esclaves à Bahia* [Informações sobre a África Central e sobre uma nação de homens com rabo que nela se encontraria, conforme o relato de negros do Sudão, escravos na Bahia]. A notícia que nos dá Pacheco Pereira insere-se num relato sobre o comércio de ouro entre os mandingas e deixa o leitor com a suspeita de que aqueles homens com face, dentes e rabo de cão — e, portanto, ferozes — fossem uma invencionice dos que tradicionalmente mercadejavam com a gente do garimpo, para afastar competidores.

O gosto pelo fantástico fez também com que se pusesse de lado, como explicação plausível, o que relatou poucos anos depois um certo Duarte Barbosa sobre os xonas carangas, que em Moçambique se cobriam com capas feitas de peles de animais silvestres, nelas conservando os rabos, para que arrastassem pelo chão. Já na metade do século XIX, Richard Burton indicou-nos que, à distância, os zinzas, do noroeste da Tanzânia, por pendurarem na parte de trás da cintura os seus espanta-moscas, pareciam, do mesmo modo que os hotentotes (que se cobriam, como os xonas carangas, com peles de animais), uma raça de homens com rabo. Mas ainda havia quem teimasse em acreditar neles, tanto assim que foi com decepção que os que assistiam, em Liverpool, a uma conferência de um experimentado comerciante britânico com muitos anos de África, James Pinnock, ouviram dele que havia topado, em terras do interior adjacentes ao rio Benim, com homens com cauda, mas que esta era um rabo de boi amarrado à cintura.

Havia na Grécia e na Roma antigas quem tivesse uma visão positiva dos homens da zona tórrida, como Deodoro da Sicília, que viveu no século I a.C., e que, ao afirmar que o homem surgiu na África subsaariana, se antecipou aos arqueólogos de nosso tempo. Foi porém com os árabes e arabizados que a África passou a ser descrita por pessoas que a haviam visitado. Não que cessasse de todo a tentação do maravilhoso — em vários textos repete-se, por exemplo, que o ouro nascia no solo como cenouras — ou esmaecesse a crença de que nas regiões de maior calor os seres humanos eram de tal modo imperfeitos que não se distinguiam dos animais irracionais, mas a impressão que fica desses autores é a de fidelidade ao vivido por eles próprios ou por aqueles de quem recolheram as informações e as memórias.

Um muçulmano culto viajava não só por curiosidade, mas quase que por imperativo da fé, para conhecer melhor a obra de Deus. E não lhe bastava percorrer o Dar al-Islam, aquela parte do mundo que obedecia ao Alcorão e que se estendia da Espanha ao oeste da China e do Mediterrâneo ao sul do Saara; cabia-lhe abrir os olhos dos crentes para o Dar al-Harb, aquela parte que continuava infiel. Em uma e na outra, no entanto, sem perder o interesse e o gosto pelo real, buscava, inquieto, o que era diferente, inesperado, exótico. E é de supor que era isso o que dele esperavam os leitores. Mas dele queriam também informações e conselhos sobre como comerciar naquelas terras.

Os islamitas chegaram de barco aos litorais africanos do Índico e desceram dos camelos nas praias meridionais do deserto do Saara. Os cristãos começaram a conhecer a África Negra a bordo das caravelas com que, a partir da metade do século XV, costearam o continente. Do que viram e aprenderam, os portugueses — e também outros europeus a serviço de Portugal — deixaram relatos que aspiravam a ser, e foram, guias e roteiros de viagem e de negócios. Se a principal preocupação era ser preciso na descrição da costa, das marés e dos ventos, na indicação das enseadas onde se podia abastecer de água e alimentos, na localização dos lugares favoráveis ao comércio e do que neles se escambava, não descuidavam os seus autores de descrever os grupos humanos com que os europeus se entendiam, como eram suas vestimentas e penteados, suas comidas e bebidas, suas casas e aldeias, suas armas e instrumentos de trabalho, suas crenças religiosas e organização política, sem esquecer os ritos sociais que lhes marcavam a vida, do nascimento à morte.

Era com os povos costeiros ou próximos ao litoral que os europeus se haviam. Em poucas regiões tiveram eles acesso ao interior, de onde vinham os escravos, o marfim e o ouro. Os africanos da costa, ciosos de sua posição de intermediários, os impediam de chegar aos grandes reinos dos sertões. Aqueles poucos que conseguiam esse feito ficavam muitas vezes virtualmente prisioneiros dos soberanos que visitavam, e os mais bem-sucedidos entre eles passavam anos antes que pudessem regressar à Europa e relatar suas experiências. Nos séculos XVII e XVIII, foi-se difundindo e consolidando a ideia da África como um continente misterioso e cheio de segredos — e dela podia-se tomar por símbolo Tombuctu, cidade tida por inacessível, a "metrópole do ouro" que desde o Quinhentos excitava a imaginação e a cobiça europeias. Por ser tão forte a mitificação da cidade não se estranhará que o primeiro cristão que conseguiu voltar de Tombuctu, para contar o que nela presenciara e vivera, não tenha escondido a decepção pelo que lá encontrou. René Caillié vingou-se da traição que a realidade impusera ao seu sonho, deixando da urbe um desenho, não de todo exato, de esqualidez e pobreza.

Com a expansão do comércio transatlântico de escravos e, posteriormente, os esforços para extirpá-lo, cresceu o número dos europeus que visitavam as cortes de potentados no interior, mas poucos foram além de Kumasi, na Costa do Ouro, Abomei, no antigo Daomé, ou Matamba, em Angola. Alguns deixaram relatos do que viram, ouviram, tocaram e provaram. Essas obras não tinham função prática, a não ser quando tencionavam reforçar os que defendiam a manutenção do tráfico ou fornecer argumentos aos que pregavam sua abolição. Destinavam-se a satisfazer a crescente curiosidade europeia, aguçada no Iluminismo, pelo resto do mundo, sobretudo pelo que continuava para ela parcial ou totalmente fechado.

Esse desejo de saber mais foi crescentemente servido por textos em que o africano deixava de ser visto com simpatia e até mesmo, em alguns casos, admiração. Ao contrário do que se dera nas narrativas escritas nos dois primeiros séculos de encontros, não revelavam qualquer esforço para compreendê-lo. Os africanos passaram a ser descritos como preguiçosos, volúveis, estúpidos, supersticiosos, mentirosos, inconstantes, dissimulados, ladrões, gananciosos, violentos, rancorosos, vingativos, traiçoeiros. E sobre este e aquele povo lançou-se a acusação de antropofagia. A África aparece cada vez mais como um continente perversamente imperfeito, que a Europa tinha o dever moral de tirar da escuridão e pôr nos eixos. Iam-se tecendo assim as justificativas para o domínio colonial sobre o continente. Para apossar-se dele, era necessário conhecê-lo inteiro, renomear os seus acidentes geográficos e desenhar-lhe, com pormenores, o mapa. Vários dos que, entre as últimas décadas do século XVIII e os primeiros dias do século XX, se dedicaram a essa empresa ambiciosa — fossem cientistas, militares, missionários ou jovens aventureiros em busca de fama e da ascensão social que essa empreitada trazia — publicaram os diários de suas expedições ao interior africano ou memórias baseadas nas suas cadernetas de campo.

Na maioria desses relatos, dois terços são dedicados às aventuras e desventuras do explorador e de seus companheiros, às dificuldades e aos dissabores que se repetem de livro para livro, como se estivéssemos lendo a mesma história. O autor, que é o seu próprio herói, de quem não se cansa de louvar a resistência física e mental, a determinação e a coragem, supera todos os obstáculos: a agressividade do meio físico, a falta e a deserção de carregadores, a rapacidade dos nativos, os ataques dos animais selvagens, a ameaça da fome, a hostilidade dos que o obrigam ao uso das armas e a indolência dos negros, daqueles mesmos negros que o levavam deitado numa rede de dormir, sertão adentro, e em cujos ombros se escarranchava quando queria atravessar a vau os rios. Esses aventureiros estavam descobrindo o interior da África para a Europa, mas, como eles próprios revelam em seus textos, eram aqueles mesmos africanos que consideravam destituídos de inteligência superior e senhores apenas de escassos saberes quem, a dar-lhes lições de hospitalidade, indicavam o rumo e o regime de um rio, a posição de uma montanha e as mudanças de paisagens. Os exploradores europeus tinham nos nativos os mestres de geografia e sobrevivência. Era pelas mãos deles que caminhavam, como cegos conduzidos por seus guias.

Preconceituosos, prepotentes e muitas vezes intelectualmente arrogantes, os viageiros e exploradores do século XIX sabiam, no entanto, descrever, ainda que em alguns casos de modo desajeitado, o que viam, fosse grande ou pequeno. E nisso e na atração pela novidade assemelhavam-se àqueles que, desde 1460, os haviam antecipado na revelação da África à Europa. Como eles, sabiam também fazer o esboço de um cachimbo, de um traje, de um homem ou de um cenário, um desenho maljeitoso mas veraz, que seria na Europa transformado por um artista numa gravura que não lhes traía a memória. E esta estava treinada, desde a meninice, para relatar os acontecimentos que presenciavam, com voz, movimento e colorido. Quem quer que chegue, atualmente, de livro aberto nas mãos, a um recanto descrito por um desses autores e ainda quase intocado pelo progresso, se surpreenderá com a justeza de seu texto. E não estranhará que a arqueologia, no que se refere, por exemplo, aos túmulos e ritos funerários, confirme o que sobre eles escreveram. O avanço imperial da Europa sobre a África, vista cada vez mais como uma importantíssima fonte de matérias-primas essenciais para a indústria europeia e, enganosamente, como um grande mercado consumidor para os produtos desta, aumentou o interesse pelo continente e o número de europeus que passaram a nele viver. Muitos desses — administradores, militares, comerciantes, médicos, missionários, senhoras que acompanhavam os maridos e os ajudavam em suas labutas — quiseram também transmitir por escrito o que tinham testemunhado e ouvido, como haviam feito no passado homens de ciência e de ação. Entre esses testemunhos não faltaram os de alguns africanos nos quais as experiências do cativeiro em terras americanas mudaram a forma de olhar para si próprios.

Os detratores dos africanos e os que lhes dedicavam palavras amigas tinham em comum o fascínio pela África. Desde os autores quinhentistas, via-se o continente — não resisto ao paradoxo — ensolarado de mistério. Se para uns era uma terra de abominações e iniquidade, para outros era a pátria do ouro e das riquezas intocadas, e para estes e aqueles, um continente cujos segredos tinham por desafio conhecer. A grande avenida da cidade do Benim era mais larga do que a mais larga via de Amsterdam, mas dela era de todo diferente. A bordo, antes de desembarcar naquelas terras, o estrangeiro já lhes captava, além de uma luz de intensidade distinta, formas, sons e odores que até então desconhecia. E os que não morriam em poucos meses, levados pela malária, a febra amarela e a disenteria, apegavam-se à África, apesar de todas as dificuldades. Em boa parte dos casos, mais por vício que por afeto.

Por trás dos textos desta seleta corre a história desse fascínio e da incompreensão que frequentemente o acompanhava. São trechos de livros que merecem, muitos deles, ser lidos por inteiro. Formam esses textos uma espécie de antologia pessoal de quem, há mais de sessenta anos, percorre o que se escreveu sobre o continente africano, e cobrem vários séculos e amplíssimos e diversificados espaços. Foram escolhidos, alguns, porque me ficaram na memória, outros, porque, ao relê-los, senti a agudeza do olhar diante do inesperado e o pulsar da vida, ou porque me pareceram bons exemplos de como, a vista sendo boa, distorcem-na óculos errados.

Para que guardassem o seu sabor, não toquei nas páginas escritas em português, exceto para atualizar a ortografia, cortar repetições e frases ou parágrafos que se afastavam do tema principal — e isto indiquei com sinais de reticências entre colchetes — e acrescentar palavras necessárias ao seu bom entendimento — também entre colchetes. Nas traduções, procurei ser fiel aos originais, resistindo à tentação de dar uma forma mais fluente, precisa e elegante ao que, em alguns casos, foi escrito de maneira canhestra.

Paisagens, grupos humanos, indivíduos e animais se sucedem nestas páginas, nas quais encontrei lugar para os nascimentos, os casamentos e a morte, para as festas e os exércitos, para os reis, os mercadores e os escravos, para as comidas e as roupagens, para a casa, o roçado, o tear e a forja. Pedaços de livros, sem cimento a ligá-los, assemelham-se às pedras sossas com que se ergueram os zimbabués. Mas, assim como elas compõem altas muralhas, espero que estes textos, juntos, nos ajudem a imaginar como se pensava no passado sobre um continente que continua a magoar-se com muitos dos estereótipos que sobre ele, ao longo dos séculos, se acumularam.

Heródoto

Historiador grego (c. 484 — c. 425 a.C.) nascido em Halicarnasso, tido como o pai da História. Além de escrever sobre a Grécia com base nas tradições orais, estudou outras civilizações e culturas de seu tempo.

Méroe

Fui até Elefantina,[1] a fim de ver o que pudesse com os meus próprios olhos, mas para as terras que se estendem mais para o sul tive de me contentar com o que me disseram em resposta às minhas perguntas. [...]

Ao sul de Elefantina, o país é habitado por etíopes,[2] que ocupam a metade [da ilha] de Tachampso, a outra metade pertencendo aos egípcios. Acima da ilha há um grande lago e nas praias ao seu redor vivem tribos nômades de etíopes. Depois de atravessar o lago, voltamos ao Nilo, que nele deságua. Nesse ponto deve-se desembarcar e viajar ao longo do banco do rio durante quarenta dias, por causa das rochas aguçadas, algumas a mostrar-se acima das águas e outras no mesmo nível destas, o que torna o rio im-

1 Assuã, ao norte da primeira catarata do rio Nilo.
2 A palavra aplicava-se a todos os negros.

praticável para as embarcações. Após esse percurso de quarenta dias por terra, volta-se ao barco e, doze dias depois, chega-se a uma grande cidade chamada Méroe,[3] que se afirma ser a capital dos etíopes.

HISTÓRIA

Os pigmeus

[Dois jovens líbios resolveram explorar o deserto em busca da nascente do Nilo.]

Com boas provisões de água e de víveres, eles percorreram primeiro a zona habitada. Depois de atravessarem essa região, chegaram àquela onde vivem os animais selvagens e, depois, começaram a caminhar pelo deserto, com o zéfiro a soprar-lhes na face.[4] Tendo cruzado, no correr de muitos dias, uma grande extensão de areia, viram finalmente numa planura algumas árvores. Chegaram junto de uma delas e começaram a lhe colher os frutos. Estavam nisso quando foram atacados por uma gente pequenina, mais baixa do que os homens de estatura média. Capturados pelos assaltantes, que falavam uma língua incompreensível, os dois líbios foram levados por vastos alagadiços até um vilarejo onde todos eram baixinhos e de pele

3 A partir do século V a.C. (se não antes) a cidade de Méroe foi a capital do poderoso reino de Cuxe, na Núbia. Importante centro caravaneiro e produtor de ferro, Méroe, de que restam imponentes ruínas, fica à margem direita do Nilo, um pouco acima da confluência deste com o rio Atbara. O reino de Cuxe extinguiu-se possivelmente no decorrer do século IV de nossa era.

4 Como o zéfiro sopra de oeste para leste, os dois jovens se dirigiam para sudoeste.

negra. A aldeia ficava à margem de um grande rio,[5] no qual havia crocodilos.

HISTÓRIA

5 Talvez tenham chegado ao rio Níger, na região entre Jenné (ou Djennê) e Tombuctu, onde são abundantes as lagunas, os riachos, os furos e os pântanos. Ou ao Bahr al-Ghazal, que sai do lago Chade.

Deodoro da Sicília ou Diodorus Siculus

Historiador grego, viveu em Agyrium, na Sicília, de 80 a 20 a.C., aproximadamente. É autor de uma história universal em quarenta livros, a Biblioteca da História, *da qual nos chegaram completos os livros I a V e IX a XX.*

Os primeiros homens

Os etíopes,[6] como afirmam os historiadores, foram os primeiros de todos os homens, e as provas disso são evidentes. Praticamente todos concordam em que eles não chegaram como imigrantes às terras que ocupam, mas delas eram nativos e, por essa razão, ostentam com justiça o título de "autóctones". Além disso, é claro para todos que aqueles que vivem sob o sol do meio-dia foram, com toda a probabilidade, os primeiros a serem gerados pela terra, uma vez que se deve ao calor do sol, no surgimento do universo, o tê-la enxugado, quando ainda estava úmida, e a impregnado de vida. Sendo assim, é

6 A palavra aplicava-se, de um modo geral, aos africanos negros. Deodoro da Sicília refere-se aos que viviam ao sul da segunda catarata do Nilo e destaca em sua obra os cuxitas de Napata e Méroe.

razoável supor que a região mais próxima do sol tenha sido a primeira a produzir seres vivos.

Dizem os historiadores que os etíopes foram os primeiros que aprenderam a adorar os deuses e a organizar sacrifícios, procissões e festivais em honra deles; [...] que os egípcios são os descendentes de colonos etíopes, chefiados por Osíris; [...] e que a maior parte dos costumes egípcios são etíopes, havendo os colonos preservado seus antigos modos de vida. A crença de que os reis são deuses, o especial cuidado que dão a seus sepultamentos e muitas outras matérias de natureza semelhante são práticas etíopes, do mesmo modo que as formas de suas estátuas e a maneira como escrevem.

BIBLIOTECA DA HISTÓRIA

O rei de Napata

Diz-se que entre os etíopes persiste um estranho costume. Quando o rei [de Napata],[7] por alguma razão, sofre um dano em alguma parte do corpo, todos os cortesãos devem, por sua própria escolha, infligir-se o mesmo dano, porque consideram que seria desonroso que, tendo o rei ficado coxo de uma perna, seus súditos mais próximos continuassem perfeitos e andassem pelo palácio, a acompanhar o soberano, sem mancar; e seria estranho que uma sólida amizade, que partilha dor e pena, assim como todas as outras coisas boas e más, não participasse dos sofrimentos do corpo. Diz-se ser de norma que os cortesãos se suicidem para acompanhar um rei que mor-

7 A cidade de Napata, a jusante da quarta catarata do Nilo, foi a capital do poderoso reino de Cuxe, na Núbia, do século IX ao século V a.C., aproximadamente, quando foi substituída por Méroe. O reino de Cuxe extinguiu-se possivelmente no decorrer do século IV de nossa era.

re, e que esse suicídio é honroso e prova de verdadeira amizade. Por esse motivo, diz-se, é rara entre os etíopes uma conspiração contra o soberano, pois todos estão preocupados com a segurança do rei, uma vez que dela depende a deles próprios. Esses costumes persistem entre os etíopes que vivem em sua capital, na ilha de Méroe,[8] e nas terras adjacentes ao Egito.

BIBLIOTECA DA HISTÓRIA

8 Os antigos tomaram Méroe por uma ilha porque ficava entre três rios: o Nilo, o Atbara e o Nilo Azul.

Estrabão

Geógrafo e historiador grego (c. 63 a.C. — c. 25 d.C.), nascido em Amasya, em Pontus, na Ásia Menor. Viajou por diferentes terras e escreveu uma Geografia *em dezessete livros.*

Os pigmeus

Em geral, as extremidades do mundo habitado, que ladeiam aquela parte da terra que não é temperada nem habitável, por causa do calor ou do frio, são necessariamente imperfeitas e inferiores às regiões temperadas, e isto se mostra claro nos modos de vida de seus habitantes, que não têm atendidas as necessidades básicas de um ser humano. Eles enfrentam uma vida dura, andam nus e são nômades; seus animais domésticos — ovelhas, cabras e vacas — são pequenos; e seus cães também, embora rápidos e bravos. Talvez seja da natural baixa estatura dessa gente que se tenha concebido a ideia dos pigmeus e os inventado, pois nenhum homem digno de fé jamais afirmou tê-los visto.

GEOGRAFIA

Os negros

Os etíopes vivem de painço e cevada, de que também fazem uma bebida. Em vez de azeite de oliva, eles usam manteiga e sebo. Tampouco possuem árvores frutíferas, exceto algumas tamareiras nos jardins reais. Alguns usam capim como comida, e brotos, lótus e raízes de junco, além de carnes, sangue, leite e queijo. Veneram como deuses os seus reis, que geralmente permanecem encerrados em suas moradas. O principal reino tem sua sede em Méroe, cidade que tem o mesmo nome da ilha. Diz-se que esta tem a forma de um escudo oblongo. Seu tamanho talvez tenha sido exagerado: cerca de 3 mil estádios de comprimento e mil de largura.[9] A ilha possui numerosas montanhas e amplas matas. É habitada por nômades, caçadores e agricultores, e conta com minas de cobre, ferro, ouro e vários tipos de pedras preciosas. [...] Nas cidades, as casas são feitas de hastes de palmeira entrelaçadas ou de tijolos. E os meroítas cortam blocos de sal das rochas, como os árabes. Entre as árvores são encontradas em abundância as palmeiras, a persea, o ébano e a ceratia.[10] Além de elefantes, há para caçar leões e leopardos. E serpentes, que atacam os elefantes, e muitos outros animais selvagens, pois os bichos fogem das regiões mais quentes e áridas para essa, que possui muita água e alagadiços. [...]

Os etíopes usam arcos de 4 côvados de comprimento,[11] feitos de madeira endurecida pelo fogo, e armam também suas mulheres, a maioria das quais usa um anel de cobre no lábio. Vestem-se de peles de ovelha, uma vez

9 Com o estádio valendo 206,25 m, a ilha mediria cerca de 619 km de comprimento e 206 km de largura.
10 Pode ser a alfarrobeira ou a falsa acácia.
11 Ou aproximadamente 2,64 m. O côvado correspondia a cerca de 66 cm.

que não possuem lã, pois seus carneiros têm o pelo como o das cabras. Alguns etíopes andam nus ou encobrem suas virilhas com pequenas tangas de pele ou de pelo tecido. Consideram deus o ser imortal criador de todas as coisas, e também um ser mortal, que não tem nome e não pode ser identificado. Mas, em geral, têm por deuses seus benfeitores e reis. Estes últimos por serem os salvadores e guardiões de todos. E certos indivíduos são considerados deuses, num sentido especial, por aqueles que deles receberam mercês. Entre os que vivem próximo à zona tórrida, alguns são considerados ateus, e diz-se que odeiam até mesmo o sol e o insultam quando o veem nascer, porque os queima e guerreia, obrigando-os a fugir deles, refugiando-se nos pântanos. Os habitantes de Méroe adoram Hércules, Pã e Ísis, além de alguns deuses bárbaros. Quanto aos mortos, alguns os jogam no rio, outros os encerram em vidro e os mantêm em casa, e há aqueles que os enterram ao redor dos templos, em caixões de barro. Eles invocam em seus juramentos os mortos e os consideram o que há de mais sagrado. Elegem reis os homens mais belos, os que se destacam como criadores de gado, os mais corajosos ou os mais ricos. Em Méroe, no passado, o poder supremo estava nas mãos dos sacerdotes, que davam ordens ao próprio rei e podiam determinar, por meio de um mensageiro, que este se suicidasse, e substituí-lo por outro. Esse costume foi quebrado, porém, há algum tempo, por um rei que, à frente de seus soldados, entrou no templo do altar dourado e matou todos os sacerdotes.

GEOGRAFIA

Plínio, o Velho

Naturalista romano, nascido em Como em 23 e morto durante a erupção do Vesúvio em 79. É autor da História natural, *enciclopédia em 37 livros.*

Méroe

[O imperador romano Nero (37-68) enviou uma expedição à Núbia, em busca das fontes do Nilo. No regresso, os exploradores] contaram que a relva na vizinhança de Méroe se apresentava mais verde e mais fresca, que ali havia pequenas matas e sinais de rinocerontes e elefantes. [...] Contaram também que na cidade eram poucos os edifícios e que uma mulher de nome Candace mandava em toda a área, o nome tendo passado de rainha a rainha ao longo de muitos anos. Disseram também que havia na cidade um templo a Júpiter Amon, deus que era objeto de grande veneração, como mostravam os numerosos pequenos santuários em sua honra espalhados por todo o país.

HISTÓRIA NATURAL

Ao sul de Méroe

Não é de estranhar que, na extremidade meridional da região, os homens e os animais assumam formas monstruosas, dado o poder transformador do fogo, cujo calor é o que molda os corpos. Conta-se que no interior, na sua parte oriental, existe uma gente sem nariz, de face plana; que outra é destituída de lábio superior; e que uma terceira não tem língua. Noutra, a boca não se abre e, como essa gente não possui narinas, respira por um único orifício, pelo qual também bebe, utilizando-se de um canudo feito de talo de aveia, planta que ali cresce espontaneamente e lhe fornece o grão de que se alimenta. Alguns desses povos, não conhecendo a fala, comunicam-se por gestos, pelo balançar da cabeça e o movimento dos braços.

HISTÓRIA NATURAL

Autor anônimo do *Périplo do mar Eritreu*

Navegante grego ou egípcio helenizado que escreveu, no fim do século I, início do II ou cem anos mais tarde, um precioso roteiro de viagem e de comércio no oceano Índico, o Périplo do mar Eritreu.

Adúlis

A 3 mil estádios[12] de Ptolomais das Caçadas,[13] quase no fim de uma baía profunda que se estende para o sul, fica o porto de Adúlis. Diante dele há uma ilha chamada Oreine, distante duzentos *stades* da parte mais interna da baía,[14] com as margens da terra firme próximas de ambos os seus lados. É nessa ilha que os navios ancoram para se pôr a salvo dos ataques dos habitantes do continente. No passado, os barcos costumavam fundear dentro da baía, numa ilha chamada Diodoro, quase pegada à terra firme, podendo-

12 Pode-se calcular que um estádio, no início da era cristã, correspondia a 206,25 m; a distância mencionada seria, portanto, de cerca de 619 km.
13 Onde hoje é Aqiq ou Suakin, no mar Vermelho.
14 A ilha, que talvez seja Dissei, está a 22 km da parte mais interna da baía.

-se passar a vau de uma para outra, o que facilitava os ataques dos bárbaros.

A vinte estádios da praia,[15] em frente a Oreine, ergue-se Adúlis, uma cidade de tamanho moderado, a três dias de viagem de Coloé,[16] no interior, o primeiro empório do marfim. De Coloé, depois de mais cinco dias de marcha, chega-se à metrópole chamada Axum.[17] É para Axum que vai todo o marfim obtido do outro lado do Nilo, através de um distrito que tem o nome de Kueneion (ou Cyeneum),[18] e de lá para Adúlis. Quase todos os elefantes e rinocerontes abatidos pastam no interior, mas vez por outra são vistos próximos ao mar, nas cercanias de Adúlis. [...]

Esses lugares importam tecidos do Egito, túnicas feitas em Arsinoé, mantos coloridos de má qualidade, panos de linho, vidro, imitações de vasos de murra produzidas em Dióspolis,[19] latão, usado como ornamento e como moeda, cobre, empregado no fabrico de utensílios para a cozinha e de braceletes e tornozeleiras, ferro, para fazer lanças para a caça de elefantes e outros animais e para a guerra, machados, enxós, espadas, grandes copos de bronze, moedas e vinhos, mas em pouca quantidade, da Laodiceia[20] e da Itália.

15 Vinte estádios correspondem a 4 km.

16 Coloé pode ter se localizado onde hoje estão Matarqa ou Kohaito.

17 Aksum, Aguaxumo ou Aquaxumo. Primeira capital do que viria a ser o império da Etiópia e, posteriormente, seu centro espiritual, cidade sagrada onde se entronizava o *negachi*, ou rei dos reis. Axum já era importante no primeiro século de nossa era e nela residiu o soberano etíope até o século IX ou X.

18 Talvez a atual Sennar, no Sudão.

19 Entre Ábidos e Tentira, na Tebaida, no Egito.

20 Na Síria.

Para o rei [de Axum] importam-se objetos de prata e de ouro, feitos especialmente para atender ao gosto local, mantos para uso militar e outros tecidos de pouco valor.

De Ariakê[21] vêm ferro e aço, tecidos de algodão, finos e comuns, cintos, roupas, musselinas e objetos de laca colorida.

As exportações [de Adúlis] são: marfim, carapaças de tartaruga e chifres de rinoceronte.

PÉRIPLO DO MAR ERITREU

21 Ou Ariaca, no noroeste da península indiana, em torno do golfo de Cambaia.

Tuan Ch'eng-Shih

O chinês Tuan Ch'eng-Shih (*ou Duan Chengshi*), *que escreveu* Tu-yang tsa-tu (*ou* Yuyang za zu), *faleceu em 863. O breve texto sobre Po-pa-li ou Bobali que consta dessa obra é tido como a primeira referência chinesa à África.*

Os pastores do Chifre da África

O país de Po-pa-li[22] fica no mar sul-ocidental. O seu povo não come nenhum dos cinco grãos. Só come carne. Eles enfiam uma agulha nas veias do gado para retirar sangue, que bebem cru misturado com leite. [...] Desde os tempos antigos eles não estão submetidos a nenhum país estrangeiro. Nas lutas, usam como lanças presas e costelas de elefantes e chifres de búfalos selvagens, bem como couraças e arcos e flechas. Possuem vinte miríades de soldados a pé.[23] Os árabes os atacam com frequência.

TU-YANG TSA-TU

22 Identificado com Berbera, na Somália, no Chifre da África.
23 200 mil soldados.

Ibn al-Fakih

Abu Bakr Ahmad b. Muhammad b. Ishak b. Ibrahim al-Hamadhani b. al-Fakih era de origem iraniana. Por volta de 903 (290 do calendário muçulmano) ele concluiu o seu Kitab al-Budan, *uma enciclopédia em cinco volumes sobre o mundo muçulmano. Dela só conhecemos uma versão condensada: o* Mukhtasar Kitab al--Budan [Resumo do Livro dos países].

O ouro de Gana

De Tarkala à cidade de Gana,[24] gastam-se três meses de marcha num deserto árido. No país de Gana, o ouro nasce como plantas na areia, do mesmo modo que as cenouras. É colhido ao nascer do sol.

RESUMO DO LIVRO DOS PAÍSES

24 O reino soninquê de Gana (ou Aucar), no sul da atual Mauritânia, já era famoso no século VIII por sua riqueza em ouro e pelo poder de seu soberano. Em 1203 ou 1204, sua capital foi tomada militarmente pelos sossos (um povo da Alta Guiné), mas talvez tenha continuado a ser um importante centro comercial até o século XIV ou XV.

Al-Bakri

O andaluz Abu 'Ubayd 'Abd Allah ibn 'Abd al-'Aziz al--Bakri faleceu em 1094 (487 do calendário muçulmano). Sua principal obra é o Kitab al-Masalik wa'l--Mamalik [*Livro dos caminhos e dos reinos*], *que ele terminou de escrever em 1068.*

O hipopótamo

Na região do Nilo,[25] há um animal que vive na água, parecido com o elefante pelo tamanho, focinho e dentes. Chama-se *kafu*. Ele pasta nas margens, mas se refugia no rio. A gente da terra percebe sua presença pelo borbulhar da água sobre o seu dorso. Caçam-no com azagaias de ferro, em cuja extremidade há um anel a que se amarra uma corda comprida. Quando os caçadores o atingem com várias azagaias, o animal mergulha e se debate no fundo do rio. Morto, ele volta à superfície e é puxado para a terra. Come-se a sua carne. De seu couro faz-se um chicote que se exporta para toda parte.

LIVRO DOS CAMINHOS E DOS REINOS

25 Trata-se do rio Senegal.

Gana

Gana é o título do rei do país, cujo verdadeiro nome é Awkar (ou Aucar). O rei atual — ano de 460 [26] — chama-se Tunka Manin. Ele assumiu o poder em 455. Seu predecessor, Basi, começou a reinar aos 85 anos de idade. Foi um príncipe digno de louvor, tanto por seu amor à justiça quanto por sua amizade aos muçulmanos. No fim da vida, ficou cego, mas escondia isso dos súditos, simulando ver muito bem. Se punham alguma coisa diante dele, dizia que era muito bonita ou que era feia. Seus ministros enganavam o povo, indicando ao rei, por meio de palavras em código, a que o vulgo não tinha acesso, o que ele devia dizer.

Basi era o tio materno de Tunka Manin. É costume do país que o sucessor do rei seja sempre um filho de sua irmã, pois ninguém duvida de que o seja, enquanto não se terá jamais a certeza de ser filho do rei quem se tem como tal.

Tunka Manin é um homem corajoso, governa um vasto reino e possui um poder temível.

A capital de Gana é composta por duas cidades, situadas numa planície. A primeira, habitada por muçulmanos, possui doze mesquitas, em uma das quais a comunidade se reúne para a prece das sextas-feiras. A cidade possui ulemás, almuadens, jurisconsultos e eruditos. Nos seus arredores, há poços de água doce, com que se mata a sede e regam os legumes.

A cidade do rei fica a 6 milhas de distância.[27] Chama-se Ghaba.[28] Liga-se à dos islamitas por numerosas habi-

26 Ano 1067 ou 1068 da era cristã.
27 9,65 km.
28 "Floresta", em árabe.

tações. Seus edifícios são de pedra e madeira de acácia. O rei possui um palácio e várias cabanas de teto arredondado, tudo cercado por um muro. Na cidade do rei, e não longe do recinto onde ele administra a justiça, há uma mesquita para que nela possam orar os muçulmanos que visitam a corte.

Ao redor da cidade do rei, veem-se cabanas com tetos em domo, bosques e matagais, onde vivem os feiticeiros e os sacerdotes de sua religião. Lá se encontram os ídolos e os túmulos dos reis. Esses bosques sagrados estão sob guarda permanente: ninguém neles pode entrar nem saber o que ali se passa. É nesses bosques que ficam as prisões reais. E de quem nelas é encarcerado nunca mais se tem notícia.

Os intérpretes do rei são escolhidos entre os muçulmanos, bem como o tesoureiro e a maioria de seus ministros.

Entre os que seguem a religião do rei, só ele e o herdeiro presuntivo, ou seja, o filho de sua irmã, podem usar roupas costuradas; os demais enrolam o corpo, conforme os seus meios, com panos de algodão, seda ou brocado. Todos os homens raspam a barba, e as mulheres, a cabeça. O rei adorna-se como se fosse uma mulher, com colares e braceletes, e usa um gorro alto decorado com ouro rodeado por um turbante de algodão finíssimo.

O gana dá audiência e repara injustiças num pavilhão com um teto em domo. Ao redor dessa construção, dispõem-se dez cavalos ajaezados de ouro. Atrás do rei ficam dez pajens com escudos e espadas de ouro. À sua direita, os filhos dos príncipes vassalos, de cabelos entrançados com enfeites de ouro e usando tecidos magníficos. Diante dele, senta-se na terra, como os demais ministros, o governador da cidade. Na porta do pavilhão, os cães do rei, que raramente se afastam dele, ostentam coleiras de ouro e de prata, com bolas dos mesmos metais.

O início da audiência é anunciado pelo rufar de um tambor chamado *daba*, feito de um pedaço de tronco oco. Quando as pessoas que professam a religião local se aproximam do rei, caem diante dele de joelhos e jogam areia sobre suas cabeças, pois é assim que saúdam o soberano. Já os muçulmanos apenas batem palmas.

A religião deles é o paganismo: a adoração de ídolos. Quando o rei morre, erguem sobre o lugar onde será sepultado um enorme domo de madeira. Trazem, então, o corpo e o colocam sobre uma cama coberta por tapetes e almofadas. Ao lado dele, põem suas roupas e armas e as vasilhas em que costumava comer e beber, cheias de diferentes tipos de alimentos e bebidas. Levam para lá também os homens que lhe serviam as refeições. Fecham a porta do domo e o cobrem com esteiras e tecidos. A multidão joga terra sobre ele, até se formar uma espécie de outeiro, em torno do qual se cava um fosso, deixando-se uma única passagem de acesso ao túmulo. Pois têm o costume de oferecer sacrifícios e libações aos seus mortos.

O rei recebe 1 dinar de ouro por asno carregado de sal que entra no país, e 2 dinares por aquele que sai.[29] Cabem-lhe 5 meticais por carga de cobre e 10 por todas as de outras mercadorias.[30] O melhor ouro provém de Ghyaru, que fica a dezoito dias de marcha da capital, numa região povoada por numerosas tribos de negros, com casas uma ao lado da outra ao longo de toda a rota.

As pepitas de ouro descobertas nas minas do país pertencem ao rei; o ouro em pó é deixado para o povo. Sem essa medida, o ouro se tornaria abundante e se depreciaria. As pepitas podem pesar de 1 onça a 1 libra.[31] Conta-se que o rei possui uma pepita do tamanho de uma pedra grande.

LIVRO DOS CAMINHOS E DOS REINOS

29 Um dinar tem em torno de 4 g de ouro.

30 Medida árabe, 1 metical (*mithkal*) equivalia de 4,238 g a 4,8 g de ouro. Assim, o rei recebia até 24 g de ouro por carga de cobre e até 48 g pela carga de outras mercadorias.

31 Uma onça é a duodécima parte de 1 libra. Assim, as pepitas pesavam entre 31,10 g e 373,24 g.

Al-Idrisi

O geógrafo árabe Abu 'Abd Allah Muhammad b. Muhammad b. 'Abd Allah b. Idris al-Sharif al-Idrisi nasceu em Ceuta em 1110 (493 do calendário muçulmano) e faleceu em 1166. Tendo vivido na corte do rei normando da Sicília Roger II, para ele escreveu Nuzhat al-Mushlak fiiktirak al-afak [*Divertimento daquele que deseja percorrer o mundo*]. *A obra, que foi terminada em 1154, é também conhecida como* Kitab Rudjar *ou* Livro de Roger.

Gana

[Gana] é a terra do ouro. [...] Toda a gente do Magrebe sabe, e ninguém disto discrepa, que o rei de Gana possui em seu palácio um bloco de ouro pesando 30 arráteis.[32] Esse bloco de ouro foi criado por Deus, sem ter sido fundido ao fogo ou trabalhado por instrumento. Foi, porém, furado de um lado ao outro, a fim de que nele pudesse ser amarrado o cavalo do rei. É algo curioso que não se encontra em nenhum outro lugar do mundo e que ninguém possui a não ser o rei [de Gana], que disso se vangloria diante de todos os soberanos do Sudão.

DIVERTIMENTO DAQUELE QUE DESEJA PERCORRER O MUNDO

32 Cerca de 14 kg.

Gao

A cidade de Kawkaw [ou Gao][33] é grande e muito conhecida na terra dos negros. Fica à margem de um rio que vem do norte e a atravessa. A população bebe a sua água. Muitos negros afirmam que a cidade está à beira de um canal, enquanto outros asseguram que é banhada por um afluente do Nilo. O que é certo é que esse rio continua a fluir numerosos dias depois de Gao até se perder em dunas e pântanos, como o Eufrates, que, no Iraque, desaparece nos charcos.[34]

O rei de Gao é um soberano independente, em cujo nome se reza a *khutba*.[35] Ele possui muitos servidores e uma grande corte, oficiais, soldados, belas roupas e ornamentos. [Seus soldados] montam cavalos e camelos. São corajosos e temidos pelos povos vizinhos.

Os homens comuns cobrem a nudez com peles. Os comerciantes vestem-se com camisolas e mantos e usam faixas de lã ao redor da cabeça. Seus ornamentos são de ouro. Os nobres e as pessoas eminentes trazem um pano fino enrolado na cintura. Eles frequentam os comerciantes, sentam-se com eles e a eles se associam nos negócios.

Em Gao cresce uma árvore chamada madeira da serpente, porque tem a seguinte propriedade: quando se

33 Gao, na grande curva do rio Níger, a jusante de Tombuctu, foi um grande entreposto do comércio transaariano desde o século VIII ou IX. Teve seu apogeu como capital do império Songai, nos séculos XV e XVI.

34 Al-Idrisi possivelmente ouviu falar do delta interior do Níger, com seus numerosos braços de rio, lagos, lagunas, canais, furos, alagadiços e pântanos, mas o trocou de lugar. A área fica a montante de Gao e o Níger nela não se perde, mas a atravessa, faz uma grande curva, onde se localiza Gao, e deságua a uma enorme distância no Atlântico.

35 Oração que se reza na mesquita às sextas-feiras.

põe um pedaço de madeira dessa árvore no buraco onde vive uma cobra, esta sai imediatamente da toca. Desse modo, aquele que segura a vara pode, sem medo, capturar quantas serpentes quiser com suas mãos, por causa da força que nele se concentrará. Tem-se por perfeita verdade que nenhuma serpente atacará quem levar na mão ou pendurado ao pescoço um pedaço dessa madeira. Todo o mundo sabe disso.

DIVERTIMENTO DAQUELE QUE DESEJA PERCORRER O MUNDO

Chao Ju-Kua

Possivelmente descendente do imperador Tai-tsung, Chao Ju-Kua (c. 1170-1228) foi inspetor do comércio exterior da China, posto que lhe permitiu recolher dos comerciantes e marinheiros chineses e estrangeiros as informações sobre as terras d'além mar, que reuniu, em 1226, em Chu-fan-chi *[Descrição dos povos bárbaros]*.

Na África Índica

Esse país[36] fica a sudoeste, adjacente a uma grande ilha.[37] Nela, há três grandes pássaros *p'ong*,[38] que, ao voar, tapam o sol e alteram a sombra nos quadrantes. Se um grande pássaro *p'ong* encontra um camelo selvagem, ele o engole, e, se alguém tem a sorte de achar uma pena de *p'ong*, pode, depois de cortar o seu cano, fazer com ela um tonel para água. Os produtos do país são presas de elefante e chifres de rinoceronte. A oeste, há uma ilha no

36 K'un-lun-ts'eng-ch'i. Seria a região litorânea de Moçambique?
37 Provavelmente Madagascar.
38 Seria o mesmo pássaro Roca d'*As mil e uma noite*s, animal fantástico que talvez tivesse por origem o epiórnis, enorme ave de asas atrofiadas que vivia na ilha de Madagascar. O epiórnis podia atingir 3 m de altura.

mar, na qual vivem muitos selvagens, de corpos negros como laca e de cabelos crespos. Atraídos por comida, são capturados e levados como escravos para os países árabes, onde atingem altos preços. São empregados como porteiros.

DESCRIÇÃO DOS POVOS BÁRBAROS

Al-Umari

Shihab al-Din Abu l-'Abbas Ahmad b. Yahya b. Fadl Allah al-Kurashi al-'Awadi al-Umari nasceu em Damasco em 1301 (700 do calendário mulçumano) e faleceu na mesma cidade em 1349. Passou boa parte de sua vida no Cairo. Sua principal obra é uma espécie de enciclopédia, Masalik al-absar fi mamalik al-amsar *[Itinerário dos olhares sobre os reinos das metrópoles], da qual só parte foi publicada.*

Canem

O rei de Canem[39] é muçulmano. Ele é independente. Há uma enorme distância entre o seu país e o Mali.[40] O rei-

39 Grande reino ao norte e ao nordeste do lago Chade, conhecido desde pelo menos o fim do século IX. Cerca de quinhentos anos mais tarde, a linhagem real, os Sefauas, acompanhada por seu povo, transferiu-se para o sudoeste do lago, onde criou um novo estado, Bornu.

40 O Mali, que foi um dos maiores impérios africanos, nasceu no fim do século XI ou início do século XII na região do rio Sacarani da aglutinação de vários microestados mandingas. O começo de sua expansão imperial dataria da primeira metade do Duzentos. Após abranger os antigos territórios de Gana, as

no tem por capital Jimi. Começa ao lado do Egito, numa cidade chamada Zala,[41] e se estende no sentido longitudinal até a cidade de Kaka.[42] A distância entre elas é de três meses de marcha. Seus soldados usam o *litham*.[43]

O rei, malgrado a debilidade de seu poder e a pobreza do país, é de um orgulho sem limites: toca com a cabeça os pontos mais altos do céu, ainda que seus exércitos sejam fracos e mínimos os recursos do país. Vive oculto de seu povo. Não se mostra a ninguém, exceto, por ocasião das grandes festas, de manhã cedinho e no meio da tarde. Durante o resto do ano, não fala com ninguém, nem mesmo com o seu principal general, a não ser de detrás de um biombo. [...]

Os habitantes de Canem vivem principalmente de arroz, trigo e sorgo. Possuem figos, limões, videiras, beringelas e tâmaras. Disse-me Abu 'Abd Allah al-Salalhi que soube pelo piedoso xeque e asceta 'Uthman al-Kanimi, um dos homem mais próximos do rei, que o arroz ali brota sem qualquer semente — e ele é um homem de se crer. Al-Salalhi afirmou-me ter perguntado a várias pessoas se isso era verdade e lhe garantiram que sim.

Por moeda usam um pano que tecem, chamado *dandi*. Cada peça mede 10 côvados.[44] Efetuam compras com

---

bacias do rio Senegal, do Gâmbia, do alto Níger e de boa parte de seu curso médio, e de alongar-se Sahel adentro até Tichit e Tadmekka, o império começou a se esgarçar no século XV, e o Mali voltou a ser apenas um estado nacional mandinga. O *mansa* do Mali ainda era um soberano importante no fim do século XVI.

41 A meio caminho entre Zawila e Trípoli.

42 Gaga ou Jaja, capital de um reino vassalo de Canem ou a ele anexado.

43 Véu que, descendo do turbante, cobre a parte inferior do rosto.

44 Equivalente a cerca de 6,6 m. O côvado correspondia a cerca de 66 cm.

ela de ¼ de côvado para cima. Servem-lhes também de moeda cauris, contas, bastões de cobre e prata cunhada, mas tudo tendo por referência de valor o pano.

Ibn Sa'id diz que ao sul de Canem existem florestas habitadas por seres selvagens perigosos, semelhantes aos ogros, que um cavaleiro não pode superar. Esse ser é o animal mais próximo do homem. [...]

Ibn Sa'id também nos conta que nesse país crescem abóboras tão grandes que com elas se podem fazer barcos para atravessar o Nilo,[45] mas ressalva que, embora essa história seja bastante difundida, ele não assume a responsabilidade por ela.

ITINERÁRIO DOS OLHARES SOBRE OS REINOS DAS METRÓPOLES

Mali

Sabe-se que esse reino se estende ao sul da extremidade do Magrebe e vai até o oceano Atlântico. A sua capital é a cidade de Niani.[46] Os meios de subsistência são escassos, e é pequena a variedade de alimentos. O povo é alto, de cor muito negra e cabelo pixaim. A grande estatura dessa gente deve-se principalmente ao comprimento das pernas e não ao tamanho do tronco.

O atual rei do Mali chama-se Suleiman. É irmão do sultão Mansa Musa. Controla as terras do Sudão[47] que seu irmão juntou por conquista e acrescentou aos domínios do islã. Foi o irmão quem construiu os lugares de prece, as grandes mesquitas e os minaretes, quem introduziu nas práticas locais as orações das sextas-feiras, as reuniões dos fiéis para rezar juntos e os apelos dos almuadens. Considerado o sultão dos muçulmanos, ele

45 O rio Logone? O rio Chari?
46 Há várias leituras: Byty, Biti, Bini, Yyty e Ini.
47 Sudão no sentido de país dos negros.

trouxe juristas maliquitas[48] para o país e dedicou-se aos estudos religiosos. [...]

O rei do Mali é o mais importante dos reis muçulmanos das terras dos negros. É aquele que domina o maior território e tem o maior número de soldados. É o mais corajoso, o mais rico, o mais afortunado, o que mais acumulou vitórias sobre os inimigos e o que melhor distribui benesses aos súditos. [...]

Dele depende a terra de Mafazad al-Tibr (o Refúgio do Ouro), cujos habitantes lhe trazem ouro em pó anualmente. Eles são infiéis ignorantes. Se o sultão quisesse, poderia submetê-los, mas a experiência mostrou que cada vez que uma cidade do ouro é conquistada, o islã se impõe e o almuadem convoca para a prece, o ouro começa a minguar até desaparecer, ao mesmo tempo que aumenta nas áreas pagãs vizinhas. Ao aprender que sempre assim se passava, os sultões deixaram as terras auríferas nas mãos dos pagãos e se contentaram com a vassalagem deles e o pagamento do tributo em ouro. [...]

O rei do Mali dá audiência em seu palácio sobre um grande estrado chamado *bandi*, sentado num grande banco de ébano, como um trono, de tamanho apropriado à pessoa corpulenta que nele toma assento. Sobre o tablado, dispõem-se, de todos os lados, presas de elefantes, uma atrás da outra. Junto ao rei estão suas armas, todas de ouro: sabre, azagaia, aljava, arco e flechas. Ele veste calças formadas por cerca de vinte panos e que ninguém mais pode usar.

Atrás dele postam-se trinta escravos turcos e de outras nacionalidades, adquiridos para ele no Cairo. Um deles sustenta um guarda-sol de seda, encimado por uma cúpula e um pássaro de ouro, que representa um falcão. Esse guar-

48 A maliquita é uma das mais importantes escolas de interpretação legal do islamismo sunita. As outras são a hanafita, a hambalita e a xafita.

da-sol fica à esquerda do soberano. Os emires sentam-se ao redor do rei, em duas filas, à direita e à esquerda. Atrás deles ficam os comandantes da cavalaria do exército. À frente do rei veem-se um indivíduo que o serve e é o seu carrasco e um outro, chamado *poeta*, que é o intermediário entre ele e o povo.[49] Em toda a volta, há homens tocando tambor. Pessoas dançam diante do rei, e este, para mostrar o seu agrado, ri para elas. Atrás dele tremulam duas bandeiras e à sua frente há dois cavalos prontos para serem montados, quando o soberano assim o desejar.

Quem quer que espirre na presença do rei leva uma surra forte, sem contemplação. Por isso, se alguém se sente prestes a espirrar, deita-se com o rosto junto ao chão e espirra sem que se faça notar. Quando é o rei quem espirra, todos os presentes batem com a mão no peito.

Eles usam turbantes, que amarram sob o queixo à maneira dos árabes, e roupas de cor branca, feitas de algodão plantado e tecido por eles. São de excelente qualidade. Dão-lhes o nome de *camisa*. Vestem-se como os marroquinos: *djubba* e *durra'a*, sem abertura.[50] Os cavaleiros corajosos usam braceletes de ouro. Os que mais se destacam pela bravura ostentam, ademais, colares de ouro. E os ainda mais destemidos, tornozeleiras de ouro. Cada vez que um herói se excede em suas proezas, o sultão o presenteia com um par de calças largas e, quanto maior o número de seus feitos, mais largas serão as calças. As calças são estreitas nas pernas e amplas no assento. [...]

49 Trata-se do língua, porta-voz ou intérprete, que dizia em voz alta aos demais o que o rei lhe sussurrava e lhe transmitia baixinho o que os outros lhe diziam. Ele seria também um *griot*, *dieli* ou *diali*: cantaria loas ao rei e saberia de cor a sua história e a de seus antepassados.

50 A *djubba* é uma túnica larga que se põe sobre a *camisa*. A *durra'a*, sem fenda ou abertura, seria uma espécie de capa.

O rei desse país importa cavalos árabes e paga por eles preços elevados. Seu exército é estimado em 100 mil homens, dos quais 10 mil são cavaleiros. O resto é de infantes, sem cavalos nem outras montarias. Possuem camelos, mas não sabem como usá-los com sela.

ITINERÁRIO DOS OLHARES SOBRE OS REINOS DAS METRÓPOLES

O rei do Mali no Cairo

O emir Abu l-Hassan 'Ali b. Amir Hajib contou-me ter privado bastante com o rei do Mali, o sultão Musa, quando passou pelo Egito na sua peregrinação [a Meca] e morou em Karafa. Ibn Amir Hajib era então governador do Cairo e de Karafa. Entre os dois estabeleceu-se uma boa amizade, e o sultão Musa narrou-lhe muitas coisas sobre ele próprio, o seu país e os povos do Sudão que tinha por vizinhos.

Disse-lhe que a superfície de seu país era enorme e chegava até o oceano. Com seu sabre e seus soldados, ele havia conquistado 24 cidades, com as terras adjacentes, aldeias e plantações. O país possui muitos animais domésticos: vacas, carneiros, cavalos, mulas, além de diferentes espécies de aves, como gansos, pombos e galinhas. Os habitantes do país são numerosíssimos: uma multidão. Quando, porém, comparados aos povos negros que se estendiam para o sul, não passavam de uma pequena mancha branca numa vaca preta. [...]

Ibn Amir Hagib perguntou-lhe como eram as plantas que produziam ouro. E o rei lhe disse:

> São de duas espécies. Uma brota na primavera, depois da estação das chuvas. Possui folhas como as do *nadjil*[51] e suas raízes são de ouro. A outra espécie é encontrada,

51 Uma planta forrageira, com que se alimentam os camelos.

> durante todo o ano, em lugares conhecidos nas margens do leito do Nilo. Cavam-se buracos e se recolhem as raízes de ouro, semelhantes a pedras ou cascalho. Ambas as espécies são conhecidas como *tibr*, mas a primeira é mais pura e mais valiosa. [...]

Ibn Amir Habib perguntou ao rei como ele havia chegado ao poder. O rei respondeu-lhe:

> Nós pertencemos a uma família na qual o poder se recebe por herança. O rei que me antecedeu acreditava que se podia chegar ao outro lado do oceano Atlântico. Ele desejava intensamente fazê-lo. Para isso, preparou duzentas embarcações com homens, ouro, água e provisões suficientes para vários anos de viagem. Disse então ao homem designado para chefiar a frota: "Não regresse senão depois de ter alcançado a outra margem do oceano ou caso se esgotem a provisões e a água". Eles partiram e muito tempo se passou antes que algum deles voltasse. Uma única embarcação retornou. Interrogado sobre o que havia visto, o chefe respondeu: "Ó sultão, viajamos por muito tempo, até que surgiu no meio do oceano um rio com uma corrente poderosa. O meu era o último dos barcos. Os outros avançaram, mas, ao alcançar o rio, não puderam mais regressar e desapareceram. Não sabemos o que lhes sucedeu. Quanto a mim, dei a volta sem entrar no rio". Mas o sultão não acreditou nele. E preparou 2 mil embarcações, mil para ele e os homens que o acompanhariam e mil com água e provisões. Deixou-me em seu lugar, embarcou com seus companheiros e partiu. Foi a última vez que o vimos, e foi assim que me tornei rei.

ITINERÁRIO DOS OLHARES SOBRE OS REINOS DAS METRÓPOLES

Ibn Battuta

Um dos maiores viajantes que a história já registrou, Shams al-Din Abu 'Abd Allah Muhammad Ibn Battuta al-Lawati al-Tanji nasceu em Tânger em 1304 (703 do calendário muçulmano) e faleceu em Marraquexe, em 1357. Aos 21 anos, partiu em peregrinação a Meca e em seguida percorreu boa parte do mundo durante 24 anos: o Oriente Médio, a África Índica, o subcontinente indiano, o Ceilão, Sumatra e talvez a China. De volta ao Marrocos, esteve na Espanha, atravessou o Saara e visitou parte do interior da África Ocidental. Ditou suas memórias a Abd 'Allah Ibn Juzavy, que lhes deu forma literária na obra Tuhfat al-muzzar fi ghara'ib al--amsar wa-'aja'ib al-asfar [*Presente oferecido aos observadores: curiosidades e maravilhas vistas nos países e viagens*], *mais conhecida como* Rihla [*Viagens*].

Mogadixo

Mogadixo é uma cidade enorme.[52] Seus habitantes possuem uma grande quantidade de camelos, degolados às centenas diariamente. Possuem também muitas ovelhas

52 Na metade do primeiro milênio de nossa era, a aldeia costeira que daria origem a Mogadixo já devia ser visitada por

e são excelentes comerciantes. Nessa cidade de Mogadixo fazem-se os tecidos que levam o seu nome e que são incomparáveis: a maior parte é exportada para o Egito e outros países. A gente de Mogadixo tem o costume de ir receber em pequenos barcos chamados *zambucos* os navios que chegam ao porto. Em cada zambuco vão vários jovens, levando sob uma coberta um prato de comida. Um deles o oferece a um dos mercadores do navio, dizendo: "Este é meu hóspede". Os demais fazem o mesmo. Nenhum comerciante desce de bordo sem ir para a casa de hóspedes de um desses rapazes, a não ser que tenha estado muitas vezes na cidade e conheça gente da terra. Nesse caso, pode se alojar onde quiser. Depois que o comerciante recém-chegado se instala na casa de seu hospedeiro, este se encarrega de vender o que aquele trouxe e de comprar-lhe o que necessite. Se alguém adquire do mercador alguma coisa abaixo de seu preço normal ou lhe vende algo em sua ausência, a transação é considerada nula.

A comida dessa gente consiste em arroz cozido com manteiga, que põem numa grande bandeja de madeira. Sobre o arroz colocam pedacinhos de frango, carne bovina, peixe e legumes. Cozinham também bananas ainda verdes em leite fresco e as servem com uma coa-

---

barcos etíopes, árabes, persas, indianos e talvez até indonésios, que ali iam adquirir incenso, âmbar, marfim, carapaças de tartarugas, chifres de rinocerontes e peles de panteras. No século XII, Mogadixo tornou-se uma importante cidade-estado mercantil, recebendo imigrantes dos mais distintos pontos do mundo islâmico. Cem anos mais tarde, governada por um sultão, era a mais rica e a mais cosmopolita de todas as cidades comerciais da África Índica e, com suas mesquitas construídas com pedra e cal, um centro de difusão do islamismo.

lhada, na qual põem limão em conserva, picles de pimentão, gengibre verde e mangas. As mangas parecem maçãs, mas possuem um caroço grande; doces, quando maduras, comem-se como frutas, mas antes de amadurecer são azedas como os limões e conservadas em vinagre. Os mogadixos põem na boca um pouco de arroz e logo em seguida o rebatem com essa comida de tempero forte. Um deles sozinho come mais do que vários de nós juntos. Por isso são corpulentos e excessivamente gordos.

VIAGENS

Mombaça e Quíloa

[A grande ilha de Mombaça][53] está inteiramente separada do continente. As árvores que nela existem são as bananeiras, os limoeiros e os pés de toranja. Possuem também uma fruta chamada jamun,[54] parecida com a azeitona, com o mesmo tipo de caroço, mas muito doce. A gente dessa ilha não cultiva o solo, traz os cereais do continente defronte e se alimenta sobretudo de bananas e pescado. Adotam a escola xafita[55] e são devotos, castos e virtuosos. Suas mesquitas são de madeira e construídas com muito esmero. Em cada porta das mesquitas há um ou dois poços, com cerca de 1 a 2 côvados de profundidade.[56] Dele retiram a água com um recipiente de madeira provido de uma haste com cerca de 1 côvado

53 Na ilha ficava a cidade-estado do mesmo nome, importante entreposto mercantil desde antes de 1200. Era governada por um sultão muçulmano.

54 Provavelmente, jambo.

55 Uma das principais escolas de interpretação legal do islamismo sunita. As outras são a maliquita, a henafita e a hambalita.

56 Entre 66 cm e 1,32 m.

de comprimento.[57] A terra em torno da mesquita e dos poços é bem socada. Quem deseja entrar no templo lava antes os pés e os seca numa esteira grossa junto à porta. Quem quer fazer as abluções, prende o recipiente de madeira entre as coxas e joga a água nas mãos. Todo o mundo anda descalço.

Passamos uma noite nessa ilha e embarcamos para Quíloa,[58] uma importante cidade costeira. A maior parte de sua população é formada por zanjes,[59] de cor muito negra e com escarificações no rosto, como os limis da Guiné. Disse-me um mercador que a cidade de Sofala está a quinze dias de marcha de Quíloa, que entre Sofala e Yufi, no país dos limis, a distância é de um mês, e que é de Yufi que Sofala recebe ouro.[60]

Quíloa é uma cidade muito bela e bem construída.

57 Cerca de 66 cm.

58 Quíloa é uma das mais antigas cidades mercantis da África Índica. Já era um importante entreposto na segunda metade do século x, quando, segundo as tradições locais, o poder foi assumido por um príncipe que era tido como originário de Xiraz e, portanto, persa. Possivelmente líder de um grupo de comerciantes, esse príncipe, Ali Ibn al-Hassan, que se tornaria sultão de Quíloa, teria comprado a ilha do chefe local. Com o tempo, Quíloa tornou-se parada obrigatória dos barcos que se dedicavam ao comércio à distância no mais ocidental dos litorais do Índico.

59 Nome que os árabes davam aos bantos da África Oriental.

60 No seu relato sobre o Mali, Ibn Battuta menciona Yufi como um grande reino às margens do Níger, a jusante de Gao. O informante de Ibn Battuta não teria, assim, ideia da enorme distância que separa o rio Níger do oceano Índico. É possível, porém, que o grande viajante tenha ouvido mal ou confundido nomes. Era Sofala que fornecia ouro a Quíloa, mas o ouro comercializado em Sofala provinha do interior do planalto entre o Zambeze e o Limpopo, de Barué, Tonga, Manica, Mocaranga, Dande e Butua.

Todas as suas casas são de madeira com tetos de junco. Chove muito. E seus habitantes estão constantemente em guerra santa, porque vivem ao lado de zanjes infiéis.

VIAGENS

Tagaza

Tagaza é uma aldeia sem nada de bom, cuja singularidade consiste em suas casas e mesquitas serem construídas com blocos de sal e terem os seus tetos de pele de camelo. Não possui árvores. Nela não há senão areia e uma mina de sal. Escava-se a terra e se encontram grandes placas de sal umas sobre as outras, como se tivessem sido cortadas e ali postas. Um camelo não pode carregar mais do que duas dessas placas.

No local vivem somente os escravos dos massufas,[61] que trabalham na mina de sal e se alimentam de tâmaras trazidas do Draá[62] e de Sijilmasa,[63] de carne de camelo e de *anli*[64] proveniente do país dos negros. Estes vêm de seu país comprar sal. Uma carga de sal é vendida em Iwalatan[65] por entre 8 e 10 meticais de ouro, mas a mesma quantidade alcança na cidade de

61 Os massufas são uma nação de berberes sanhajas (ou azenegues). Os sanhajas, senhores da parte ocidental do Saara, não só eram pastores nômades e protetores e predadores das cáfilas, mas também dominavam muitos oásis.
62 Ou Dara. Uádi no sul do Marrocos.
63 Ou Sijilmassa. Um oásis que se transformou em importante cidade comercial e manufatureira no sul do Marrocos, também ponto de partida e chegada de caravanas transaarianas.
64 Um tipo de milho miúdo.
65 Walata ou Ualata. Centro mercantil e caravaneiro que ligava comercialmente o sul do Saara ao rio Senegal e ao rio Níger.

Mali 20 ou 30 meticais.[66] Já chegou a 40, em algumas ocasiões.

Os negros utilizam o sal como moeda, como se fosse ouro ou prata. Cortam as placas em pedaços e os usam em suas transações. Apesar de sua insignificância, na aldeia de Tagaza fecham-se operações no valor de muitos quintais de ouro.[67]

Ali passamos dez dias difíceis, porque a água é salobra e o lugar tem moscas numa quantidade que jamais vi.

VIAGENS

Mali

[Num dia de festa na corte do Mali,] apresentam-se os poetas, os *jula*, no singular *jali*.[68] Cada um deles cobre-se com uma vestimenta feita de penas, a imitar uma ave chamada *shaqshaq*.[69] Sobre essa roupagem fixa-se uma cabeça de madeira com um bico vermelho, exatamente como a cabeça de um *shaqshaq*. Põem-se diante do rei com esse disfarce risível e recitam os seus poemas. Explicaram-me que esses poemas são uma espécie de exortação ao rei. Dizem-lhe: "Nesta plataforma ou *bandi* em que estás sentado, sentou-se o rei fulano, cujas façanhas foram tais e tais; faz, portanto, o bem para que sejas lembrado pela posteridade". Então o chefe dos poetas sobe os degraus

66 Um metical equivale a 4,83 g de ouro. Assim, a carga de sal valeria entre 38 g, quando vendida por 8 meticais, e 193,2 g de ouro, se vendida por 40 meticais.

67 Um quintal árabe ou *kintar* podia variar, conforme o local, entre cerca de 45 e 54 kg.

68 São os *griots*, poetas e historiadores. Em mandinga, no singular, *diali* ou *dieli*.

69 Ou *shikshak*. Há quem o tenha por mergulhão, por melro ou por cegonha.

do estrado e põe a cabeça no colo do sultão. Depois, já no alto da plataforma, põe a cabeça no ombro direito do rei e, em seguida, no esquerdo, pronunciando palavras em sua língua, depois do que desce do *bandi*. Informaram-me que este é um costume antigo, de antes da conversão ao islamismo, e que persiste entre eles.

VIAGENS

Virtudes e defeitos da gente do Mali

Entre as boas qualidades [dos malineses], destaque-se que, entre eles, é rara a injustiça. Trata-se da gente que menos a pratica; e o sultão não perdoa o menor deslize nessa direção.

É total a segurança no território do Mali, de tal modo que nem os locais nem os viajantes têm o que temer de ladrões ou salteadores.

[Os malineses] respeitam a propriedade do homem branco que morre no meio deles, por maior que ela seja, e a depositam em mãos de um branco de confiança até que dela tomem posse os legítimos herdeiros.

Observam rigorosamente os horários das orações e a prática das preces coletivas, e batem nos filhos quando não cumprem esses deveres. Às sextas-feiras, quem não madrugar para ir à mesquita não encontrará espaço onde rezar, porque toda ela estará tomada. Costumam mandar cedo um serviçal, com a esteira de oração, para reservar lugar para o amo. Essas esteiras são feitas com as fibras da folha de uma palmeira que não dá frutos.

Às sextas-feiras, vestem-se com boas roupas brancas. Se alguém não possui senão um traje já muito usado, ele o lava para poder usá-lo na prece coletiva da sexta-feira.

Dedicam-se a aprender de cor o sagrado Alcorão. Quando os meninos não se aplicam em estudá-lo, põem-lhes grilhões nos tornozelos e não os tiram até que o tenham memorizado.

Num dia de festa, fui à casa do cádi, cujos filhos estavam acorrentados. Perguntei-lhe: "Eles não vão à festa?". E ele me respondeu: "Não os soltarei até que saibam o Alcorão de cor". Em outra ocasião, passei por um belo rapaz, admiravelmente bem vestido mas com correntes nos pés, e perguntei a quem me acompanhava: "Que fez ele? Matou alguém?". O jovem compreendeu o que eu dizia, e riu. Explicaram-me que ele estava agrilhoado para que estudasse o Alcorão.

Entre os atos reprováveis, destaco o andarem nuas em público, com as vergonhas descobertas, as servas, as escravas e as mocinhas. No Ramadã, vi muitas dessa maneira. É costume dos emires romper o jejum no palácio real, a comida de cada um levada por vinte ou mais escravas inteiramente nuas.

Suas mulheres aparecem nuas diante do sultão, sem véu algum. As suas filhas, também. Eu vi, na 27ª noite do Ramadã, uma centena de escravas saírem nuas do palácio com a comida. Entre elas estavam duas filhas do rei; tinham os seios redondos e estavam sem véu.

É de reprovar também que joguem terra ou cinza sobre a cabeça em sinal de respeito. E a mascarada a que me referi, quando recitam poesias ao rei. Além disso, muitos deles comem animais que não são abatidos conforme os ritos islâmicos, cães e asnos.

VIAGENS

Os antropófagos

[O rei do Mali castigou um cádi] degredando-o para a terra dos infiéis que comem gente. O cádi lá se demorou por quatro anos, antes de retornar a seu país natal. Se os infiéis não o devoraram, foi simplesmente porque era branco, e a carne de branco, segundo eles, faz mal à saúde, por não ter amadurecido. Só a do negro é madura.

Um grupo desses negros antropófagos veio com seu chefe saudar o sultão Mansa Suleiman. Eles usam brincos enormes, cada um deles passando por um buraco na orelha de meio palmo de tamanho, e se enrolam em panos de seda. É em suas terras que ficam as minas de ouro.

O sultão recebeu-os com todas as honras e, como parte dos presentes de boas-vindas, deu-lhes uma jovem escrava. Eles a degolaram e comeram, lambuzando os rostos e mãos com seu sangue, antes de se apresentarem ao rei para agradecer-lhe. Soube que procedem sempre assim quando de visita ao sultão. E que, na opinião deles, as partes mais saborosas da carne feminina são as palmas das mãos e os seios.

VIAGENS

Ibn Khaldun

Wali al-Din 'Abd al-Rahman b. Muhammad b. al--Hassan Ibn al-Khaldun (Abu Zayd 'Abd al-Rahman Ibn Khaldun ou, ainda, 'Abd al-Rahman b. Khaldun al-Hadrami), o maior dos historiadores muçulmanos, nasceu em Túnis em 1332 (732 do calendário muçulmano) e morreu no Cairo em 1406. Muqaddimah *[Prolegômenos], sua obra mais famosa, é, embora muito extensa, apenas uma introdução, como o nome indica, a outra ainda maior e igualmente importante,* Kitab al--'Ibar wa-diwan al-mubtada' wa-' l-kabar fi ayyam al--'arab wa-' l-'ajam wa-'l-barbar *[O livro dos exemplos e o registro da origem e da história dos árabes, persas e berberes].*

Terras e povos da África

É na primeira seção da primeira parte do mundo[70] que se encontra a embocadura do Nilo, rio que tem sua fonte nas Montanhas da Lua. É o Nilo dos Negros.[71] Ele

70 Ibn Khaldun acompanha os autores de seu tempo ao aceitar a divisão ptolomaica do mundo habitado em sete partes ou climas, que se dividem em dez seções.
71 Trata-se do rio Senegal. Ibn Khaldun faz nascer nas Monta-

corre na direção do oceano e deságua na ilha de Aulil. Às margens desse Nilo erguem-se as cidades de Sila,[72] Tacrur[73] e Gana, que atualmente pertencem ao reino do Mali, uma das nações negras. Os mercadores do Magrebe costumam visitar a região.

Logo ao norte, ficam as terras dos lantunas[74] e de outras tribos que usam véus e os desertos em que nomadizam. Ao sul desse Nilo, vive um povo negro chamado lam-lam. Eles são pagãos e escarificam o rosto e as têmporas. A gente de Gana e do Tacrur faz razias contra eles e os vende aos mercadores, que os levam para o Magrebe, onde formam a massa dos escravos.

Mais para o sul não há civilização propriamente dita. Os homens que ali vivem assemelham-se mais aos animais do que aos seres pensantes. Vivem no mato e em cavernas e se alimentam de ervas e grãos crus. Há entre eles antropófagos, e não devem ser contados entre os seres humanos. [...]

A leste dessa terra [...] encontra-se Gao (ou Kawkaw), à margem de um rio que nasce numa das montanhas do país, flui para oeste e se perde nas areias da segunda seção.[75] Gao era um reino independente, mas foi

---

nhas da Lua dois Nilos: o Nilo do Egito, *Nil Misr*, que corre para o norte, e o Nilo dos Negros, *Nil as-Sudan*, que flui para o oeste.

72 Cidade-estado do Sudão Ocidental, importante entreposto do comércio transaariano, foi submetida por Tacrur e depois pelo Mali.

73 Antigo e importante reino, nas duas margens do baixo e médio Senegal. Já era um grande centro comercial nos últimos séculos do primeiro milênio da era cristã. Na época de Ibn Khaldun, após ter sido conquistado por Diara, fora submetido pelo Mali. No início do século XVI, o Tacrur faria parte do império do Grão-Fulo, que compreendia o médio Senegal, o Futa Jalom e o alto Gâmbia.

74 Povo berbere sanhaja ou azenegue.

75 O Níger, ainda que este corra para leste e não se desfaça no areal. Equívoco semelhante já fora cometido por Al-Idrisi.

conquistado pelo rei do Mali. Atualmente, é um país em ruínas. [...]

Ao sul de Gao encontra-se Canem, outro reino negro. E depois dele, Uângara,[76] na margem norte do Nilo. A leste de Uângara e de Canem ficam os países de Zagawa[77] e Tajuwa, que limitam com a Núbia. [...] A Núbia é atravessada pelo Nilo do Egito, desde sua nascente no Equador até o Mediterrâneo, no norte.

Esse rio sai das montanhas de Al-Qmr, a 16 graus acima do Equador. As opiniões diferem quanto à pronúncia dessa palavra. Há quem diga *Qamar* ou lua, porque essas montanhas são muito brancas e luminosas. [...]

Às margens do Nilo [do Egito] estendem-se a Núbia, a Abissínia e alguns dos oásis de Assuã. Dongola, na margem oeste do Nilo, fica na parte sedentarizada da Núbia. Um pouco adiante estão Aloa e Yulaq. A seis dias de marcha de Yulaq, na direção norte, encontra-se a montanha das Cataratas, que cai de forma abrupta sobre o Egito, mas baixa suavemente para a Núbia. O Nilo a transpõe, mas cai numa catarata imensa e estrondosa. Os barcos não podem atravessá-la: é necessário descarregá-los e transportar o que levam no dorso de animais até Assuã, às portas do Alto-Egito. Inversamente, os barcos provenientes do Alto-Egito, ao chegar às cataratas, têm de descarregar suas mercadorias. São doze dias de marcha entre Assuã e as cataratas. Os oásis a oeste do Nilo estão atualmente em ruínas, mas mostram traços de uma ocupação antiga.

76 Wangara, Vangara ou Gangara. Seria o país do ouro, que não se sabe bem onde ficava. A palavra designa também, e principalmente, os mercadores mandingas que operavam na África Ocidental e foram grandes propagadores do islamismo.

77 Os zagauas seriam cameleiros nômades negros. A um grupo deles há quem atribua a fundação do reino de Canem.

A Abissínia [...] é atravessada por um rio vindo do sul do Equador, que flui na direção da Núbia, onde deságua no Nilo, que baixa para o Egito. [...]

Na costa ocidental do oceano Índico encontra-se Zeila, na fronteira da Abissínia, e os desertos dos bejas,[78] ao norte da Abissínia, entre a montanha de Al-'Allaqi, na extremidade sul do Alto-Egito, e o mar Vermelho, que sai do oceano Índico. Ao norte de Zeila situa-se o estreito de Bab al-Mandeb, com o promontório do mesmo nome, que se eleva do sul para o norte, por 12 milhas,[79] no oceano Índico, ao longo da costa oeste do Iêmen. O mar se aperta por uma garganta de 3 milhas,[80] que se chama Bab al-Mandeb. É por ele que passam os barcos iemenitas que se dirigem a Suez, perto do Cairo. Ao norte do Bab al-Mandeb ficam as ilhas de Suaquim e Dahlak. Diante delas, no lado africano, estende-se o deserto dos negros bejas. [...]

Ao sul de Zeila, no litoral ocidental do oceano Índico, sucedem-se as aldeias de Berbera. [...] A leste, elas tocam o país dos zanjes.[81] Vem em seguida, à beira do oceano Índico, a cidade de Mogadixo, muito povoada, mas com uma atmosfera beduína. A leste, ficam Sofala e finalmente a terra dos *waq-waq*,[82] [...] lá onde o Índico sai do Grande Oceano.

78 Povos pastores que, presentes na história desde 2700 a.C., nomadizam entre o Nilo e o mar Vermelho, ao norte da Eritreia.

79 12 milhas correspondem a quase 20 km.

80 A garganta teria cerca de 5 km.

81 Nome dado pelos árabes aos negros bantos da África Oriental.

82 Com suas longas canoas com balancins ou flutuadores laterais, os *waq-waq* dos autores árabes têm sido identificados com indonésios e com malgaxes.

Os habitantes de regiões de temperaturas extremas, como as partes primeira, segunda, sexta e sétima do mundo, estão longe de ser harmoniosos. Vivem em cabanas de barro ou de caniço, alimentam-se de sorgo e de ervas e vestem-se com folhas de árvores ou peles de animais. Muitos andam nus. Seus frutos e condimentos são estranhos e têm forma grotesca. Em suas transações, aos dois metais nobres[83] preferem o cobre, o ferro ou as peles, aos quais conferem valor de troca. Seu comportamento os aproxima dos animais irracionais. Diz-se que, em sua maioria, os negros da primeira parte do mundo moram em cavernas e nas florestas, se alimentam de ervas, têm os hábitos dos bichos, e não os dos homens, e são antropófagos. [...] Isso se deve ao fato de que, ao estarem afastados das regiões temperadas, se aproximam dos animais irracionais e se distanciam da humanidade por sua constituição e costumes. O mesmo se observa com respeito à religião: nada sabem dos profetas e não se submetem à lei revelada. Excetuam-se aqueles poucos que vivem próximos a regiões temperadas. É o caso dos abissínios, que são vizinhos dos iemenitas e que eram cristãos antes do islã e continuam a ser até hoje. É também o caso do Mali, de Gao e do Tacrur, vizinhos do Magrebe, que atualmente são muçulmanos, tendo se convertido no século VII da Hégira. E, no norte, dos eslavos, dos francos e dos turcos, que professam o cristianismo. Todos os demais habitantes dessas regiões de temperaturas extremas, seja ao sul ou ao norte, são ignorantes da religião, e o saber é desconhecido entre eles. Vivem distantes da condição humana e próximos da animalidade.

Os genealogistas, que ignoram a natureza das coisas, imaginaram que os negros são a progênie de Cam, filho de Noé, e que a cor de suas peles é o resultado da maldição

83 O ouro e a prata.

de Noé, que teria causado o enegrecimento da epiderme de Cam e a escravização de seus descendentes. Ora, no Pentateuco diz-se que Noé amaldiçoou o seu filho Cam, sem menção à cor da pele deste. A maldição tornava apenas os filhos de Cam escravos dos descendentes de seus irmãos. Ligar a cor da pele dos negros a Cam é desconhecer a verdadeira natureza do calor e do frio e sua influência sobre o clima e as criaturas. A pele negra dos habitantes das duas primeiras partes do mundo resulta dos componentes do clima, ou seja, do calor crescente no sul. Ali o sol está no zênite duas vezes por ano, com pequenos intervalos. Em todas as estações, ele permanece por muito tempo no seu ponto culminante. Sua luz é, portanto, considerável. Os habitantes dessas regiões enfrentam um verão muito duro, e o calor excessivo lhes enegrece a pele. Compare-se com o que se passa nas regiões mais setentrionais. [...] Lá, a pele branca é comum, por causa do clima influenciado pelo grande frio do norte. O sol está sempre no horizonte ou não longe dele. Jamais atinge o zênite, ou mesmo dele se aproxima. O calor é fraco, e o frio, intenso em quase todas as estações. Outras consequências do frio excessivo: os olhos azuis, as sardas e os cabelos louros. [...]

Os habitantes [daquelas regiões de calor extremo] são os abissínios, os zanjes e os sudaneses, três sinônimos de negros, ainda que os abissínios vivam frente a Meca e ao Iêmen e os zanjes, à margem do oceano Índico. Não se trata de uma pretensa descendência de um ancestral negro, Cam ou que outro nome tenha. Os negros do sul que se instalam numa região temperada [...] dão origem a uma linhagem cada vez mais clara. Inversamente, a gente do norte [...] que se estabelece no sul tem descendentes cuja pele se escurece. O que mostra que é o clima que colore a pele.

PROLEGÔMENOS

A girafa

[Mansa Jata, soberano do Mali, enviou uma embaixada com presentes ao sultão do Marrocos, Abu Salim Ibrahim. A esses presentes], acrescentou uma girafa, um animal grande e de formas estranhíssimas, parecendo uma soma de vários outros animais. [...]

O dia da chegada [da embaixada] foi memorável. O sultão a recebeu na Torre Dourada, como faria para uma revista de tropas, e arautos convocaram o povo para o grande espaço aberto fora da cidade. Eles vieram apressados de cada colina até que o espaço ficou pequeno para conter toda a gente, e uns subiam nos ombros dos outros, se acotovelando ao redor da girafa, espantados com sua aparência. Os poetas recitaram poemas de elogio e congratulações e poemas com descrições da cena.

O LIVRO DOS EXEMPLOS E O REGISTRO DA ORIGEM
E DA HISTÓRIA DOS ÁRABES, PERSAS E BERBERES

Gomes Eanes da Zurara

Cronista português, falecido provavelmente em 1474. Com sua obra Crônica do descobrimento e conquista da Guiné, *talvez escrita entre 1463 e 1468, tem início em Portugal a literatura da expansão ultramarina.*

No Senegal

Tendo já passado estas caravelas a terra de Saara, [...] viram as duas palmeiras com que antes topara Dinis Dias, pelas quais conheceram que ali se começava a terra dos negros, com cuja vista folgaram assaz; e porém[84] quiseram logo filhar terra, mas acharam o mar tão bravo na costa, que por nenhum modo puderam sair fora.

Disseram depois alguns daqueles que ali eram, que bem mostrava o cheiro que vinha da terra a bondade do seu fruto, que tão delicioso era, que ali onde chegava, estando eles no mar, lhes parecia que estavam em algum gracioso pomar, ordenado a fim de sua deleitação. E, se os nossos tinham vontade de cobrar terra, não mostravam os seus moradores menos desejo de os receber em ela; mas do gasalhado não curo falar, que segundo sua

84 Por isso.

primeira mostrança, não entendiam leixar a ribeira sem mui grão dano de uma das partes.

E esta gente desta terra verde é toda negra, e porém é chamada terra dos negros, ou terra de Guiné, por cujo azo aos homens e mulheres dela são chamados guineus, que quer tanto dizer como negros.

E quando os das caravelas viram as primeiras palmeiras e árvores altas, [...] bem conheceram que eram perto do rio do Nilo, da parte donde vem sair ao mar do poente, ao qual rio chamam de Çanaga,[85] que o Infante lhes dissera que depois da vista daquelas árvores pouco mais de 20 léguas,[86] aguardassem pelo dito rio, porque assim o aprendera ele por alguns daqueles azenegues que tinha cativos. E indo assim esguardando pela riba do mar se veriam o rio, viram ante si, quanto poderia ser 2 léguas de terra,[87] uma cor na água do mar, desvairada da outra, a qual era assim como cor de barro.

Entenderam que podiam ser algumas baixias, e tentaram porem sua altura, por segurança de seus navios, onde não acharam diferença dos outros lugares em que semelhante movimento não havia, de que foram espantados, principalmente pelo desvairo da cor. E acertou-se que um daqueles que lançavam a sonda, por ventura não de certa ciência, foi com a mão à boca, e conheceu sua doçura.

— Outra maravilha temos — disse ele contra os outros — que esta água é doce!

Pelo qual lançaram logo seu balde ao mar, e provaram a água de que todos beberam, como cousa em que não havia míngua para ser tão boa como cumpria.

85 O Senegal, que, para os portugueses, separava as terras dos mouros das terras dos negros.

86 Uma légua marítima corresponde a 3 milhas marítimas ou 5556 m. A distância do rio seria, portanto, de pouco mais de 111 km.

87 Ou 8890 m, já que 1 légua terrestre corresponde a 4445 m.

— Certamente — disseram eles — nós somos acerca do rio Nilo, que esta água bem parece que dele é, e por sua grande força corta o mar e entra por ele assim.

E então fizeram sinal às outras caravelas, e começaram todas de ir demandar o rio, do qual não mui longe dali acharam a foz. E sendo já junto com a boca dele, lançaram suas âncoras, empero[88] da parte de fora.

E os da caravela de Vicente Dias lançaram o batel na água, no qual saíram até oito homens, entre os quais era aquele escudeiro de Lagos que se chamava Estêvão Afonso. [...] E indo assim no batel todos oito, um deles, esguardando contra a foz do rio, viu a porta de uma choça e disse contra os parceiros:

— Eu não sei como as choças desta terra são feitas, mas segundo a feição de outras que eu já vi, choça devia ser aquilo que eu vejo, e presumo que o seja de alguns pescadores que virão pescar a este rio; e se o tivésseis por bem, parece-me que devíamos ir sair a além daquela ponta, de guisa que não descobríssemos a porta da choça; e sairão alguns em terra e virão por trás daqueles médões;[89] e se alguns jouverem[90] na choça, poderá ser que os filharão antes que se percebam.

Pareceu aos outros que aquele dizia bem e porém começaram de o por em obra. E tanto que aportaram em terra, saiu Estêvão Afonso, e cinco com ele, e levaram aquela ordenança que o outro antes dissera.

E indo assim escondidos até cerca da choça, viram sair dela um moço negro, todo nu, com uma azagaia na mão, o qual logo foi filhado; e chegando à choça, acharam uma moça sua irmã daquele, que seria de idade de oito anos. [...]

Entraram assim em aquela choça, onde acharam uma adarga preta, toda redonda, pouco maior que as que se

88 Mas.
89 Montes de areia junto ao mar.
90 Estiverem deitados.

em esta terra costumam, a qual tinha em meio uma copa elevada de coiro mesmo, e era de orelha d'alifante, segundo depois foi conhecida por alguns guineus que a viram, que disseram que todas as adargas fazem do coiro daquela alimária, e que o acham tão gordo além do necessário, que tiram mais da metade, adelgaçando-o com artifícios que têm feitos para isso. E disseram ainda mais aqueles que a grandeza dos alifantes é tal, que a sua carne farta razoadamente 2500 homens, e que a acham entre si por mui boa carne, e que dos ossos se não aproveitam em nenhuma cousa, antes os lançam a longe; os quais eu aprendi que no levante desta parte do mar Médio Terrano, que valem razoadamente mil dobras a ossada de um daqueles.

Tomados assim aqueles moços e cousas, foram logo levantados ao batel.

— Bom será — disse Estêvão Afonso contra os outros — que vamos por esta terra aqui acerca, para ver se acharemos o padre e madre daqueles moços, que não pode ser, segundo a idade e disposição deles, que os aqui houvessem de leixar por se afastar longe.

Os outros disseram que fosse com boa ventura para onde lhe prouvesse, que de o seguirem não tinham empacho.

E indo assim um pequeno espaço, começou Estêvão Afonso de sentir golpes de machado ou de alguma outra ferramenta, com que algum carpentejava em algum pau, e reteve-se assim um pouco, por se afirmar em seu ouvido, pondo os outros em aquele mesmo cuidado. E assim todos juntamente conheceram que tinham cerca o que buscavam.

— Ora — disse ele — vós vindes de trás, e leixai ir a mim diante, porque se todos formos de companha, muito passo[91] que vamos, é necessário sermos sentidos, de guisa que antes que cheguemos a ele, quem quer que é,

91 Devagar.

se é só, necessário é que se ponha em salvo: e se eu for passo e agachado; pode-lo-ei filhar de surpresa, sem haver de mim sentido; mas não sejam porém vossos passos tão curtos por que me tarde vosso socorro onde por ventura me será necessário, se me em tal perigo vir.

Acordados assim em isto, começou Estêvão Afonso de seguir seu caminho, e entre o bom esguardo que pôs no assossego de suas passadas, e o intento que o guineu tinha em seu trabalho, nunca pôde sentir a vinda do outro, senão quando se lançou de salto sobre ele, e digo de salto, porque o Estêvão Afonso era de pequeno corpo e delgado; o que o guineu era muito pelo contrário; e assim lhe travou rijo pelos cabelos que, quando se o guineu quis endireitar, ficou Estêvão Afonso pendurado, com os pés fora do chão.

O guineu era valente e poderoso, e pareceu-lhe que era escárnio ser assim sujeito de tão pequena cousa, espantado porém em si mesmo, que podia ser aquilo; mas pero muito trabalhasse, nunca se dele pode desempachar; com tal força andava enfeltrado em seus cabelos, que não parecia o trabalho daqueles dois senão atrevimento de galgo ardido, posto na orelha de algum poderoso touro.

E por dizer verdade, já o socorro dos outros a Estêvão Afonso parecia tardinheiro; pelo qual creio que seu coração era bem arrependido do primeiro conselho; e se em tal ponto coubera contrauto, sei que houvera por proveitoso leixar o ganho por a segurança da perda. E estando assim ambos em sua porfia, sobrechegaram os outros, dos quais o guineu foi tomado pelos braços e pelo pescoço, para o atarem.

E pensando Estêvão Afonso que ele estava já recadado nas mãos dos outros, soltou-o dos cabelos; e o guineu, vendo-se solto de cabeça, sacudiu os outros dos braços, lançando-os cada um a sua parte, e começou de fugir; cuja seguida aos outros empós ele pouco aproveitou, porque a sua ligeirice era mui avantejada ante o correr dos outros homens. E assim indo, se acolheu a um bosque, acompanhado de muita espessura de mato, onde os outros, cuidando que o tinham, trabalhando-se de o buscar, ele era já em sua choça, com intenção de segurar seus filhos e filhar sua arma que com eles leixara.

Mas todo seu primeiro trabalho foi nada em comparação do grande nojo que lhe sobreveio com o falecimento[92] dos filhos que não achou; e ficando-lhe ainda uma pequena esperança, que porventura estariam escondidos em alguma parte, começou de esguardar para todos os cabos, para ver se haveria deles alguma vista.

CRÔNICA DO DESCOBRIMENTO E CONQUISTA DA GUINÉ

92 Falta, ausência.

Álvaro Velho

Do descobrimento português do caminho marítimo da Europa para a Índia, em 1498, ficou um relato escrito por alguém que viveu a aventura, o Roteiro da primeira viagem de Vasco da Gama. *A autoria desse roteiro tem sido atribuída a Álvaro Velho.*

No extremo sul da África

À terça-feira viemos na volta da terra e houvemos vista de uma terra baixa e que tinha uma grande baía.

O capitão-mor mandou Pêro de Alenquer no batel a sondar se achava bom poiso, pelo qual a achou muito boa, e limpa, e abrigada de todos os ventos, somente de noroeste, e ela jaz leste e oeste — à qual puseram nome Santa Helena. [...]

Nesta terra há homens baços[93] que não comem senão

93 Coissãs. No caso, provavelmente sãs ou bosquímanos. Os bosquímanos, boximanes ou sãs, e os hotentotes, ou cóis, os primitivos habitantes do sul e de boa parte do leste do continente africano, são geralmente reunidos num só grupo humano, o coissã (ou *khoisan*), e numa família linguística caracterizada por cliques ou estalidos com valor de consoantes. Baixinhos, com a cor da pele amarelada e que enruga preco-

lobos-marinhos e baleias, e carne de gazelas e raízes de ervas. E andam cobertos com peles, e trazem umas bainhas em suas naturas. E as suas armas são uns cornos tostados, metidos em umas varas de azambujo, e têm muitos cães, como os de Portugal, e assim mesmo ladram.

As aves desta terra são assim mesmo como as de Portugal, corvos-marinhos, gaivotas, rolas e cotovias, e outras muitas aves. E a terra é muito sadia e temperada, e de boas ervas.

Ao outro dia depois de termos pousado, [...] saímos em terra com o capitão-mor, e tomamos um homem daqueles, o qual era pequeno de corpo [...] e andava apanhando mel na charneca, porque as abelhas naquela terra o fazem ao pé das moitas; e levamo-lo à nau do capitão-mor, o qual o pôs consigo à mesa, e de tudo o que nós comíamos comia ele. E ao outro dia o capitão-mor o vestiu muito bem e o mandou pôr em terra.

E ao outro dia seguinte vieram catorze ou quinze deles, aqui onde tínhamos os navios.

E o capitão-mor foi em terra e mostrou-lhes muitas mercadorias, para saber se havia naquela terra alguma daquelas coisas — e as mercadorias eram canela, e cravo, e aljôfar, e ouro, e assim outras coisas — e eles não entenderam naquelas mercadorias nada, como homens que nunca as viram, pelo qual o capitão-mor lhes deu cascavéis e anéis de estanho. [...]

E ao domingo vieram obra de quarenta ou cinquenta deles, e nós, depois que jantamos, saímos em terra, e com ceitis, que levávamos, resgatamos conchas que eles

---

cemente, a face e o nariz achatados, possuem olhos estreitos e oblíquos e o cabelo extremamente encarapinhado e pegado ao crânio. As mulheres são conhecidas pela esteatopigia. Os bosquímanos são um pouco mais franzinos do que os hotentotes, mas as diferenças entre eles são sobretudo culturais: aqueles são caçadores e coletores, e estes, criadores de gado.

traziam nas orelhas, que pareciam prateadas, e rabos de raposas, que traziam metidos em uns paus, com que abanavam ao rosto; onde eu resgatei uma bainha, que um deles trazia em sua natura, por um ceitil; pelo qual nos parecia que eles prezavam cobre porque eles mesmos traziam umas continhas dele nas orelhas.

E o capitão-mor não quis aqui [na angra de S. Brás][94] sair em terra, porque esta, aonde os negros[95] estavam, era um mato grande, e mudou-lhe o posto, e fomos pousar a outro lugar descoberto. [...]

Ao sábado vieram obra de duzentos negros, entre grandes e pequenos, e traziam obra de doze rezes, entre bois e vacas, e quatro ou cinco carneiros; e nós, como os vimos, fomos logo em terra. E eles começaram logo de tanger quatro ou cinco flautas, e uns tangiam alto e outros baixo, em maneira que concertavam muito bem pra negros, de que se não espera música, e bailavam como negros.

E o capitão-mor mandou tanger as trombetas, e nós em os batéis bailávamos, e o capitão-mor também. [...]

Os bois desta terra são muito grandes, como os de Alentejo, e muito gordos à maravilha, e muito mansos; e são capados, e deles não têm cornos. [...]

Em esta angra está um ilhéu em mar de três tiros de besta. E em este ilhéu há muitos lobos-marinhos; e deles são tão grandes como ursos muito grandes, e são muito temerosos e têm muito grandes dentes, e vêm-se aos homens; e nenhuma lança, por força que leve, os não pode ferir; e outros mais pequenos e outros muito pequeninos; e os grandes dão urros como leões, e os pequeninos

94 Atual Mossel Bay.

95 Não seriam negros, mas hotentotes, possivelmente, já que criavam gado.

como cabritos. E aqui fomos um dia a folgar e vimos, entre grandes e pequenos, obra de 3 mil. E atirávamos-lhes do mar com as bombardas.

E neste ilhéu há umas aves, que são tamanhas como patos, e não voam, porque não têm penas nas asas, e chamam-lhes fortilicaios,[96] e matamos delas quanto quisemos; as quais aves zurram como asnos.

ROTEIRO DA PRIMEIRA VIAGEM DE VASCO DA GAMA

Ilha de Moçambique

Os homens desta terra são ruivos[97] e de bons corpos, e da seita de Mafamede, e falam como mouros; e as suas vestiduras são de panos de linho e de algodão, muito delgados, e de muitas cores, de listras, e são ricos e lavrados.

E todos trazem toucas nas cabeças, com vivos de seda lavrados com fios de oiro. E são mercadores e tratam com mouros brancos, dos quais estavam aqui em este lugar quatro navios deles, que traziam oiro, prata, e pano, e cravo, e pimenta, e gengibre, e anéis de prata, com muitas pérolas, e aljôfar, e rubis, e, isso mesmo, todas estas coisas trazem aos homens desta terra.

E ao que nos parecia, segundo eles diziam, que todas estas coisas vinham aqui de carreto, e que aqueles mouros o traziam, salvo o oiro; e que para diante, para onde nós íamos, havia muito, e que as pedras e o aljôfar e a especiaria eram tantas que não era necessário resgatá-las, mas apanhá-las aos cestos.

E isso tudo entendia um marinheiro que o capitão-mor levava, o qual fora já cativo de mouros e portanto entendia estes que aqui achamos.

96 Pinguins.
97 Isto é, pardos.

E mais disseram os ditos mouros que havíamos, que neste caminho, que levávamos, acharíamos muitos baixos; e que também acharíamos muitas cidades ao longo do mar, e que havíamos de ir topar com uma ilha em que estavam a metade mouros e a metade cristãos, os quais cristãos tinham guerra com os mouros, e que em esta ilha havia muita riqueza.

Mais nos disseram que o Preste João[98] estava dali perto, e que tinha muitas cidades ao longo do mar, e que os moradores delas eram grandes mercadores e tinham grandes naus; mas que o Preste João estava muito dentro pelo sertão, e que não podiam lá ir senão em camelos. Os quais mouros traziam aqui uns dois cristãos índios cativos. [...]

Em este lugar e ilha, a quem chamam Moçambique, estava um senhor a que eles chamavam sultão, que era como viso-rei, o qual veio aos nossos navios, por muitas vezes, com outros seus, que com ele vinham. [...]

O capitão-mor lhe deu um dia um convite, o qual foi de muitos figos e conservas, e lhe pediu que lhe desse dois pilotos que fossem conosco; e ele disse que sim, contanto que os contentassem.

ROTEIRO DA PRIMEIRA VIAGEM DE VASCO DA GAMA

Os barcos da África Índica

As naus desta terra são grandes e sem cobertas; e não têm pregadura, e andam apertadas com tamiça, e, isso mesmo, os barcos.

E suas velas são esteiras de palma, e os marinheiros

98 Soberano mítico cristão, senhor, na imaginação medieval europeia, de um poderosíssimo império. A partir do século XIV, sem perder a roupagem de lenda, passou a ser identificado com o imperador da Abissínia.

delas têm agulhas genoiscas[99] por que se regem, e quadrantes e cartas de marear.

As palmeiras desta terra dão um fruto tão grande como melões, e o miolo de dentro é o que comem, e sabe como junca avelanada,[100] e também há aí pepinos e melões muitos, os quais nos traziam a resgatar.

ROTEIRO DA PRIMEIRA VIAGEM DE VASCO DA GAMA

Melinde

Esta vila de Melinde está em uma angra, e está assentada ao longo de uma praia; a qual vila se quer parecer com Alcochete.[101]

E as casas são altas e mui bem caiadas, e têm muitas janelas.

ROTEIRO DA PRIMEIRA VIAGEM DE VASCO DA GAMA

99 De Gênova.
100 Refere-se possivelmente ao coco.
101 Vila portuguesa pertencente ao distrito de Setúbal, na margem esquerda do rio Tejo.

Alvise de Cadamosto

Alvise de Cà da Mosto (ou, aportuguesando, Alvise ou Luís de Cadamosto) foi um navegador veneziano (1432--88) a serviço do infante d. Henrique, de Portugal. De suas viagens, e também das de Pedro de Sintra, ficou o importante relato Viaggi (*Viagens*).

Um rei jalofo

[Ao rei jalofo][102] é lícito ter quantas mulheres ele quiser, e assim também a todos os senhores e homens daquela terra (cada um pode ter quantas quiser ou quantas puder manter). E assim este rei tem delas sempre mais de trinta: porém, faz mais caso de uma que de outra, conforme as pessoas de quem são descendentes, e preeminência dos senhores de quem são filhas. E tem este rei esta maneira de viver com as sobreditas suas mulheres: tem certas aldeias e lugares seus; num desses lugares tem umas oito

102 Os jalofos (*Wolof*) são um povo que ocupa parte do baixo Senegal e da costa que se estende deste rio até o Gâmbia. Quando da visita de Cadamosto, o chamado império jalofo era formado por cinco reinos: o Jalofo propriamente dito, o Ualo, o Caior, o Baol e o Sine. Os quatro primeiros tinham população predominante jalofa; o quinto, serere.

ou dez; outras tantas, noutro; e, assim, de lugar para lugar. Cada uma destas suas mulheres está separadamente em [sua] casa, e tem, cada uma, umas tantas raparigas que a servem; e, outrossim, tem uns quantos escravos cada uma, os quais cultivam certas propriedades e terrenos que o dito senhor dá a cada uma destas mulheres, para que, com os seus rendimentos, se possam manter. Têm, além disso, todas elas, certa quantidade de gado, isto é, cabras e vacas, para seu uso, as quais, também, têm de ser tratadas por esses tais escravos. Assim, semeiam, fazem as colheitas e se sustentam. E quando acontece de o dito rei ir a algumas das sobreditas aldeias, não traz depois de si vitualhas nem outra coisa, pois que aonde ele chega, aquelas suas mulheres que aí se encontram são obrigadas a fazer os gastos com ele e com todos os seus que ele leva consigo. Procedem assim: todos os dias, de manhã cedo, cada uma destas suas mulheres, ao nascer do sol, tem preparadas três ou quatro iguarias, cada uma com diversas coisas, quais de carne, quais de peixe, e outros manjares mouriscos, conforme seus costumes. Mandam-nas apresentar, pelos escravos, na casa da despensa do dito senhor; de modo que, numa hora, acham-se prontas quarenta a cinquenta iguarias; e quando chega a hora em que o senhor quer comer, acha-o sem qualquer preocupação; e assim toma para si daquelas coisas o que entende. O resto manda dar à sua gente; mas nunca dá de comer a esta gente com fartura, pois sempre têm fome. Deste modo vai de lugar para lugar e vive sem se preocupar com a sua comida. Vai dormir umas vezes com uma, outras vezes com outra das ditas suas mulheres e faz aumentar em grande número os filhos, porque quando uma delas está grávida, ele não lhe toca mais. E por este mesmo modo acima vivem os outros senhores daquele país.

No rio Gâmbia

Aqui [no rio Gâmbia] estivemos cerca de dois dias. Durante este tempo, vieram às nossas caravelas muitos daqueles negros habitantes de uma e outra parte do dito rio e suas margens. Uns vinham para ver-nos, como coisa muito nova para eles e nunca vista pelos seus antepassados; outros, para nos venderem umas ninharias ou qualquer anelzinho de ouro. As coisas que nos traziam eram estas: primeiramente, lonas e fiados de algodão, e panos de algodão feitos a seu modo, uns brancos, outros variegados, isto é, listrados de branco e azul, ou de branco, azul e encarnado, muito bem-feitos. Traziam também muitos macacos e babuínos de várias sortes, pequenos e grandes, pois nestas partes deles se encontra enorme quantidade; e davam-nos por coisa pouca, no valor de dez *marchetti* ou menos,[103] em troca de qualquer ninharia que lhes déssemos. Também nos traziam algália, e peles dos gatos que dão a algália; e, na venda, obtinha-se 1 onça de algália por uma outra coisa em troca que não valia quarenta ou cinquenta *marchetti* (não que eles vendam a peso, mas digo-o por cálculo). Outros traziam-nos frutos de várias espécies, entre outros, muitas tâmaras pequenas e da selva, não muito boas. Os quais frutos eram bons de comer, para eles; muitos dos nossos os comeram e acharam-nos de sabor diverso dos nossos; mas eu nunca quis comê-los com receio do fluxo. Deste modo tínhamos, todos os dias, gente nova nas caravelas, e de diversas línguas: nunca cessavam de andar acima e abaixo daquele rio com aquelas suas almadias, de lugar para lugar, com mulheres e homens, da mesma maneira que fazem por cá os nossos barcos nos rios. Toda a sua nnavegação é à força de remos; e

103 *Marchetto* era uma pequena moeda de cobre cunhada em Veneza.

vogam todos de pé, tanto de um lado como de outro, a fim de manter direito o barco. O seu vogar faz-se de pé, à força de braços, sem apoiar o remo a qualquer tolete. O remo é feito deste modo: dispõem de um pau, a modo de meia lança, com o comprimento de um passo e meio; na ponta deste pau têm fixado ou ligado de qualquer modo um prato redondo; e com esta espécie de remos vogam muito velozmente com aquelas suas almadias. E este é o seu modo de navegar: vão com estas suas almadias, pela costa do mar, resvés com a terra; e dispõem de muitas embocaduras de pequenos rios onde se metem e ficam seguros; mas geralmente não se afastam muito do seu país, por não estarem certos, de um país para outro, de não serem presos, também, por negros, e vendidos como escravos. Ao fim de dois dias, determinamos partir e ir para a boca do dito rio; porque muitos dos nossos homens começaram a adoecer de febre quente, aguda e contínua; pelo que logo partimos.

VIAGENS

Elefantes

Neste país [Gâmbia] há grande quantidade de elefantes. E eu vi três deles, vivos e bravos (pois nestas partes não os sabem domesticar, como nas outras partes do mundo). Não foi nesta viagem que eu os vi, mas numa outra viagem em que, depois, com a caravela, vim a entrar neste rio de Gambra.[104] Estando com o navio surto no meio do rio, houvemos vista destes três elefantes que saíam do mato, e iam pela riba. Saltamos, uns quantos, para o barco, a fim de ir a eles, pois estávamos um pouco longe; mas assim que nos viram vir, meteram-se no mato. Depois vi um outro, pequeno, morto; porque, para me

104 Gâmbia.

comprazer, um outro senhor preto, que de nome se chamava Geranumensa e vivia perto da boca deste rio de Gambra, [o] foi caçar, com muitos negros; e durante dois dias perseguiram este pequeno elefante, até que o mataram. Estes vão à caça a pé; e não usam de outras armas para atacar, senão de azagaias [...] e de arcos; e todas as armas que trazem estão envenenadas. E sabei que vão procurar estes elefantes, quando andam à caça, aos matos, onde continuamente os ditos elefantes estão, principalmente nos lugares lamacentos, pois são como os porcos que de bom grado estão na lama. E onde estão muitas árvores, põem-se os negros atrás delas; e ferem os elefantes com setas ou azagaias envenenadas: e vão-se escapando e saltando de uma árvore para outra; de modo que o elefante, que é animal gordo, antes que se possa voltar, é ferido por muitos. Deste modo é ele muito atacado, sem poder defender-se. Mas digo-vos que, ao largo, onde não houvesse árvores, ninguém se atreveria a aproximar-se dele, porque não corre tanto nenhum homem que o elefante, só com o seu passo, o não apanhe, pois, em razão do seu tamanho, que é extremo, o seu passo é muito largo. E quando acontece, por desgraça, um elefante perseguir um homem em campo raso, em o apanhando não o ataca senão com aquela grande tromba de focinho, que se parece quase com a do porco, se bem que seja de outra forma, pois a tromba no focinho do porco não é móvel, e a do elefante, sim. Isto porque a do elefante é como um lábio grosso e duro, que ele torce, alonga e encurta, encolhendo como quer; e isto não pode fazer o porco. De modo que, apanhando o homem com esta tromba, atira-o tão alto, para o ar, que antes que chegue à terra o homem está morto. Isto ouvi contar a muitos negros. Mas nem por isso é o elefante animal feroz que vá contra o homem, se por ele não é atacado. [...] Quero que saibais que a pata do elefante, em toda a volta, se parece com uma pata de cavalo; é, porém, toda de uma calosidade preta e muito grossa; na calosidade da pata há cinco unhas, à volta da pata, rentes à terra, redondas e de tamanho pouco maior que um grosso. [...] Não se julgue que os elefantes não dobram os joelhos, como, de outras vezes, ouvi dizer, antes de ir a estas partes. Pelo contrário, ajoelham, andam, deitam-se e levantam-se, como os outros animais.

VIAGENS

Duarte Pacheco Pereira

Navegador e cosmógrafo português (1460?-1533). Fez várias viagens à África durante o reinado de D. João II. Há quem sustente que teria chegado ao Brasil em 1498. Foi governador do forte de São Jorge da Mina, na atual cidade de Elmina, no Gana, de 1509 a 1522. Seu grande livro, Esmeraldo de Situ Orbis, *deve ter sido escrito entre 1505 e 1508.*

Tombuctu e Jenné

E na cabeça desta alagoa está um reino que se chama Tambucutu,[105] o qual tem uma grande cidade do mesmo nome junto com a mesma alagoa; e ali está a cidade de Jani,[106] povoada de negros, a qual cidade é cercada de muros de taipa e nela há grandessíssima riqueza de ouro. E ali vale muito o latão e cobre e panos vermelhos e azuis e sal; e tudo se vende por peso, senão os panos;

105 Tombuctu ou Timbuctu. Antigo e importante entreposto do comércio transaariano e grande centro de educação e cultura islâmica.
106 Jenné ou Djenné. Antigo e importante centro mercantil. Nele se faziam as conexões comerciais entre Tombuctu, o alto Níger e as florestas.

e assim vale aqui muito o cravo, pimenta e açafrão e seda solta fina, e açúcar. E o trato desta terra é grande: e assim temos sabido que dos lugares sobreditos, onde se fazem grandes feiras, entre as quais uma delas é a de Coro, que em cada um ano desta terra se tira um conto de ducados de ouro, que vai para Túnis e Trípoli de Sória e Trípoli de Berberia, e para o reino de Bógia e para Fez e outras partes.

ESMERALDO DE SITU ORBIS

Os homens com cabeça e rabo de cães

E 200 léguas além deste rio de Mandinga está uma comarca de terra onde há muito ouro, a qual chamam Toom;[107] e os moradores desta província têm rosto e dentes como cães, e rabos como de cão, e são negros e de esquiva conversação, que não querem ver outros homens. [...] E os mercadores mandingas[108] vão às feiras de Betu e de Bambarraná e de Bahá comprar este ouro que hão daquela monstruosa gente.

ESMERALDO DE SITU ORBIS

Benim

E indo per este rio acima,[109] da parte da mão esquerda espaço de 1 légua,[110] estão dois braços que da madre

107 Toom estaria a 889 km.
108 Os mandingas, mandes ou malinquês são um povo da Alta Guiné, grandes comerciantes e muçulmanos, que, ao longo da história, formaram numerosos reinos. O mais famoso foi o Mali.
109 O rio Fermoso ou Formoso, atual rio Benim, na baía de Biafra.
110 Cerca de 4 445 m.

deste rio saem; e indo pelo segundo braço acima, espaço de 12 léguas, é achada uma vila que se chama Hugató,[111] que será lugar de 2 mil vizinhos; e este é o porto da grande cidade do Beni,[112] que está no sertão 9 léguas de bom caminho. E até Hugató podem ir navios pequenos de grandura de cinquenta tonéis. E esta cidade terá 1 légua de comprido de porta a porta, e não tem muro; somente é cercada de uma grande cava muito larga e funda, a qual abasta para sua defensão; e eu fui nela quatro vezes. E tem as casas de taipas cobertas de palma.

O reino do Beni será de 80 léguas de comprido e 40 de largo.[113] E o mais do tempo faz guerra aos vizinhos, onde toma muitos cativos que nós compramos a doze e quinze manilhas de latão ou de cobre, que eles mais estimam; e dali são trazidos à fortaleza de São Jorge da Mina, onde se vendem por ouro.

Muitas abusões há no modo de viver desta gente, e feitiços e idolatrias que leixo de escrever por não fazer prolixidade. [...]

Ao levante deste reino do Beni, 100 léguas de caminho no sertão, é sabida uma terra que, em nossos dias, tem um rei que se chama Licosaguou e dizem que é senhor de muita gente e grande poder.[114] E, logo junto com este,

111 Ughoton ou Gató, que estaria a pouco mais de 53 km de distância.

112 Benim, capital do reino de mesmo nome ou de Edo, a noroeste do delta do rio Níger. Já devia ser uma cidade de certa importância no século XIII. O reino, que existe até hoje, incorporado à Nigéria, ficou famoso por suas esculturas em ligas de cobre. A cidade estaria a uma distância de 40 km de Hugató.

113 O reino estaria contido nesta área com cerca de 356 km de comprimento e 178 km de largura.

114 Poderia estar se referindo ao *alafin* ou rei do reino iorubá de Oió. Esta terra estaria a 444 km de distância.

está outro grande senhor que há nome Hogané; e este é entre os negros assim como o papa entre nós.[115]

Nestas terras há pimenta negra; e é muito mais forte que a da Índia, e o grão quase todo de uma grandura, somente que a da Índia é enverrugada e esta é lisa na superfície.

Nesta terra há uns homens selvagens que habitam nos montes e arvoredos desta região, aos quais chamam, os negros do Beni, *òsá*; e são muito fortes, e são cobertos de sedas, como porcos. Tudo tem de criatura humana, senão que, em lugar de falar, gritam. E eu ouvi já de noite os gritos deles e tenho uma pele de um destes selvagens.[116]

Nesta terra há muitos elefantes, dos quais os dentes, a que chamamos marfim, muitas vezes compramos; e assim há muitas onças e outras alimárias de diversas espécies; e assim aves de tão desvairados modos das da nossa Europa, que, quando no princípio do descobrimento desta terra, os que isto viram e das tais cousas contavam não eram cridos, até que a prática dos que depois lá foram fez dar crédito a uns e outros. [...]

E a gente do Beni[117] e suas comarcas são ferrados de uns riscos nas sobrancelhas, que per este modo e em tal lugar nenhuns outros negros têm; e per este sinal se podem bem conhecer.

ESMERALDO DE SITU ORBIS

115 O Ogané tem sido identificado com o *oni* ou rei de Ifé, que no Benim toma o nome de Oguene. Segundo a tradição, Oraniã, o primeiro obá ou rei do Benim, era da família real de Ifé. E Ifé estaria também na origem das monarquias divinas dos vários reinos e cidades-estado iorubanos, tendo sobre eles ascendência ritual. No Benim, cada novo obá, tão logo assumia o mando, enviava uma embaixada ao *oni*, pedindo que o confirmasse no poder, e dele recebia algumas insígnias reais.

116 Seriam chimpanzés ou gorilas.

117 Os edos ou binis.

Almadias do delta do Níger

E na boca deste rio Real, [...] está uma muito grande aldeia, em que haverá 2 mil vizinhos; e aqui se faz muito sal. E nesta terra há as maiores almadias, todas feitas de um pau, que se sabem em toda a Etiópia de Guiné; e algumas delas há tamanhas que levarão oitenta homens, e estas vêm de cima deste rio, de 100 léguas e mais,[118] e trazem muitos inhames, que aqui há muito bons, que é assaz de bom mantimento. E assim trazem muitos escravos e vacas e cabras e carneiros; e ao carneiro chamam *bozy*. E tudo isto vendem, por sal, aos negros da dita aldeia. E a gente dos nossos navios compram estas cousas por manilhas de cobre, que aqui são muito estimadas, mais que as de latão; e por oito e dez manilhas se pode aqui haver um bom escravo.

ESMERALDO DE SITU ORBIS

Panos do Congo

Neste reino do Congo[119] se fazem uns panos de palma,[120] de pelo como veludo, e deles como lavores, como cetim velutado, tão fermosos que a obra deles se não faz melhor, feita em Itália. E em toda a outra Guiné não há terra em que saibam fazer estes panos senão neste reino de Congo.

ESMERALDO DE SITU ORBIS

118 100 léguas correspondem a cerca de 444 km.
119 Grande reino situado no curso inferior do rio Zaire ou Congo. Teria tomado forma no século XIV ou início do XV. Decaiu e fragmentou-se no fim do Seiscentos.
120 De ráfia.

Búzios como moeda

Além deste rio do Padrão,[121] [...] com 35 léguas de caminho, pouco mais ou menos, é achado um rio pequeno que se chama o rio de Mondego; e ali faz a terra uma enseada, que será pouco mais de 1 légua em roda, na boca da qual estão duas ilhas pequenas, baixas e rasas, de pouco arvoredo, que chamam as ilhas de Cabras.[122] E estas estão muito perto de terra, e são povoadas dos negros do senhorio do manicongo;[123] e ainda vai adiante a terra de Congo.

E nestas ilhas apanham os ditos negros uns búzios pequenos, que não são maiores que pinhões com sua casca, a que eles chamam zimbos, os quais em terra do manicongo correm por moeda; e cinquenta deles dão por uma galinha, e trezentos valem uma cabra, e assim as outras cousas segundo são. E quando manicongo quer fazer mercê a alguns seus fidalgos, ou pagar algum serviço que lhe fazem, manda-lhe dar certo número destes zimbos, pelo modo que nossos príncipes fazem mercê da moeda destes reinos a quem lha merece, e muitas vezes a quem lha não merece.

E na terra do Beni [...] usam uns búzios por moeda, um pouco maiores que estes zimbos de manicongo, aos quais búzios no Beni chamam *iguou*;[124] e tôdalas cousas por eles compram, e quem mais deles tem, mais rico é.

ESMERALDO DE SITU ORBIS

121 O rio Zaire ou Congo, em cuja foz Diogo Cão ergueu um padrão, ou monumento, de pedra comemorativo. Seriam 35 léguas marítimas, ou 194 km, ou 35 léguas terrestres, ou 157 km.
122 Refere-se provavelmente à ilha de Luanda.
123 Ou rei do Congo.
124 Ou *igô*.

Duarte Barbosa

Não se sabe qual dos três indivíduos que, a serviço da Coroa portuguesa em Goa, acudiam pelo mesmo nome de Duarte Barbosa, escreveu, em algum momento entre 1516 e 1519, o roteiro de nnavegação no Índico que se conhece como O livro de Duarte Barbosa. *Dessa obra, até a descoberta, no início do século XIX, de manuscrito com o original em português, só se tinha a tradução italiana publicada em 1550 por Giovanni Battista Ramusio na sua famosa coleção Navigazioni e Viaggi* [*Navegações e Viagens*].

Sofala

Indo mais adiante, passando estas Hucicas[125] a caminho da Índia, a 20 ou 30 léguas dela, está um rio[126] que não é muito grande, pelo qual dentro está uma povoação de mouros que chamam Sofala, junto com a qual tem El-rei nosso senhor uma fortaleza. Estes mouros há muito tempo que povoaram aqui, por causa do grande trato de ouro que tinham com os gentios de terra firme. Os mouros desta

125 Ilhas de Bazaruto?

126 Rio Pongué, que estaria entre 110 km e 170 km de distância.

povoação falavam arávia,[127] e têm um rei sobre si que está à obediência de El-rei nosso senhor. A maneira de seu trato era que a eles vinham em pequenos navios, que chamam zambucos, do[s] reino[s] de Quíloa, Mombaça e Melinde, muitos panos pintados de algodão, outros brancos e azuis, deles de seda, e muitas continhas pardas e roxas e amarelas que aos ditos reinos vêm em outros navios maiores do grã reino de Cambaia,[128] as quais mercadorias os ditos mouros que vinham de Melinde e Mombaça compram a outros que aqui as trazem, e lhas pagam em ouro pelo preço de que eles iam muito contentes, o qual ouro lhe dão a peso. Os mouros de Sofala guardavam estas mercadorias e as vendiam depois aos gentios do reino de Benemetapa,[129] que ali vinham carregados de ouro, o qual ouro lhe davam a troco dos ditos panos sem peso, em tanta quantidade que bem ganham cento por um. Estes mouros recolhem também muita soma de marfim que acham derredor de Sofala, que também vendem para o reino de Cambaia a cinco e a seis cruzados o quintal;[130] também vendem algum âmbar que lhe trazem das Hucicas, que é muito bom.

São estes mouros homens pretos e deles baços, falam alguns deles arávia, e os mais se servem da língua da terra que é a dos gentios. Eles se cobrem da cinta para baixo com uns panos de algodão e seda; trazem, outros, panos sobraçados como capas e fotas nas cabeças, alguns deles carapucinhas de grã de quartos e de outros panos de lã de muitas cores, e chamalotes, e doutras sedas; seus mantimentos são milho, arroz, carne e pescado. Em este rio ao mar dele, saem em terra muitos cavalos marinhos[131] a

127 Língua árabe.
128 Importante centro manufatureiro e mercantil, famoso por seus tecidos de algodão, no golfo do mesmo nome, na Índia.
129 Monomotapa.
130 O quintal equivale a cerca de 4 arrobas ou 58,8 kg.
131 Hipopótamos.

pascer, os quais cavalos andam sempre no mar como peixes, têm dentes da feição dos elefantes pequenos em sua quantidade segundo são; este é melhor marfim que do elefante, mais alvo e rijo, sem nunca perder cor. Na própria terra, derredor de Sofala há muitos elefantes bravos e mui grandes, os quais a gente da terra não sabe nem costuma domesticar, onças e leões e veação e outras alimárias.

A terra é de campos e montanhas, de muitas ribeiras de mui boas águas. Na mesma Sofala fazem agora novamente grande soma de algodão, e tecem-no, de que se fazem muitos panos brancos; e, porque não sabem tingir ou por não terem tinta, tomam panos azuis ou de outras cores de Cambaia, e desfiam-nos e tornam-nos a juntar, de maneira que fazem um novelo e com este fiado e com outro branco do seu, fazem muitos panos pintados, e deles hão muita soma de ouro, o qual remédio fizeram depois que viram que nossas gentes lhe tolhiam a nnavegação dos zambucos; as mercadorias não podem vir a eles senão por mão dos feitores que el-rei nosso senhor tem ali em suas feitorias e fortalezas.

O LIVRO DE DUARTE BARBOSA

O grande reino de Benemetapa

Indo assim desta terra contra o sertão, jaz um mui grande reino de Benemetapa[132] que é de gentios, a que os mouros chamam cafres. São homens pretos, andam nus,

132 Ou Monomotapa, *munhumutapa* ou *muene mutapa*, título do poderoso soberano e do país ou império que governava ao sul do rio Zambeze, no oeste de Moçambique, e no norte do atual Zimbabué, tendo por centro o planalto de Mocaranga. O reino ter-se-ia consolidado na metade do século XV e começou a decair no final do século XVII, mas monomotapas, embora com o poder muito esgarçado, ainda reinaram sobre parte do antigo império por cerca de mais duzentos anos.

somente cobrem suas vergonhas com panos pintados de algodão, da cinta para baixo. Deles andam cobertos com peles de alimárias monteses; alguns que são mais honrados trazem das mesmas peles umas capas com uns rabos que lhe[s] arrastam pelo chão; trazem isto por estado e galantaria, andam dando saltos e fazendo gestos do corpo, com que fazem saltar aquela pele de um cabo para o outro. Trazem estes homens umas espadas em umas bainhas de pau, liadas com muito ouro e outros metais, e a parte da mão esquerda, como nós, com suas borlas dependuradas, como galantes homens; trazem também nas mãos azagaias, e outros arcos e frechas meãos, que não são tão compridos como de ingreses, nem tão curtos como de turcos; os ferros das frechas são mui grandes e subtis. Eles são homens de guerra, e outros, grandes mercadores. Suas mulheres andam nuas, somente cobrem suas vergonhas com panos de algodão entrementes são solteiras, e como são casadas e têm filhos lançam outros panos por cima dos peitos.

O LIVRO DE DUARTE BARBOSA

Zimbaoche

Indo mais adiante para o sertão quinze ou vinte jornadas, está uma mui grande povoação que chamam Zimbaoche[133] em que há muitas casas de madeira e de palha, que é de gentios, em a qual muitas vezes está o rei Benemetapa, e daí a Benemetapa são seis jornadas, o qual caminho vai de Sofala pelo sertão dentro contra o cabo de Boa Esperança. Nesta mesma povoação de Benemetapa é o assento mais acostumado do rei, em um lugar muito grande, donde trazem os mercadores ouro dentro a Sofala, o qual dão aos mouros sem peso por panos pin-

133 Zimbaué ou zimbabué.

tados e por contas, que entre eles são muito estimadas, as quais contas vêm de Cambaia. Dizem estes mouros de Benemetapa que ainda este ouro vem de muito mais longe, de contra o cabo de Boa Esperança, como para Moçambique; ele é cada dia servido de mui grandes presentes, que lhe os outros reis e senhores mandam, cada um em sua quantidade e trazem-lhos pelo meio da cidade, e descobertos sobre a cabeça, até que cheguem a uma casa muito alta aonde o rei sempre está aposentado, e ele o vê por uma janela e não o veem a ele, somente ouvem-lhe sua palavra; depois ele mesmo rei manda chamar a pessoa que lhe o tal presente trouxe e o manda logo mui bem despachado.

Este rei traz continuamente no campo um capitão que chamam *sono*, com muita soma de gente e 5 mil e 6 mil mulheres, que também tomam as armas e pelejam, com a qual gente anda sossegando alguns reis que se levantam ou querem alevantar contra seu senhor. Este rei de Benemetapa manda cada ano homens honrados, despachados por seu reino a todos os senhorios e lugares que nele tem, a dar fogo novo, para saber se estão em sua obediência, *silicet* cada homem destes, chegado a cada lugar, faz apagar quantos fogos nele estão, de maneira que em todo o lugar não fica nem um fogo; e, como são todos apagados, todos o tornam a vir tomar de sua mão, em sinal de muita amizade e obediência, de maneira que o lugar ou vila que assim o não quer fazer, é logo acusado por revel, o qual manda logo o seu dito capitão sobre ele, que o vá destruir ou meter debaixo do seu mando e senhorio; o qual capitão, com toda a sua gente de armas, por onde quer que for, há de comer à custa dos lugares. Seu mantimento é milho, arroz e carne; servem-se muito de azeite de gergelim.

O LIVRO DE DUARTE BARBOSA

Mombaça

Indo mais ao diante ao longo da costa a caminho da Índia, está muito junto com a terra firme uma ilha, em que está uma cidade, que chamam Mombaça, a qual é muito formosa, de mui altas casas de pedra e cal e muito bem arruadas à maneira de Quíloa; a madeira é lavrada de mui formosa marcenaria. Tem rei sobre si que é mesmo mouro. Os homens são de cor baça, brancos e negros, e assim suas mulheres, que andam mui bem ataviadas, de muitos bons panos de seda, com muito ouro.

O lugar é mui grande trato de mercadorias, tem bom porto, onde estão sempre surtos muitos navios e grandes naus, assim das que vêm de Sofala como das que vão, e outras que vêm do grande reino de Cambaia e de Melinde; outras que navegam para as ilhas de Zanzibar, e outras de que ao diante farei menção. Esta Mombaça é mui farta terra de mantimentos, onde há muitos e mui formosos carneiros de uns rabos redondos e vacas e outro muito gado e galinhas, e é tudo mui gordo. Há muito milho, arroz, muitas laranjas doces e agres e muitos limões, romãs, figos da índia,[134] e toda a hortaliça, e muito boas águas.

São homens que muitas vezes têm guerra com a gente da terra firme, outras vezes paz e tratam com eles, onde recolhem muito mel e cera e marfim. E o rei desta cidade não querendo obedecer ao mando de El-rei nosso senhor, por esta soberba a perdeu e lhe foi tomada forçosamente pelos nossos portugueses, donde fugiu, e mataram-lhe muita gente, e além disso cativaram-lhe muitos homens e mulheres, de maneira que ficou destruída e roubada e queimada. Tomou-se aqui uma grossa presa de muito ouro e prata e mani-

134 Bananas.

lhas, braceletes, orelheiras[135] e contas de ouro e muito cobre e outras muitas mercadorias muito ricas.

O LIVRO DE DUARTE BARBOSA

Pemba, Mamfia e Zinzibar

Entre [a] ilha de São Lourenço[136] e a terra firme, não muito longe dela estão três ilhas, uma se chama Mamfia,[137] outra Pemba, outra Zinzibar,[138] povoadas de mouros. São mui viçosas de mantimentos, há nelas arroz, milho, carnes em muita abastança, e laranjas e limões e cidras; são os matos todos cheios delas e de todas as outras frutas; têm muitas canas-de-açúcar, o qual eles não sabem fazer.

Têm estas ilhas reis mouros; deles tratam na terra firme com seus mantimentos de carnes e frutas em uns navios muito pequenos e fracos e malfeitos, sem nenhuma coberta, e de um só mastro; a madeira deles é liada e cosida com tamisa que chamam cairo; as velas são de esteiras de palma. É gente muito fraca e de mui poucas armas. Vivem os reis nestas ilhas mui viçosamente, vestem-se de muitos bons panos de seda e algodão, que em Mombaça compram aos mercadores de Cambaia. Andam as mulheres destes mouros mui bem ataviadas, têm muitas joias de suas pessoas, de muito bom ouro de Sofala, e muita prata e orelheiras e cadeias de pescoço e manilhas e braceletes; andam vestidas de muito bons panos de seda. Têm muitas mesquitas; honram muito o Alcorão de Mafamede.

O LIVRO DE DUARTE BARBOSA

135 Brincos.
136 Nome que os portugueses deram a Madagascar.
137 Ilha de Mafia.
138 Zanzibar.

Maçuá

Daqui passando este lugar Dalaca,[139] indo para dentro do mar Roxo, vai-se longo da costa a um lugar que chamam Maçuá[140] e outras muitas povoações de mouros. [...]

Em toda esta costa há muito ouro que vem de dentro do sertão do grande reino do Abexim, que é terra do Preste João. De todos estes lugares de longo da costa tratam no sertão com muitos panos e outras muitas mercadorias, donde lhes trazem muito ouro e marfim e muito mel, cera e escravos. Os do sertão são cristãos, e cativam muitos deles, os quais cativos são muito estimados entre os mouros, e valem entre eles muito mais que outros nenhuns escravos, porque os acham agudos e fiéis e muito bons homens de suas pessoas; e tanto que estes abexins são cativos entre os mouros, logo os tornam da sua lei, e depois, vêm a ser mais emperrados nela que os próprios mouros, os quais [...], assim homens como mulheres, são pretos e mui bons homens de peleja. Andam nus da cinta para cima, e dela para baixo se cobrem com panos de algodão, e os mais honrados deles trazem uns panos grandes como almaizares mouriscos,[141] e as mulheres andam cobertas com outros grandes que chamam *chandes*.

Aqui nesta terra costumam de coser as naturas às filhas quando nascem, da qual maneira andam sempre até que casam, e as entregam a seus maridos; então lhes tornam a cortar aquela carne, que está soldada como se assim nascera. Isto vi eu por experiência, porque me achei na tomada de Zeila [...], onde tomamos muitas crianças fêmeas, que achamos assim.

O LIVRO DE DUARTE BARBOSA

139 Ilhas Dahlak, no litoral da Eritreia.
140 Também conhecido como Massawa.
141 Túnica que se usava sobre a vestimenta.

Do grande reino do Preste João

No mesmo sítio destes lugares de mouros, entrando pelo sertão, está um mui grande reino do Preste João, a que os mouros chamam o Abexim, que é mui grande e mui formoso de terras. Há nele muita gente, e tem muitos reinos ao redor sujeitos a si, que estão a seu mandado e debaixo da sua governança. É esta terra bem povoada de muitas cidades, vilas, lugares, e muitos deles vivem nas montanhas à maneira de alarves. São homens pretos, mui bem dispostos, têm muitos cavalos, de que se servem, e são eles muito bons cavaleiros e grandes monteiros e caçadores; e seus mantimentos são carnes de todas as qualidades, muitas manteigas e mel e pão de trigo e milho, das quais cousas há na terra muita abastança; vestem-se de couro, porque é a terra muito cara de panos, principalmente na montanha. Há também entre eles uma geração que não pode vestir por dignidade senão pano; todos os outros não trajam senão couro, o qual eles trazem mui bem adubado e concertado. Há também aqui homens e mulheres que nunca em sua vida beberam senão leite, com que matam a sede, e não fazem isto por falta de água (que na terra há muita), mas porque o leite os faz mais rijos e sãos. O que eles costumam muito a comer é mel e têm muito; porém os que mais costumam a comer isto são os que vivem nas montanhas.

Todos são, em geração, cristãos de tempo da doutrina do bem-aventurado São Tomé, segundo dizem, e seu batismo é em três maneiras: o primeiro é sangue, o segundo fogo, o terceiro água como o nosso. Pelo do fogo são ferrados nas testas e nas fontes, pelo da água são batizados nela como nós, pelo do sangue são circuncidados muitos deles; e carecem da nossa verdadeira fé, porque a terra é muito grande, e estes vivem nas montanhas, arredados das vilas e lugares. A mais verdadeira cristandade que entre eles há, é uma grande cidade que chamam Babelmaleque,[142] onde sempre está o rei, a que nós chamamos o Preste João e os mouros, o grande abexim.

Nesta cidade, se faz cada ano, por dia de Nossa Senhora de Agosto, uma mui grande festa, onde se ajunta assaz número de gente, e a que vêm muitos reis e grandes senhores, em o qual dia eles tiram uma imagem de uma igreja, que não sabemos se é de Nossa Senhora, se de São Bartolomeu, e é de ouro, do tamanho de um homem, os olhos são de dois rubis de inefável preço e o corpo dela arraiado de muita pedraria sem conto. Vem esta imagem posta sobre um carro de ouro, onde lhe vêm fazendo muito acatamento e cerimônia; diante dela sai o Preste João, em outro carro, chapeado de ouro, mui ricamente vestido de ricos panos de ouro e arraiado de rica pedraria. Começam a sair desta maneira: pela manhã andam pela dita cidade com muito solene procissão e com diversos tangeres e com grande festa até tarde, que na mesma ordem se tornam a recolher. É tanta a gente nisto que muitos por chegarem ao carro da imagem, morrem abafados, a qual morte hão entre si por santa e de mártires, e vão por esta razão recebê-la voluntariamente muitos velhos e velhas e outras pessoas. É este rei do Preste João muito rico e abastado de ouro, e tanto que até o nosso tempo se não sabe nenhum outro rei lhe ser nisso igual. E, como já disse, traz mui formosa e grande corte, e paga muita soma de gente que continuamente traz consigo, com que sojiga outros reis comarcãos, como já disse.

O LIVRO DE DUARTE BARBOSA

142 Bab-el-Mandeb.

Valentim Fernandes

Valentino de Morávia ou Valentim Fernandes Alemão, impressor da Morávia que se estabeleceu em Lisboa entre 1493 e 1495 e faleceu por volta de 1518. A ele devem-se alguns dos mais importantes incunábulos portugueses. É o autor das descrições da costa africana e das ilhas do Atlântico guardadas na Biblioteca do Estado da Baviera, em Munique, e publicadas, já no século XX, sob os títulos de Manuscrito "Valentim Fernandes" *e* Códice Valentim Fernandes.

Tombuctu e Jenné

Tombucutu é grandíssima cidade e jaz sobre o rio Ennyll[143] e é de grandíssimo trato, porque é escapula de todo o ouro. [...] E nesta cidade vendem o camelo com o sal tudo junto, por 100 meticais, e às vezes por 120.[144] Os camelos comem na terra. E o sal embarcam em Tombucutu em almadias e levam as ditas almadias por rio acima catorze jornadas a uma cidade chamada Gynj/Jyni.[145]

143 O Níger.
144 Um metical equivale a 4,83 g de ouro. O camelo valeria entre 483 g e 579 g de ouro.
145 Jenné.

Gyni é grande cidade de pedra e cal cercada. E até aqui chegam os mercadores que vão e vêm às covas de ouro. E estes tratantes são uma gente sobre si chamados de ungaros[146] e são ruivos ou como pardos, porque às ditas covas não consentem chegar a elas outra gente alguma se não esta, porque os tem em muita verdade. E outra nenhuma nem branca nem preta não chega a elas.

Estes ungaros quando chegam a Gyni[,] traz cada mercador consigo cento ou duzentos negros escravos e mais, os quais levam o dito sal nas cabeças, de Gyni até as covas de ouro. E dali trazem o ouro. E todo nas cabeças, pelo qual as trazem peladas e sem cabelo.

Estes mercadores que tratam para as ditas covas de ouro tratam grandíssima riqueza, ca deles há que tratam 60 mil meticais. E isso mesmo os mercadores que levam o sal a Gyni tratam 10 mil meticais.[147] E se fiam uns dos outros, sem conhecimentos nem escrituras, e sem testemunhas e fiam até certo tempo do ano, porque os ungaros, cada ano, não vêm a Gyni senão uma vez. E trazem muita verdade, assim que se porventura alguns deles morrer[erem] neste tempo, logo seu filho ou herdeiro há de vir e pagar a dívida por ele sem falta alguma.

As covas de ouro são sete e as têm sete reis, cada rei sua cova. E as covas são muito altas debaixo do chão. E estes reis têm seus escravos, aos quais metem em aquelas covas e lhes dão mulheres que levam consigo, e [elas] parem e criam nas ditas covas. E ali lhes dão de comer e beber. Estes escravos todos são negros. E quando por maravilha alguns saírem, saem brancos porque nas covas mudam a cor e estes tiram o ouro. Estes reis não dão seu ouro por nenhuma mercadoria tanto como pelo sal, porque o comem e assim as suas animálias, dizendo que sem sal não se poderiam manter nem viver eles nem seus gados.

146 Uângaras, mercadores mandingas.
147 Um metical equivale a 4,83 g de ouro.

Estes reis com toda sua gente são negros e idólatras, e têm os beiços muito grandes, aos quais continuadamente põem sal. E dizem que se lhes não pusessem sal que lhes cairiam os beiços. E também trazem certas doenças dentro dos seus corpos e assim seus animais, aos quais curam pelo comer do sal, assim que o sal têm em grande estima.

CÓDICE VALENTIM FERNANDES

O rei mandinga

El-rei de Mandinga traz vestido uma camisa de algodão e cava e roça como os outros negros. E não tem mais salvo quanto ele trabalha de seu. E não tem tributo algum, salvo o poder de matar e destruir a qualquer malfeitor.

E quando vai à festa ou por alguma guerra[,] levam-no em cima de um boi cavaleiro acompanhado de muita gente. E quando há de descer do boi, fazem-lhe um fremoso estrado de um coiro de boi. E nenhum pode pôr nem meter o pé no coiro se não o rei, que se assenta ali. E ali come e bebe. E lhe servem em atagaras, que são gamelas uma em cima da outra, cheias de milho ou arroz.

E quando algum rei casa em aquela terra logo cria certos criados, para quando ele morrer que os criados morram com ele. E isto quando morre por si e não em batalha. E a mulher primeira há de morrer com ele e não as outras. E assim as enterram com todas suas joias que ele e ela tiverem.

E quando morrem em batalha, os seus inimigos lhes cortam as cabeças a todos, a rei e rainha e criados, e levam consigo as ditas cabeças, e os corpos ficam no campo aos cães.

A sepultura fazem, quando el-rei morre por si, em esta maneira — a saber — em sua casa fazem uma cova de grandura de um grande forno e muito alta. E tomam a el-rei e lho assentam em cu dentro da cova. E junto com ele põem suas armas [...]. E metem com ele sua primeira mulher e seus criados, junto com ele, vivos. Então emadeiram aquela cova por cima como sobrado com rama. E em cima desta rama deitam um grande monte de terra tão alta como uma casa. E ali fica el-rei com seus criados e mulher, e não há memória mais deles.

CÓDICE VALENTIM FERNANDES

Cuidados com os mortos

[Na Serra Leoa] costumam de todos os finados que morrem fazer memória deles, a saber — cada um dos seus homens honrados fazem ídolos à semelhança deles; dos comuns e escravos, fazem de pau feito como bilros de bola e põem-nos em casa, cobertos de palha. Fazem-lhes cada ano sacrifício de galinhas ou de cabras, segundo a qualidade da pessoa, e lançam o sangue sobre eles, e os ossos põem ao pescoço deles, e a carne comem.

O modo de suas sepulturas é: quando morre algum cavaleiro ou algum homem honrado, abrem-no por um lado e tiram-lhe todo o miúdo de dentro. E lavam-no muito bem, e enchem-no de ervas que parecem com hortelã, que cheira muito bem, e lançam dentro farinha de arroz, e untam-no com azeite de palma. E fazem um cadafalso alto de cinco ou seis degraus, o qual é emparamentado dos melhores panos que há no lugar, como panos vermelhos ou de algodão. Então põem o morto assentado em uma cadeira com os melhores vestidos que ele tem. E se não os tem, pedem-nos emprestados. E passam-lhe um cordel pela cabeça e atam-no acima da abertura do cadafalso, pera que esteja direito. E põem-lhe uma adarga na mão, e em outra uma azagaia, e uma espada na cinta.

E, se homem que tem mortos muitos homens em guerra, põem-lhe tantas caveiras de homens diante dele quantos tem mortos. E depois dele assim estar posto, como o de em cima espírito, tangem os atabaques como se tangessem de guerra, ao qual som acodem todos do lugar e dos termos — a saber — os mancebos rijos com suas adargas e azagaias como para irem a guerra, os quais não fazem senão escaramuçar diante do morto. As mulheres e homens velhos a chorar. E ainda os cães em tais tempos se ajuntam a uivar por costume.

Duram estas festas três ou quatro dias, segundo a qualidade do homem, e, dia e noite, nunca deixam de cantar e de dançar. E, ao dia quando o hão de enterrar, se ajuntam todos aqueles povos na praça onde está o morto naquele cadafalso e ali fazem calar a todos. E ali dão joias segundo cada um quer e segundo cada um tem em sua vontade, declarando a cada um a quem as dá. Se se dão ao morto, são enterradas com ele; se se dão aos parentes do morto, cada um leva o que lhe dão. Costumam-se enterrar dentro de suas casas. Nenhum homem enterram só, se não animálias com ele, como vacas, cabras ou galinhas, segundo a qualidade do homem. E os melhores panos todos enterram com ele[,] e assim ouro[,] e joias etc.

Estas mesmas honras fazem as mulheres em todo, salvo que não vêm os homens com armas à praça.

Os parentes do morto então andam rapados com suas cabeças[,] e elas cobertas de um pó de pau vermelho que parece sândalo. E vestem os mais pobres panos que têm. As mulheres trazem panos ou tranças ou ourelos ao pescoço, e rabos de bois ou chifres de bois nas mãos. E os homens trazem arcos desarmados. E tudo isto quanto aos parentes, porque as outras pessoas vestem os mais ricos panos e os melhores que podem ter. E a maior festa que podem fazer é na morte de algum homem honrado. E quanto mais honrado tanto maior a festa.

CÓDICE VALENTIM FERNANDES

Quíloa

Em Quíloa há casas muito fortes de pedra e cal sobradadas e cobertas de argamassa com mil pinturas. [...]

Esta cidade [...] jaz em uma ilha e em torno podem andar navios de quinhentos tonéis. Há nesta cidade e ilha 4 mil almas. É muito frutífera. Tem muito milho como de Guiné, manteiga, mel e cera. As colmeias nas árvores — a saber — em uma jarra de três almudes, tapam-lhe a boca com um pano de palma fazendo-lhe seus buracos por onde as abelhas entram e saem. Árvores muitas, e as mais palmeiras e as outras são diferenciadas das de Portugal e assim na terra firme. E daqui à terra firme a lugares 2 léguas[,] a lugares 1.

Aqui há muitas laranjas doces e limões e cebolinhas pequenas, manjerona e manjericão em seus quintais, que regam dos poços.

Aqui criam tambor, que tem a folha como a hera e criam-se como ervilhas, todas têm paus ao pé. Comem esta folha os mouros honrados com uma cal confeccionada que parece unguento e assim a estendem da dita folha que como se a houvessem de por em cima de alguma ferida. Estas folhas assim fazem a boca e dentes muito vermelhos; dizem que refresca muito.

Nesta terra há mais escravos negros do que mouros alvos, por estas hortas fazendo lavoura do milho etc. [...] Todas as hortas estão cercadas com estacas de paus e canas do milho, que são como canaviais, o feno tão alto como um homem. A terra é vermelha; a primeira face é areísca, sempre tem coisas verdes. Têm carnes gordas, bois, vacas, carneiros, ovelhas, cabras, muitos pescados. Baleias andam derredor das naus. [...] Ao redor desta ilha há muitas ilhas pequenas, todas povoadas.

Aqui há zambucos, muitos tão grandes como uma caravela de cinquenta tonéis e outros menores. Os grandes estão sempre varados em terra. E quando hão de ir fora os lançam no mar. Não têm pregadura. O tabuado ajuntam com ataduras de palmas e com elas fecham o governalho. Sombreados com incenso bravo e almécega.

Navegam daqui para Sofala, de onde trazem ouro, e são de 255 léguas.[148] E para outros lugares. As palmeiras aqui não dão tâmaras. Há aí umas que dão vinho, de que também fazem vinagre. E estas não dão cocos, que é o fruto das outras. Estes cocos são do tamanho de bons melões, têm a casca grossa, da qual fazem todas as cordas, e dentro têm um fruto como grande punho, terá meio quartilho de água,[149] a qual é gostosa de beber. Depois desta água ser [posta] fora, quebram-no e comem-no de dentro. Tem gosto de nozes, que não são de todo maduros. E destes cocos secam e tiram deles azeite em grande abundância.

Dormem todos levantados do chão em umas redes de palma em que cabe uma pessoa. [...]

A terra não é muito quente. [...]

Tem aqui muitas mesquitas abobadadas e uma que é como a de Córdoba. Todos os honrados trazem contas de rezar.

CÓDICE VALENTIM FERNANDES

148 Uma légua marítima corresponde a 3 milhas marítimas ou 5556 m. A distância seria de cerca de 1415 km.

149 Um quartilho é o equivalente a 0,665 l; os cocos, portanto, trariam cerca de 330 ml de água.

Antônio Fernandes

Degredado português deixado nas praias da África Índica por Vasco da Gama ou Pedro Álvares Cabral, Antônio Fernandes foi dos primeiros, se não o primeiro dos europeus, a percorrer o noroeste de Moçambique e o atual Zimbabué. Em 1515 ou 1516, ele ditou ou narrou ao escrivão da feitoria de Moçambique, Gaspar Veloso, suas andanças pelas terras do Monomotapa, e esse relato foi enviado pelo governador da Índia ao rei d. Manuel I.

O ouro

O rei de Amçoce[150] fica a quatro dias de jornada destoutro [o rei de Manica] e tira muito ouro de toda a sua terra. Este homem [Antônio Fernandes] viu-o tirar e diz que se conhece onde o ouro está por uma erva, do tamanho do trevo, que sobre ele cresce. E que a maior soma que viu tirar num dia foi uma alcofa grande, cheia das barras tamanhas como um dedo e de grãos grossos. Não tem [o rei] outra coisa senão este ouro e quem o tira paga ao rei meio.

150 Ou Maçoce. Talvez a atual região de Macossa.

Monomotapa

Dali [de Mazói] a Embire, que é uma fortaleza do rei de Monomotapa que a está agora construindo de pedra em sossa,[151] a qual se chama Camanhaia e onde ele sempre está, há cinco dias de jornada. Dali por diante entra-se no reino de Monomotapa, que é a fonte do ouro de toda esta terra. E este [rei do Monomotapa] é o maior rei de todos estes e todos lhe obedecem desde Monomotapa até Sofala.

Homens com rabo

Nesta terra [de Mombara] há muito [...] cobre e dela trazem o cobre a vender ao Monomotapa em pães como os nossos e assim por toda a outra terra. Estes homens são mal proporcionados, não são muito negros e têm rabos como de carneiro.

A crença na existência de homens com rabo chegou ao século XIX. Nesta cena, passada no Bunioro, dois dos personagens de costas poderiam ser tomados equivocadamente como homens com rabo.

151 De pedras que não estão ligadas por argamassa.

Alessandro Zorzi

Quase nada se sabe sobre este veneziano culto e amigo das viagens. Nasceu antes de 1470 e ainda estava ativo em 1538. A Biblioteca Nacional de Florença conserva manuscritos, uma série de Itinerários, *escritos por Zorzi por volta de 1524, com informações sobre os roteiros entre cidades da Etiópia, Cairo e Jerusalém, obtidas de monges, principalmente abexins.*

Axum

Axum, uma grande cidade, dista do Nilo três ou quatro dias e nela faz muito calor. Ali crescem trigo, vinhas, feijões, colhidos duas vezes ao ano, como em todas as terras de Preste João. Ali crescem todas as frutas, exceto castanhas, [...] e nos solos mais ricos, muitas árvores e tamareiras, mas as tâmaras não são tão boas quanto as do Cairo porque sabem a areia. Ali crescem limões e laranjas com perfeição. Não nascem melões, mas abóboras e outras coisas, ervas, flores de diferentes espécies e rosas, todas odorosas e de perfume suavíssimo, mel, muito açúcar, incontáveis animais domésticos, como búfalos, vacas, ovelhas, cabras, dromedários, cavalos belos e em grande quantidade, mulas, jumentos, cães grandíssimos, cervos, veados, lebres, gazelas, elefantes a perder o número, leões, panteras, girafas, linces. Ali há também muitos outros animais selvagens, entre os quais um que chamam de *aris*,[152] que é grande como uma vaca, mas muito volumoso, de cor fulva, com dois chifres na cabeça, o da testa curvo para trás, o outro, entre as orelhas, curvo para a frente, com os quais mata muitos homens. É rápido na corrida, e, enquanto corre, corta o vento. [Meu informante, o irmão franciscano Rafael, que esteve em Axum,] diz que lá existem serpentes grandes, isto é, serpentes que comem e engolem inteiro um carneiro. Faz-se muita seda, e cresce o algodão, e [os axumitas] produzem tecidos de seda, lã e algodão, belíssimos e em grande quantidade, que eles usam.

Os homens e as mulheres são bonitos e usam os cabelos longos como nós. Nas batalhas, estão bem equipados, principalmente com cotas de malha, espadas, lanças e arcos. Possuem ferro em grande quantidade, extraído das montanhas. E à curta distância de Axum há uma ótima mina de ferro e aço, e tiram do solo os corantes para as pinturas em suas igrejas, mas não têm esculturas, embora seus templos sejam grandes, imponentes e abobadados, cobertos com chumbo, do mesmo modo que seus palácios e fortes. Possuem muitos monges de diferentes ordens e padres, cônegos, bispos, arcebispos e excelentes cristãos. Não cometem perjúrio nem blasfêmia e louvam sempre Deus. Os mendicantes possuem muitos livros manuscritos, num alfabeto antiquíssimo.

A terra é extremamente fértil, e o ar, ótimo. [Meu informante] assevera ter visto muitos homens que viveram de 130 a 150 anos; e que o ar é sempre temperado, mais próximo do calor do que do frio; e que, na cidade e arredores de Axon, principalmente na cidade e província de Lelia, que fica a dois dias de Axum, é muito quente depois da Quaresma, quando, na referida Lelia, em três

152 Seria o rinoceronte.

enormes igrejas, se reúnem 5 mil monges. E que, na cidade de Barara do Preste João e em sua vizinhança, não faz muito calor, sendo o ar temperado.

Dizem que o Preste João pode retirar dos mouros a água do Nilo, que não fluiria até o Cairo, mas que não o faz por temor de que os mouros destruam as igrejas e os religiosos cristãos que existem tanto em Jerusalém quanto no Egito, onde são em grande número. Dizem que os etíopes que vivem nos limites de sua terra são negros de cabelo encaracolado, tendo narizes furados como os cães. Dizem que na sua terra há médicos e que possuem ervas, raízes e gomas excelentes para curar enfermidades, e que repelem os astrólogos e suas previsões, submetendo-os a julgamento e os punindo. [...]

As mulheres são belas e casam-se sem dote. Em vez disso, é o futuro marido quem dá dinheiro aos pais para que possam tê-las. [As mulheres] ficam em casa a coser, bordar e fiar. Além da seda e do algodão de que dispõem para fiar, há uma árvore grande que produz bolas do tamanho de granadas, cheias de uma espécie de seda tão fina como a própria seda, e ainda mais brilhante e bela, com que fazem bordados para o Preste e outros grandes senhores.

Quando as crianças são pequenas, eles as batizam com água e não com fogo, como dizem. Mas as marcas que têm no nariz e na fronte são feitas com certas ervas piladas e têm a forma de uma roda. E fazem isso para terem boa vista e para que o calor não lhes cause dano. Pois, embora vivendo até 150 anos, nunca, na velhice, perdem a visão, e óculos não são jamais usados nesse país.

ITINERÁRIOS

Leão Africano

Nome pelo qual se tornou conhecido na Europa Hasan ben Mohammed al-Wazzan al-Zaaiyati, nascido em Granada por volta de 1485. Quando a cidade foi conquistada pelos cristãos, em 1492, sua família mudou-se para Fez. Ali estudou direito, servindo depois como diplomata ao sultão marroquino. Viajou pelas duas margens do Saara e, no regresso de uma missão ao Egito, foi aprisionado por piratas cristãos, levado para Nápoles e dado de presente ao papa Leão X. Batizado com o nome do pontífice, Johannes Leo, escreveu, entre várias obras, das quais quase todas se perderam, uma Descrizione dell'Africa e delle cose notabili che ivi sono [*Descrição da África e das coisas notáveis que ali existem*]. *O texto, em italiano, foi publicado em 1550 por Giovanni Battista Ramusio, em sua famosa coleção Navigazioni e Viaggi. Em 1554, tendo regressado a terras islamitas, morava em Túnis.*

Kano

Kano é um grande país que fica a cerca de 500 milhas a leste do rio Níger.[153] A maior parte de seus habitantes vive em aldeias. Alguns são criadores de gado; outros,

153 Cerca de 805 mil km.

agricultores. Nele, não só crescem com fartura grãos, arroz e algodão, como há muitos montes desabitados, cheios de bosques e fontes. Nesses bosques, são abundantes as laranjeiras e os limoeiros selvagens, cujos frutos pouco diferem no sabor dos domésticos. No meio do país está a cidade que lhe dá o nome, cercada por uma muralha de estacas e barro, os mesmos materiais de que são feitas as casas. Entre os seus habitantes há excelentes artesãos e ricos mercadores, e o seu rei foi outrora muito poderoso, com uma grande corte e muitos cavalos, e dele eram tributários o rei de Zegzeg e o rei de Casena.[154]

DESCRIÇÃO DA ÁFRICA

Bornu

Bornu é um país grande, [...] distante da nascente do Níger[155] cerca de 500 milhas,[156] limitando-se ao sul com o deserto de Seu e, ao norte, com o deserto que se estende na direção de Barca.[157] O país não é uniforme, sendo parte dele montanhosa e parte plana. Na planície existem muitas aldeias habitadas por gente cortês e por mercadores estrangeiros negros e brancos, e suas terras são propícias ao cultivo de grãos. Na maior dessas povoações mora o rei com seus soldados. Nos montes vivem os guardadores de cabras e de bois, e ali se plantam milhetes e outros grãos que não conhecemos. Durante o verão, essa gente anda quase nua, com apenas uma tanga de couro. No inverno, cobrem-se com

154 Zaria e Katsina, duas cidades-estado hauçás, como Kano, no norte da atual Nigéria.
155 Que Leão Africano punha equivocadamente no lago Chade.
156 Cerca de 805 mil km.
157 Na Cirenaica.

peles de carneiro, e destas são também os seus leitos. Não têm religião alguma, não sendo nem cristãos, nem judeus, nem maometanos, vivendo como se fossem animais, com as mulheres e os filhos em comum. E, segundo ouvi contar por um mercador que viveu por muito tempo no país e falava a sua língua, não recebem nomes próprios como ocorre entre os outros povos, mas, se a pessoa é alta, chamam-lhe Grande, se é baixa, Pequenino, se estrábico, Zarolho, e assim conforme sua aparência ou condição.

O país é dominado por um senhor poderosíssimo, descendente do povo bardoa da Líbia. Possui cerca de 3 mil cavalos e quantos infantes queira, pois o povo inteiro está a seu serviço e vai aonde ele o mande. Seus súditos não lhe pagam outro imposto que não o dízimo dos frutos da terra. E esse rei não possui outros rendimentos além dos que obtém do roubo e do assassinato dos vizinhos que são inimigos e habitam na outra margem do deserto de Seu. Numerosíssimos, eles antigamente atravessavam a pé o deserto e saqueavam o reino de Bornu. Mas o rei de Bornu atraiu mercadores da Barbária, que lhe trouxeram cavalos para trocar por escravos, obtendo por cavalo de quinze a vinte escravos. Enquanto atacava os inimigos, deixava, por dois ou três meses, os mercadores à espera de seu retorno com uma quantidade de cativos suficiente para pagá-los. Às vezes, não dispondo o rei dos escravos necessários, os mercadores viam-se obrigados a esperar, embora às custas do soberano, até o ano seguinte, porque não se podia, sem perigo, fazer essas expedições guerreiras a não ser uma vez por ano. Quando estive nesse reino, encontrei muitos mercadores desesperados, que prometiam jamais voltar a Bornu, por estar um ano a esperar o pagamento. No entanto, o rei demonstra ser rico e possuidor de um tesouro incalculável, porque vi os arreios de seus cavalos — estribos, esporas, brida e freio — inteiramente de ouro, e igualmente de ouro, na sua maior parte, os pratos e vasos de mesa, e de ouro finíssimo as coleiras dos seus cães. Muito avaro, o rei antes prefere pagar suas dívidas em escravos do que em ouro.

DESCRIÇÃO DA ÁFRICA

Padre Francisco Álvares

O padre Francisco Álvares nasceu em Coimbra, Portugal, por volta de 1465, e morreu possivelmente em 1541. Integrando a embaixada que, chefiada por D. Rodrigo de Lima, o rei D. Manuel enviou ao imperador da Etiópia, tido como o lendário Preste João, o padre Francisco Álvares relatou o que viu e experimentou durante os seis anos (1520-6) que passou na Abissínia. O seu livro Verdadeira informação das terras do Preste João das Índias, *publicado em 1540 em Lisboa e traduzido, logo em seguida, para vários idiomas, foi a primeira obra a revelar a Etiópia aos europeus.*

Axum

[Dizem os etíopes que eles] foram os primeiros cristãos do mundo. [...][158]

Neste lugar de Aquaxumo, onde se fez cristã, [a rainha Candace] fez mui nobre igreja, a primeira que houve em Etiópia, chama-se Santa Maria de Sion. Dizem que se chama assim porque de Sion lhe veio a pedra de ara. Eles nesta terra (segundo dizem) têm por costume chamar às

158 A conversão da Etiópia ao cristianismo dataria do século IV da nossa era.

igrejas sempre pela pedra de ara, porque nela é escrito o nome do orago. Esta pedra que têm nesta igreja, dizem que os apóstolos lha mandaram do monte Sion.

Esta igreja é mui grande, tem cinco naves de boa largueza e mui grande, comprida, abobadada por cima e cerradas todas as abóbadas, pelo céu e ilhargas todas pintadas. Para baixo no andar da igreja, bem lavradas de gentil cantaria, tem sete capelas[,] todas as costas ao Levante com seus altares bem concertados.

Tem coro à nossa guisa senão que é baixo e chegam com a cabeça à abóbada. [...] Tem esta igreja mui grande cerco e todo ladrilhado de grandes lajes como campas e esta e de mui grande muro e não coberto como as outras igrejas, senão desabafada. Esta igreja a grande cerca ainda é cercada de outra maior cerca como cerca de grande vila ou cidade, e, dentro, nesta cerca formosa casaria de casas térreas, e todas lançam suas águas por fortes figuras de leões e cães de pedra. Dentro nesta grande cerca estão dois paços, um para a mão direita e outro para a esquerda, que são de dois reitores da igreja e as outras casas são de cônegos e de frades. Dentro da grande cerca, à porta mais chegada à igreja, está um grande pardieiro feito em quadra, que em outro tempo foi casa e tem para cada canto um padrão, quadrados e lavrados. Chama-se esta casa *ambaçabete*, que quer dizer casa de leões. Dizem que nesta casa estavam os leões presos, como ainda andam sempre caminhando e estão diante do Preste João quatro leões presos. Diante da porta da grande cerca, está um grande patim e em ele uma grande árvore que chamam figueira de faraó e para um cabo e outro dela estão mui frescos poiais de cantaria mui bem lavrada e assentada somente. Onde chega perto o pé da figueira estão danados das raízes que os erguem. Estão em cima destes poiais doze cadeiras de pedra, tão bem-feitas de pedra como se fossem de pau, com seus assentos e estâncias dos pés. Não são feitas em penedo, senão cada uma de sua pedra e peça. Dizem estas ser dos doze juízes que hoje em dia servem na corte de Preste João. Fora desta cerca há mui grande povoação de mui boas casas o que não há em toda Etiópia, muitos bons poços de água de cantaria lavrada e assim nas demais das casas as ditas figuras antigas de leões e cães e aves, tudo bem-feito em pedra. Nas costas desta grande igreja, está um tanque mui formoso de cantaria e sobre esta cantaria estão outras tantas e tais cadeiras de pedras como no circuito da igreja.

Este lugar está assentado sobre a cabeça de um formoso campo e quase entre dois cabeços e o demais desta campina é quase toda cheia destes velhos edifícios e por eles muitas destas cadeiras e altos padrões com letreiros.

No cimo deste lugar estão muitas pedras erguidas[159] e outras em terra e muito grandes e formosas e de formosos lavores lavradas, entre as quais está uma erguida sobre outra, lavrada como pedra de altar, senão que é em grande grandeza, e é em ela metida como encastoada. Esta pedra erguida é de comprido de 64 côvados[160] e de largo 6, as ilhargas têm 3, muito direita e muito bem lavrada, toda feita em crastas de baixo até uma cabeça que faz como lua meada, e a parte que esta meia-lua tem para o meio-dia. Aparecem em ela cinco cravos que mais se não enxergam por terem ferrugem e assim estão como quinas em compasso. E para que não digam como se podia tão alta pedra medir, já disse como era toda em crastas, até o pé da meia-lua.

E estas são de um compasso e aquele que podíamos chegar medíamos e para estas lançávamos conta às outras e achamos 60 côvados e à meia-lua dávamos 4, posto que

159 Trata-se das famosas estelas de Axum, cujo propósito e significado se desconhecem.

160 Cerca de 42 m, se cada côvado tivesse aproximadamente 66 cm. Na realidade, a estela que ficou de pé tem 21 m de altura.

ela fosse de mais, assim fazem 64. Esta pedra assim comprida, na parte do meio-dia, e, para onde estão os pregos na meia-lua, altura de um homem, tem feição de um portal na mesma pedra lavrado com ferrolho e fechadura como que está fechada com pedra em que está assentada, tem 1 côvado de grossura e é muito bem lavrada. Está assentada sobre outras pedras grandes e cercada doutras pedras miúdas, não pode homem saber quanto entra pela outra pedra ou se chega ao chão. São outras pedras erguidas sobre terra e mui bem lavradas que delas serão bem de 40 côvados e outras de trinta,[161] e há destas mais de 30 pedras e não têm lavores e as demais têm letreiros grandes que não sabem ler os da terra, nem nós os podemos ler e, segundo parecem, devem estas letras ser hebraicas. Duas pedras destas há mui grandes e formosas de lavores, de grandes crastas e laçarias de bons compassos, as quais jazem inteiras e uma delas está quebrada em três pedaços e cada uma delas passa de 80 côvados em 10 de largo,[162] junto delas estão pedras em que haviam de ser ou foram engastoadas, furadas e mui bem lavradas.

VERDADEIRA INFORMAÇÃO DAS TERRAS DO PRESTE JOÃO DAS ÍNDIAS

As igrejas de Lalibela

Uma jornada desta igreja de Imbra Cristo estão edifícios os quais me parecem que no mundo se possam achar outros tais e tantos, e são de igrejas todas cavadas em pedras mui bem lavradas e os nomes destas igrejas são estes: Emanuel, Salvador, Santa Maria, Santa Cruz, São Jorge, Gólgota, Belém, Marcóreos, os Mártires. A principal é Lalibela. Este Lalibela dizem que foi um rei na mesma terra oitenta anos [...] [e] mandou fazer estes

161 Cerca de 26 m e 19 m.
162 Ou seja, cerca de 52 m por 6,6 m.

edifícios.[163] Ele não jaz na igreja que tem o seu nome, jaz na igreja de Gólgota, a qual é de menos edifícios que aí há. É desta maneira: toda cavada na mesma pedra de comprido 120 palmos e de largo 72 palmos.[164] Está o céu desta igreja sobre cinco esteios, dois por banda e um no meio como em quinas e o céu ou teto todo é chão como o andar da igreja e das bandas em grande maneira lavradas, assim frestas como portas, com toda a laçaria que dizer se possa, que ourives em prata, nem cirieiro em cera não podiam fazer mais obra. A sepultura deste rei está da maneira que a de Santiago de Galiza, em Compostela, e é desta maneira: o andaimo[165] que é derredor da igreja é como crasta e mais baixo que o corpo da igreja e desce homem da igreja para este andaimo estão três frestas por banda, seja naquela altura que a igreja é mais alta que o andaimo e quanto é o corpo da igreja, tanto é cavado por baixo e em tanta altura e fundo, quanto é o andar da igreja acima. E olhando homem de cada dia destas frestas que é contra o sol, vê estar a sepultura no direito do altar-mor. Em o meio do corpo da igreja está sinal de uma porta como porta de alçapão, está tapada com uma grande pedra, como pedra de altar, muito justa na dita porta. Dizem que aquela é entrada da casa de baixo e que ninguém entra dentro, nem parece que aquela pedra ou porta se possa tirar. Tem esta pedra um furo no meio que a fura toda,

163 Lalibela foi *negachi* ou rei dos reis etíopes no início do século XIII, de quando devem datar essas igrejas cavadas na pedra. Os que as fizeram não ergueram volumes sólidos por acréscimo e junção de materiais; criaram, escavando a pedra, espaços vazios — naves, capelas, abside, abóbadas, arcos, coros, altares. Esculpiram, por assim dizer, as igrejas inteiras.
164 Cerca de 28 m de comprimento e 17 m de largura. O palmo correspondia a algo entre 22 cm e 24 cm.
165 Galeria alta.

é a grossura dela 3 palmos. Aqui nesta pedra metem todos os romeiros as mãos (que escassamente cabem) e dizem que se fazem muitos milagres. [...]

Para a outra parte da igreja estão duas imagens grandes entalhadas na mesma parede que ficam quase apartadas dela. Estas cousas me amostravam como que me espantaria eu de as ver. É uma das imagens de São Pedro e outra de São João, fazem-nas muita reverência. [...]

Esta igreja e suas capelas têm seus altares e charolas com seus esteios da mesma pedra. Tem esta igreja mui grande circuito na mesma pedra em a altura que é a mesma igreja, nessa é o circuito, e tudo em quadra e todas as paredes furadas em tamanho como boca de cuba.

Todos estes furos estão tapados com pedra miúda [que] dizem serem sepulturas e assim o parecem, porque umas são tapadas de muito e outras de pouco. A entrada deste circuito é por baixo da roca em grande altura e comprido de 13 palmos, tudo artificialmente cavado ou picado que aí não há que cavar, porque a pedra é dura e de grandes muros como o Porto em Portugal. [...]

A igreja de São Salvador está só em uma roca talhada, é muito grande, tem no vão em comprido 200 palmos e de largo 120.[166] Tem cinco naves, em cada uma sete colunas de quadra, a grande 4 palmos e outro tanto têm as paredes da igreja. As colunas muito bem lavradas e arcos que descem, quantidade e de grossura, de 1 palmo no baixo da abóbada e as abóbadas em grande maneira bem lavradas e de grande altura, principalmente a do meio que é muito alta e as outras ao longo chegadas e está esta em formosa altura e os mais dos cabos mais baixos, todos em seu compasso. Na principal altura destas naves há grandes laçarias, como espelhos ou fechos ou rosas que põem nas abóbadas em que fazem rosas e

166 Cerca de 44 m de comprimento e 26 m de largura, com o palmo correspondendo a 22 cm.

outras obras gentis. Tem pelas bandas mui formosas frestas e de grandes laçarias compridas e estreitas no meio e para dentro e fora largas como frecheiros de muros, estreitas de fora e largas de dentro. Estas são para dentro e para fora largas e no meio estreitas com seus arcos e laços. A capela-mor é muito alta e mui alta a charola sobre o altar, com esteio em cada quadra. Tudo é do mesmo penedo e a todas as outras não vestem suas capelas e altares com suas charolas, como a capela-mor em suas grandezas. A porta principal tem de cada cabo muitos e grandes botaréus e começa a porta em mui grandes arcos e vem apertando, em feição doutros arcos, até que vem em pequena porta que não é mais de 9 palmos em alto e 4,5 de largo.[167] Desta maneira são as portas travessas, senão que não começam em tanta largueza e acabam na largueza da porta principal.

Da parte de fora desta igreja estão sete esteios com lunas, as quais estão afastadas da parede da igreja 12 palmos e, de esteio a esteio, um arco e, de cima da igreja para estes arcos, abóbada em tal maneira lavrada que sendo obra de peças e pedra mole que mais direita nem melhor lavrada, nem de mais lavores se não possa fazer. Serão estes arcos de fora mais de duas lanças de altura. Não há em toda esta roca em que está a igreja uma só diferença, toda parece um só mármore. O campo ou crasta que tem esta igreja derredor, todo lavrado na mesma pedra é de 60 palmos de ancho, para cada cabo, e defronte da porta principal é de 100 palmos.[168] Sobre esta igreja, onde havia de ser telhado, estão por bandas nove arcos grandes, como crastas, deitados que descem de cima por baixo às sepulturas, pelas bandas, como as da outra igreja. A entrada desta igreja é por baixo da mesma roca oitenta passos lavrados na pedra artificialmente, em largueza que poderão ir dez homens

167 Quase 2 m de altura e 1 m de largura.
168 Cerca de 13 m para cada cabo e, na porta principal, 2,2 m.

por mãos, e alto, altura de uma lança ou mais. Tem esta serventia quatro furos para cima que dão vista no caminho por cima das bordas. Desta roca à cerca da igreja é como campo, estão muitas casas e semeiam cevadas.

A casa ou igreja de Nossa Senhora não é tão grande como a do Salvador, mas é muito bem obrada. Tem três naves e a do meio muito alta com grandes laços e rosas na mesma roca, lavradas muito sutilmente. [...]

Esta igreja é de comprido 80 palmos e de largo 64.[169] Tem mais esta igreja defronte à porta principal, na mesma roca grande, casa em que dão de comer a pobres. E para esta casa sai a serventia da igreja para fora ou por ela entram à igreja por baixo da própria roca mui grande peça e de cada parte desta igreja, em frente das portas travessas, estão duas igrejas cada uma de seu cabo. Esta igreja de Nossa Senhora é a cabeça de todas as outras igrejas deste lugar. Tem muitos infindos cônegos em sua quantidade e a igreja que está para a parte da Epístola é de comprido e de largo como a de Nossa Senhora. Tem três naves e em cada nave três colunas mui bem obradas e de obra chã, não tem mais que uma capela e um altar feito como as outras igrejas. Tem a porta principal mui bem obrada, não tem rosto diante senão corredor por baixo da roca que vem como caminho para a casa de Nossa Senhora. Este corredor vem de mui longe, onde começa sobem a ele por quinze degraus da mesma roca, esta é mui escura serventia. Para a parte da igreja de Nossa Senhora tem esta igreja muito gentil porta travessa e duas mui galantes frestas e para detrás e para a outra parte tudo roca talhada e mui brava sem haver aí obra nenhuma.

Esta igreja se chama os Mártires e a igreja que está para a parte do Evangelho do circuito de Nossa Senhora, se chama Santa Cruz, é pequena, tem de comprido 68

169 A igreja tem 17 m de comprimento e 14 m de largura.

palmos,[170] não tem naves, tem três colunas, pelo meio, que parece que têm o cume para cima, muito bem-feita, abobadada e tudo é por dentro obra chã. Para a parte da igreja de Nossa Senhora tem muito louçã porta travessa e duas frestas mui bem obradas, tem um só altar, como outras, tem a porta principal bem obrada, não tem patim, nem rossio diante, somente corredor como caminho que sai para fora, por baixo da roca, mui longe e mui escuro.

A igreja de Emanuel é mui obrada assim de dentro como de fora, é pequena, tem de comprimento 42 palmos em vão, em largo 20.[171] Tem três naves, a do meio é muito alta e muito revinda, abobadada, as naves das bandas não são abobadadas e são chãs por baixo, seja o céu delas assim como o andar da igreja. Estas naves estão sobre cinco esteios, a largura ou grossura destes esteios são de 4 palmos de quadra, a quadra e outros quatro tem a parede da igreja. Tem muito bem lavradas portas, assim a travessa, como a principal e todas de um tamanho, seja 9 palmos em alto e 4 em largo. É toda cercada, da parte de fora curral, de três degraus que a cercam derredor, salvo as portas que tem cada uma seu patim largo, em cada um cinco degraus sobre os que cercam a igreja, toda é da mesma roca sem peça nem falha. Tem mais esta igreja o que não tem outra nenhuma, seja, coro, ao qual sobem por escada de caracol e não é muito porque um homem alto e grande com mais 1 palmo dará em cima com a cabeça e por cima chão como o andar da igreja e assim sobre as naves e bandas tamanho como elas são, tanto vão em casinhas e portas de uma para outra e do mesmo coro vão portas para estas casinhas ou celas. Não se servem deste coro senão de ter caixas de roupas e ornamentos da igreja. Estas caixas deviam ser feitas dentro neste coro, porque não podiam entrar por nenhuma parte a ele ainda

170 Cerca de 15 m.
171 Cerca de 9 m e 4 m.

em peças não sei como entraram. Têm mais as paredes de fora desta igreja o que não têm as outras, seja como fiadas de paredes, e uma sai para fora e outra entra para dentro dois dedos e outra torna a sair e outra a entrar, assim são desde o começo dois degraus até cima da igreja e a fiada da pedra que sai é de 2 palmos de largo e a que entra é de 1 e desta maneira e largueza correm toda a parede e lançando conta aos palmos, esta parede é de altura 52 palmos.[172] Tem a igreja todo seu circuito como muro talhado de dentro e de fora da mesma roca e entra-se a este muro por mui boas três portas, como portas pequenas de cidade ou vila cercada.

A igreja de São Jorge está um grande pedaço abaixo das outras, quase como apartada do lugar em roca como as outras, a entrada por que se entra a ela é por baixo da roca ou fraga, são oito degraus de subir e subidos estes degraus entram em uma casa boa e grande com um poial que a cerca toda derredor, da parte de dentro, que, de fora, é roca brava, nesta casa se dão esmola aos pobres e assenta-se nos poiais. Entrando desta casa para dentro é logo circuito da igreja que é feito em cruz e assim é feita a igreja em cruz e tanto é da porta principal à ousia, como de uma porta travessa a outra, tudo de um compasso e mui lavrada das portas de fora, que dentro não entrei por estar fechada. No circuito da igreja, entrando de fora para a mão direita que tudo é roca brava sem ter mais de uma entrada, está na altura de um homem pouco mais, metida na mesma parede, como arca cheia de água, e sobem a ela por degraus, e dizem nascer aí aquela água, mas ela não corre, levam-na para as maleitas e dizem que lhe presta. Todo este circuito é cheio de sepulturas como as outras igrejas. Por cima desta igreja tamanha, está uma cruz dobrada, seja uma dentro em outra, como as cruzes da ordem de Cristo.

172 11 m.

Da parte de fora é mais alta a roca que a igreja e sobre a roca, de fora, estão aciprestes e azambujeiros. Enfado-me de mais escrever destas obras, porque me parece que me não crerão se mais escrever e porque, ao que escrito tenho, me poderão tachar de não verdade, portanto juro em Deus cujo poder estou que todo o escrito é verdade e é muito mais do que escrevi e o deixei por me não tacharem ser mentira. E porque a estas obras não foi outro português senão eu que fui lá duas vezes para as ver, pelo que ouvia delas. [...]

Disseram-me que todas as obras destas igrejas se fizeram em 24 anos, e que [...] o rei Lalibela mandou isto fazer, o qual nome de Lalibela quer dizer *milagre*.

Dizem que este levou, ou lhe puseram, porque quando nasceu foi coberto de abelhas e que as abelhas o alimparam sem dano nenhum. Mas dizem que não era filho del-rei, mas era filho de uma irmã del-rei e morreu o rei sem haver filho e herdou o sobrinho, filho da irmã, o reino. Dizem ser santo e que faz muitos milagres e assim é muito grande romagem aqui.

VERDADEIRA INFORMAÇÃO DAS TERRAS DO PRESTE JOÃO DAS ÍNDIAS

O monte Guixém

O vale, acima dito, chega à serra onde metem os filhos do Preste João. E estes estão como em degredo, assim como foi revelado [ao rei] Abraão, [...][173] que quarenta anos lhe ministraram os anjos pão e vinho para o sacramento, seja, que todos os seus filhos fossem encerrados em uma serra e que não ficasse senão o primogênito her-

173 O padre Francisco Álvares provavelmente se referia ao *negachi* Uidim-Reade, que reinou de 1299 a 1314 e a quem se atribui ter imposto a reclusão no monte Guixém dos membros masculinos da família real.

deiro e que isto fizesse, para sempre, a todos os filhos de Preste da terra e seus sucessores, porque se assim o não fizesse que haveria grande trabalho na terra, por ser grande, que se alevantariam com parte dela e que não obedeceriam ao herdeiro e o matariam. E sendo ele de tal revelação espantado e, cuidando onde se tal serra poderia achar, lhe fora outra vez dito em revelação que mandasse correr suas terras e olhar pelas mais altas serras, e, em aquela que vissem cabras bravas nas rocas como queriam cair abaixo, que aquela era a serra em que os infantes haviam de ser encerrados. E mandou fazer como lhe fora revelado e acharam esta serra que está sobre este vale ser aquela que a revelação dizia, no pé da qual tem um homem que correr dois dias de caminho e é desta sorte: uma roca talhada como muro, direita de cima a baixo, indo homem pelo pé dela e olhando para cima parece que o céu está assentado sobre ela.

VERDADEIRA INFORMAÇÃO DAS TERRAS DO PRESTE JOÃO DAS ÍNDIAS

Diante do rei dos reis

Na sexta-feira, [...] chegou o frade a nós com grande pressa que nos mandava o Preste João[174] chamar e que levássemos o que trazíamos e assim todo o nosso fato que o queria ver. Mandou o Embaixador carregar aquilo que lhe o capitão-mor mandava e mais não. Nós vestimo-nos e concertamo-nos muito bem, Deus seja louvado, e veio muita gente para ir conosco. Assim viemos em ordenança de onde partimos até uma portada, onde vimos as tendas armadas em um grande campo, seja, certas tendas brancas de armar e, diante das brancas, uma muito grande tenda roxa armada que dizem que arma nas grandes festas ou recebimentos. Diante destas tendas

174 O rei dos reis Lebna Dengel.

estavam armadas duas ordens de arcos cobertos de pano de algodão branco e roxo, seja, um arco coberto de roxo e outro de branco, não cobertos mas enrodilhados derredor do arco como estola em pau de cruz. E assim iam estes arcos até o cabo, seriam bem vinte arcos em cada uma das ordens, em largueza e grandeza, eram como arcos pequenos de crasta. Estariam afastados uma ordem da outra um jogo de malhão. Era aqui muita gente junta a qual era tanta que passariam de 20 mil pessoas. Toda esta gente estava em az[175] e bem arredada da uma e da outra parte. A gente mais limpa estava chegada muito mais perto aos arcos. Entre estes mais limpos estavam muitos cônegos e gente da igreja com carapuções, como mitras, mas com uns picos para cima pintados de panos de seda e deles de grã e outras gentes mui bem vestidas. E avante destas gentes bem vestidas estavam quatro cavalos, seja, dois duma parte e dois da outra, selados e acobertados ricamente com cobertas de brocados. As lâminas ou armas que tinham debaixo não as sei. Tinham estes cavalos diademas nas cabeças altas sobre as orelhas e desciam até os morsos do freio com grandes penachos em eles. Abaixo destes estavam outros muitos e bons cavalos selados e não arreados, como os quatro, e todos os rostos de uns e dos outros iguais fazendo ordem como a gente. E logo a par destes cavalos e detrás deles (porque a gente era muita e grossa) estavam homens honrados e não vestidos senão da cinta para baixo de muitos delgados e alvos panos de algodão e a muito grossa gente uns ante outros.

Costuma-se ante o rei e ante os grandes senhores, que têm mando, haver homens que trazem azorragues em um pequeno pau e mui comprida correia e quando dão em vão, dão um grande estrondo e fazem afastar a gente. Destes viriam ante nós cento que com os estron-

175 Ordenada em fileiras.

dos não se ouvia homem. E a gente de cavalo e de mulas que conosco vinham descavalgaram mui longe e nós ainda fomos grande pedaço a cavalo e ainda descavalgávamos da tenda perto de tiro de besta e de tanto espaço como jogo de mancal. Faziam os que nos traziam mesura, e, nós, com eles, porque assim íamos já ensinados, a qual mesura é abaixar a mão direita até o chão. Ainda neste caminho de tiro de besta chegaram a nós bem sessenta homens, como privados ou porteiros de maça, e vinham meio correndo, porque assim o costumam com todos os recados do Preste correr. Estes vinham vestidos de camisas e bons panos de seda e, por cima dos ombros ou de ombro e descendo para baixo, cobertos de umas peles pardas muito guedelhudas, diziam ser de leões. Estes mesmos, por cima das peles, traziam colares de ouro mal lavrado e outras joias e pedraria falsa e outras peças ricas ao pescoço. E assim traziam cintas de seda cingidas e de cores de largueza e tecimento como cilhas de cavalo, senão que eram compridas e de compridos cadilhos[176] até o chão. Estes vinham tanto duma parte como doutra e nos acompanharam até a primeira ordem dos arcos, porque dali não passamos. Antes de chegarmos aos arcos estavam quatro leões presos por onde havíamos de passar e de feito passamos. Estavam estes leões presos por grossas cadeias. [...]

À terça-feira fomos todos chamados, seja o embaixador e os que com ele estávamos fomos. Estaríamos ante a porta primeira ou entrada bem três horas fazendo muito frio e era bem noite, entramos por seus compassos como dantes. Em duas vezes que entramos era junta muito mais gente que de nenhuma das outras vezes e muitos com armas e muitas mais velas acesas ante as portas e não nos detiveram aí muito, que logo nos mandaram entrar com o embaixador nove pessoas

176 Franjas.

portuguesas além das cortinas, e achamos além destas primeiras cortinas outras mais ricas e ainda nos mandaram passar entre elas e passando estas derradeiras achamos grandes e ricos estrados e de mui ricas alcatifas. Diante destes estrados estavam outras cortinas em outra mui mor riqueza, as quais, em nós assim estando parados, as abriram por duas partes, porque estavam cerradas e aí vimos estar o Preste João assentado em um cadafalso de seis degraus muito ricamente concertado. Tinha na cabeça uma coroa alta de ouro e prata, seja, uma peça de ouro e outra de prata de alto a baixo e uma cruz de prata na mão e um tafetá azul pelo rosto que lhe cobria a boca e a barba e de quando em quando o abaixavam que lhe aparecia todo o rosto e tornavam-no a erguer.

À sua mão direita tinha um pajem com outra cruz de prata chã na mão e com figuras abertas de buril; donde estávamos não se podia determinar estas figuras da cruz, mas eu vi depois esta cruz e lhe vi as figuras. Tinha o Preste vestida uma rica opa de brocado e camisas de seda de largas mangas que pareciam pelotes. De os joelhos abaixo um rico pano com gremial de bispo, bem estendido, e ele assentado assim como pintam Deus Padre na parede. E além do pajem que estava com a cruz, estava de cada parte outro com uma espada, cada um, nua, na mão. Na idade, cor e estatura é de homem mancebo não muito preto, seria de cor castanha ou de maçã baionesa, não muito parda e em sua cor bem gentil homem, mediano de corpo. Diziam ser de idade de 23 anos, ele assim o parece. Tem o rosto redondo, grandes olhos, o nariz alto no meio e começa de lhe nascer barba. Em sua presença e aparato bem parece grande senhor como o é, e nós estaríamos dele espaço de duas lanças.

VERDADEIRA INFORMAÇÃO DAS TERRAS DO PRESTE JOÃO DAS ÍNDIAS

Os cristãos da Núbia

E contra o Norte [há] uma gente que se chamam núbios, e estes dizem que foram cristãos e regidos por Roma.[177] Ouvi a um homem suriano natural de Tripoli de Suria e se chama João de Suria (que andou conosco três anos na terra do Preste e veio conosco a Portugal), que fora nesta terra e que há nela 150 igrejas e que ainda têm crucifixos e imagens de Nossa Senhora e outras imagens pintadas pelas paredes e tudo velho, e a gente da terra não são cristãos, mouros, nem judeus e que vivem com desejos de serem cristãos. Estas igrejas todas estão em fortalezas velhas antigas que há pela terra e quantas fortalezas há tantas igrejas têm.

VERDADEIRA INFORMAÇÃO DAS TERRAS DO PRESTE JOÃO DAS ÍNDIAS

177 Os três grandes reinos da Núbia — Nobácia, Macúria e Alódia — foram cristianizados no século VI por monofisistas e melquitas. Sob a pressão muçulmana, a presença cristã foi se apagando ao longo do século XV.

Piloto anônimo português

Natural, como ele próprio escreve, de Vila do Conde, e tendo levado açúcar de São Tomé para Veneza, onde se fez amigo de pelo menos três grandes figuras do Renascimento veneziano, Rimondo della Torre, Girolamo Fracastoro e Giovanni Battista Ramusio. As instâncias dos dois primeiros, esse piloto, que por prudência manteve o nome em segredo, escreveu um Roteiro de navegação de Lisboa à ilha de São Tomé, *publicado por Ramusio, em 1550, na sua famosa coleção Navigazioni e Viaggi.*

O sepultamento do rei do Benim

No reino de Benim, há um antigo costume, que continua até hoje, segundo o qual, ao morrer o rei, toda a população se reúne num amplo terreiro, em cujo centro se cava um poço muito profundo, mais largo na parte inferior e mais estreito no alto. Faz-se descer por esse poço o corpo do rei defunto. Apresentam-se, em seguida, todos os amigos e servidores do rei (o que é motivo de rivalidades, cada qual desejoso de participar dessa honra), para, voluntariamente, lhe fazer companhia. Assim que eles descem, coloca-se uma grande pedra sobre a boca do poço, não se afastando o povo do local nem de dia nem de noite. No segundo dia, certas pessoas dissó incumbidas vêm retirar a pedra e perguntam aos de baixo o que fazem e se algum deles já foi servir ao rei. Aqueles respondem-lhes que não. No terceiro dia repetem a pergunta, e alguém lhes responde com voz fraca que fulano, dizendo-lhe o nome, foi o primeiro a partir e sicrano, o segundo, considerando-se a maior das honras ter sido o primeiro e dele, no seio de toda a gente reunida, fala-se com suma admiração, considerando-o feliz e bem-aventurado. Ao fim de quatro ou cinco dias, todos aqueles infelizes morrem, o que se torna patente aos que estão na superfície, ao não receberem qualquer resposta. Imediatamente anunciam o fato ao novo rei, que manda acender uma grande fogueira sobre o poço e nela assar muitos animais, que dá a comer ao povo. E, com essa cerimônia, se entende ser ele o verdadeiro rei e ter prestado juramento de governar bem.

ROTEIRO DE NNAVEGAÇÃO DE LISBOA À ILHA DE SÃO TOMÉ

O monte de São Tomé

Quase no meio dessa ilha [de São Tomé], há um monte enorme, cujo cume sobe a muitas milhas de altura,[178] todo coberto de árvores elevadas, muito verdes e de troncos retos. Essas árvores são tão grossas e tão densas, e o caminho tão íngreme, que só com extrema dificuldade se pode subir a montanha. No cume do monte, em volta e dentro desta massa de árvores, vê-se permanentemente uma espécie de névoa, quer o sol esteja sobre a linha [do Equador], quer sobre os trópicos. A qualquer hora do dia ou durante a noite, a bruma não se dissipa, do mesmo modo que a neve nos picos das nossas mais altas montanhas. Essa névoa transforma-se incessantemente em água sobre as folhas e ramos das árvores, e em ta-

178 O pico de São Tomé fica a 2024 m de altura.

manha quantidade que, de cada lado do monte, descem ribeiros, uns maiores, outros menores, conforme o rumo que tomar a água para um lado ou para o outro. Com essa água, os negros regam os canaviais. Por toda a ilha, veem-se muitas fontes, que servem para o mesmo fim. No meio da cidade de Povoação corre uma ribeira, muito larga mas pouco profunda, de água claríssima, água que dão a beber aos doentes por ser muito leve de digerir. Os habitantes acreditam firmemente que, sem a excelência e a bondade da água dessa ribeira e de inúmeras outras fontes, essa ilha [de São Tomé] seria inabitável.

ROTEIRO DE NAVEGAÇÃO DE LISBOA À ILHA DE SÃO TOMÉ

João de Barros

Historiador e moralista português (1496-1570), autor de vários livros, entre os quais um romance de cavalaria, Crônica do imperador Clarimundo, *um diálogo sobre problemas morais e sociais,* Rhopica pnefma, *e uma* Gramática da língua portuguesa. *Concebeu o plano de escrever uma extensa obra sobre a expansão ultramarina portuguesa, da qual publicou apenas as três* Décadas da Ásia. *João de Barros foi donatário, com Aires da Cunha, da capitania hereditária do Pará.*

Na Costa da Mina

[Em 19 de janeiro de 1482, Diogo Dazambuja chegou com sua frota a Comenda, o sítio da Costa da Mina onde queria construir uma fortaleza. Desembarcou com parte de sua gente, trajando as melhores roupas, para encontrar-se com o caramansa, que era o chefe local ou, talvez, o próprio rei de Comenda.]

Caramansa, como também era homem que queria mostrar seu estado, veio com muita gente posta em ordenança de guerra; com grande matinada de atabaques, buzinas, chocalhos, e outras cousas que mais estrugiam que deleitavam os ouvidos. Os trajos de suas pessoas era os naturais de sua própria carne: untados e mui luzidos que davam mais pretidão aos couros, cousa que eles costumavam por louçainha. Somente as partes vergonhosas eram cobertas deles com peles de bugios, outros com panos de palma: e os mais principais com alguns pintados que por resgate houvera dos nossos navios que ali iam resgatar ouro. Porém geralmente em seu modo todos vinham armados, uns com azagaias e escudos, outros com arcos e coldres de flechas: e muitos em lugar de arma da cabeça uma pele de bugio, o casco do qual todo era encravado de dentes de alimárias, todos tão disformes com suas invenções por mostrar ferocidade de homens de guerra, que mais moviam a riso que a temor. Os que entre eles eram estimados por nobres, como insígnias de sua nobreza, traziam dois pajens atrás de si, um lhe trazia um assento redondo de pau para se assentar a tomar repouso onde quisesse, e outro o escudo da peleja, e estes nobres pela cabeça e barba traziam alguns arriés e joias de ouro. O seu rei Caramansa em meio de todos vinha coberto pernas e braços de braceletes e argolas de ouro, e ao pescoço um colar: do qual dependiam umas campainhas miúdas, e pela barba retorcidas umas vergas de ouro, que assim lhe chumbavam os cabelos dela, que de retorcidos os faziam corredios. A continência de sua pessoa era vir com uns passos mui vagarosos, pé ante pé, sem mover o rostro a parte alguma. Diogo Dazambuja, enquanto ele vinha com esta gravidade, esteve quedo em seu estrado, até que sendo já metido entre a nossa gente abalou a ele: e ajuntando-se ambos, tomou Caramansa a mão a Diogo Dazambuja, e tornando-a a recolher deu um trinco com os dedos dizendo esta palavra, *bere, bere*, que quer dizer *paz, paz*, o qual trinco entre eles é o final da maior cortesia que se pode fazer. Afastado o rei a uma parte deu lugar que chegassem os seus [para] fazer outro tanto a Diogo Dazambuja, mas no modo de tocar os dedos fizeram esta diferença do rei, molhado o dedo na boca, e de limpo no peito o tocaram: coisa que se faz do menor ao maior em final de fala, que se cá toma aos príncipes, porque dizem eles que pode levar peçonha neste dedo se antes o não alimparem por este modo. Acabadas estas cerimônias de cortesia que duraram um bom pedaço, por ser muita a gente que Caramansa trazia: e feito silêncio começou Diogo Dazambuja por meio de uma língua a lhe propor a causa de sua ida.

PRIMEIRA DÉCADA DA ÁSIA

O Ogané

Entre muitas coisas que o rei Dom João soube do embaixador do rei de Beni, e assim de João Afonso d'Aveiro, das que lhe contaram os moradores daquelas partes, foi que ao Oriente do rei de Beni por vinte luas de andadura que, segundo a conta deles e do pouco caminho que andam, podiam ser até 250 léguas das nossas:[179] havia um rei o mais poderoso daquelas partes, a que eles chamavam Ogané,[180] que entre os príncipes pagãos das comarcas de Beni era havido em tanta veneração como acerca de nós os sumos pontífices. Ao qual por costume antiquíssimo os reis de Beni, quando novamente reinavam, enviavam seus embaixadores com grande presente: notificando-lhe como por falecimento sucederam naquele reino de Beni, no qual lhe pediam que os houvesse por confirmados. Em final da qual confirmação, este príncipe Ogané lhes mandava um bordão e uma cobertura da cabeça da feição dos capacetes de Espanha, tudo de latão luzente, em lugar de cetro e coroa: e assim lhe enviava uma cruz do mesmo latão para trazer ao pescoço, como coisa religiosa e santa, da feição das que trazem os comendadores da ordem de São João, sem as quais peças o povo havia que não reinavam justa-

179 Quase 2 mil km.
180 Ver o texto "Benim", de Duarte Pacheco Pereira, na p. 84.

mente nem se podiam chamar verdadeiros reis. E em todo tempo que esse embaixador andava na corte deste Ogané, como cousa religiosa nunca era visto dele, somente via umas cortinas de seda em que ele andava metido: e ao mesmo tempo que despachavam o embaixador, de dentro das cortinas lhe mostravam um pé, em sinal que estava ali dentro, e concedia nas peças que levava, ao qual pé faziam reverência como a cousa santa. E também em modo de prêmio do trabalho de tanto caminho, era dada ao embaixador uma cruz pequena da feição da que levava para o rei, que lhe lançavam ao colo: com a qual ele ficava livre e isento de toda servidão, e privilegiado na terra de onde era natural, ao modo que entre nós são os comendadores. Sabendo eu isto para com mais verdade o poder escrever (peró que el-Rei rei Dom João em seu tempo o tinha bem inquirido) o ano de 540, vindo a este reino certos embaixadores do rei de Beni, trazia um deles que seria homem de setenta anos uma cruz destas: e perguntado-lhe eu por a causa dela, respondeu conforme ao acima escrito. E porque neste tempo del-Rei Dom João, quando falavam na Índia, sempre era nomeado um rei muito poderoso a que chamavam Preste João das Índias, o qual diziam ser cristão: parecia ao rei que por via deste podia ter alguma entrada na Índia. Porque pelos abexins religiosos que vêm a estas partes de Espanha, e assim por alguns frades que de cá foram a Jerusalém, a que ele encomendou que se informassem deste príncipe: tinha sabido que seu estado era a terra que estava sobre o Egito, a qual se estendia até o mar do sul. Donde tomando o rei com os cosmógrafos deste reino a tábua geral de Ptolomeu da descrição de toda a África, e os padrões da costa dela, segundo por os seus descobridores estavam arrumados: e assim a distancia de 250 léguas para leste onde estes de Beni diziam ser o estado do príncipe Ogané: achavam que ele devia ser o Preste João, por ambos andarem metidos em cortinas de seda, e trazerem o sinal da cruz em grande veneração. E também lhe parecia que, prosseguindo os seus navios a costa que iam descobrindo, não podiam deixar de dar na terra onde estava o Praso promontório, fim daquela terra.

PRIMEIRA DÉCADA DA ÁSIA

O Grande Zimbabué

[João de Barros descreve as regiões de onde vinha o ouro comerciado em Sofala.]

Tem outras minas em uma comarca chamada Tóroa, que por outro nome se chama o reino de Butua,[181] de que é senhor um príncipe por nome Burró, vassalo de Benomotapa,[182] a qual terra é vizinha a outra que dissemos ser de grandes campinas: e estas minas são as mais antigas que se sabem naquela terra, todas em campo. No meio do qual está uma fortaleza quadrada toda de cantaria de dentro e de fora muito bem lavrada, de pedras de maravilhosa grandeza sem aparecer cal nas juntas dela: cuja parede é de mais de 25 palmos de largura, e a altura não é tão grande em relação à largura.[183] E sobre a porta do qual edifício está um letreiro que alguns mouros mercadores que ali foram ter, homens doutos, não souberam ler nem dizer que letra era: e quase em torno deste edifício em alguns outeiros está outros a maneira dele no lavramento de pedraria e sem cal, em que há uma torre de mais de 12 braças.[184] A todos estes edifícios os

181 Butua, Tórua ou Gurusuua era um reino do altiplano, a sudoeste do Monomotapa. Teve por capital Khami, famosa por seus amuralhados de pedra. Produtor de ouro, era um centro de criação de gado bovino, graças às suas excelentes pastagens. Foi conquistado pelos rozwis entre 1683 e 1685.

182 É o monomotapa, *munhumutapa* ou *muene mutapa*.

183 5,5 m.

184 Vinte e seis metros.

da terra lhe chamam Simbaoé,[185] que acerca deles quer dizer *corte*, porque a todo lugar onde está Benomotapa chamam assim: e segundo eles dizem deste por ser coisa real terão todas as outras moradas do rei tal nome. Tem um homem nobre que está em guarda dele ao modo de alcaide-mor, e a este tal ofício chamam *simbacaio*, como se disséssemos guarda de Simbaoé: e sempre nele estão algumas das mulheres de Benomotapa que este *simbacaio* tem cuidado. Quando ou por quem estes edifícios foram feitos, como a gente da terra não tem letras nem há entre eles memória disso, somente dizerem que é obra do diabo, porque comparada ao poder e saber deles não lhe parece que a podiam fazer homens: e alguns mouros que a viram, mostrando-lhe Vicente Pegado, capitão que foi de Sofala, a obra daquela nossa fortaleza, assim o lavramento das janelas e arcos pela comparação da cantaria lavrada daquela obra, diziam não ser coisa para comparar segundo era limpa e perfeita. A qual distará de Sofala para o poente por linha direita pouco mais ou menos 170 léguas,[186] em altura entre 20 e 21 graus da parte do sul, sem por aquelas partes haver edifício antigo nem moderno: porque a gente é muito bárbara e todas suas casas são de madeira, e por juízo dos mouros que a viram parece ser coisa muito antiga e que foi ali feita para ter posse daquelas minas que são muito antigas. [...]

185 Zimbaué ou zimbabué. Crê-se que João de Barros descreve o chamado Grande Zimbabué, conjunto de amuralhados que começaram a ser construídos possivelmente no século XII e foram plenamente ocupados até pelo menos a metade do século XV. O Grande Zimbabué foi a capital de um importante estado e centro mercantil, o grande entreposto do ouro do interior da África Índica. Numerosos outros zimbabués — já se encontraram as ruínas de cerca de 150 — se distribuíam pelo planalto entre os rios Zambeze e Limpopo.
186 Quase 950 km.

E olhando a situação e a maneira do edifício metido tanto no coração da terra, e que os mouros confessam não ser obra deles por sua antiguidade, e mais por não conhecerem os caracteres do letreiro que está na porta: bem podemos conjecturar ser aquela a região a que Ptolomeu chama Agisimba, onde faz sua computação meridional, porque o nome dela e assim do capitão que a guarda em alguma maneira se conformam e alguns deles se corrompem do outro. E pondo nisso nosso juízo, parece que esta obra mandou fazer algum príncipe que naquele tempo foi senhor destas minas como posse delas: a qual perdeu com o tempo, e também por serem muito remotas de seu estado, ca por a semelhança dos edifícios parecem muitos a outros que estão na terra do Preste João em um lugar chamado Acaxumo,[187] que foi uma cidade câmara da rainha Sabá, a que Ptolomeu chama Axumá, e que o príncipe senhor deste estado o foi destas minas.

PRIMEIRA DÉCADA DA ÁSIA

O monomotapa

O benomotapa, rei da terra, posto que seja senhor de tudo e suas mulheres andem vestidas deles, em sua pessoa não há de por pano estrangeiro se não feito na terra; temendo-se por vir da mão de estrangeiros que pode ser inficionado de alguma má coisa que lhe faça dano. Este príncipe a que chamamos benomotapa ou monomotapa, se como entre nós imperador, porque isto significa o seu nome acerca deles; o estado do qual não consiste em muitos aparatos paramentos ou móvel do serviço de sua pessoa cá o maior ornamento que tem na casa são uns panos de algodão que se fazem na terra de muitos lavores cada um dos quais será do tamanho de um

187 Axum.

dos nossos reposteiros e valerão de vinte até cinquenta cruzados. Serve-se em giolhos e com salva, tomada não antes do que lhe dão se não do resto que lhe fica; e ao mesmo tempo que bebe e tosse todos os que estão diante hão de dar um brado com palavra de bem e louvor do rei, e onde quer que seja ouvida corre de uns a outros, de maneira que todo o lugar sabe quando o rei bebe e tosse. E por acatamento seu diante dele ninguém escarra, e todos hão de estar assentados, e se alguma pessoa lhe fala em pé são portugueses e os mouros e alguns seus a que ele dá isto por honra, e é a primeira; a segunda que em sua casa se possa assentar a tal pessoa sobre um pano, e a terceira que tenha porta nos portais de sua casa, que é já dignidade de grandes senhores. Porque toda a outra gente não tem portas; e diz ele que as portas não se fizeram senão por temor dos malfeitores, e pois ele é justiça que os pequenos não têm que temer, e se as dá aos grandes é por reverência de suas pessoas. As casas geralmente são de madeira da feição de coruchéus, muitos paus arrimados a um esteio como pião de tenda e por cima cobertos de sebe, barro e colmo ou coisa que espessa água por cima; e há aí casa destas feita de paus tão grossos e compridos como um grande mastro e quanto maiores maior honra. Tem este benomotapa por estado música a seu modo onde quer que esteja, até no campo debaixo de uma árvore; e chocarreiros mais de quinhentos com capitão deles, e estes a quartos vigiam por fora a casa onde ele dorme falando e cantando graças, e no tempo da guerra também pelejam e fazem qualquer outro serviço. As insígnias de seu estado real é uma enxada muito pequena com um cabo de marfim que traz sempre na cinta; pela qual denota paz e que todos cavem e aproveitem a terra, e outra insígnia é uma ou duas azagaias por que denota justiça e defesa de seu povo. Debaixo de seu senhorio tem grandes príncipes, alguns dos quais que comarcam com reinos alheios às vezes se levantam contra ele; e por isso costuma ele trazer consigo os herdeiros dos tais. A terra é livre sem lhe pagar mais tributo que levar-lhe presentes quando lhe vão falar; porque ninguém há de ir diante de outro maior que não leve alguma coisa na mão para lhe oferecer, por sinal de obediência e cortesia. Tem uma maneira de serviço em lugar de tributo que todos os de sua corte e os capitães da gente da guerra, cada um com todos os seus em trinta dias lhe há de dar sete de serviço em suas sementeiras ou em qualquer outra coisa; e os senhores a que dá alguma terra que comam com vassalos, tem deles o mesmo serviço. Algumas vezes quando quer algum serviço, manda às minas onde se cava o ouro repartir uma ou duas vacas, segundo o número da gente, em sinal de amor, e por retribuição daquela visitação cada um deles dá um pequeno de ouro de até quinhentos reais. Também nas feiras, das mercadorias os mercadores lhe ordenam um tanto de serviço, mas não que contra algum se execute pena se não paga; somente não poder ir diante dele benomotapa que entre eles é grande mal. [...]

Entre eles não há cavalos e por isso a guerra que benomotapa faz é a pé com estas armas, arcos de flechas, azagaias de arremesso, adagas, machadinhas de ferro que cortam muito bem; e a gente que traz mais junto de si são mais de duzentos cães, cá diz eles que estes são muito leais servidores assim na caça como na guerra. Todo o esbulho que se toma nela se reparte pela gente, pelos capitães e pelo rei; e cada um leva de sua casa o que há de comer, ainda que o príncipe sempre lhe manda dar o gado que traz no seu arraial.

Quando caminha, onde houver de pousar lhe hão de fazer de madeira uma casa nova, e nela há de haver fogo sem ser apagado, cá dizem que na cinza lhe podem fazer alguns feitiços em dano de sua pessoa; e enquanto anda na guerra não lavam mãos nem rosto por maneira de dó até não haverem vitória de seus inimigos, nem menos levam lá as mulheres. Sendo elas tão queridas e veneradas deles, que qualquer mulher que for por um caminho, se com ela topar o filho do rei há de lhe dar lugar por onde passe e ele estar quedo. Benomotapa das portas adentro tem mais de mil mulheres filhas de senhores, porém a primeira é senhora de todas, posto que seja a mais baixa em linhagem, e o filho primeiro desta [é] o herdeiro do reino; e quando vem no tempo das sementeiras e recolher as novidades, a rainha vai ao campo com elas aproveitar sua fazenda, e tem isto por grande honra.

PRIMEIRA DÉCADA DA ÁSIA

Diogo do Couto

Historiador português, nascido em Lisboa em 1542 ou 1543 e falecido em 1616. Passou a maior parte de sua vida na Índia. Continuou as Décadas da Ásia *de João de Barros, publicando em vida a IV, a V, a VI e a VII. As quatro seguintes só apareceram muito tempo depois de sua morte. Sua obra mais conhecida é o* Diálogo do soldado prático.

As minas de Manica

[Em 1573, Vasco Fernandes Homem, governador da conquista do Monomotapa, chegou com sua tropa em Manica, cujo rei tinha o título de *chicanga*.]

Os nossos tanto que se viram naquela terra de que havia fama que tudo era ouro cuidaram que logo pelas ruas o achassem e que carregassem dele. O governador partiu logo para as minas[,] onde esteve alguns dias[,] e vendo a dificuldade com que os cafres o tiravam das entranhas da terra[,] com tamanho risco que quase cada dia ficavam muitos enterrados nas minas[,] que corruinavam por lhe não saberem fazer reparos[,] e ainda aquela terra que tiravam enchiam dela as gamelas e iam lavar aos rios[,] e cada um tirava quatro ou cinco grãos de ouro[,] tudo pouquidade e pobreza. Outros no tempo dos invernos vão pelos pés da serra[,] por onde descem abaixo as enxurradas d'água e[,] depois que seca[,] acham algumas lascas e grãos. Vendo o governador aquela pobreza[,] em que para senhorear aquelas minas era necessário grande fábrica e infinitos negros para andarem naquele meneio[,] porque[,] como se tira pouco ouro pela maneira que o eles buscam[,] sendo muitos a isso tirar[,] se há muito[,] posto que se as minas vieram a nossas mãos que se abriram e aprofundaram até dar na veia sempre se tirara grande soma[,] porque segundo os que escrevem das minas às vezes estão 2 ou mais estádios debaixo da terra e as veias do ouro se estendem 4 ou 5 ou 6. Vendo o governador que para ensaiar aquele negócio havia mister muitos tempos e muito vagar que ele não tinha [...], confirmou novamente as pazes com [o *chicanga*] e se despediu dele[,] que lhe mandou dar todo o necessário para a volta a troco de roupas e tornou a desandar o caminho.

PRIMEIRA DÉCADA DA ÁSIA

Padre Francisco de Monclaro

O jesuíta Francisco de Monclaro escreveu um longo e minucioso relato sobre a expedição, chefiada por Francisco Barreto, que o rei D. Sebastião enviou contra o monomotapa. Barreto, militar e administrador de prestígio, que tinha sido vice-rei da Índia, chegou a Moçambique em 1570 e morreu de febre três anos depois, sendo substituído por Vasco Fernandes Homem.

Os mosseguejos

[De Mombaça] fomos ter a Melinde povoação também de mouros e mui arruinada, porque o mar a tem comida quase toda, mas no que está em pé mostra bem antigamente ser cousa mui nobre, como contam as histórias da Índia. [...]

Os mouros daqui confinam pela terra dentro com uma maneira de cafres estranha dos outros de toda a costa, a que chamam moceguejos,[188] que o mesmo nome declara sua barbaria. Estes não têm certas terras nem casas. Vivem nos campos e matos, trazem a cabeça cheia de barro mui

188 Mosseguejos ou segejus, povo banto que, no último terço do século XVI, se deslocava do norte para o sul, ao longo do litoral do Índico.

fedorento, pelas misturas que tem de diversos óleos, e a eles é mui cheiroso. Têm muito gado, e do leite e sangue dele misturado se mantêm, e comem cru, sem outra maneira de comer ordinária segundo dizem, sangram os bois cada dia alternados. São mui guerreiros e, segundo dizem, usam nas brigas cortar os prepúcios e engoli-los e depois, quando aparecem diante do rei, tornam-nos a lançar pela boca para que assim o rei os arme cavaleiros. Seus vestidos são de pele de animais e têm outros costumes mui bárbaros. São os mouros dali mui infestados destes cafres, e, por lhe não danarem as sementeiras e fazerem guerra, resgatam sua vexação com roupas e outras cousas que lhe dão, mas o seu vestido geral são peles como disse.

RELAÇÃO DA EXPEDIÇÃO AO MONOMOTAPA

O hipopótamo, a búfala, o crocodilo e o leão

[O rio Cuama] tem grande cópia de cavalos marinhos, animais mui disformes e desproporcionados.[189] Têm a cabeça de feição de quartaus, mas muito maior. Vi-lhes muitas vezes lançar o pescoço fora d'água e abrir a boca tanto, que no vão de entre ambos os queixos pode caber um homem de meia estatura em pé. Vi também dele em terra a anca e rabo, é como de mula cortado. Os pés curtos e embaixo na pegada fazem como estrela ou pé de prata. Tem sua corna e topete como cavalo, orelhas curtas, e todos têm estrela na testa. No tempo do cio são mui perigosos e perseguem muito os lúzios[190] e almadias e às vezes matam alguma gente, e alcançam quando en-

189 Hipopótamos.
190 Pequena embarcação do oceano Índico, feita, como os sambucos e os pangaios, com pranchas de madeira leve, amarradas com corda ou tamiça de coco, sem pregadura metálica, e calafetadas com massa de algodão e gordura.

contram estas embarcações. Apascentam-se em terra e buscam as várzeas que têm mais ervas. De noite saem em terra, e aí comem e fazem grande rinchada. Francisco Barreto disparou uma vez um arcabuz na cabeça de um que andava no cio e lhe deu na testa; e ouvimos da embarcação o tom da pancada do pelouro e, segundo outros diziam, resvalou sem lhe fazer mal. Ele atordoado deu certos mergulhos e foi sair abaixo vivo e são, ainda que atordoado. Quando vêm fugindo da terra para o rio trazem grande ímpeto e sem nenhum dejeto se arremessam, e quebram quanto acham, ainda que sejam árvores de bom tamanho. [...]

Há também muitos lagartos mui grandes [...].[191] Têm no rabo umas espadanas largas, com que se ajudam quando pegam em alguma cousa; especialmente têm sua força dentro na água. Têm os pés curtos e unhas e fazem sinal no chão como de leão. O fígado destes é a maior peçonha que até agora se sabe naquelas partes. São gerais estes lagartos em toda a Cafraria, e assim no rio de Congo e no Nilo; e estes são os crocodilos de Plínio, e deles teve origem aquele tão celebrado provérbio nas escolas, *ut canis ad Nilum*.[192]

O modo de caça de que estes lagartos se mantêm é esperarem nos remansos do rio os veados e gazelas merus e búfalas bravas, que do mato vêm beber, e pegam delas, e as levam e comem. Em algumas partes estão cevados em comer gente e gado, e ainda que seja touro mui grande como vimos em Cova, onde andava um mui grande.

Um caso aconteceu, que não deixarei de contar. Indo pelo rio acima com Francisco Barreto aportamos em uma praia larga e bem assombrada; ali, depois de saído em terra, vieram ter uns cafres que nos contaram

191 Crocodilos.

192 Ele se refere ao dito latino *Sicut canis ad nilum, bibens et fugiens*: “Como o cão à margem do Nilo, bebendo e fugindo”.

naquele lugar, haver três ou quatro dias, acontecera uma travada briga entre um lagarto e um leão. Vinha o leão seguindo uma búfala brava grande para a matar, a qual fugindo de cansada se pôs a beber à borda do rio onde estava um grande lagarto, o qual pegou pelos focinhos da búfala, e, como ela era grande, não na podia bem levar a água. Chegou o leão pelo faro da búfala, e achou-a na contenda com o lagarto, o qual já estava aferrado da búfala; lançou a mão na anca dela com tanta força, que a ela e ao lagarto juntamente por bom espaço do rio os tirou, e da pancada que o lagarto deu arrebentou. Isso viram alguns cafres, e eu vi as pegadas do leão que seria da derradeira unha da que está junto do colo do braço, mais de um grande palmo, e o sinal das unhas curvo e grande, que bem mostravam sua grandura. Estes sinais estavam ainda frescos. Os cafres comeram a carne do lagarto, e o leão se fartou na búfala.

RELAÇÃO DA EXPEDIÇÃO AO MONOMOTAPA

Os xonas carangas ou súditos do monomotapa

[Os súditos do monomotapa] andam todos comumente vestidos com uns panos de algodão mal tapados que se fazem da outra banda do rio, em teares baixos, mas mui devagar, os quais eu vi tecer perto de Sena, e chamam-se *machiras*. Podem ser de 2,5 varas e meia de comprido, e de 1,5 vara de largo estas *machiras*,[193] cingem ao redor do corpo, e nos peitos, a modo de cruz, e o mais descoberto. Trazem cornos nos cabelos por galantaria, os quais fazem dos próprios cabelos revirados com uma invenção estranha, e são estes cor-

193 Uma vara corresponde a 1,1 m. Os panos teriam 2,75 m de comprimento por 1,65 m de largura.

nos na Cafraria toda mui gerais e ficam com eles muito bem assombrados. No meio da cabeça fazem um que apanha os cabelos por muita ordem e compasso, os quais fazem ser compridos primeiro com pedacinhos de cobre ou calaim, que atam na ponta de alguns poucos juntos, para que com o peso se vão fazendo compridos, e percam o revite, e assim trazem a cabeça coberta destes pesinhos.

Depois que são grandes apanham daqueles cabelos no meio da cabeça uma boa quantidade, para ser o corno maior, e os amarram com certa erva e fazem com ela um trincafio muito bem-feito por um espaço; e na pontinha que sempre vai declinando a delgado, deixam como remate um espaço por amarrar. Depois, com muita ordem, fazem outros cornos pequenos, e são nisto mui curiosos, e as mulheres trazem muitas manilhas de cobre nos braços e pernas, e tiram-no mui delgado pela fieira, e o mesmo fazem do ouro, que o tiram em extremo delgado, e deste fio fazem manilhas. [...].

Têm muitas mulheres, e quanto maiores senhores são, maior número têm delas. Do monomotapa dizem ter mais de 3 mil, e tem além de sua corte, em uma granja, grande número, onde elas são as que cavam e semeiam a terra, tudo passa por sua mão, como inda hoje o fazem as galegas da nossa Espanha; e vai lá estar com elas o tempo que quer, e veio de lá uma vez doente da cabeça e dizem que mandou matar mais de quatrocentas, dizendo que lhe deram feitiços. Tem sempre entre estas alguma principal, cujos filhos herdam.

São mui fáceis para crer, vários e inconstantes. Aconteceu o tempo que lá estive morrer o rei das Manicas e dizem que se mataram por si mesmas muitas mulheres das suas, dizendo que lá no outro mundo o haviam de servir. Isto ouvi somente do negro, o qual diziam participar muito de mouro, e daqui vinha as mulheres matarem-se com pretexto da outra vida; porque os demais cafres não têm mais que morrer e viver, posto que alguns chamam a Deus Mulungo, mas isto em confuso e trevas e escuridade.

RELAÇÃO DA EXPEDIÇÃO AO MONOMOTAPA

Garcia Mendes Castelo Branco

Um dos fidalgos portugueses que acompanharam Paulo Dias de Novais na sua expedição de 1574 para a conquista de Angola, deixou uma série de textos (publicados em 1935 por Luciano Cordeiro em Questões histórico-coloniais) *sobre as guerras em que lutou e suas experiências na África.*

Angola

As terras de Angola, de junto ao mar, são secas e de pouca água, e a que há é salobra, e de poucos arvoredos, porém, por dentro é mui fértil e viçosa pela parte de Ailamba, que é entre o rio Dange e a Cuanza, até Dongo, que é a cidade donde o rei[194] tem sua casa, e dali para cima há muitos palmares, árvores de fruto, e sem eles, que podem servir para madeiras, e há muitas ribeiras de água, muita cana-de-açúcar, muito inhame, batata.

Por toda esta província há muita junca, e grande quantidade de legumes, feijões, favas, massa grossa, que é como milho zaburro e milho como o nosso e melhor, que faz bom pão, e outra muita diversidade de legu-

194 O *angola a quiluanje* ou rei dos andongos, um subgrupo dos ambundos.

mes e frutos da terra; há muito gado de carneiros, cabras e galinhas, e infinita montaria de veados, porcos monteses, corças, coelhos, vacaria brava que chamam *empalacas*,[195] muito ferozes, outros que chamam *macocos*, que são como jumentos, tem a unha fendida e se diz que estas são as perfeitas antas, muitíssimas onças, tigres, lobos, elefantes, zebras e gatos-de-algália e outros animais monteses. Há muitas aves, perdizes, galinhas do mato, papagaios e outra diversidade de pássaros de comer, muito bons, e quanto mais dentro das terras, são melhores, e há infinito gentio.

DA MINA AO CABO NEGRO

195 Provável referência a pacaças, semelhantes aos búfalos, ou a antílopes palancas.

Duarte Lopes e Filippo Pigafetta

Em 1589, o comerciante português Duarte Lopes, que morava havia doze anos no Congo, chegou a Roma como embaixador do rei congolês d. Álvaro II junto ao papa Sisto V. Com base no que lhe contou sobre aquele país africano e sua conversão ao catolicismo, o erudito italiano Filippo Pigafetta (1533-1604) escreveu a Relatione del reame di Congo et delle circonvicine contrade [*Relação do reino do Congo e das regiões vizinhas*], *publicada em 1591.*

A zebra

Nasce nesta região [do Congo] um [...] animal que chamam zebra, [...] o qual, tendo o feitio de uma mula grande, não é mula porque pare filhos e possui pelugem muito singular e distinta da de todos os outros bichos, uma vez que da linha do espinhaço até o ventre apresenta listras de três cores, negra, branca e fulva escura, que se juntam em listras largas ao redor de cada grupo de três, e ao mesmo modo se apresentam o pescoço, a cabeça e as crinas, que não são grandes, as orelhas e as pernas, em tudo a se alternarem essas cores, que infalivelmente começa com o branco, seguindo-se do negro e em terceiro lugar o fulvo, e de novo se começando com o branco e terminando com o fulvo, mantendo sempre a mesma regra. O rabo é como o da mula, de cor morada mal tingida e luzidia, e os pés e os cascos como os da mula, mas o porte é gracioso e alegre, como o de um cavalo, sobretudo no andar e no correr, admiravelmente ágil e veloz, de tal modo que tanto em Portugal quanto em Castela se diz *veloz como uma zebra*, para descrever uma grande rapidez. Esses animais dão à luz uma vez por ano e são numerosíssimos, todos selvagens. Se domesticados, serviriam como montaria, para puxar carros e na guerra, como os excelentes cavalos, pois parece que a mãe natureza dotou cada região, para a comodidade e as necessidades dos homens, [com] diversos tipos de animais e de alimentos e de qualidade de ar, a fim de que nada lhes falte. Não havendo cavalos em todo o reino do Congo, nem sabendo usar o boi como animal de carga, nem domesticando a zebra com freio e sela, nem tendo encontrado outra maneira de fazer-se transportar por animais, a necessidade lhes mostrou como empregar homens em vez de jumentos; e vão de rede, deitados ou sentados, protegidos pelos guarda-sóis que carregam os seus escravos.

RELAÇÃO DO REINO DO CONGO

Panos de ráfia

E porque estamos nestas terras [a leste do reino do Congo], impõe-se mencionar a arte maravilhosa que tem a sua gente de fazer os mais diversos panos, como veludos com ou sem pelos, brocados, cetins, cendais, damascos, chamalotes e tecidos semelhantes, exceto sedas, porque não conhecem o bicho, embora possam vestir-se de tecidos de seda trazidos de nossos países. Tecem aqueles panos de folhas de palmeira, que não deixam crescer, cortando-as e podando-as uma vez por ano, a fim de que na próxima estação cresçam mais tenras.

Um jovem do Congo.

Essas folhas devidamente limpas são reduzidas a fios finos e delicados, e os mais compridos são os mais apreciados, porque com eles tecem os panos maiores e nas mais diversas maneiras, como veludos com pelos dos dois lados, e os damascos, e os brocados altos e baixos, que valem mais do que os nossos.

RELAÇÃO DO REINO DO CONGO

André Álvares d'Almada

Cabo-verdiano da ilha de Santiago. De sua vida pouco se sabe, exceto que foi a Portugal por volta de 1580 em representação do povo de sua terra e que muito viajou pela Alta Guiné, provavelmente como comerciante. Deixou uma obra preciosa, datada de 1594, Tratado breve dos rios de Guiné do Cabo Verde, desde o rio de Sanagá até aos baixos de Sant'Ana.

Cavalos e cavaleiros jalofos

Os seus cavalos são mui domésticos, em tanto que podemos dizer que são mais domados por uso e razão que pelo freio; porque se um negro destes diz ao seu cavalo que se deite, deita-se — que se levante, levanta-se —, e que faça mesuras, fá-las; deita-se o negro dele abaixo como um pássaro, sem ter a mão nele, e botando-se a correr, vai o mesmo cavalo após ele como um cão; e desta maneira jamais nas guerras os perdem seus donos, salvo se os matam, porque estão quedos sobre os senhores mortos. E desta maneira os tomam os inimigos.

TRATADO BREVE DOS RIOS DE GUINÉ

Os castados

Há em toda esta terra dos jalofos, barbacins e mandingas, uma nação de negros tida e havida entre eles por judeus.[196] Não sei donde procederam. Há gente formosa, principalmente as mulheres. Os homens são abastados de narizes. Importunos no pedir, andam de reino em reino com suas mulheres, como cá os ciganos. Servem todos os ofícios mecânicos que se usam entre eles; a saber: tecelões, sapateiros, ferreiros. Servem de atambores para as suas guerras, cantando e animando os que pelejam, trazendo-lhes à memória os feitos de seus antepassados; e com isto os fazem morrerem ou vencerem. Na guerra tangem três maneiras de caixas; umas como as nossas; outras mais pequenas, as quais levam debaixo do braço, tangendo a cavalo; outras de uma só peça, de 7 palmos de comprido;[197] e por estes instrumentos dão aviso do que querem, fazendo sinal de guerra ou fogo, e nos atambores entendem e sabem de que reis e capitães são.

Usam também estes judeus de umas violas de cordas e outras ao modo de harpa. Uma lei usam os desta ter-

196 André Álvares d'Almada chama judeus aos membros de castas profissionais, ou castados, porque estes viviam segregados e moravam no que lhe parecia serem guetos. O mesmo fará, três quartos de século mais tarde, o capitão Francisco Lemos Coelho, ressalvando, no entanto, que "não tinham de judeus mais que o nome". Entre muitos povos da África Ocidental, certos ofícios se transmitem dentro de grupos familiares fechados. Os bardos ou *griots*, os ferreiros, as oleiras, os músicos, por exemplo, pertencem a castas, ficam por assim dizer marginais à sociedade, politicamente subordinados, sem acesso à terra e proibidos de usar armas. Não podem, porém, ser escravizados. São, em geral, ao mesmo tempo desprezados e temidos, porque capazes de mudar a natureza ao transformar o minério de ferro em armas, a argila em potes e as palavras em poesia.
197 Cerca de 1,5 m.

ra, que é esta: nenhum judeu não pode entrar em casa de outro que o não seja; nem comem nem bebem por onde os outros bebem; e tendo cópula com outra que não seja da sua geração, os vendem ou matam a ambos. Estando eu um dia na corte deste rei dentro nos seus paços, tinha ele um judeu muito seu privado que fora da pousada lhe dizia o que queria, e zombava com ele. Este judeu se pôs ao longo dos paços, e como pela lei não podia entrar dentro, de fora gritou dando muitos brados; e cansado de gritar, vendo que lhe não respondia, e, somente zombando, alguns deles lhe diziam que entrasse dentro, de enfado disse estas palavras: "Forte geração foi a minha! Não me fizera Deus antes rato, ou cão, e não judeu! Entram os ratos e os cães em casa del-Rei e eu não posso entrar!". Sobre isto disse muitas lástimas, e de cansado se foi.

Estes judeus quando morrem não os enterram em terra como os outros senão em tocas d'árvores; não as havendo dependuram-nos em árvores, porque têm por errônea os outros negros, que, enterrando-os no chão, não choverá nem haverá novidade aquele ano na terra. E tem-nos por uma geração maldita.

TRATADO BREVE DOS RIOS DE GUINÉ

Ulemás ou bixirins

E tornando a este rio [Gâmbia] há nele mais religiosos bixirins do que há em todo outro Guiné; porque há em todo ele muitas casas desta religião [islâmica] e muitos peregrinantes que andam de reino em reino. E há da banda do norte três casas principais grandes, como entre nos conventos, de grande religião e devoção entre eles, nas quais residem estes religiosos e os que aprendem para este efeito. A primeira é na boca deste rio, de grande veneração entre eles, por quem veem dela o Mar Oceano, e dizem que é uma cousa grande. A segunda casa ficará 70 léguas desta primeira, ao longo deste rio, em um passo que ali faz estreito, e faz três pernadas por algumas partes que se tornam a encontrar insulando ali a terra, e chama-se o passo onde está este convento Malor. Fica a terceira casa apartada desta segunda 50 léguas, e da primeira 120,[198] em uma aldeia 1 légua metida pela terra, chamada Sutuco.[199] O maior destes religiosos, como entre nós uma dignidade de guardião ou de provincial, chamam eles *Ale-mame*,[200] e trazem anel como bispo. E todas estas três casas principais estão da banda do norte do rio. Escrevem em livros encadernados, [...] nos quais dizem muitas mentiras, e dá o demônio ouvidos aos outros para os ouvirem e crerem. Andam estes cacizes magros e debilitados das suas abstinências e jejuns e manjares; não comendo cousa morta por mão de pessoa que não seja religiosa. Trazem os vestidos compridos e por cima deles capas e ferragoilos, de baetas ou bedens, e chapéus grandes, pretos e brancos, que lhes levam os nossos. Fazem suas salás para o oriente postos os rostos, e antes de as fazerem levam primeiro o traseiro e depois o rosto. Rezam juntos com uma vozaria alta como muitos clérigos em coro; e no cabo acabam com *Alá Arabi*; e *Alá mimi*. Tem suas mulheres que trazem consigo, assim os que estão nas casas como os que estão fora delas. [...]

Neste rio, indo por ele acima 120 léguas da barra, da banda do norte, num porto que se chama Jagrançura, na aldeia chamada Sutuco, há trato d'ouro que trazem ali mercadores mandingas, que também são religiosos. Este ouro, que aqui trazem, vem o mais dele em pó, e

198 A segunda casa fica a cerca de 311 km da primeira, e a terceira, a cerca de 533 km desta.
199 Sutocó, importante mercado mandinga.
200 *Almami*, em fulfulde (ou *pulaar*, a língua dos fulas), um imame ou imã.

dele em peças, e muito fino. Estes mercadores são mui entendidos, assim nos pesos como no mais. Trazem balanças muito sutis, marchetadas de prata, e cordões de retrós. Trazem uns escritórios pequenos de couro cru, sem fechos, e nas gavetas trazem os pesos, que são de latão da feição de dados; e o marco é como uma maçã de espada. Trazem este ouro em canos de penas grossas de aves e em ossos de gatos, escondido tudo em atilhos metidos pelos vestidos. Trazem-no desta maneira, porque passam por muitos reinos, e são roubados muitas vezes, sem embargo de trazerem as cáfilas capitães e gente de guarda; e há cáfila que traz mais de mil frecheiros.

TRATADO BREVE DOS RIOS DE GUINÉ

A noz-de-cola

Das mercadorias que neste rio [Gâmbia] valem o principal é o vinho, porque morrem por ele; cavalos, roupa branca da Índia, contaria da Índia, de Veneza, margarita grossa e delgada, fio vermelho, pano vermelho, vinta-quatreno, grã, búzio, papel, cravo, manilhas de cobre, bacias de barbear, caldeirões de cobre de um arrátel até dois, cobre velho, e entre todas a mais estimada é a cola, fruto que se dá na Serra Leoa e seus limites e vale tanto neste rio que dão tudo a troco dela, assim mantimentos como roupa, escravos e ouro; e é tão estimada que a levam até o reino do Grão-Fulo,[201] onde vale muito e assim nos mais rios do nosso Guiné. [...]

Usam estes negros dela como na nossa Índia do bétele; porque com a cola, que é como uma castanha, caminha um negro todo o dia, comendo nela e bebendo da

201 Poderoso estado fula, fulani ou peul, fundado no médio Senegal, por Colin Tenguelá, no início do século XVI. A sua dinastia dominará a região até 1776.

água, e tem-na por medicinal para o fígado e o urinar. Usamos dela para o mesmo efeito, mas os negros fazem muito mais conta dela do que nós fazemos, e tendo dor de cabeça a mastigam e untam as fontes com o seu bagaço. Tem-se de um ano para o outro e mais tempo, se as quiserem ter, enfolhadas com as folhas largas de umas árvores, que chamam caboupas. Quer Deus que não haja desta fruta n'outra Guiné senão no limite da Serra Leoa, que tivesse a valia que tem para remédio de muitos; e foram semeadas nos outros rios mas jamais frutificaram.

TRATADO BREVE DOS RIOS DE GUINÉ

Os bijagós

Da banda do sul [do rio Grande ou rio do Geba] vão correndo umas ilhas, chamadas dos Bijagós, delas habitadas e delas despovoadas, frescas de muitas ribeiras d'água, cobertas de muito arvoredo, nas quais há muita caça de aves e animais de toda a sorte, como em terra firme. E são as ilhas estas: a Ilha Roxa, Bonabo, Oxango, Xoga, Farangue, Huno, a Formosa, Curete, a Carraxa, Gran-camona, a ilha de João Vieira, a do Meio, a dos Cavalos, a do Palão, a dos Fanados, o ilhéu dos Papagaios, a ilha das Galinhas e a de Metambole, a qual fica pegada com a terra firme dos beafares[202] da banda de leste chamada a ilha dos Escravos.

Todas estas ilhas vão correndo ao mar das ilhetas até a terra dos beafares, como está dito, e todas senhoream os bijagós, tirando a ilha das Galinhas, que fica de fronte da ponta de Bulama, terra dos beafares, os quais habitam nesta ilha, e há rei nela, e tem amizade com os bijagós, mas no mar encontrando-se pelejam. Estes bijagós habitam nestas ilhas, chamadas por alguns as ilhas de Boão, e

202 Ou beafadas.

por outros as do Infante; as quais parece que deviam ser antigamente terra firme e toda uma com a dos buramos e beafares, e que o mar as cortaria de maneira que ficaram em tantas ilhas como são, e se perderia aquela linguagem que d'antes tinham, e vieram a tomar a que hoje tem.

Estes negros são mui guerreiros; continuamente andam em guerras, dando assaltos na terra dos buramos e beafares, e tem tal costume que, no mar, encontrando-se de uma ilha com os da outra, pelejam, bem pode ser o pai com o filho. Não há rei entre eles, senão fidalgos a quem obedecem, senhores das ilhas povoadas; e em uma ilha há dois fidalgos e três que moram nela. Fazem suas povoações ao longo do mar ou perto dele, e ali estão aposentados com os seus parentes, e estes dão obediência aos mais velhos, e destes lugares saem a dar os assaltos e fazer guerra aos outros em suas almadias por mar, que são grandes e levam muita gente; e estes negros são tão destros no mar, que ainda que se soçobre e revire a embarcação, andam a nado e a tornam a endireitar e esgotar, e tornam-se a meter dentro; e atravessam muitas vezes mais de 10 léguas a ir fazer guerra, como é darem dentro do rio Grande, terra dos beafares, e fazerem nela grande destruição e cativarem muita gente; e irem dar no rio de São Domingos, dentro em Cacheu, e fazerem o mesmo: e hoje o não fazem por respeito dos nossos que ali habitam. E trazem desinquieta toda a terra dos beafares e buramos, que lhes ficam defronte, com as contínuas presas que sempre neles fazem; e de tal maneira os desinquietam que continuamente vigiam de noite e de dia.

Os homens não fazem mais que três cousas — guerra, e fazer embarcações e tirar o vinho das palmeiras. Andam mui disciplinados na arte militar ao seu modo. São grandes rodeleiros; a principal arma que trazem são azagaias, a que eles chamam *canicos*, que são de 2 palmos, de ferro roliço, e na ponta têm o ferro ao modo de nossas ginetas; as suas adargas, que são de verga forte tecida com rota, de maneira que ficam muito fortes; e suas espadas, as quais são mais tortas que foices, mas largas. Usam frechas, mas não são ervadas, e em lugar de ferro lhes põem umas espinhas de um pescado chamado bagre, que eles tem por peçonhento, e o é.

As mulheres fazem as casas, e as searas, pescam e mariscam e fazem todo o mais serviço que fazem os homens em outras partes.

Estes negros andam nus; não trazem mais que uma maneira de calças que eles fazem de folha de palmeiras, que escassamente cobrem suas vergonhas, e que servem mais de os pear que de vestido. Falam com os demônios todas as vezes que querem, principalmente quando hão de ir fazer guerra, e os invocam, e da maneira que lhes parecem assim se contrafazem, e untando-se com almagra e gesso (que há muito naquelas ilhas) e com muitas penas d'aves metidas entre os cabelos (que os trazem trançados), e com cabos de cavalos dependurados ao pescoço botados por detrás das costas, com muitos cascavéis, vão parecendo os mesmos demônios, e dessa maneira vão à guerra. No mar pelejam com todos, mas tanto que tomam terra não há briga; dizem que são amigos e hóspedes e ficam seguros. E antes disto fazem primeiro esta cerimônia: entrando algum navio nosso em qualquer de seus portos, vem o fidalgo da terra ao mar na sua almadia; dizem-lhe que aquele navio é seu; tomam o cabo da driça e dão-lha na sua mão. Feito isto traz ele da terra uma cabra ou capão, que matam, sangrando-o com uma faca, e toma um pequeno do sangue e unta ao senhorio do navio nos pés, e põem-lhe a cousa morta nos peitos. Fazendo-se esta cerimônia fica tudo seguro; não há que temer, salvo se forem das outras ilhas.

TRATADO BREVE DOS RIOS DE GUINÉ

Andrew Battell

Não se sabe quando nasceu nem quando morreu Andrew Battell. Era natural de Leigh, uma cidadezinha de Essex, na Inglaterra. Tripulante de um corsário que se dirigia ao rio da Prata, foi aprisionado pelos portugueses, que o degredaram para a África. Chegou a Luanda provavelmente em 1590 e ficaria em Angola até 1610, quando pôde regressar a Leigh. Nove ou dez anos antes, juntou-se a imbangalas e passou vários meses entre eles. Contou essa experiência e outras aventuras na África ao reverendo Samuel Purchas, vigário de Eastwood, um vilarejo próximo a Leigh, que as incluiu em Purchas His Pilgrimage, *publicado em 1613. Depois da morte de Battell, seus escritos foram entregues a Purchas, que os organizou, lhes deu forma e publicou, em 1625 em* Hakluytus Posthumus, or Purchas His Pilgrimes, *uma coletânea de narrativas de viagens.*

Os imbangalas[203]

O grande *gaga* Calando[204] usa cabelos muito longos, enfeitado com muitos búzios *bamba*, que entre eles indicam riqueza, e mostra ao pescoço um colar com outro tipo de conchas, as *masoes*, que se encontram no litoral [...]. Na cintura traz *landes*, que são contas feitas de ovo de avestruz, e um pano de folha de palmeira fino como seda. Seu corpo está cheio de escarificações com os desenhos mais diversos e é untado diariamente com gordura humana. Leva uma cruz de cobre no nariz, com 2 polegadas de comprimento,[205] e outras nas orelhas. Seu corpo está sempre pintado de vermelho e branco. Possui vinte ou trinta mulheres que o acompanham em suas expedições: uma delas carrega seus arcos e flechas e quatro outras, seus copos de bebida. Quando ele bebe, todas se ajoelham, batem palmas e cantam.

Suas mulheres usam um penteado alto, com muitas conchas e tratado com almíscar. [Os bangalas] arrancam quatro dentes, dois em cima e dois embaixo, como uma demonstração de valentia. Os que não o fazem são tidos como ignominiosos e ninguém come nem bebe com eles. Usam uma grande quantidade de contas ao re-

203 Ou bangalas. Battell lhes chama *gagas*, e os portugueses da época, *jagas*, julgando que eram os mesmos jagas que, em grandes hordas guerreiras, invadiram o reino do Congo a partir de 1568. Microestados deambulantes, sob chefes enérgicos e centralizadores, derramaram-se sobre o território de Angola. A fim de que nada lhes dificultasse a marcha, sacrificavam os recém-nascidos, aumentando os seus números com os meninos e rapazolas que aprisionavam e dos quais faziam novos imbangalas, por meio de cerimônias iniciatórias e intenso treinamento.

204 Ou jaga Calandola.

205 A cruz teria cerca de 5 cm.

dor do pescoço, nos braços e nas pernas, e na cintura, panos de seda. [...]

As mulheres são muito férteis, mas não desfrutam de nenhum de seus filhos, porque, assim que o bebê nasce, é imediatamente enterrado (vivo), de modo que nem sequer uma criança cresceu em toda essa geração. Quando, porém, os jagas tomam uma cidade, guardam os meninos e as meninas de treze ou catorze anos de idade como se fossem seus filhos. Matam todos os homens e mulheres e os comem. Os meninotes são treinados para a guerra e usam ao pescoço uma coleira, que só é tirada depois que provam ser homens, ao trazer a cabeça de um inimigo para o chefe. Ao fazê-lo, livra-se da gargalheira, torna-se um homem livre e passa a ser chamado *gonzo* ou soldado. [...] No acampamento não havia senão doze jagas de origem, que eram os capitães, e catorze ou quinze mulheres. [...] Os que dele faziam parte somavam, contudo, 16 mil e, às vezes, mais.

Antes de atacar os habitantes de certo país, o grande Jaga ofereceu de manhãzinha, ao nascer do sol, um sacrifício ao diabo. Sentou-se num tamborete, tendo um feiticeiro em cada um dos lados e, à volta dele, quarenta ou cinquenta mulheres, empunhando *zevras*, ou rabos de cavalos selvagens, faziam floreios e cantavam. Atrás delas havia uma grande quantidade de tambores e outros instrumentos musicais, que tocavam incessantemente. Diante de todos via-se uma grande fogueira e sobre ela uma grande panela de barro, com pós brancos, com o quais os feiticeiros pintaram o *calando* na testa, nas têmporas, no peito e na barriga, durante uma longa cerimônia e com palavras encantatórias. Isso continuou até o crepúsculo. Então os feiticeiros trouxeram a sua *casengula*, que é um instrumento semelhante a uma machadinha, e o incitaram a ser forte contra os inimigos.

[...] Um menino foi levado diante dele, e ele o matou. Em seguida, trouxeram quatro homens: dois ele golpeou e matou. Quanto aos outros, ordenou que fossem mortos fora da paliçada.

Nesse momento, sendo eu cristão, os feiticeiros mandaram-me sair, para que o diabo, como dizem, aparecesse para ele. O grande Jaga ordenou que cinco bois fossem mortos dentro do forte e cinco fora; e que o mesmo fizessem com igual número [de] bodes e de cães, e que com o sangue deles se aspergisse a fogueira. Comeram depois todos os animais abatidos numa grande festa triunfal.

AS ESTRANHAS AVENTURAS DE ANDREW BATTELL

Pieter de Marees

Quase nada se sabe sobre Pieter de Marees, que publicou em holandês, em 1602, o seu livro Beschryvinge ende historische verhael, vant Gout Koninckrijck van Gunea [*Descrição e relato histórico do Reino do Ouro da Guiné*]. *Assinou-o somente com suas iniciais, P. D. M. É possível que fosse um flamengo de Antuérpia, refugiado na Holanda depois da tomada espanhola daquela cidade em 1585, e certamente esteve várias vezes na costa africana, como afirma em seu livro.*

Os mercados na Costa do Ouro

[Os habitantes da Costa do Ouro] têm seus dias fixos de mercado, nos quais se encontram mais bens à venda do que nos dias comuns. Se o grande mercado, numa cidade, é num determinado dia da semana, o de outra cidade [próxima] é noutro dia: elas possuem os seus mercados em dias diferentes. [...]

De manhã cedinho, ainda de madrugada, os camponeses chegam ao mercado carregando à cabeça dois ou três feixes de cana-de-açúcar. Eles desamarram os feixes e exibem a cana que trouxeram. Então os habitantes do lugar vêm e compram a cana dos camponeses, um adquirindo duas hastes, outro três, de acordo com suas necessidades. Assim, os camponeses rapidamente se desfazem de sua cana, porque a gente da terra está costumada a comê-la em grande quantidade.

Quando os camponeses acabaram a vender sua cana, chegam ao mercado as camponesas, uma trazendo um cesto de laranjas ou limões doces, outra, bananas e pacovas, batatas-doces e inhames, uma terceira, milhetes, milho e arroz, uma quarta, galinhas, ovos, pão e demais produtos que os moradores das cidades costeiras necessitam comprar. Esses artigos são vendidos não só aos da terra, mas também aos holandeses, que descem dos navios para adquiri-los. As mulheres locais trazem também para o mercado os bens que obtêm dos holandeses, uma oferecendo tecidos ou roupas, outra, facas, contas polidas, espelhos, alfinetes, pulseiras, assim como peixes que seus maridos capturaram no mar. As esposas dos camponeses muitas vezes compram peixe e o levam para as cidades e aldeias do interior, lucrando com isso. Assim, um peixe transportado para 100 ou 200 milhas de distância do oceano,[206] tem ali grande valor, ainda que feda como carniça e contenha mil vermes.

Essas mulheres são negociantes ávidas, tão diligentes em seu ofício que vêm ao litoral todos os dias, caminhando 5, e algumas delas 6 milhas,[207] para o lugar onde têm o mercado, carregadas como asnos. Esta leva sua criança atada às costas e um peso enorme de frutas ou milhete à cabeça. Carregadas dessa maneira, elas vêm para o mercado e, em troca, adquirem o pescado que levam para casa. Retornam assim do mercado para casa, a levar tanto peso quanto aquele com que chegaram. [...] Essas mulheres andam juntas em grupos de três ou quatro pares, são muito alegres e felizes durante a caminhada, pois geralmente cantam enquanto andam e se divertem muito na estrada.

206 Cerca de 160 km e 320 km.
207 Mais de 8 km ou 9 km.

Por volta do meio dia, os camponeses começam a chegar ao mercado com vinho de palma, que trazem em potes, um com dois potes, outro com apenas um, conforme o que obteve. Esses homens vêm para o mercado armados, carregando nos seus corpos uma espada e em suas mãos duas ou três azagaias, mas, ao chegar ao mercado, põem as armas na entrada. Quando, tendo vendido seu vinho, querem voltar para casa, recolhem as armas e se vão embora. Não são elas levadas por outra pessoa, ou trocadas: cada um encontra a sua onde a pôs. [...]

Cada negociante sabe em que parte do mercado deve ficar com os seus produtos. Os que trouxeram frutas têm seu sítio num lado; os que vendem açúcar, noutro; os que comerciam madeiras, água ou pão sentam-se ou ficam de pé no lugar próprio; os que trazem vinho de palma do interior, noutro lado. Assim, cada qual tem o seu lugar e não há confusão.

DESCRIÇÃO E RELATO HISTÓRICO DO REINO DO OURO DA GUINÉ

Em guerra

Como [os habitantes da Costa do Ouro] são muito arrogantes e ciumentos uns dos outros, facilmente encontram motivos para se guerrearem. Mas as guerras não duram muito; começam rapidamente e rapidamente terminam. [...]

O rei faz saber a cada uma das cidades sob sua soberania que, em determinado dia, o capitão deve, com sua gente, juntar-se a ele para lutar contra os seus inimigos; o do outro lado faz o mesmo com os seus súditos, e assim se preparam para a luta e se dão batalha.

Os reis contam com alguns homens que são seus soldados e escravos [...] e guardam o rei constantemente; eles formam, por assim dizer, sua guarda ou corpo de guarda-costas. Esses homens são muito soberbos e orgulhosos de seu ofício, andando pelas ruas com grande estardalhaço, a pavonear sua aparência, batendo com as armas por cima de suas cabeças, pulando o tempo todo, querendo parecer apavorantes, como se fossem devorar o mundo inteiro. Esses homens vão para a guerra, se o rei vai também; caso contrário, ficam com ele, a guardá-lo. Quando chega o momento de eles irem para a guerra, preparam-se com suas armas, cada qual querendo superar os outros em aparência. Pintam seus rostos, este de vermelho, aquele de branco ou amarelo cor de terra. Pintam também seus peitos e o corpo inteiro com cruzes, faixas, cobras e outras coisas similares. Tomam os seus rosários, com os quais fazem os seus feitiços, e os penduram ao redor do corpo: creem que, se os usam, estão protegidos e não serão mortos. Eles entrançam anéis de ramos de árvores, da grossura aproximada de um braço, e os penduram ao pescoço, para protegê-lo dos golpes de faca. [...] Na cabeça, usam gorros de couro de leopardo ou de crocodilo. Atam um cinto de couro ao redor da cintura e por entre as pernas colocam um pequeno pedaço de pano, com a largura de uma mão, para cobrir o sexo, pois usam o mínimo de roupa, para que esta não os estorve nas batalhas. Põem um cutelo ou uma adaga no cinto e seguram na mão esquerda o escudo, quase tão alto e largo quanto eles. Na mão direita levam as azagaias, que lançam; alguns possuem duas, outros, três ou quatro, ou quantas tenham condições. Aqueles que não dispõem de meios para se dotar de escudo e azagaias levam um arco e uma aljava de pele, cheia de flechas com ponta de ferro, que podem atirar com grande rapidez. Rapazolas ou servos vão para a batalha com os tambores, que batem enquanto outros sopram em trompas feitas de presas de elefantes.

Terminados os preparativos e estando cada *morinni*[208] ou nobre pronto com sua gente, eles se reúnem diante da

208 Equivaleria, possivelmente, a comandante de batalhão.

residência do rei e vão, acompanhados por suas mulheres e filhos e com toda a sua bagagem, para o lugar onde se travará a batalha. Se é uma guerra considerada importante, e estão dispostos a expulsar os inimigos, põem fogo em suas próprias casas e em toda a cidade, para evitar que seja destruída pelos inimigos e também para que [eles mesmos] não possam ter vontade de voltar a ela e aumentar, assim, a determinação de vencê-los. Se, porém, for uma guerra ou querela de menor importância e que possa ser facilmente resolvida, eles não põem fogo em suas casas, nem se deixam acompanhar pelas mulheres e crianças até o campo de batalha: simplesmente evacuam a cidade e mandam as mulheres e as crianças para o local mais próximo com o qual não tenham animosidade, levando com elas toda a bagagem e utensílios caseiros. Esvaziam as casas inteiramente, sem nelas deixar nada, como se tivessem abandonado a cidade. Ao findarem as hostilidades, as mulheres fugitivas retornam ao lar, juntamente com as crianças. [...]

[Os habitantes da Costa do Ouro] são muito hábeis na feitura de armas, como longos punhais [...] com quatro dedos de largura e fio duplo, com um punho de madeira com um pomo na ponta. Cobrem esse punho com folha de ouro ou com a pele de uma espécie de peixe, que é tão valiosa para eles quanto o ouro para nós. Fazem a bainha de pele de cachorro ou de bode, e no alto dela, junto à abertura, amarram uma concha vermelha, grande como a mão de um homem, que é tida em grande estima entre eles.[209] Outros, sem condições de adquirir

209 Veja-se o quadro de Albert Eckhout, pintado em 1641, provavelmente no Brasil, de um guerreiro acã, com uma grande concha vermelha adornando sua arma. A procura intensa por essas conchas, que se encontravam principalmente nas Canárias, tornou-as cada vez mais valiosas e raras. O quadro de Eckhout, oferecido por Maurício de Nassau ao rei Frederico III da Dinamarca, pertence ao acervo do Museu de Copenhagen.

uma concha dessas, fazem ou compram um cutelo com a forma de um presunto, largo na extremidade e estreito junto ao punho, com um só corte. Em vez de uma concha vermelha, adornam essa arma com uma cabeça de macaco ou de tigre. Enfiam o instrumento no cinto e o ostentam diariamente pelas ruas. [...]

Suas azagaias são [...] geralmente feitas de ferro [...] nas duas pontas; o meio, que seguram na mão, é de madeira. Eles as fazem com o mesmo peso na parte de trás quanto na frente, para que a azagaia esteja bem balanceada: uma ponta não deve ser mais pesada do que a outra, pois, se o for, a azagaia não poderá ser lançada reta. Eles tratam com muito cuidado as suas armas, tendo sempre seis ou sete dessas azagaias em suas casas, enfiada na terra, uma ao lado da outra, tendo seus escudos também ali pendurados.

Fazem os escudos entrelaçando tiras de madeira para compor um quadrado achatado, que curvam um pouco como uma sela. [Esse quadrado] tem em geral 6 pés de altura e 4 de largo,[210] e no seu centro eles põem uma cruz de madeira, ligando-a às tiras entrelaçadas, a fim de reforçá-las. A essa cruz atam também a alça pela qual levam o escudo. Alguns homens de importância cobrem-no com um couro de vaca e, no alto dele, põem uma folha de ferro com alguns pés de comprimento e 1 de largura. Eles têm os seus escudos em grande estima, porque se sentem protegidos e livres atrás deles.

Os arcos são feitos de uma excelente madeira dura, e as cordas, da casca de uma árvore. As flechas, de hastes de madeira finas mas fortes; as penas, dos pelos de um cão, com os quais cobrem mais da metade do comprimento da seta; e a ponta de ferro. Quando estão em guerra uns com os outros, banham as pontas de ferro num veneno que ex-

210 O escudo teria cerca de 1,80 m de comprimento e 1,20 m de largura.

traem da seiva de certas plantas, mas não se permite que essas flechas envenenadas sejam usadas exceto em tempo de guerra, e quem as traga consigo recebe uma forte multa ou penalidade. Fazem aljavas de pele de bode, penduram-nas no pescoço e nelas colocam as flechas.

DESCRIÇÃO E RELATO HISTÓRICO DO REINO DO OURO DA GUINÉ

D. R.

Na obra de Pieter de Marees, Descrição e relato histórico do Reino do Ouro da Guiné, *inclui-se um capítulo sobre a cidade do Benim, assinado por D. R. Esse D. R., amigo de Pieter de Marees, foi identificado como o holandês Dierick Ruiters, que publicou em 1623 o livro* Toortse der Zeevaert.

A cidade de Benim

À primeira vista, a cidade parece muito grande, e tão logo se entra nela dá-se com uma rua grande, larga e não pavimentada, que parece ser não menos do que sete ou oito vezes mais larga do que a rua Warmoesstraat, em Amsterdam. É reta, sem qualquer curva. A casa [...] onde me alojei ficava a quinze minutos do portão [da cidade], mas mesmo dali eu não podia ver o fim da rua. Até onde alcançava o meu olhar, via uma árvore grande e alta, mas me disseram que a rua ia muito além. Conversei com um holandês que me disse ter estado ao pé da árvore, mas que tampouco dela podia avistar o fim da rua, ainda que observasse que as casas começavam a ser menores e algumas delas se apresentassem muito maltratadas, o que poderia indicar que o fim da via estava próximo. Essa árvore estava situada a mais de meia milha da residência onde eu me alojava,[211] de modo que a rua deveria ter pelo menos 1 milha de comprimento, sem contar o subúrbio.[212]

Próximo ao portão [da cidade], pelo qual entrei a cavalo, vi um bastião muito alto e grosso, feito de terra, com fosso largo e profundo, que estava, porém, seco e cheio de árvores. Falei com alguém que tinha caminhado uma boa distância ao longo do fosso, mas ele não viu nenhum outro fosso além do mencionado, nem sabia com certeza se cercava a cidade ou não. O portão é de bom tamanho, feito de madeira, e pode ser fechado. Há sempre um guarda ali. Fora do portão estende-se um grande subúrbio. Da rua principal, veem-se várias ruas transversais, igualmente retas e cujo fim, por serem muito compridas, tampouco se pode avistar.

Poder-se-ia escrever mais sobre essa grande cidade se nos fosse permitido ver mais dela, como se passa com as cidades da Holanda, mas isso é proibido pela pessoa que sempre acompanha o visitante, pois não pode ele andar [em Benim] sozinho. Dizem que esse acompanhante está sempre com você para que nenhum mal lhe suceda, mas não se pode ir além do que ele permite. [...]

As casas nessa cidade estão bem ordenadas, uma ao lado da outra, como na Holanda. Para ter-se acesso às casas das pessoas de distinção, quer sejam ou não nobres, sobem-se dois ou três degraus para uma varanda [...]. Esse alpendre é varrido todos os dias pelos escravos, que estendem sobre o chão uma esteira sobre a qual se pode sentar. Os cômodos [da casa] formam um quadrado, com uma cobertura muito inclinada, deixando uma abertura no meio, pela qual a chuva, o vento e a luz do dia penetram. [...]

211 A mais de 800 m.

212 A rua teria pelo menos 1,6 km de comprimento.

O palácio do rei é muito grande e possui muitos pátios internos quadrados e amplos, cercados por galerias, nas quais sempre se encontram guardas. Eu já passei naquela corte por não menos do que quatro desses grandes pátios e, para onde olhasse, via pelos portões outros aposentos. Fui mais longe do que qualquer outro holandês, pois visitei os estábulos dos melhores cavalos, passando por um longo corredor, ficando com a ideia de que o rei dispõe de muitos guerreiros, como eu próprio muitas vezes vi no palácio.

O rei também conta com muitos nobres. Quando um nobre vem à cidade, chega a cavalo. Eles sentam-se nos cavalos como as mulheres em nosso país,[213] e dos dois lados caminha um homem a quem se agarram. Atrás deles marcham quantos serviçais exijam o seu *status*. Alguns dos fâmulos levam grandes escudos para proteger o nobre do sol e vão ao lado deste, além dos dois que sustentam o cavaleiro. Os outros tocam: alguns, tambores; outros, trompas e flautas; outros, um pedaço oco de ferro no qual batem.[214] O cavalo é conduzido por um homem e assim entra na corte. Os nobres mais importantes atuam de modo um pouco diferente, quando entram a cavalo na corte: eles possuem pequenas redes, do tipo que os homens de nosso país levam ao mercado de peixe, e essa rede está cheia de pequenas coisas nas quais dão pancadinhas com as mãos, de modo que elas chocalham como se as redes estivessem cheias de grandes nozes. O nobre é seguido por muitos serviçais com essas redes.

DESCRIÇÃO E RELATO HISTÓRICO DO REINO DO OURO DA GUINÉ

213 Isto é, de lado.
214 Trata-se de um gonguê ou de um agogô.

Frei João dos Santos

Nascido em Évora no início da década de 1560, o dominicano Frei João dos Santos foi missionário em Moçambique. De volta a Portugal em 1600, depois de uma estada em Goa, dedicou-se a descrever o que viu e viveu em seu livro Etiópia Oriental e vária história de cousas notáveis do Oriente, *que submeteu à aprovação das autoridades em 1608. Voltou à Índia e a Moçambique em 1610 ou 1611 e, em 1616, ainda atuava no Zambeze.*

O rei de Teve

Tem o quiteve[215] duzentos, ou trezentos homens de guarda, a que chamam *inficis*, que é o mesmo que algozes carniceiros. Estes andam cingidos com uma corda grossa pelo pescoço, e pela cintura, e trazem nas mãos uma machadinha de ferro mui luzente, e uma maça de pau de comprimento de 1 côvado,[216] que são os instrumentos com que matam a quem el-rei manda matar, dando-lhe primeiro com a maça na cabeça, como a porco, com a qual pancada derrubam logo no chão a quem quer que

215 *Saquiteve*, *sachiteve* ou rei de Teve, estado africano ao sul de Manica, entre os rios Pungué e Save, no atual Moçambique.
216 Ou 66 cm.

dão, e com a machadinha lhe cortam logo a cabeça. Estes ordinariamente andam gritando ao redor das casas, e cercas d'el-rei, dizendo: *Inhama*, *inhama*, que quer dizer *carne, carne*, significando nisto que lhes mande o rei matar alguém, e que lhes dê que fazer no seu ofício de algozes.

Tem este rei outro gênero de cafres, a que chamam *marombes*, que é o mesmo que chocarreiros, os quais também andam gritando ao redor das casas reais, com vozes mui desabridas, dizendo muitas cantigas, e prosas, em louvor do rei, entre os quais lhe chamam senhor do sol, e da lua, rei da terra, e dos rios, vencedor de seus inimigos, em tudo grande, ladrão grande, feiticeiro grande, leão grande, e todos os mais nomes de grandeza que eles podem inventar, ou sejam bons, ou maus, todos lhe atribuem. E quando este rei sai fora de casa, vai rodeado, e cercado destes *marombes*, que lhe vão dizendo estes mesmos louvores com grandíssimos gritos, ao som de alguns tambores pequenos, e de ferros, e chocalhos que lhes ajudam a fazer maior estrondo.

Serve-se mais o quiteve de outro gênero de cafres, grandes músicos, e tangedores, que não têm outro ofício mais que estar assentados na primeira sala do rei, e à porta da rua, e ao redor das suas casas, tangendo muita diferença de instrumentos músicos, e cantando a eles muita variedade de cantigas, e prosas, em louvor do rei, com vozes mui altas, e sonoras. O melhor instrumento, e mais músico de todos, em que estes tangem, chama-se *ambira*,[217] o qual arremeda muito aos nossos órgãos. Este instrumento é composto de cabaços de abóboras compridas, uns muito grossos, e outros muito delgados, armados de tal feição que ficam todos juntos, postos por ordem, os mais pequenos, e mais delgados, que são os tiples primeiros, postos da mão esquerda em revés dos nossos órgãos; e logo depois dos tiples, se vão seguindo os mais cabaços, com suas

217 No caso, é a marimba, o balofom ou xilofone.

vozes diferentes, de contraltos, tenores e baixos, que por todos são dezoito. Cada um destes cabaços tem uma boca pequena feita na ilharga, junto ao pé, e em cada fundo tem um buraco do tamanho de um patacão, e nele posto um espelho, feito de umas certas teias de aranha, muito delgadas, tapadas e fortes, que não quebram. E sobre todas as bocas destes cabaços, que estão iguais, e postos em carreira, têm armada uma ordem de teclas de pau delgadas, e sustentadas no ar com umas cordas, de modo que cada tecla fica posta sobre a boca de seu cabaço em vão, que não chegue à mesma boca. Depois disto assim armado, tangem os cafres por cima destas teclas com uns paus, ao modo de paus de tambor, nas pontas dos quais estão pegados uns botões de nervo, feitos em pelouros, muito leves, do tamanho de uma noz, de maneira que, tangendo com estes dois paus por cima das teclas, retumbam as pancadas dentro nas bocas dos cabaços, e fazem uma harmonia de vozes mui consoantes, e suaves, que se ouvem tão longe como as de um bom cravo. Destes instrumentos há muitos, e muitos tangedores que os tocam muito bem.

Outro instrumento músico têm estes cafres, quase como este que tenho dito, mas é todo de ferro, a que também chamam *ambira*,[218] o qual em lugar dos cabaços tem umas vergas de ferro, espalmadas, e delgadas, de comprimento de 1 palmo, temperadas no fogo de tal maneira que cada uma tem sua voz diferente. Estas vergas são nove somente, e todas estão postas em carreira, e chegadas umas às outras, pregadas com as pontas em um pau, como em cavalete de viola, e dali se vão dobrando sobre um vão que tem o mesmo pau ao modo de uma escudela, sobre o qual ficam as outras pontas no ar. Estes tangem os cafres tocando-lhes nestas pontas que têm no ar com as unhas dos dedos polegares, que para isso trazem crescidas, e compridas, e tão ligeiramente as tocam, como faz

218 É o sansa.

um bom tangedor de tecla, em um cravo. De modo que, sacudindo-se os ferros, e dando as pancadas em vão sobre a boca da escudela, ao modo de berimbau, fazem todos juntos uma harmonia de branda, e suave música de todas as vozes mui concertadas. Este instrumento é muito mais músico que o outro dos cabaços, mas não soa tanto, e tange-se ordinariamente na casa onde está o rei, porque é mais brando, e faz mui pouco estrondo.

Outros muitos instrumentos têm estes cafres, a que eles chamam "músicos", de que usam, mas eu chamo-lhes atroadores de ouvidos, como são umas cornetas grandes de uns animais bravos, que chamam *paraparas*,[219] e por razão deste nome chamam às cornetas *parapandas*, as quais têm uma voz mui terrível, e espantosa, que soa tanto como uma trombeta bastarda. Têm muitos tambores de que usam, ao modo de atabales, uns grandes, e outros pequenos, que temperam, e ordenam de maneira que uns lhes respondem em tiple, e outros nas demais vozes, ao som dos quais cantam os mesmos tangedores, com vozes tão altas, e desabridas que atroam toda a terra onde cantam e tangem.

Já fica dito [...] que pagava o capitão [português] de Sofala de tributo ao *quiteve*, rei daquelas terras, duzentos panos em cada um ano por lhe franquear as terras. Estes duzentos panos valem dentro em Sofala mais de cem cruzados, e isto entre os portugueses, mas entre os cafres valem mais de 100 mil reis. A este tributo chamam os cafres *curva*, a qual manda o *quiteve* buscar, e arrecadar em cada um ano dentro da Sofala da maneira seguinte.

Manda quatro embaixadores, que para isso elege, a quem os cafres chamam *mutumes*. Um destes representa nesta jornada a pessoa do rei, a quem todos os cafres têm a mesma reverência, e respeito neste caminho somente. Ao

219 Pala-pala ou palanca, um grande antílope de longos chifres anelados, dos quais se faziam cornetas.

segundo *mutume* chamam *boca d'el-rei*, o qual vem para falar, e dar a embaixada do rei. Ao terceiro chamam *olho d'el-rei*, porque este tem cuidado de ver tudo quanto se faz nesta jornada, e embaixada, assim de mal, como de bem, para depois que tornar à corte relatar tudo ao seu rei, e juntamente para ver quanta roupa, e que tal é a que se lhe entrega. Ao quarto *mutume* chamam *orelha d'el-rei*, o qual vem para ouvir tudo o que se diz nesta embaixada, assim da parte do rei, como da parte do capitão de Sofala, e se os embaixadores acrescentam, ou diminuem alguma cousa das embaixadas. Todos estes quatro embaixadores ordinariamente são senhores, e às vezes filhos do mesmo rei, e mais em particular o que vem do seu nome, porque este sempre é maior senhor que os outros três. A todos estes cafres dá o capitão muitos panos, e contas, com que ficam satisfeitos, e contentes, além da *curva* que lhes entrega para o *quiteve*, as quais dádivas são os interesses de sua embaixada; e o *quiteve* despacha a estes com semelhantes ofícios, por lhes fazer muita mercê, e honra, e lhes dar esta ocasião de granjear o interesse, e dádivas que o capitão lhes dá.

Estes embaixadores, quando vêm buscar esta *curva*, trazem consigo mais de cem cafres, assim para os acompanharem, como para levarem as roupas, e contas da *curva* às costas, como é seu costume. E antes que cheguem à povoação de Sofala, obra de meia légua pouco mais ou menos,[220] mandam recado ao capitão, de como já são chegados, e logo o capitão os manda receber pelo xeque de Sofala, que é mouro, com outros mouros, para virem em companhia dos cafres até a fortaleza; os quais entram na povoação todos juntos da maneira seguinte.

Primeiramente, vêm na dianteira alguns tangedores de tambores, e outros instrumentos, e alguns bailadores, e todos vêm cantando e tangendo, e atroando a terra com suas desabridas e desentoadas vozes, com as cabe-

220 A distância seria de menos de 3 km.

ças ornadas de penachos de rabo de galo. Logo detrás se seguem os demais cafres, ordenados todos em uma fileira; no cabo dos quais vêm os quatro *mutumes* por sua ordem, e no último lugar vem o que representa a pessoa do quiteve, e à sua ilharga o xeque dos mouros, e desta maneira mui bem ordenados, entram em Sofala. [...]

Os cafres vassalos deste quiteve também lhe pagam seus tributos, da maneira seguinte. Em todas as aldeias, e povoações que há no reino do quiteve, se faz uma grande seara de milho para el-rei, e todos os moradores do lugar são obrigados a trabalhar nela certos dias no ano, que para isso estão já determinados; de modo que os cafres de cada povoação, roçam, cavam, e semeiam, e colhem esta seara, que naquele lugar se faz para el-rei, a qual o mesmo rei manda arrecadar por seus feitores, que para esse efeito tem em cada lugar. Este é o tributo que todos pagam a este rei, sem outra cousa alguma mais, salvo os mercadores cafres, que tratam em roupas, e contas, e em outras mercadorias com os portugueses, porque esses pagam de vinte peças para el-rei.

Os portugueses mercadores, que vão com suas fazendas à Manica, e passam pelas terras do quiteve, pagam de tributo, ou direitos ao mesmo quiteve, de vinte panos um, e o mesmo pagam das contas, e desta maneira passam seguros por suas terras, até o reino da Manica, onde estão as minas de ouro.

ETIÓPIA ORIENTAL

O pássaro do mel

Nas terras de Sofala se cria um gênero de pássaro cujo mantimento é cera.[221] Estes andam pelos matos em busca de

221 Esse passarinho (*Cuculus albirostris, Cuculus indicator* ou *Indicator indicator*) tem sido descrito, sempre levando o

enxames de abelhas, dos quais há muitos pelo chão em buracos, e pelos troncos das árvores, e como acham algum que tenha mel, veem-se aos caminhos em busca de gente para lho mostrar, o que fazem indo diante dela gritando, e batendo as asas de ramo em ramo, até chegarem ao enxame. E os naturais da terra que já conhecem os pássaros, tanto que os veem, logo os vão seguindo para colher o mel; e o interesse que daqui colhem os pássaros é comerem as migalhas, e rapaduras da cera, e dos favos, e das abelhas mortas, que ficam no mesmo lugar da colmeia. A este pássaro chamam os cafres *sazu*; são do tamanho de verdilhões, e quase da mesma cor, e têm um rabo comprido.

ETIÓPIA ORIENTAL

Madagascar

Defronte desta Etiópia, [...] do cabo das Correntes até o cabo Delgado, em todo este golfão, jaz a ilha de São Lourenço, a qual tem 300 léguas de comprido, e 90 de largo,[222] ficando entre a ilha e a terra firme da Etiópia um braço de mar, que no mais estreito tem 60 léguas de travessa,[223] que é defronte de Moçambique. [...] [Chamava-se] antigamente Madagáscar. Toda esta ilha é muito fértil, assim de mantimentos, como de criações. Tem muito arroz, milho, e legumes e umas certas raízes de erva saborosas, e substanciais, de que os naturais se sustentam muita parte do ano. Tem muitas cidras, e limas

---

homem às colmeias de mel, em diferentes partes da África, desde a Etiópia até o Cabo da Boa Esperança. Em Angola, costumava-se responder à ave com um assobio, para indicar que estava sendo seguida.

222 A ilha teria, segundo frei João dos Santos, 1334 km de comprimento e 400 km de largura.

223 Esse trecho estreito do mar teria pouco mais de 267 km.

muito boas, muitas canas-de-açúcar, tem muito gengibre; muitas fontes, e ribeiras perenes, grandes, e de boas águas; tem muitos matos, silvados, e bosques desertos, em que se criam muitas feras, e animais silvestres. Tem muita caça, a que os naturais são mui dados. Acham-se nela minas de ferro, e cobre, de que fazem manilhas, anéis, e muita e boa ferramenta. Também dizem que tem minas de prata.

Os moradores desta ilha são cafres idólatras, de cabelo crespo, e cor baça que tira quase a vermelha, como os brasis. Usam de arcos, frechas, e azagaias, com que pelejam, e caçam. Não sabem navegar mais que ao longo da costa em almadias pequenas, particularmente para pescar muito, e bom peixe que há neste mar, onde também há âmbar, e coral em grande cópia. São governados por mais de quarenta reis que há na ilha. Os quais ordinariamente andam em guerra uns com os outros, e nelas se cativam muitos escravos, que se vendem comumente aos mercadores que têm comércio nesta ilha.

Pela fralda do mar desta ilha, da parte que fica defronte da Etiópia, vivem alguns mouros que ali vieram ter da costa de Melinde, e do Estreito de Meca; os quais se ficaram nesta ilha para terem contrato com os gentios naturais da terra, atravessando suas mercadorias, para depois as venderem mais caras aos mouros que ali vão do estreito de Meca, e de toda esta costa. A principal veniaga que os mouros levam desta ilha é âmbar, e muitos escravos, para os venderem no mar Roxo aos mouros e turcos.

ETIÓPIA ORIENTAL

Padre Pero Pais

Ou Pero Páez Jaramillo, sacerdote jesuíta nascido em Oviedo, em 1564. Em 1588 chegou a Goa, de onde fez uma primeira tentativa de entrar na Etiópia, sendo aprisionado e feito escravo de árabes e turcos. Livre, foi para a Etiópia em 1603 e lá permaneceu até a morte em 1622, tendo sido conselheiro do imperador Suzênios. Era fluente em muitas línguas, entre elas o gueze, o que lhe deu acesso às crônicas históricas e aos livros religiosos etíopes. Sua principal obra foi a História da Etiópia.

Os trajes etíopes

Acerca dos trajos, antigamente eram ruins; porque ainda os senhores grandes, pelo menos quando andavam na corte, e entravam no paço, não vestiam camisa, senão um calção largo, que lhes chegava até perto do pé, de algodão preto ou vermelho; e um pano comprido de algodão ou seda em lugar de capa; e quando entravam no paço o cingiam na cinta de maneira que lhes caía até perto dos pés, e o demais do corpo ficava nu; ou quando muito uma pele de leão sobre os ombros, ou de outro animal que chamam *guecelã*, de cabelo preto muito macio. Mas falando do que agora usam os senhores

Dama etíope tatuada, da metade do século XIX, semelhante e distinta das mulheres descritas pelo padre Pero Pais, na primeira metade do Seiscentos.

grandes, e gente nobre, é uma camisa branca de bofetá fino da Índia assim como holanda, comprida até perto dos pés, com colarinho alto, e justo com botões de tafetá carmesim e verde entressachados; e algumas vezes de prata ou ouro, que se fecham com uns cordõezinhos de retrós das mesmas cores, e mangas justas até a mão; mas muito compridas; e assim quando as vestem fazem muitas pregas e parecem bem. Estas cingem com uma touca da Índia de bordas de fio d'ouro, ou vermelhas; ou com cinto de seda com muitas peças de prata douradas. Sobre esta camisa vestem algumas vezes outra também de bofetá, aberta por diante como roupão; e do comprimento da primeira, mas sem colarinho, como cabaia de mouros, e as mangas largas de ponta até o côvado com botões como os outros, mas não se fecham, só servem de formosura. Outras vezes põem cabaias do mesmo corte de damasco, cetim, veludo, brocado, de pano muito fino, de todas as cores, que vem do Cairo. Algumas vezes estas cabaias têm as mangas estreitas e muito compridas; e então não as vestem, mas tiram os braços por aberturas que têm como roupão. Alguns trazem calções largos até mais de meia perna de bretangil vermelho; os mais ordinários são calções estreitos, que chegam até o pé onde se fecham com botões; e muitas vezes o que deles aparece é de damasco, veludo ou brocado; e então os botões são de ouro, ou prata; trazem sapatos vermelhos, ou de outras cores e algumas vezes de veludo; mas botas e borzeguins não usam.

Põem ao colo cadeias de ouro de muitas voltas, que lhes chega perto da cinta, e dela pende uma cruz, da maneira das que trazem os comendadores de São João, e ordinariamente pesa cem cruzados a cruz só, que as cadeias comumente são de quatrocentos. Algumas têm acima certo remate d'ouro d'onde as mesmas voltas da cadeia descem também pelas costas outro tanto como por diante, e nas pontas estão engastadas umas como campainhas compridas.

Os que não podem trazer cadeias de ouro põem cruzes de ouro ou prata esmaltada, ou de pau preto com muitos lavores, de meio palmo ou menos pendurada de muitos cordões de retrós delgados e comumente pretos. Trazem na cinta punhais grandes com punho e bainha de prata dourada, e em alguns, pedras engastadas que ainda que falsas são lustrosas. Este Imperador Seltão

Çagued[224] começou a usar abanos como os d'Espanha mas depois os deixou. [...]

Em a cabeça trazem, alguns, toucas como mouros; outros, barretes redondos proporcionadamente altos, de pano vermelho, e de outras cores; e quando caminham, põem chapéus como os nossos, mas não tão finos, e albornozes, ou farragoulos como portugueses, que deles o tomaram. Outros trazem cabelo comprido, de que fazem muitas invenções, torcendo-o de maneira que fica a cabeça cheia de muitos, como cordõezinhos, e não lhes passam das orelhas; outros o encrespam de muitas maneiras; e ordinariamente os trazem untados com manteiga. Os meninos trazem comprido topete que chega de uma orelha a outra, e mais acima rapam com navalha até perto do alto da cabeça donde lhe saem três tranças de cabelos compridos que caem para trás; e no toutiço também lhes fica um pouco de cabelo que lhes dá graça.

As mulheres, principalmente senhoras, também trazem topete muito alto; e as donzelas põem mais acima uma grinalda de florzinhas de ouro com muita argentaria; e dos demais cabelos fazem muitas tranças delgadas, que caem para as costas e ornam com outras peças de ouro. As casadas raramente põem ouro nos cabelos, mas perto do topete raspam com navalha da largura de um dedo, e dali começam as tranças dos cabelos, e quanto mais pretos mais folgam; e assim tem certa confeição de azeite que os faz muito. Não usam de posturas d'alvaiade e vermelhão, ainda que algumas são quase tão alvas como portuguesas, senão de certos licores cheirosos com que lhes fica o rosto mui lustroso.

Seu vestido é uma camisa larga mui comprida até os pés e por detrás arrasta um pedaço; as mangas largas, mas perto da mão estreitas, e a abertura do colo comprida; para que sem danar os cabelos a possam vestir;

224 Seltan Saged ou Suzênios. Reinou de 1607 a 1632.

contudo lhes cobre os ombros; e tem muitos lavores a roda de retrós ou d'ouro. Em as festas trazem de damasco carmesim, ou de outras sedas; e nos demais dias de um pano branco de algodão fino como holanda que vem da Índia. Esta camisa cingem com alguma touca fina, ou véu de seda; e algumas vezes põem sobre ela outra como vasquinha com muitas pregas na cinta, mas não branca, senão de outras cores. Trazem calções estreitos, que chegam até o pé; e sapatos. Sobretudo, em lugar de manto, cobrem um pano grande, umas vezes branco como o da camisa; outras de seda com franjas com fio d'ouro à roda. No pescoço põem colares d'ouro muito formosos; outras vezes de continhas de vidro, entressachados nelas canutilhos d'ouro. Nas orelhas sarcilhos de ouro ou de prata grandes com umas peças do mesmo esmaltadas em lugar de pérolas, se é donzela; e as mais das casadas vão alargando aqueles buracos pouco a pouco metendo cousas mais grossas, e depois põem uns canudos d'ouro ou prata dourada fechados por todas as partes, e bem guarnecidos; e as de menos sorte metem um pedacinho de pau preto coberto com alguma seda. Quando caminham levam sobre tudo albornozes com muitos botões d'ouro, e a cabeça e rosto coberto com uma touca de maneira que não aparecem mais que os olhos, e em cima chapéu como de Portugal, de alguma seda, e do véu descem sobre os ombros umas pontas compridas.

Os homens, que não eram nobres, vestiam antigamente só um pano grosso branco d'algodão, e quando muito punham calções brancos d'algodão até meia perna, descalços, e a cabeça descoberta; e não podiam por outra sorte de vestido sem licença dos que governavam sua terra. Agora, se têm, podem vestir não só camisas brancas, mas cabaias de pano ou de seda; e pôr touca, ou barrete na cabeça, mas se não estão no lugar do senhor daquelas terras, e vão d'outra parte a falar com ele a primeira vez que entram, não podem levar cabaias de pano ou de seda, senão só camisa branca ou de tafecira, ou sem ela, e cingem na cinta o pano que levam em lugar de capa, de maneira que lhes cubra até perto dos pés; e dali por diante podem vestir o que acharem. O mesmo é dos senhores grandes para o imperador, a primeira vez que entram a ele, quando vem doutra terra; mas sempre levam camisa ordinariamente de tafecira. Os vilões que lavram a terra ainda agora vestem couro de vaca, que consertam a modo de camurça sem calção, nem outra cousa nenhuma. Alguns trazem um pedacinho de pano grosso d'algodão amarrado na cinta, que lhes chega até o joelho, ou pouco mais, e uma pele de carneiro com sua lã às costas; amarrado um pé e uma mão diante do peito; mas aos domingos e festas vestem panos grandes d'algodão, os que têm; e, se vestissem camisas e pusessem toucas e barretes, não teriam pena por isso, nem lhes diriam nada. [...]

As mulheres dos vilões vestem couro como seus maridos; e, em algumas partes, uns panos de lã de 5 ou 6 côvados de comprido e 3 de largo,[225] a que eles chamam *mahac*, e puderam com muita razão chamar *cilício*, porque é muito mais áspero que os que vestem os frades capuchos; que em Etiópia não sabem fazer panos, nem serve a lã para isso, que é muito grosseira; e todas andam descalças, e muitas vezes descobertas dos peitos para cima; e no colo continhas muito miúdas de vidro de várias cores enfiadas de maneira que têm dois dedos de largura. Os cabelos feitos em muitas trancinhas como acima dissemos; mas em algumas terras as usam muito delgadinhas, e as cortam de maneira que não lhes cubra mais que as orelhas.

HISTÓRIA DA ETIÓPIA

225 Os panos têm entre 3,3 m e 3,6 m de comprimento e quase 2 m de largura.

Comendo com os etíopes

Todos os senhores se assentam no chão sobre alcatifas, ainda em suas casas; porque raramente se assentam em cadeiras; e assim sempre comem no chão sobre umas tábuas redondas com a borda de dois dedos de alto; e com serem de uma só peça, há algumas de 8 palmos.[226] A esta mesa chamam *gabeta*; e não põem sobre ela toalha, nem guardanapo, senão umas apas[227] muito delgadas de trigo, ou de outras sementes que cá há; e sobre elas os pratos com o comer e pão como o nosso de trigo. Comem toda sorte de carnes, vacas, carneiros, cabras, galinhas, perdizes, exceto porcos, que muitos não os comem; e lebres e coelhos, ninguém; e das melhores iguarias para alguns é a carne de vaca crua, que acabando-a de matar a põem na mesa, e dando-lhe alguns golpes, lhe botam em cima seu mesmo fel; e logo vão cortando e comendo; e dizem que lhes sabe muito bem, tanto que os mais não deixaram este comer por nenhum caso, ainda que lhes custa muito caro, porque se lhes criam no estômago uns bichos delgados como lombrigas compridas, que lhes fazem muito mal, se não tomarem cada dois meses um fruto de uma árvore, que chamam *coçô*; a coisa mais amargosa que pode haver, e tão forte que, se se descuidam, acrescentando na medida, morrem muitos e alguns botando sangue pela boca. E que os bichos lhes venham de comer esta carne crua dizem-no eles mesmos, e se vê claro; porque os filhos dos portugueses antigos, os mouros e judeus que as comem têm também esta doença, e se não a comem ou a deixam, depois de algum tempo, não têm aqueles bichos, nem tomam a mezinha; e este imperador Seltan Çagued, que deixou de

226 Oito palmos correspondem a pouco mais de 1,7 m.

227 Ou *apás*, uma espécie de pão arredondado e achatado, da espessura de um cartão, semelhante à massa de uma *pizza*.

comer esta carne crua, há já vários anos que sarou desta doença; e o príncipe mais velho, que se chama Faciladas, nunca a teve, porque, como me disse o imperador, nunca quis nem provar a carne crua.

HISTÓRIA DA ETIÓPIA

As nascentes do Nilo

Já que tratamos da fertilidade das terras, que senhoreia o Preste João, não será fora de propósito dizer agora alguma cousa dos principais rios e lagoas, que também a fertilizam e fazem mais abundante. E o primeiro, que se oferece como mais insigne, é o grande e famoso rio Nilo. [...] A gente deste império o chama Abaoi; e tem sua fonte no reino de Gojam em uma terra que se chama Çahalâ, a cujos moradores chamam *agous*;[228] são cristãos, mas têm muitas superstições gentílicas pelo trato e vizinhança de outros *agous* gentios seus parentes, que são muitos. Esta fonte quase ao poente daquele reino, na cabeça de um valezinho que se faz em um campo grande, e aos 21 de abril de 1618 que eu a cheguei a ver, não pareciam mais que dois olhos redondos de 4 palmos de largo;[229] e confesso que me alegrei de ver o que tanto desejaram de ver antigamente el-rei Ciro e seu filho Cambises, o grande Alexandre e o famoso Júlio Cesar.[230]

A água é clara e muito leve, a meu parecer, que a bebi; mas não corre por cima da terra, ainda que chega à borda dela. Fiz meter uma lança em um dos olhos, que está ao pé de uma ribanceirinha onde começa apa-

228 Agô, *Agaw* ou *Agau*, povo cuxita que assimilou a cultura semita e se cristianizou.

229 88 cm.

230 A nascente do Nilo. O padre Pero Pais esteve na nascente do Nilo Azul.

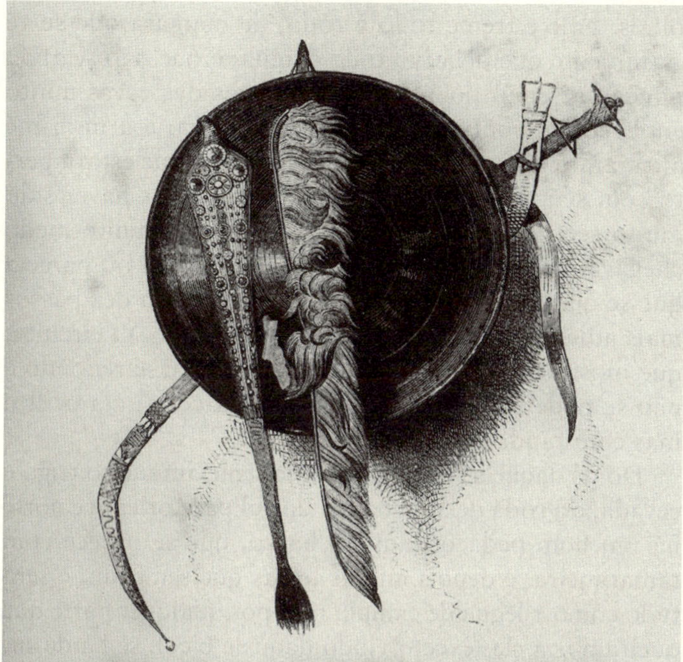

Escudo abissínio, com juba e rabo de leão, e espada com placas de prata.

recer esta fonte; e entrou 11 palmos[231] e parece que topava embaixo em as raízes de árvores, que estão na borda da ribanceirinha. O segundo olho da fonte está mais abaixo para o oriente, como um tiro de pedra do primeiro; e metendo nele a lança, que era de 12 palmos,[232] não se achou fundo. Um português tinha primeiro amarrado duas lanças, que ambas tinham 20 palmos,[233] e metendo-as tampouco achou fundo; dizem os que ali moram que o não tem, e quando andam por perto de daqueles

231 Quase 2,5 m.
232 Cerca de 2,5 m.
233 4,4 m.

olhos, bole e treme tudo à roda, de maneira que se vê claramente que debaixo tudo é água; e que não se anda por cima senão por estarem as raízes das ervas muito entretecidas com alguma pouca de terra; e a mim me afirmaram muitos e o mesmo imperador, que estava perto com seu exército, que tremia pouco, por haver sido muito seco o verão; que outros anos com muito medo chegavam ali; porque, pondo o pé sobre a erva, parecia que se queria ir tudo ao fundo; e até oito ou dez passos mais adiante bulia, descendo e alevantando. O circuito, que mostra ser lugar como de lagoa, é quase redondo e não se pode chegar de banda a banda com uma pedra, mas com funda folgadamente. [...]

Do pé daquela serra até a fonte semeiam muito trigo e cevada, e à roda dela da banda do sul para oriente e norte há um bom pedaço de mato baixo, que se parece com tamargueira, e depois muitas terras que semeiam; e será tudo como 1 légua de campo; mas por qualquer parte que queiram ir a ela (exceto vindo daquele bico), se há de subir, e por todas as partes podem, ainda que pela banda do oriente e ocidente é mais alta e dificultosa a subida. De norte a sul se passa facilmente; a para a banda do sul, como uma lagoa da fonte, está um vale fundo e largo, onde nasce uma ribeira muito grande, que vai a entrar no Nilo e pode ser que venha da mesma fonte de cima. O fio de água, que vai por baixo da terra, quando sai daquele circuito redondo da fonte corre para o oriente por espaço de um tiro de espingarda, segundo mostram as ervas e a aparência da terra, que por ali é mais baixa como ribeira não muito larga; e logo vai declinando mansamente para o norte; e tendo andado como ¼ de légua,[234] se descobre a água entre umas pedras e faz uma ribeirinha que, quando a eu vi, não era de grossura de um homem; posto que em outros tempos é maior, segundo dizem; e pouco mais

234 Pouco mais de 1 km.

adiante se lhe juntam duas ribeiras pequenas, que vêm da banda de oriente, e depois recolhe outras muitas com que sempre vai engrossando, e tendo andado pouco mais de um dia de caminho, recolhe um rio grande, que se chama Jamã. Depois, dando muitas voltas, vai para o ocidente e [...] já é rio grande.

HISTÓRIA DA ETIÓPIA

O mosteiro de Debra Líbanos

Debra Líbanos (que entre todos os mosteiros deste império teve sempre o primeiro lugar) quer dizer mosteiro do Líbano; porque *Debra* quer dizer *mosteiro*, ainda que também signifique *monte*. [...] Está situado na chapada de uma serra grande e forte do reino da Xoa; e, segundo afirmam agora os frades dele, o edificou um frade por nome Ezechias, 57 anos depois da morte de Abba Taquelâ Haimanot;[235] o que também testifica sua história; porque no fim dela se diz que, estando para morrer, lhe apareceu Cristo Nosso Senhor. Ele lhe perguntou onde mandava que se enterrasse seu corpo, e que lhe disse o Salvador: "Aqui será enterrado até 57 anos e, depois deste tempo, cairá esta casa, e vossos filhos edificarão aqui para uma banda um grande mosteiro em vosso nome e a ele trasladarão vosso corpo; e eu serei guarda dos que ali estiverem". E dizem os frades que assim foi e que depois um imperador fez a igreja muito maior por ser sepultura de Taquelâ Haimanot. Mas o edifício deste mosteiro não é como o dos mosteiros de nossa Europa; porque

235 O abade Takla Haymanot, um dos maiores santos da Igreja etíope. Viveu de 1215 a 1313. Teria sido ele quem deu início, por volta de 1284, numa pequena caverna, à comunidade de monges que formaria o mosteiro de Debra Asbos, depois conhecido como Debra Líbanos.

cada frade vive em casa sobre si, e ordinariamente as casas são mui pequenas, redondas e cobertas de palha, de modo que fica o mosteiro da feição de uma aldeia; e assim são todos os demais mosteiros da Etiópia; mas alguns têm cerca redonda e dela para dentro não podiam antigamente entrar mulheres, mas agora em poucos mosteiros se guarda isto.

HISTÓRIA DA ETIÓPIA

André Donelha

Presume-se que André Donelha tenha nascido na ilha de Santiago, no arquipélago de Cabo Verde, entre 1550 e 1560, e dele se sabe que esteve várias vezes na Alta Guiné. Em 1625, presenteou o governador de Cabo Verde, Francisco de Vasconcelos da Cunha, com um trabalho manuscrito, Descrição da Serra Leoa e dos Rios de Guiné do Cabo Verde, *preservado na Biblioteca da Ajuda, em Lisboa, sobre o que viu naquela parte da África e sobre ela aprendeu.*

Fortificações e tambores que falam

Estas três nações [três grupos sapes da Serra Leoa, um dos quais os timenés][236] pelejam por ordem, com esquadrão formado entre adargueiros e frecheiros. As adargas tamanhas como a mesma pessoa, mui fortes, feitas de varas torcidas. As suas aldeias muradas de paus mui grossos, metidos bem na terra, de três a quatro cercas, e por fora rodeadas de cavas. E nos muros — que lá chamam tabancas — há castelos e guaritas mui altas, de paus mui altos, com sobrados, que lá chamam *tabasos*, de donde pelejam os velhos frecheiros, por não estarem ociosos.

236 Temenes, temines, *Temne, Timne.*

São de muito primor e palavra no que toca às cousas da guerra, porque se em algum cerco acontece, por grandes tempestades, ou crescentes de rios, cair e levar parte da cerca, os cercadores logo fazem com os cercados tréguas, até se fortificarem e repararem, porque se têm por afrontados entrarem por lugares abertos por casos semelhantes, porque tudo querem acabar por esforço e valentia.

Usam de pregões nos exércitos, para que se não desmandem, e de muitos instrumentos a seu modo e uso: buzinas de marfim, bombalos[237] feitos de um pau grosso como um grosso mastro, de mais de braça de comprido,[238] o pau mui duro e forte, mais que angelim. Com uns ferros tortos tiram todo o âmago de dentro, de maneira que fica vão como o canudo de uma cana de roca, com uma abertura tão comprida como o mesmo bombalo, de largura de três dedos. De uma parte fica o pau mais grosso que da outra, para fazer dois sons, um como tiple, outro como tenor ou contrabaixo. Soam mais que atambores. Também os fazem pequenos, para levarem facilmente de uma parte a outra. Tudo o que querem dizer e fazer, dizem e se entendem pelos bombalos: se há guerra, ou vem navio, ou foge algum escravo, ou qualquer cousa que querem falar, em meia hora se sabe por toda a terra, respondendo uns aos outros. Também usam de atambores.

DESCRIÇÃO DA SERRA LEOA E DOS RIOS DE GUINÉ DO CABO VERDE

Os manes

Estes manes[239] são mui esforçados e valentes, têm por

237 Bombolom ou bombalão.

238 Uma braça corresponde a 2,2 m.

239 Os manes ou manés seriam grupos mandingas que, vindos do alto rio Níger, talvez já a partir do fim do século XV, invadiram o litoral nas proximidades do forte português de

honor morrer e não fugir. Andam bem vestidos [...] e lustrosos; o rei se veste nas festas e nas guerras de toda a seda. As suas frechas são curtas, os arcos pequenos, pelo que as suas frechas nas guerras não servem aos arcos dos inimigos, e as frechas dos inimigos servem nos seus arcos. Usam de espadas curtas e largas, que chamam *dibes*, e azagaias, dardos, facas, as quais trazem atadas nos buchos dos braços; as adargas grandes e redondas, mui fortes. Pelejam com muito concerto e ordem, usam o exercício militar com muito concerto e bizarria, o campo formado e trincheirado. Usam pregões, buzinas, bombalos, atambores, frautas e outros instrumentos. Avisam ao inimigo o dia e hora que há de ser com ele para pelejarem, para que estejam providos e prestes, e isto por palhas; tantas palhas, tantos dias — vão tirando cada dia uma palha, no dia que se acaba é o da peleja.

Trazem no braço e pernas manilhas de ouro e prata. O mane não come carne humana. São tão ufanos e graves, que se estiver um mane entre muitos doutra nação, todos de um trajo, se conhece logo o mane em seu meneio. [...]

Não têm seita nem fé. Adoram panelas, metidas nelas algumas penas, e sobre elas matam galinhas, e as untam de sangue e, no sangue, apegadas penas, e fica a panela empenada por dentro e por fora. Também fazem muitos ídolos de pau, de figuras de homens, bugios e outros animais, que chamam *corfis*, e os põem pelos caminhos, uns perto das povoações daquela parte. Fazem ídolos da guerra, da chuva, do sol, da fome e do que querem empreender e, se não sucede como querem, os derrubam e açoitam, e fazem outros de novo, ou os próprios alevantam e peitam,

---

São Jorge da Mina, deslocando-se em seguida para oeste. Sucessivos grupos de manes, com fama de guerreiros ferozes e implacáveis, atravessaram a Costa do Marfim e a Costa da Malagueta (atual Libéria) e entraram como conquistadores na Serra Leoa. O primeiro grupo o fez por volta de 1545.

afagando-os, pondo-lhes carne assada e cozida e arroz, vinhos e frutos, para os contentar, e rogam lhes sejam propícios no que querem empreender. [...]

Os manes não usam de cavalos, porque os não há nas suas terras. As frechas são ervadas; em tocando, logo matam, Mas usam de muitas meizinhas contra peçonha, que comem em os ferindo; e trazem rabos de unicórnio,[240] que molham em água e açoitam as feridas. E com isso escapam muitos. E porque a peçonha faz o ferido fechar a boca e os dentes, trazem todos os dois dentes dianteiros menos, para poder deitar as meizinhas na boca.

Os manes, quando morrem, abrem-nos e lhes tiram as tripas e, embalsamados com óleos, que têm para se não corromperem, os vestem dos melhores vestidos que têm, e com muitas manilhas douro pelos braços e pernas e grandes masucos douro nas orelhas e narizes que arrodeiam toda a boca, pelo que usam furar os narizes. Os assentam em um alpendre, que chamam *funco*, em uma grande praça ou terreiro, que chamam *arifal*, em um assento como cadeira. Aí vêm todos a despedir-se dele ou dela, se é mulher, e lhe trazem muitos panos e outras cousas. E depois juntam tudo e queimam perante o morto, e o metem em uma cova grande, e nela uma cama, em que o deitam, e com ele as mulheres que tinha em mais estima e alguns dos pajens mais privados de que se servia, todos mortos, metidos na cova com o defunto para o ir servir na outra vida. Lhe metem na cova arroz, vinho e outras cousas, peças douro, arco, frechas, e depois de tudo feito sarram a porta da cova de maneira que lhes não toque a terra; e deitam muita terra em cima, que faça alguma altura, e o cobrem com panos de rei que vêm da Índia [...], e o deixam, e os apaixonados e parentes se recolhem

240 Trata-se aqui do rinoceronte, não do animal mítico.

para o choro. E todos os que vêm ao choro, há de trazer que dar no choro. Comem e bebem e cantam, e tornam a chorar, isto enquanto duram os dias de visita.

DESCRIÇÃO DA SERRA LEOA E DOS RIOS DE GUINÉ DO CABO VERDE

Uma corte de justiça em Casão, no rio Gâmbia

Está a aldeia de Casão[241] um tiro de escopeta do porto. O porto é limpo, desembarca-se ao pé enxuto, tem alguma areia. A par do porto, umas árvores altas, e por baixo limpas, como varridas, onde as negras fazem feira quando há navios no porto; e trazem a vender arroz, milho, cuscuz, galinhas, ovos, leite, manteiga e frutas da terra e outras cousas. Debaixo destas árvores calafetam os barcos, consertam mastros que vão cortar na ilha da Cabopa, consertam amarras e cordas para os navios.

A aldeia é pequena, redonda, as casas redondas, de adobes caiados com um barro branco que parece cal. Há algumas sobradadas, como as do duque ou *sandeguil*,[242] as mais delas com poiais por dentro, de adobes, para se sentarem, todas com portas, as fechaduras e chaves de pau foram as primeiras que vi.

Está a aldeia toda murada de paus altos a pique, que chamam tabanca; por fora uma cava alta e larga que arrodeia toda a aldeia, no tempo do inverno estão cheias d'água. Tem quatro pontes e quatro portas; as pontes de palmeiras. Tem na porta oriental uma praça, e nela algumas árvores altas. À sombra delas tem uma calçada quadrada coberta de esteiras grossas. Nesta calçada fazem seu salá. A par da calçada, da banda do poente, tem umas gamelas com água, em que lavam pés e mãos quando vão a rezar. [...]

241 Ou Cação, atualmente Kassang, no rio Gâmbia.
242 O régulo ou grande chefe de Casão.

Entramos na aldeia por outra porta, por encurtar o caminho, chegamos à casa do duque, achamos mais de cinquenta homens, todos com os turbantes nas mãos, da feição de diademas, a uma porta. Perguntei a Gaspar Vaz que gente era essa; disse-me que essa casa era da audiência, e havia o duque de estar aí, que essa gente eram litigantes; que eu bem podia entrar, mas ele não. [...] Entrei, dando-me caminho os litigantes. Achei a casa quadrada, feita de adobes, mui alva, com um poial ao redor. O duque, sem falar comigo, me acenou que assentasse defronte dele. Não estava na casa mais que o duque, assentado em um poial de três degraus; a par dele, no segundo degrau estavam assentados dois velhos, um à sua direita outro à esquerda, os quais eram juízes; no primeiro degrau estavam dois velhos, um a uma parte, outro a outra, que serviam de advogados. Não estavam nessa casa mais outras pessoas; todos calados, com muito silêncio.

A casa tinha duas portas, uma defronte da outra; na do poente estavam os litigantes, na do oriente não estava pessoa alguma. Tanto que me assentei, entraram dois litigantes, autor e réu, fazendo ambos cada um sua mesura, com a mão direita posta no peito e o turbante na esquerda, sem falarem palavra. Falou um velho, advogado do autor, com os olhos para o duque; logo respondeu o advogado do réu; tornou a falar o advogado do autor, e o do réu, e calaram. O duque, mui quieto, virou para o juiz que estava à sua direita e disse o que lhe parecia, e se virou para o outro juiz, o qual deu seu parecer. O duque pronunciou a sentença, sem os advogados nem as partes falarem palavra. As partes, assim como estavam, com a mão no peito, fizeram sua mesura. O vencedor saiu pela porta por onde entrara, contando como vencera; o vencido saiu pela porta contrária, e se foi embora. E entraram outros dois, e da mesma maneira os mais, até se acabar a audiência. Folguei de ver a quietação e ordem que nisso havia, e, para não haver brigas nem palavras, sair um por uma porta, outro por outra.

Depois de ser acabada a audiência, se foram os advogados e se alevantou o duque com os juízes. E me alevantei e o fui a encontrar, com o chapéu na mão esquerda e a direita no peito, o que ele também fez, e demos as mãos para beijar, que assim é costume dos mandingas, mas ele com força levou a minha e a beijou e deu-me a sua.

DESCRIÇÃO DA SERRA LEOA E DOS RIOS DE GUINÉ DO CABO VERDE

Padre Baltazar Teles

O jesuíta Baltazar Teles nunca esteve na Etiópia. Recolheu as informações sobre essa terra em depoimentos de viajantes, nos textos dos padres Pero Pais, Afonso Mendes, Jerônimo Lobo e, principalmente, Manuel de Almeida, conforme confessa no prólogo e no próprio título de sua obra, publicada em 1660, História geral de Etiópia a Alta ou Abassia do Preste João e do que nela obraram os padres da Companhia de Jesus, composta na mesma Etiópia pelo padre Manuel d'Almeida, natural de Viseu, provincial e visitador que foi na Índia.

As montanhas da Etiópia

As terras que hoje possui o imperador, tirando Dambeá —[243] cuja maior parte é chã ao longo da alagoa —, [...] são como umas perpétuas e altíssimas montanhas, e raramente se faz jornada em que se não encontrem montes tão altos, tão íngremes e fragosos, que metem medo a quem os vê, quanto mais a quem os passa.

É zombaria a nossa Serra da Estrela, a de Minde, a do Patelo, a de Sintra, a do Marão e outras que não faltam em Portugal, comparadas com as de Etiópia. Os que pas-

243 Dâmbia ou Dembia, ao noroeste do lago Tana.

Uma casa no alto de um *ambá*, na Etiópia.

saram na Europa os Alpes e os Pireneus tão afamados, e o Apenino que atravessa a Itália de popa à proa, e viram as serranias da Etiópia, dizem que, à vista destas, parecem aquelas uns humildes outeiros!

Alguns destes montes, aos quais os naturais chamam *ambás*, são umas serras que ficam por si apartadas das outras, altíssimas, cortadas todas a pique, como se fossem trabalhadas ao picão, para as quais só por uma ou duas portas, com muita dificuldade, se pode trepar; em cima têm água e terra chã, onde vivem os moradores, como em uma inexpugnável fortaleza fundada pela divina providência. [...]

Admiração causa ver estas altíssimas rochas, umas com figura piramidal, outras redondas e torneadas no alto e nas raízes, outras como torres quadradas e também trabalhadas como se fossem feitas ao picão, semelhando colunas naturais que ousadamente se atrevessem a subir sobre as nuvens, pretendendo servir de escoras ao teto convexo do céu vizinho.

E o pior é que, talvez, para irdes de um reino para outro, necessariamente haveis de atravessar algumas dessas serras, como sucede aos que vão de Fremoná (que está quase no meio do reino de Tigrê, 45 léguas de Maçuá)[244] para o Dancaz e Dambeá, os quais hão de passar, entre outras muitas serras, por uma chamada Lamalmon. Antes de a subirdes, por princípio do que vos espera, vos achais ao pé de um monte altíssimo chamado Gucá, o qual fica sendo como alicerce e fundamento de Lamalmon; este monte se sobe em espaço de meio dia, indo sempre rodeando, porque todo vai coleado por subidas em passos mui estreitas, abertas pelo recosto do monte, ficando a quem olha, ou para cima ou para baixo, tão medonhas alturas e tão horrendos precipícios, que, se uma vez embicardes, ou suceder à cáfila que sobe, encontrar-se com a que vem descendo, se não vão com o prumo muito atento nas passadas que dão, perdem-se totalmente as cáfilas, e vêm rodando por aqueles horríveis despenhadeiros, fazendo-se em pedaços os caminhantes e ficando perdidas as mercadorias. [...]

No alto deste monte de Gucá está um plaino mui grande, mais de 1 légua em roda, onde os cansados caminhantes e as suas cáfilas tomam algum alívio para o resto do caminho, que lhes fica por proa; porque logo ao dia seguinte entram por um outeiro trabalhosíssimo, o qual é a modo de um talha-mar, porque vem a ser como um lombo da terra tão estreito e agudo, que põe medo só com o verem com os olhos, quanto mais de o haverem de medir com os pés. Está ele de uma e outra parte cortado a pique, e por ambos os lados são tão profundos os vales, que não chegam os olhos a lhe ver o fim.

Logo passando este outeiro, vos achais ao pé de um monte feito quase todo de uma perpétua rocha talhada, a qual, saindo da terra, representa um alto e fortíssimo baluarte.

Aqui é o passo mais agro de todo este caminho; por ele, contudo, deu a natureza um jeito de degraus, a modo

244 Ou Massaua, no litoral do mar Vermelho. Fremoná estaria a 200 km de distância.

de escada, com suas voltas a uma e outra banda, tudo, porém, muito íngreme, e os degraus ou penedos, talvez de 2 ou 3 côvados em alto;[245] e, assim, é verdadeiramente espanto poderem por aqui as cavalgaduras trepar e assegurar os pés, posto que vão descarregadas, porque ali há muita gente que vive de vir tomar as cargas às cavalgaduras nestes passos.

Terá este morro até 300 braças de alto,[246] e neste fez a natureza um tabuleiro muito plaino, que terá de roda meia légua,[247] e o diâmetro será de tiro de mosquete.

A este morro dão eles o nome de Lamalmon, e representa o seu modo uma cadeira, ou tamborete sem braços, porque a rocha do mais alto do plano representa as costas desta cadeira, as quais descem tão cortadas a prumo que parecem laboradas ao picão; e logo se segue o que responde ao assento deste espantoso tamborete.

Descobre-se desta assomada quase todo o reino de Tigrê; para a banda do oriente se vê uma corda vastíssima de serranias altíssimas, que vão continuando com esta de Lamalmon; e para o norte e noroeste vai outra semelhante cadeia, que todas fazem um grande arco, no meio do qual os montes e serras de Tigrê, com serem mui altas, ficam parecendo humildes choupanas.

HISTÓRIA GERAL DE ETIÓPIA A ALTA

245 Entre 1,3 m e 2 m.
246 660 m.
247 Ou cerca de 2222 m.

Padre Jerônimo Lobo

O jesuíta Jerônimo Lobo (1595-1678) nasceu e morreu em Lisboa, mas passou boa parte de sua vida em atividade missionária na Índia e na Etiópia. Deixou, manuscritos, um volumoso Itinerário, *em que narra suas experiências naquelas terras, e vários outros trabalhos, entre os quais uma* Breve relação do rio Nilo.

Avestruzes

Pelas ribeiras deste celebrado mar [Vermelho] se criam em grande abundância os afamados avestruzes ou emas, tão conhecidos e estimados por suas penas, em especial as que criam debaixo das asas como mais finas e mimosas. E posto que não haja para estas aves pasto tão acomodado, como tenham por grande regalo e seu muito natural qualquer cousa que diante acham, em toda a parte se podem sustentar, porque não perdoam, como eu vi, a paus, pedras, papéis, panos. Ferro e brasas não alcancei que comessem, mas também lhe servirá de vianda, o que creio pela reverência que se deve à antiguidade, pois assim o afirma. A pouca afeição que têm à água, como serem tão cálidos e se criarem em terras que parecem ninho do calor, deve de ser prevenção singular da natureza pela falta que lhe havia de fazer em razão da pouca que encontram nesta terra onde se criam os seus afamados ovos, tão familiares às lâmpadas das igrejas para seu ornato, sem mais que os lançam na fervente área e nela tiram e criam seus filhos. Têm uma virtude singular para mal de olhos, porque moída a casca em farinha muito fina e lançada dentro do olho, sobre alguma névoa ou belida que tem, a come em breve tempo sem mais outra mistura, salvo se a quiserem desfazer em água rosada ou leite de mulher, que fique muito líquida. Não voam estes animais, correm porém com tanta velocidade que lhes não pode dar alcance um ligeiro cavalo, e para maior ligeireza abrem as asas e, com elas abertas, sem as menear, tomam a carreira, o que sem dúvida lhes serve, com o ar que tomam, de lhes fazer os corpos mais leves e fáceis de menear. Conta-se destes animais que, quando correm, vão atirando pedras para trás, o que sem dúvida não fazem por destino algum que tenham para isso, como se lhe servisse para defenderem, ofendendo assim a quem os segue, senão que, como têm dois como dedos grandes que lhes servem de pé, o corpo grande e pesado, a ligeireza muita e sem dúvida fazem com os pés muita força no chão correndo, ao ir avante despedem para trás as pedras em que firmavam os pés, não de indústria mas naturalmente.

ITINERÁRIO

O cristianismo dos etíopes

[Os etíopes] têm grande medo às excomunhões, sendo assim que seus frades e clérigos são mui fáceis em as lançar. O juramento por São Jorge é de grande veneração e medo entre eles. Adoram imagens, principalmente as pintadas, porque nem todos têm igual devoção às de vulto. Nos jejuns guardam ainda o costume da primitiva Igreja, comendo uma só vez ao dia na Quaresma, posto o sol, e em todas as quartas e sextas do ano às três da tarde, as quais medem com um galante relógio e é a sombra do corpo humano medida pela mesma pessoa que a faz, na qual, como acham 7 pés, têm que são as três da tarde. E neste jejum é impensável comer carne por mais achaques e doença que uma pessoa tenha, o mesmo corre nos laticínios, e como a terra seja muito falta de peixe, é o trabalho grande nos tais dias que passam com legumes e muito vinho e cerveja. O maior trabalho é que o jejum é mais natural que eclesiástico, porque até de água se abstêm e, na Quaresma, dizem missa sobre a tarde, por lhes parecer que quebram o jejum com as espécies sacramentais do pão e vinho que consagram. É bem verdade que, para se darem por obrigados a jejuar, hão de ter a filha casadoira ou dela um neto, mas como eles casam de pouca idade e as filhas de muito menos, porque de nove e dez anos, quanto mais daí para cima acham que podem casar, em breve lhes chega a obrigação.

Os frades e clérigos são sem conto, e cuido que a terceira parte da gente da Etiópia se dedica a Deus servindo nas igrejas, tantas em número, que em nenhuma parte se dará um brado que não seja ouvido ao menos de uma igreja ou mosteiro e muitas vezes de muitas e muitos. Nestas cantam suas horas rezando o salteiro de Davi, porque o têm inteiro e não muito depravado, assim como toda a mais Escritura, tirando os Livros dos Macabeus, posto que os confessam, mas perderam-se-lhes. Têm sempre os mosteiros igreja para homens e outras para as mulheres. Este resguardo, porém, só aqui o têm e não onde ele mais lhes convinha. Na dos homens cantam a coros sempre em pé por não terem uso de se porem de joelhos e, para mais comodidade, têm diversas muletas com várias torturas e feições, segundo o sítio do corpo em que acham mais descanso, encostando-se nelas. Os instrumentos músicos eclesiásticos são uns tambores pequenos que pendurados ao pescoço do mais grave frade ou clérigo o toca com as mãos, e uns pandeiros que se não fiam senão de semelhantes pessoas. Todos estão em pé e com bordões nas mãos com que fazem o compasso e com o corpo todo, dando juntamente grande patada com o pé no chão. Desta maneira, começam e de tal sorte se vão esquentando ou afervorando na música, que não podendo sofrer mais pausas ou compassos, desfecham todos os instrumentos confusamente, a quem mais pode tocar, batendo as palmas, gritando com toda a voz, saltando e bailando, finalmente com tanta barafunda que é mais confusa pandorga que canto de igreja. Dizem que o fazem assim convidado do salmo que diz: *Omnes gentes plaudite manibus, jubilate Deo etta.*[248] Tendo pois todas estas cousas que disse, ainda que com as falhas que logo direi, de tal sorte conhecem de si e se estimam por elas cuidam só eles são os verdadeiros católicos, não querendo comunicar com os da Igreja Romana como com hereges tendo-os na mesma reputação que mouros, e espantando-se muito quando nos ouviam falar nos sermões da Virgem Senhora nossa, dizendo que não éramos de todo bárbaros pois a conhecíamos.

Sem embargo de tudo isto que referi e da piedade grande de que dão indícios claros, digo que são somente vestígios da que tiveram primeiro e de quão bem fundada estava aquela Igreja desde seus princípios, agora, porém, não é mais do que uma sombra do que foi e um rascunho mui apagado e disforme, porque, com todas estas mostras de cristandade, lhes falta o verdadeiro ser dela que é serem católicos; vivem cismáticos com estranhável ódio à Igreja Romana e a seus filhos e sequazes. Entraram-lhes as heresias que houve contra o Espírito Santo, contra a

248 "Povos todos, batei palmas, aclamai a Deus com gritos de alegria! etc." em latim.

pessoa do Filho, contra as duas naturezas que em Cristo Senhor nosso confessamos, contra alguns mistérios da fé, contra o purgatório, a criação das almas, e que tudo negam impiamente, mas com muita ignorância, por carecerem de ciências que não aprendem. O batismo repetem todos os anos, circuncidando-se juntamente e guardando o sábado, observando mil cerimônias legais dos judeus e a dos manjares vedados na lei, e da purificação das mulheres não lhes escapa e muito menos a de casarem com a mulher do irmão, sua cunhada. Finalmente, não batizavam as crianças como é necessário dizendo a forma das palavras, que, posto que as sabiam e conheciam no Evangelho, tinham por melhor a que cada um inventava, ainda que fosse mui disparatada, contentava porém por ser nova, donde veio a se averiguar que nenhum deles era cristão, pois não entraram na fé e Evangelho pela porta que é o sagrado batismo.

ITINERÁRIO

O unicórnio

Chegamos ao afamado nicorni de maior crédito, pois se acha celebrado nas divinas letras, servindo de semelhança a muitas cousas, até ao mesmo Deus Humanado. Nenhum dos autores que dele falam lhe dá nascimento ou terra, contentando-se com os muitos elogios com que o celebram; guardava-se este segredo para os que viram e andaram muitas terras. Que não seja abada, como vulgarmente querem, é certo, assim pela diferença do nome, rinoceronte e unicórnio, nem é razão que o atribuamos a ambos sem diferença, como tão bem pela dos corpos e membros de ambos, como é manifesto na abada de que temos notícia e no unicórnio que vemos pintado: este tem um corno só grande e direito, a quem atribuem admiráveis feitos, a abada ou rinoceronte tem dois, alguma cousa curvados e não de tanto préstimo contra a peçonha, posto que de algum.

A terra do nascimento do unicórnio, animal africano por se conhecer só em África, é a província dos agaos,[249] no reino dos Damotes, bem creio que se divertirá por partes mais remotas. É este animal do tamanho e feição de um formoso cavalo, castanho na cor, de comas e cabos negros curtos e mal povoados, posto que em outra comarca desta mesma província se viram e os tinham mais compridos e com mais cerdas, na testa um formoso corno, comprido de até 5 palmos,[250] segundo representava, a cor tira para branco, vive entre matos e bosques espessos e também saem a campinas descobertas, não se vê muitas vezes por arisco, e não serem muitos, mas que o sejam os bosques os ocultam e só a mais bárbara e sáfara gente que o mundo tem os logra e lhe devem servir de pasto como outros animais de que se sustentam.

Um padre, meu companheiro, que viveu algum tempo nesta mesma comarca, tendo notícia haver nela este célebre animal, fez diligências por haver alguns: trouxeram-lhe os naturais um poldrozinho, mas tão criança que em breves dias morreu. Dos grandes me deu testemunho o capitão dos portugueses, homem velho e de muita verdade, respeitado de todos e de muito crédito diante de alguns imperadores daquele império [da Etiópia] com quem viveu. Este me contou que, voltando uma vez da guerra onde fora por costume de todos os verões, [...] descansara uma manhã com até vinte soldados que o acompanhavam, portugueses todos, em um pequeno campo cercado de espesso arvoredo: trataram de almoçar, enquanto os cavalos pasciam na muita erva que ali havia, a pouco espaço arrebentou do mais

249 Agôs, Agaw.
250 1,1 m.

espesso do bosque, com carreira solta, um perfeito cavalo da cor e comas e em todos seus membros da maneira que já tratei, e como vinha furioso e descuidado não deu fé dos hóspedes que achou senão já entrado bem no campo, quase entre eles, esbarrou e parou com a carreira, espantado do que via, dando com isto lugar a que o vissem e notassem, por estar muito perto, todo a seu gosto. Causou-lhes alegria e espanto, advertindo nas particularidades que nele havia, entre as quais era uma ter na testa um formoso e direito corno na forma que atrás o escrevi.

A todos corria com os olhos, mostrando-se espantado, os outros cavalos parece que o conheceram como parente, alvoroçaram-se chegando-se para ele e, por estar a menos de tiro de espingarda dos portugueses, trataram de o cercar, não lhes podendo fazer tiro por não terem as espingardas lestes, quiseram-no cercar, por conhecerem ser o célebre unicórnio de que tantas vezes ouviram falar, ele, porém, lhe não deu lugar porque sentindo-se mover voltou com a mesma fúria, metendo-se no bosque donde saíra, deixando os portugueses admirados do que viram, certificados na verdade do animal e pesarosos de lhes escapar a presa: a verdade deste capitão tem para mim todo o crédito pelo que dele conhecia.

Em outra comarca, a última desta província e a mais áspera e remontada, [...] se viu o mesmo animal muitas vezes andar pascendo a relva com outros animais de várias castas. É esta terra muito no interior do sertão e por tal é desterro ordinário dos que o imperador quer ter mais seguros, acaba em altos montes sobranceiros e dilatados campinas e bosques, habitam neles variedade de feras. Para este desterro e lugar mandou sem causa um imperador tirano [...] a muitos portugueses, os quais do alto dos montes viram muitas vezes pascer nos ditos campos ao unicórnio, e o divisavam bem por não ser a distância muita, conhecendo representar um formoso ginete com o seu corno na testa. Os ditos destes homens, em especial do velho João Gabriel com o que me afirmou o padre meu companheiro, fazem para comigo prova indubitável de haver naquela província o tão celebrado unicórnio, onde tem seu nascimento e criação.

BREVE RELAÇÃO DO RIO NILO

Olfert Dapper

Médico em Amsterdam, cuja história escreveu, Olfert Dapper (1636-89) nunca esteve na África. Seu livro Naukeurige Beschrijvinge der Afrikaensche Gewesten, *publicado em 1668, que na tradução francesa de 1686 tomou o nome de* Description de l'Afrique [*Descrição da África*], *baseou-se nos escritos de Samuel Blommaert, que viveu vários anos no continente africano como comerciante privado e diretor da Companhia das Índias Ocidentais.*

O palácio do rei do Benim

A corte do rei [ou obá do Benim] é quadrada e fica no lado direito da cidade, quando se entra vindo de Gotton.[251] É tão grande quanto Haarlem e protegida por uma muralha imponente, semelhante à que cerca a cidade. Compõe-se de muitos palácios, casas e cômodos para cortesãos e possui belas e longas galerias, do tamanho da Bolsa de Amsterdam, e uma ainda maior do que as outras, todas formadas por pilares de madeira cobertos de alto a baixo por placas de cobre, com feitos de guerra e cenas de batalhas.[252] Es-

251 Ughoton ou Hugató, o principal porto do reino do Benim.
252 Esta é uma das mais antigas referências à escultura em ligas de cobre que tornou famoso o reino do Benim.

sas placas são mantidas com cuidado. Os prédios em sua maioria estão cobertos por folhas de palmeiras em vez de pranchas, e cada um deles é adornado por uma torre em forma de pirâmide, que mostra no seu ápice habilmente fundido um pássaro de cobre com as asas abertas.

DESCRIÇÃO DA ÁFRICA

As viúvas no Benim

Quando uma mulher tem um filho de seu falecido esposo, ela torna-se uma serviçal desse filho e não pode ser dada em casamento a ninguém sem sua permissão. Deve servir ao filho como se fosse uma escrava. Se algum homem se interessar pela viúva, terá de obter do filho o consentimento para se casar com ela, prometendo ao rapaz que, para substituí-la, lhe conseguirá uma jovem como esposa, que ficará a seu serviço qual escrava pelo tempo que ele desejar. O homem não poderá vender a viúva sem a permissão do rei, a menos que o filho com isso concorde. [...]

Depois da morte de um homem, todas as esposas com as quais ele teve relações sexuais passam a ser do rei e por este são novamente dadas em casamento. Aquelas com que o morto não dormiu passam à posse de seu filho, que poderá conservá-las ou casá-las com outros.

DESCRIÇÃO DA ÁFRICA

As almadias do delta do Níger

Os negros navegam no rio Kalabarien[253] em canoas muito grandes, com vinte remeiros de cada lado, e nas quais cabem sessenta e até mesmo oitenta homens.

253 O rio New Calabar, na parte oriental do delta do Níger.

Todas essas canoas são feitas com o tronco de uma árvore, por meio de queima e entalhe, e podem ter 50, 60 ou 70 pés de comprimento.[254] Elas são pontudas na proa e na popa e largas no meio. A cada 6 pés,[255] traves chanfradas, da largura de uma mão, prendem-se firmemente às paredes do barco. Os remeiros sentam-se nessas traves e na borda da canoa, mas usam remos de cabo curto e sem tolete.

Na frente do barco, levam de cada lado grandes escudos e feixes de azagaias, para se protegerem dos inimigos (porque esses povos vivem em guerra permanente uns contra os outros). Cada canoa dispõe também de um fogareiro que mantêm aceso e junto ao qual os mais importantes entre eles dormem.

Quando esses negros precisam passar a noite em suas canoas, eles as transformam em tendas desta maneira: cada uma das traves já mencionadas, que ligam as duas bordas da canoa, possui um buraco no meio, e nesse buraco eles põem uma haste, que vai apoiar-se no piso da embarcação; essa haste tem na outra extremidade uma forquilha, e nessas forquilhas ajustam horizontalmente longas varas, sobre as quais estendem esteiras.

DESCRIÇÃO DA ÁFRICA

254 Ou seja, podem ter 15 m, 18 m ou 21 m.

255 1,8 m.

Giovanni Antonio Cavazzi de Montecuccolo

O capuchinho Giovanni Antonio (ou Giannantonio) Cavazzi nasceu no vilarejo de Montecuccolo, no ducado de Módena, em 1621, e faleceu em Gênova, em 1678. Sua obra Istorica Descrizione de' tre regni, Congo, Matamba et Angola situati nell'Etiopia Inferiore Occidentale e delle Missioni Apostoliche Esercitatevi da Religiosi Capuccini *(conhecida em português como Descrição histórica dos três reinos do Congo, Matamba e Angola), só publicada em 1687, é fruto de uma experiência de treze anos (de 1654 a 1667) como missionário naqueles reinos da África, onde foi confessor da rainha Jinga. Em 1667, a caminho da Itália, viajou para o Brasil, tendo residido durante um ano em Pernambuco. Em 1673, voltou a Angola como prefeito dos capuchinhos e ali ficou até 1677.*

O transporte em redes

Falta nessas regiões a comodidade dos carros e dos animais de carga, exceto em Angola, onde os portugueses os trazem, às vezes, da América. Portanto, as pessoas ricas mantêm escravos que as levam em tipoias[256] muito

256 Aqui no sentido de rede de dormir ameríndia transformada em palanquim.

bonitas e grandes, nas quais cabem comodamente deitadas ou sentadas. Essas redes são feitas de algodão, com borlas pintadas que as tornam elegantes. Os cabos são atados a um grosso pau ou a dois, que os pretos levam aos ombros ou sobre a cabeça. Transportam assim o patrão para onde ele quiser.

Os portadores são sempre divididos em dois ou três grupos, para que o trabalho seja igualmente distribuído. As pessoas abastadas e as mulheres portuguesas possuem tipoias muito ricas, cobertas de estofos para se defenderem do sol e com um travesseiro para estarem mais cômodas. Além disso, muitos há que levam guarda-chuvas e guarda-sóis ou fazem-nos levar abertos por escravos. Essa maneira de viajar é muito cômoda e própria de grandes senhores.

As pessoas inferiores têm tipoias feitas de casca de árvore. [...] Estas últimas tipoias, se forem novas e bem feitas, têm o valor de um escravo. Mais caras são as outras, em proporção com a sua riqueza e manufatura, especialmente as que vêm da América, fornecidas de passamanes e de enfeites de ouro, com paus bem envernizados, levíssimos e resistentes.

Além da tipoia ordinária, há uma espécie de cama portátil, com pequenos arcos por cima, sobre os quais se estende um pano ou uma esteira, para conforto de quem está deitado. Para esta cama, há quatro escravos que alternam o trabalho entre si. Desta maneira, podem-se fazer comodamente longas viagens.

Não obstante a natural robustez e velocidade dos pretos empregados para os transportes, isso não quer dizer que não sejam preguiçosos. De manhã, com o pretexto do orvalho, não querem meter-se ao caminho antes de duas horas de sol. Pelo meio-dia, tomam o seu descanso e comem, mas depois dançam como se não sentissem fadiga alguma. Pela tarde, duas horas antes do pôr do sol, param, sem que ninguém possa impedi-los, de maneira que, das doze horas do dia, apenas seis são utilizadas, e estas as mais quentes. [...]

Verdade é, porém, que pouco lhes é suficiente e se satisfazem com quase nada; vivem despreocupados e alegres, sem deixar de cantar, de dançar e de fumar, que é a sua mais honesta delícia.

Levam toda a carga sobre a cabeça ou sobre os ombros. Só as mulheres, atando uma faixa na fronte, levam as cargas pendentes sobre as costas. Este costume causa uma grande compaixão em quem as vê. Andam cambaleando, com metade do corpo curvado quase até ao chão. O pior é quando amamentam um filho, pois ficam tão oprimidas e extenuadas que chegam a perder a respiração.

DESCRIÇÃO HISTÓRICA DOS TRÊS REINOS DO CONGO, MATAMBA E ANGOLA

Os ferreiros

O mais considerado dos artífices é o serralheiro, pois uma arte é tanto mais estimada quanto mais necessária. Além disso, acredita-se que o inventor desta arte fosse um dos primeiros reis do Congo. A arte do serralheiro entre os pretos consiste mais em construir que em aperfeiçoar, de modo que, se aqueles artistas veem qualquer manufato da Europa, tecem elogios intermináveis e declaram com tola solenidade que é impossível fazer coisas semelhantes.

Em lugar de martelo, usam um pedaço de ferro; para bigorna usam uma pedra e, em vez de foles, usam duas pequenas tábuas côncavas, cobertas de pequenas peles e com um cabo no meio, de maneira que, levantando-as e baixando-as, aspiram e expelem o ar. Esses foles são acionados com tanta rapidez que os nossos artistas ficariam admirados.

O serralheiro está sentado no chão, encurvado penosamente, o que lhe causa grande fadiga, e bate com uma das mãos, enquanto com a outra aciona os foles ou maneja o ferro. Por fim, depois de ter gasto três vezes mais tempo que um europeu, acha-se com uma seta, um machado ou um alfanje muito tosco, e não pode, por falta de ferramenta, aperfeiçoar seu trabalho nem produzir objetos de dimensões maiores.

Quanto à têmpera, basta-lhes que seja ferro, e se os utensílios não forem afiados gastam o dobro de tempo em usá-los. Porém, reparei que esses utensílios são muito resistentes devido à ótima qualidade do ferro que há nestas regiões. Perto das minas, durante as chuvas, tomam uma certa terra que as águas levam para os caminhos ou para as valetas e, colocando-a sobre o carvão, tanto a trabalham com os foles que, por fim, separando-se as escórias, fica o ferro muito bem fundido e purgado. Acho que desta matéria-prima poderia na Europa tirar-se ferro de muito boa qualidade.

DESCRIÇÃO HISTÓRICA DOS TRÊS REINOS
DO CONGO, MATAMBA E ANGOLA

A embaixada de Jinga, em 1622

De Cabasso,[257] capital de Matamba, foi [Jinga,[258] envia-

257 Ou Cabaça.

258 Ginga, Njinga, Nzinga Mbandi ou, depois de convertida ao cristianismo, dona Ana de Sousa, uma das mais famosas personagens da história de Angola. Irmã do rei dos andongos, o *mbande a ngola* (o Angola Mbandi dos portugueses), suceder-lhe-ia no poder, pouco depois de ter sido sua embaixadora junto aos portugueses de Luanda. Diante da oposição dos chefes de linhagem andongos, os *macotas*, e sentindo-se frustrada em suas relações com Luanda, ligou-se aos imbangalas. Teve, então, de haver-se, no Dongo, com dois sucessivos reis, escolhidos pelos *macotas* para lhe ocupar o lugar.

A audiência da embaixadora Jinga com o governador português de Luanda.

da por seu irmão, o rei do Dongo, Ngola Mbandi, em embaixada ao governador português de Angola,] levada às costas, como é costume do país, por todo aquele espaço de 100 léguas,[259] até Luanda. O magistrado, com um séquito de cidadãos, foi ao seu encontro até a entra-

---

Sob seguidos ataques armados dos portugueses e sentindo-se abandonada por vários chefes imbangalas que se passavam para os adversários, ela marchou para leste, ocupou o reino de Matamba, dele se fez soberana e o transformou num estado militarmente poderoso, sem deixar, contudo, de considerar-se rainha do Dongo. Com a tomada de Luanda pelos holandeses em 1641, Jinga aliou-se a eles contra os portugueses. Com a volta de Luanda ao domínio de Lisboa em 1648, Jinga, novamente nos trajes de dona Ana de Sousa, reaproximou-se dos portugueses, com os quais assinou, em 1656, um acordo de paz e aliança. Jinga faleceu em 1663, senhora de seu reino. Politicamente habilíssima, soube usar todos — andongos, imbangalas, congos, portugueses, holandeses, escravos fugidos e mercadores de escravos —, um após o outro ou de modo orquestrado, para a manutenção e a ampliação de seu poder.

259 Mais de 550 km.

da da cidade, onde ela foi cumprimentada por muitas salvas de artilharia, de maneira que, como me confessou a mim em seguida, não só ficou assombrada por tanta pompa, mas até amedrontada em vista de tantas milícias disciplinadas e pelo estrondo de tantas armas, embora estivesse habituada às batalhas.

Foi hospedada no palácio de Rui de Araújo e todas as despesas foram custeadas pela régia Fazenda, que lhe fez grandes presentes e a forneceu com abundantes provisões.

A primeira vez que foi levada à audiência, apareceu carregada de gemas preciosas, bizarramente enfeitada de penas de várias cores, majestosa no porte e rodeada por grande grupo de donzelas, de escravas e de oficiais da sua corte.

Entrou na sala e, vendo colocada no lugar de honra uma cadeira de veludo com enfeites de ouro para o governador e em frente duas almofadas de veludo dourado sobre o tapete, conforme o costume dos príncipes da Etiópia, parou e, sem mostras de embaraço e sem proferir palavra, acenou só com um olhar a uma das donzelas, que imediatamente se deitou no chão atrás da sua senhora, servindo-lhe de cadeira durante todo o tempo da audiência.

Os presentes admiraram, todos pasmados, esta presteza em sair-se bem e a vivacidade da sua inteligência, nunca esperado duma mulher tanta desenvoltura. Usou ela de tal prudência, falando do seu irmão, pedindo paz, oferecendo a aliança e tratando com natural desembaraço todo o negócio pelo qual se apresentara, que os magistrados e conselheiros ficaram sem palavra. E quando lhe foi dito que Ngola Mbandi teria de reconhecer a Coroa de Portugal com ânuo tributo, respondeu que tal condição só se podia exigir duma nação submetida, mas não duma nação que espontaneamente oferecia uma mútua amizade.

Portanto os portugueses não insistiram sobre este ponto e só pretenderam a restituição dos escravos portugueses e a mútua assistência entre as duas nações contra os inimigos duma ou doutra.

Concluído o colóquio, enquanto o governador a acompanhava, como convinha a uma princesa, para a saída, cortesmente a avisou que a dita donzela ficara ainda no seu lugar e que, portanto, lhe desse licença de se levantar. Mas Jinga respondeu que ali a deixava, não por esquecimento, mas porque não era conveniente que a embaixatriz do seu reino se sentasse pela segunda vez no mesmo assento, e que, não lhe faltando outras semelhantes cadeiras, não se importava com ela nem a queria mais.

DESCRIÇÃO HISTÓRICA DOS TRÊS REINOS
DO CONGO, MATAMBA E ANGOLA

Sieur B. Dubois

Deste Sieur Dubois sabe-se que embarcou em 1669 no navio Saint Paul, *numa viagem que o levou a Madagascar e às ilhas Mascarenhas. Sabe-se também que, enfermo, foi recuperar a saúde na ilha de Reunião, tendo regressado à França em 1673. No ano seguinte, publicou o livro* Les Voyages faits par le Sieur D. B. aux îles Dauphine ou Madagascar, et Bourbon ou Mascarenne, ès-annés 1669, 70, 71 et 72 [*As viagens feitas pelo Cavaleiro D. B. às ilhas Dauphine ou Madagascar, e Bourbon ou Mascarenhas, nos anos 1669,70, 71 e 72*].

Grigris

Notei que as roupas e adornos dos habitantes do Cabo Verde são de um tecido azul, com o qual cobrem parte do corpo. Usam algumas manilhas de cobre nos pulsos e uma grande quantidade de papeluchos, que dizem serem escritos por seus marabutos. Eles os cosem em pequeninas bolsas de couro vermelho, quadradas, com 1 polegada de lado,[260] e as põem nos cabelos, no pescoço, nos braços e nas pernas. Acreditam haver di-

260 2,54 cm.

ferentes escritos — um para proteger dos afogamentos, outro, dos raios, outro, das armas, outro, dos animais ferozes, este para que se sejam favorecidos pelo amor das mulheres, e assim por diante. Chamam às pequenas bolsas *grigris*.

AS VIAGENS FEITAS PELO CAVALEIRO D. B.

Francisco de Lemos Coelho

O capitão Francisco de Lemos Coelho morou 23 anos em Cacheu, Bissau e rio Gâmbia, combateu naquelas terras e em suas águas, viajou, comandando navios e como comerciante, pela Casamansa, Guiné, Gâmbia e Serra Leoa. Deixou duas descrições daquelas regiões, a primeira datada de 1669 (seu título completo é Descrição da Costa da Guiné desde o Cabo Verde até Serra Leoa com todas as ilhas e rios que os brancos navegam) *e a segunda de 1684* (Descrição da Costa da Guiné e situação de todos os portos e rios dela, e roteiro para se poderem navegar todos seus rios).

Ulemás ou bixirins

A gente de todo este rio [o Gâmbia] tirando o reino de Combo, que é de falupos,[261] os quais têm os ritos de sua nação, tudo mais são mandingas de uma banda, e de outra, todos mafometanos, se bem com muitos erros, há entre eles uma casta ou religião a que chamam bixirins, que são os letrados da Lei, e todos leem, e escrevem a língua arábica, se bem também com erros, prezam-se de grandes adivinhadores, e feiticeiros, e os negros hão

261 Falupes, *Felup*, *Fulup*.

grande medo deles, destes há alguns de mais alta dignidade, como entre nós os doutores, ou bispos, a que chamam *fodigués*, os quais prezam-se tanto de observarem a continência, que não podem ter mais que três mulheres, e uma escrava mulher também a que chamam *tála* e é a mais estimada; são os tais mui venerados de todo o gentio, as insígnias por que se conhecem, trazem chapéu com umas correias a modo de cordões, e capa, e um pau na mão sem nenhuma arma.

DESCRIÇÃO DA COSTA DA GUINÉ DESDE O CABO VERDE ATÉ SERRA LEOA

Os bijagós

Esta casta de negros, dizem os velhos que foram povoadores do rio Grande e de seus reinos, os quais foram conquistados por uma casta de negros que chamam biafares,[262] gente que veio de sertão adentro, mas não dizem de que parte, e vendo-se vencidos fugiram em canoas, que também chamam almadias, e vieram abrigar-se a estas ilhas: primeiro a ilha Roxa, que lhe ficava mais vizinha; depois, com a continuação do tempo, se espalharam pelas mais ilhas, em as quais os vinham ainda buscar e perseguir estes biafares, e dar-lhes guerra; e, vendo que não tinham mais ilhas para onde fugir, tiraram forças da fraqueza e se começaram de defender e ofender com tal valor que de vencidos se fizeram vencedores; e não contentes de o serem nas suas ilhas os vieram buscar na suas almadias a terra firme, donde tiveram tantas vitórias, e amarraram[263] tantos biafares que nem os reis estavam seguros deles em os seus reinos, e chegaram a amarrar em uma ocasião o rei de Bigobá, e costumavam a dizer por galanteio que os biafares eram

262 Beafadas, biafadas.
263 Escravizaram.

suas galinhas, e com estas vitórias se fizeram tão temidos e tão grandes soldados que cometeram outras nações, principalmente de papeis,[264] de que amarraram também muitos, e entravam até o rio de Cacheo e da Geba a fazer guerras, e em toda a parte eram temidos. [...]

Ainda fazem guerras, e hoje pelo natural as têm contínuas entre eles mesmos de umas ilhas com outras, o que se atribui a disposição divina por serem tantos pela muita multiplicação que tem, que se não fora assim e se não venderam como se vendem, já não couberam em estas ilhas. Os homens são valentes e atrevidos. As suas guerras são de assaltos. As armas de que usam são adarga e azagaia, a qual é grandíssima, e todo o seu exercício é a guerra e, na paz, nas suas terras, pescar e tirar vinho, que comem logo ao longo do mar, e bebem ao pé de palmeiras, sem levarem nada para casa. As mulheres são fermosíssimas, principalmente nas suas terras. O seu trajo são saias feitas de palha que elas mesmas fazem, muito bem tecida no cós, que o mais é de cordinhas como molhos de disciplinante, as quais tingem depois de negros, e estas cordas tantas e tão juntas que, com elas vestidas, ficam muito compostas e honestas, não lhes passando do joelho, mas assim lhes parecem muito bem. Elas são as que lavram as terras, fazem sementeiras, e as casas em que moram que, ainda que pequenas, são muito limpas e alegres, e com todo este serviço vão todos os dias ao mar buscar marisco, que há muito, principalmente de um que chamam longueirão, que é da mesma espécie que os nossos mexilhões, para dar de comer aos maridos e irmãos e mais família e é, ordinariamente, a comida que há com arroz, de que devem nascer serem as mulheres tão fecundas e os homens tão potentes, que há negros que têm vinte e trinta mulheres, e nenhum tem uma só, e os rapazes em suas aldeias são como enxames

264 Pepeis e *Papei.*

de abelhas. Dizem que quando parem se vão logo lavar ao mar e a criança, e que lhe não faz nada. Os homens não lhe consentem os velhos terem os moços trato nem comunicação com as mulheres, senão como são já homens perfeitos, e para isso primeiro lhe fazem grandes cerimônias que, por prolixas, não relato, e a maior erronia que têm é a dos fanados.

Não há rei entre eles, mas há senhores das ilhas e outros de aldeias, os quais são juízes em suas desavenças. Abominam grandemente os feiticeiros, aos quais vendem logo ou matam em tendo fama disso. Os seus ídolos são chifres de animais a que chamam os seus reboques, aos quais matam vacas, cabras e galinhas, e com o sangue os untam, o que fazem principalmente no enterro e nojo de seus defuntos. [...]

Quando morre algum negro grande, o parente que há de herdar a casa há de ser escolhido e nomeado pelas mulheres do morto, o qual se é rico tem muitas; assim que aquele que as mulheres nomeiam, que às vezes são cinquenta (que há negros que têm tantas), aquele é o parente que entra na herança; e a graça é que sabem elas já antetempo qual há de satisfazer melhor a seus apetites torpes; porque, como o marido morto tem tantas, e às vezes são bem velhos, têm elas liberdade, apesar deles a fazerem a experiência antes que chegue a hora da eleição, mas com tanta sagacidade que o não saiba o marido, porque, se o souber, logo matará ou mandará matar os delinquentes. E também não é crime nenhum o homicídio; e, quando pelejam uns com os outros nenhum negro aparta a pendência senão as mulheres que em se metendo no meio logo se apartam; e são tão destros com suas adargas e azagaias que muitas vezes pelejam muitas horas de siso sem nenhum se ferir; mas, se matam, quem morreu, morreu, que ao matador lhe fazem nada, mas ande precatado ele e todos seus parentes, que se algum parente do morto puder matar algum, fica ela por ela, e não há quem fale mais em se vingando a primeira morte, que basta ser em qualquer parente do matador.

DESCRIÇÃO DA COSTA DE GUINÉ E SITUAÇÃO DE TODOS OS PORTOS E RIOS DELA

Serra Leoa

Destas ilhas [Bijagós] para baixo é que chamamos a terra de Serra Leoa; a qual para se poder descrever e dizerem suas excelências, era necessário pena mais bem aparada que a minha, e eloquência mais fecunda, pois não há dúvida que ainda que eu digo atrás que a gema deste ovo era o rio de Gambia, ao parecer de muitos, o melhor de Guiné é isto daqui por diante e, como tal foi a primeira que os estrangeiros buscaram para situar nela e fazer feitorias, donde tiraram notáveis haveres e admiráveis ganâncias.

Ela primeiramente é a que cria em si esta fruta de cola, principal negócio de todo o Guiné, e que se correrá por mão particular, renderá muitos mil cruzados. Ela é a que cria o pau camo[265] de que o estrangeiro carrega tantas naus [...]; o qual é tão barato como lenha seca nas nossas terras. Não lhe fazem benefício nenhum mais que cortá-lo dos matos, que são todos dele, e trazem-no os negros a vender. [...]

Esta terra é a que produz a malagueta, [...] a qual se dá em umas arvorezinhas pequenas em uns capulhos tão grandes como uma noz, em umas casquinhas por fora muito leves e por dentro tudo grãos, como de coentro seco; mas pica mais do que pimenta. Disto leva o estrangeiro também paióis cheios. Aqui há a mantibilha, que dá em cachos a cor amarela, e é maior que grãos de pimenta; é tempero muito saboroso, e dá cor e gosto

265 Árvore de cuja madeira se extrai uma tinta vermelha, como o pau-brasil. É a *camwood* dos ingleses (*Baphia nítida*).

donde se deitam, escusando açafrão e pimenta. Levam dela também os estrangeiros grande quantidade. Daqui se tira grande quantidade de marfim, assim dos elefantes que cria a mesma terra, como do que lhe vem de todos os reinos circunvizinhos, [...] nações todas que, parece, as fez Deus Nosso Senhor para criarem estes animais que o dão. Esta é a terra que dizem cria em si os animais que criam a pedra cabrunco,[266] pois é voz comum a todos os negros destas partes, que na aspereza da Serra Leoa há uns animais que não comem senão de noite, e que comem à claridade de uma pedra que têm na testa, a qual alumia como candeia; e que em o animal sentindo alguma cousa, que a cobre. E em resolução é terra tão farta esta, que com pouco benefício que lhe fazem os seus habitadores lhes tributa duas novidades de arroz no ano; sendo tão abundante dele, que podem dizer os que lá vão, que o compram de graça, trazendo quanto podem os navios quando vem para barlavento, sendo na bondade o melhor de todo Guiné, e tanto, que o mantimento comum de todos é o arroz.

É esta terra em si tão viciosa, que tudo quanto cria é com tanta perfeição, e bondade sem fábrica alguma como nas outras partes boas fabricado. Eu vi cana-de-açúcar de incrível grossura e de 18 palmos de altura.[267] Seus matos são de árvores de espinho produzidas somente pela bondade da terra, e tão perfeitas no fruto que lhe não levam vantagem as melhores de Portugal. Seus campos são cheios, ou de arvorezinhas deleitáveis ao gosto com seus temperos, ou de frutos que satisfazem ao apetite com seu gosto, e ao olfato com seu cheiro. As bananas são tantas e tão preciosas que se não sabem outras melhores, e por lhe não poderem dar vazão, as secam, depois de maduras, ao sol, e assim as vendem, ou,

266 Carbúnculo.
267 Quase 4 m.

para melhor dizer, as dão aos brancos das quais trazem muitas para barlavento. Os ananases há matos deles, que, sem serem cultivados, são perfeitíssimos. Seus rios e costas do mar são tão abundantes de pescados, que com pouca diligência têm grande abundância, e dos melhores que há em toda a costa de Guiné. Aqui somente se cria um peixe, que chamam peixe-coada, que pesará 1 arroba,[268] o mais saboroso que se conhece em toda a costa de Guiné, e tão gordo, que há de ter bom estômago quem comer parte de sua cabeça fresca; não é carregado, nem faz mal por muito que se coma dele.

Aqui há as melhores ostras que devem haver, e tão grandes que no porto de Aldeia da Rabanca vi ostra que de sua carne se faziam três postas, e não pareça encarecimento, nem imaginem eram postazinhas, porque o peixe de uma ostra enche o fundo de um prato de barro dos de Portugal. Há em toda esta terra engraçadas ribeiras de água doce; e entre muitas vi uma na aldeia dos Lagos, que na sua abundância parecia madre de algum rio, e na sua amenidade vinha de algum do Paraíso Terreal; seja não digamos que aqui é o paraíso terreal, o qual por estar entre bárbaros pareça estar incógnito; se bem não parecem bárbaros os gentios pelo doméstico e afável do seu natural, pois excede nisto a todo o da costa de Guiné.

DESCRIÇÃO DA COSTA DE GUINÉ E SITUAÇÃO
DE TODOS OS PORTOS E RIOS DELA

268 Uma arroba corresponde a 14,69 kg.

Antônio de Oliveira de Cadornega

Era natural de Vila Viçosa, Portugal. Em 1639, foi para Angola, onde fez carreira militar, chegando a capitão. Viveu 28 anos na praça-forte de Massangano, passando depois a Luanda, onde exerceu várias funções públicas, entre as quais a de vereador da Câmara Municipal. Faleceu provavelmente em 1690. Nove anos antes completara a sua História geral das guerras angolanas, *em três grossos volumes, relatando a conquista de Angola pelos portugueses desde 1575 até 1680.*

O reino de Angola

Saído que foi à campanha o nosso primeiro conquistador,[269] começou a ir fazendo conquista pela terra dentro,

269 Paulo Dias de Novais (?-1589). Veio pela primeira vez a Angola em 1560, em missão da rainha D. Catarina, regente do trono português ao rei dos andongos, o *angola a quiluanje*. Este o manteve como hóspede forçado até 1565, quando permitiu que regressasse a Lisboa. Dez anos depois, voltou a Angola, acompanhado de setecentos soldados, além de marinheiros e artífices, para empreender a tomada das terras entre os rios Dande e Cuanza, das quais havia sido feito donatário pelo rei D. Sebastião. Foi um conquistador impiedoso.

principiando logo daquele sítio a ir tendo grandes encontros e pelejas com sovas vassalos do rei de Angola, que desta paragem começavam os limites de seu poderoso reino, e para inteligência desta história diremos primeiro o que compreendia este reino, seu domínio, terras, e vassalos, e tocaremos alguma cousa de seus costumes e do trato de seu estado, este rei de Angola chamado pelo antigo *Ngola aquiluamgi*,[270] dizem algumas antiqualhas ou negros noticiosos procedera de um ferreiro que este gentio chama na sua língua *gangolas*, e é cousa que se não pode muito duvidar porque entre este gentio é ofício muito estimado, e com ele se adquirem muitos escravos, e fazenda, por ser o mais necessário para as suas lavouras, fazendo enxadas, a que eles na sua língua chamam *temos*, e são da feição dos nossos sachos das nossas hortas de Portugal, mas mais grandes, fazem também podas, que lhes servem para as roças dos matos, e foices roçadoras para limpar os zungais e ervagem que nascem nas terras alagadiças do que usam muito para semear tabaco, a que chamam *macaia* e mais plantas das cousas desta terra, de que se sustentam os que são dados às lavouras, que outros não trarão disso mais que viverem nos matos, como bestas-feras, sustentando-se da caça e sevandijas dele, fazem também facas e machadinhas, flechas, azagaias e pontaletes, que servem de suas armas e defensa, com o que se adquire muito por este ofício, e pela razão de haver tido seu rei semelhante ofício, e também deste gentio tido em boa opinião pelo lucro que adquirem com ele, imitando este gentio a Mafoma, que dizem algumas histórias tivera ofício baixo, sendo arrieiro, andando com suas récuas; e este rei de Angola procedendo de um ferreiro fica um grau mais sublime, que muitos senhores e cavaleiros aprendem ofícios se-

270 *Angola a quiluanje* ou *Ngola a kiluanje*, rei dos andongos, um povo ambundo, falante de quimbundo.

melhantes supondo o que lhe virá a suceder com o qual ocultem a sua fidalguia e nobreza.

Os limites e demarcações deste reino de Angola são muito estendidos e dilatados, porque conforme notícias começava da ilha frente ao porto e cidade de São Paulo de Luanda, em que o testifica ser assim umas árvores que nela ainda hoje se veem chamadas ensandeiras,[271] em que falam e apontam os roteiros dos mareantes, como balizas e sinais por onde dão aos que navegam o conhecimento deste porto costa e terra, estas tais árvores que são mui duráveis em sua planta, e nascem por si de suas estacas e sementes; acha-se por tradição foram mandadas plantar pelos reis antigos de Angola como sinais certos dos limites do seu reino e sua demarcação, de terra firme, onde hoje está a nossa cidade vai correndo pelo sertão dentro, compreendendo muitas províncias desta banda do famoso rio Cuanza, que chamam de Ilamba [...]; do nascente começava este grande reino seus limites do rio chamado Zenza, onde fazia sua demarcação com o reino do Congo e compreendia até o poente, passando o rio Cuanza, a província do Libolo, que tudo a este rei de Angola era tributário, reconhecendo-o por seu rei e senhor.

Os seus costumes de idólatras seguindo os ritos gentílicos na invocação do diabo, rendendo-lhe adorações e obséquios, como a seu Deus, adorando ídolos de sua invocação, impetrando seus diabólicos favores para remédio de suas enfermidades com toda a disformidável de sua gentilidade de que era rei e senhor, tendo sua corte [...] no sítio de Cabaça, onde era assistido dos grandes de seu reino, tendo seus ofícios honoríficos repartidos pelos mais principais como era o cargo de Angola *ambole*, que valia como capitão-geral de toda a gente de guerra de seu reino e mais capitães e oficiais para este

271 Nome dado a algumas espécies de fícus.

minister, e seu *tandala* que governava todas suas terras e o político de seu reino, se assim se pode chamar, com muitos macotas[272] que eram os assistentes e camaristas para o conselho de paz e guerra, onde se resolviam em presença do rei as cousas da razão de estado, tendo seu *moenelumbo*,[273] por quem corria todo o conserto de sua casa e corte, tendo cuidado de guardar o mais precioso e cousas de mais estima do que possuía seu rei e senhor e tudo o que era conserto de casas e muros corriam por sua conta; outro que chamavam *moenemuceto*[274] era o que guardava as cousas de vestir do rei nos seus *mosetos*, que servem de caixas feitas de cascas de palmeiras ou de outra matéria semelhante, o que fazem com conserto que parecem vistosos e vinha isto a ser como sua guarda-roupa; *muenequizoula* era o que tinha conta e cuidado de dar ordem ao comer com que havia de banquetear todos os dias a todos os seus criados assistentes, que era cousa numerosa o comer que havia mister para tantos convidados, que lhes servia de sustento, o que estava posto em uso, e esta sua dignidade é que o repartia ou mandava repartir; tinha outros muitos cargos que por não enfastiar tanto ao leitor e curioso os não relata o autor desta história; todo o numeroso gentio que este rei de Angola possuía, os mais deles eram de nação ambunda, e tão confiados em serem entendidos que quando queriam gabar algum branco de bem entendido diziam que sabiam tanto como um ambundo; todos os seus vassalos se dividiam em dois gêneros, uns a que chamavam filhos de *murinda*, que eram tidos por vassalos, e os filhos de *quigico*,[275] por peças que eram os que tinham

272 Os anciãos, cabeças de linhagens.
273 *Muenelumbu*, o senhor do recinto fechado. Uma espécie de chefe dos mordomos.
274 O camareiro, o senhor das caixas de guardados, ou *musete*.
275 *Kijiko* ou *quizico*, nome que se dava a um escravo do rei.

apanhado nas guerras, e para o rei todos eram suas peças e reputados por esses e até os do seu próprio sangue.

Havia rei destes que tinha trezentas concubinas, porque se prezavam os seus fidalgos sovas poderosos terem filhas por mulheres do rei, para o que mandavam das mais jeitosas à sua corte com grande aparato, elas mui bem tratadas e vestidas a seu modo, em rede ou a cavalo, com serventes para as servirem e em cima com boas dádivas de peças e outras cousas de valor, as quais todas mandava acomodar dentro de seus muros em casas separadas, cada uma com o estado de serventes e mais cousas que traziam para seu serviço da casa de seus pais, e todas haviam de ser donzelas, e se tinha notícia que alguns dos seus sovas tinham alguma filha formosa lhe mandava pedir, e eles o tinham por honra singular, e lha mandavam logo com toda a pompa, muito bem ataviada com grande acompanhamento e muita matinada de festejo.

E por não haver confusão na muita filharada que tinham procedia no reinado o filho da *envala inene*, que era sua mulher principal, e secundariamente o filho da segunda mulher, chamada *samba enzila*; os mais filhos tinham o seu lugar como filhos do rei e os acomodava com libatas e terras para seu sustento, e as que eram fêmeas tinham por grande honra os seus maiores fidalgos sovas, a quem ele as dava por mulheres, e a que entrava dos seus muros para dentro que tinha nome de sua mulher ou concubina era pena de morte para aquele seu vassalo que com alguma se embaraçava, e perdia a vida e ela fica repudiada e a mandava para casa de seu pai cuja filha era, perdendo o dote com que tinha entrado, e ainda sobre isso pagava o pai as custas, mandando peças ao rei para apagar aquela nódoa e estar em graça do rei.

HISTÓRIA GERAL DAS GUERRAS ANGOLANAS

O harém da rainha Jinga

Tinha esta rainha [Jinga] uma grande casa que lhe servia de serralho, sem ser o do Grão Turco, porque este era de homens, e esse outro de mulheres, até em o se vestir: era composto de muitos e bizarros mocetões com os nomes de *envala ineni* e *samba enzila*; e não saiam dali, se não com grande prevenção; e era pena de morte inviolável aquele que se achasse compreendido em adultério, como se eles fossem fêmeas, e ela varão; e nenhum dos seus lhe chamava *rainha*, se não *rei*; usava deles para suas torpezas e desonestidades, dando sinal àquele que melhor lhe parecia.

HISTÓRIA GERAL DAS GUERRAS ANGOLANAS

Zimbos

Este dito dinheiro [o zimbo], que é o melhor gênero para todo o reino de Congo e seus senhorios [...], se pesca e apanha na ilha desta cidade de São Paulo da Assunção, chamada pelo antigo e moderno ilha de Luanda, que nunca, para com este gentio, perde o vigor, nome e tradições; na qual ilha assistem de morada muita gente chamada mixiloandas,[276] no qual gentio há muito mulherio, o qual desce de suas casas e moradas pela ilha abaixo; boa distância a buscar a ponta e extremo desta ilha que faz a barra e enseada ao porto desta cidade, e da parte da costa estando a maré em preamar, ou não havendo marés encapeladas, se meta esta gente feminina nele nadando e mergulhando, em que são muito destras, pela continuação tiram então mancheias de areias, onde vem misturado com ela aquele zimbo, que são como corações, uns maiores alguma cousa e outros menores, e o

276 Muxiluandas ou *Axiluanda*, que é, em quicongo, a forma plural de muxiluanda, nome dos habitantes da ilha de Luanda.

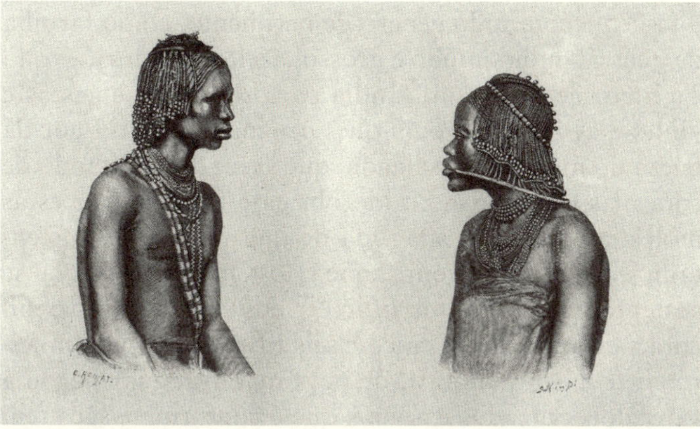

Rapaz e moça quissama, de Angola.

vão estremando da área onde vem misturado, indo botando em uns saquinhos tecidos de palha a que chamam *cofos*, que do pescoço a tiracolo levam, onde o botam e ajuntam cada uma o seu e, se o mar não se altera, estão naquela pescaria de pela manhã até o sol posto, que se vem então recolhendo toda aquela quantidade de negras para suas casas, e só a gente feminina daquela nação mixiloanda faz aquele mister; e seus maridos e filhos homens se ocupam em pescar toda a sorte de peixe, principalmente do que chamam *quelmas*, que são cações de que fazem muita quantidade de pipas e barris de azeite a que chamam de *quelme*, isto dos fígados, que o peixe serve para as armações dos escravos, e o come toda a gente. Esta pescaria principalmente é no tempo de arribação e cacimbo, que vem a ser o tempo frio desta Etiópia, o qual azeite serve para as querenas dos navios e de toda a embarcação, e para alumiar, e é muito medicinal para curar com ele feridas frescas e mordeduras de cachorros e de todo o bicho.

Também se ocupam por seu estipêndio em patachos e lanchas desta costa, que são grandes pilotos e marinheiros, e tornando ao zimbo, os portugueses o resgatam à dita gente com todo gênero de batimento, como farinha de guerra, milho miúdo e grosso, azeite de palma, e todo o gênero de fazenda da Índia para seu vestir e gastos e vinho e aguardente, com que se armam para o rigor da frieza do mar e água salgada, que saem dela tiritando de frio, mas o interesse a tudo obriga e faz suportar estas moléstias e ser isto sua vida de que vivem e se sustentam, que é a sua lavoura, que não têm outra, de que se sustentam e vestem; um *lifuco*[277] deste zimbo são 10 mil corações, o qual vale cinco e seis tostões de bom dinheiro entre a gente branca, de peça ou letra, e já chegou a valer dois cruzados e a mais que é conforme a saca tem alta e baixa; tem uma medida a que chamam *cofo*, ou outra cousa, como um barrilete de açúcar de 2 libras com o miolo fora; contam então 10 mil zimbos que é o *lifuco*, e acertada uma se medem todas as mais, que se houvera de contar todo um a um, faltara o tempo para isso e houvera mister um grande vagar.

As negras que não pescam muito vendem meio *lifuco* ou a quarta parte que são 1500 zimbos[278] a respeito do que vale, e assim quem tem muito, vende muito, e quem pouco, pouco; e todos se remedeiam com aquela cansada pescaria que nem que se fora de pérolas lhe pudera custar tanto desvelo; mas tantos podem ser os zimbos e *lifucos* que se compre com ele as pérolas; é moeda que como se tem dito corre em todo aquele dilatado reino do Congo e seus senhorios.

HISTÓRIA GERAL DAS GUERRAS ANGOLANAS

277 Ou *lufuku*, uma das várias medidas para efetuar pagamentos com zimbos. Outras eram a *funda*, com mil conchas, e o *cofo* ou *kofo*, com 20 mil.

278 Há aqui evidente engano: ¼ de *lifuco* seriam 2500 zimbos.

Os dembos

Em algumas partes da nossa história geral das guerras angolanas temos tocado na soberania e poder dos sovas dembos;[279] e pois lhe chegamos pelas portas com esta nossa nnavegação do rio Cuango perto de suas terras, será força fazer deles particular menção, pois a sua soberania e fidalgo sangue, o está assim pedindo, porque é tanta a sua grandeza que cada um lhe é devido de por si. Vamos ao caso. As dilatadas terras e senhorios destes potentados se estendem entre os rios Zenza, Dande e Lumanha com outros riachos, que fertilizam uns e outros suas terras e grandiosas e dilatadas várzeas; e são a este respeito tão frutíferas e deleitosas, que até mesmo os matos, tesos e outeiros são coalhados de muitos palmares; tanto assim que não são vedados a pessoa nenhuma, quer naturais, quer forasteiros, e todos podem usar deles e de seus frutos, como cousa sua própria; achando-se nos mesmos matos, e *malezas*,[280] gostosos pomos dos ananases, que são tão bastos como o mesmo mato, achando-se também muita fruta de espinho, sem a plantarem, que a devia espargir por ali algumas aves, como são laranjas e limões e outras muitas frutas da terra, como são ginjas que têm a semente como cardamomo da Índia, com o próprio sabor, *melodos* mui doces e cheirosos, que são da feição de pinhas, mas mais moles; *mabungiris*[281] que são do tamanho de laranjas também agridoces, e outras de outras castas; que pelo ameno e fértil ponderamos chamar a este país a terra de promissão. [...]

279 Povo de língua quimbunda do noroeste de Angola, logo ao sul dos congos.
280 Palavra da língua espanhola que significa "uma grande quantidade de ervas daninhas".
281 Pode estar se referindo ao maboque.

[Nela] se acha a malagueta, e a pimenta-de-rabo, a que chamam *enquefo*, a canafistula, o filipodio, muita quantidade de colas, que são muito saborosas, sendo de sua natureza amargas, e as come toda a gente portuguesa de Angola; e alguns a estimam mais, principalmente as mulheres, filhas desta terra, do que os melhores bocados de bom doce; e poucos bebem água, que não comam primeiro uma perna de cola para adocicar a boca, que vem a ser como o bétele ou cato da Índia. [...]

Têm os mais dos sovas dembos pedras muito fortes, que lhes servem de suas fortalezas, em que se recolhem quando se veem oprimidos e infestados de algum poder grande de guerra de seus contrários, que lhes não podem resistir em campanha, se retiram e fazem fortes nelas, e algumas são tão espaçosas que tem nelas todo o sustento necessário, principalmente o dembo Ambuila, que é o mais poderoso deles.

A antiguidade destes potentados dembos não podemos dar alcance a seus princípios; só o que podemos dizer, que a sua soberania e trato é realengo pela ostenta com que sempre se trataram e magnificência que tem; e se em algum tempo reconheceram a el-rei de Congo, era como o faziam alguns príncipes de Itália ao império, ficando sempre sua grandeza livre e não sujeita.

De terem insígnias régias é cousa muito sabida, que são os *pungis* de marfim, como anafis, de mais de 5 palmos de comprido,[282] que fazem sua consonância e toada rouca como trombetas bastardas, a que chamam em Lisboa as vacas do termo, que se tocam nas festas reais, e uns tambores de guerra pequenos, a que chamam *capopos*, que vem a ser como atabales; e só eles têm estes instrumentos e insígnias régias, como digamos no nosso reino de Portugal, que entende o autor eram só permitidos pelos sereníssimos reis de Portugal à sempre Real

282 1,1 m.

Casa de Bragança usarem de trombetas bastardas e atabales nas festas reais, como o autor viu muitas vezes na corte de Vila Viçosa.

Assim estes potentados dembos têm as insígnias, divisas e pompa régia, com mais outros instrumentos bélicos, que a eles só lhes é permitido, e não podem outros sovas fidalgos e senhores da terra tê-los, que só são reservados por antiguidade a sovas fidalgos dembos.

HISTÓRIA GERAL DAS GUERRAS ANGOLANAS

Os jagas

Os jagas[283] desceram deste sertão dentro, dominando muita parte desta adusta Etiópia, como o fizeram as nações setentrionais, que se apoderaram da maior parte do mundo; os ritos que seguem e observam, de matarem os filhos que nascem em seus quilombos e arraiais, procederam de uma senhora que tiveram ficar sem filhos, por ser estéril, a qual, sendo já velha, irritada de não ter quem lhe sucedesse no senhorio, ou pelo demônio assim lhe infundir para dano de tantas almas, mandou a um recém-nascido pisar em um pilão ou *quino*, que assim lhe chamam, onde pisam o milho para sua farinha, e feito em moada ou pó, o deu a todos os seus principais vassalos a beber, fazendo com eles pacto e juramento de não consentirem mais parisse ou criasse em seus quilombos e arraiais nenhuma criança que neles nascesse, nem houvesse fêmea que neles a parisse, com pena de morte; barbaridade e pragmática notável e tiranal e de então

283 Nome dado a hordas de guerreiros que a partir de 1568 invadiram o reino do Congo. O mesmo nome foi aplicado também aos imbangalas, grandes grupos que, sob chefias energicas e centralizadoras, se derramaram, como microestados deambulantes, sobre o território da atual Angola.

para cá seguiram este diabólico abuso, observando-o como se fora preceito divino.

E os que nascem nas fazendas e arrimos fora do quilombo, sendo já rapagotes, os trazem para o seu arraial e os recebem nele em som de guerra, com grande algazarra e matinada de instrumentos bélicos, como se fora entrado o seu arraial de alguma gente inimiga; e dos que fazem mais conta e têm por seus filhos são os que apanham nas guerras e conquistas, e o que sai melhor soldado lhe procede no senhorio, assim em o senhor do quilombo por votos e eleição, como nas casas e senhorios dos principais macotas e capitães, tendo estes jagas nisto alguma parecença com os romanos na sua gentilidade, que adotavam por seus filhos aos que tinham mais afeição e esforço. [...]

Não observam tanto estes jagas, como o gentio de Angola e mais sertão, a adoração dos ídolos; só os que têm em grande veneração e respeitam muito é o que chamam seus *quiculos*, que vêm a ser os ossos dos seus antepassados, que foram seus senhores, tendo-os em grande veneração, e lhe fazem muitos sacrifícios de gentio e animais, derramando-lhes muito vinho, assim de Portugal, como de palma; e têm para si que os [*quiculos*] comem uma cousa e bebem outra. [...]

Todas as cousas destes jagas, e negócios mais importantes, assim de guerra como de paz, consultam com seus senhores defuntos e cadáveres, a que lhes dá suas soluções, ou Satanás por eles, metendo-se aquele espírito mau em um daqueles jagas a que chamam *xingiles*, que tem o mesmo nome daquele seu senhor defunto, e seguem seus ditames e resoluções como se fosse seu senhor, que presente estivesse.

HISTÓRIA GERAL DAS GUERRAS ANGOLANAS

Willem Bosman

Nascido em Utrecht em 1672, ainda adolescente passou algum tempo na África, à qual retornou como diretor do forte de Elmina, a fortaleza São Jorge da Mina, erguida pelos portugueses. De seus catorze anos de experiências na costa africana, Bosman extraiu o material do livro Nauwkerige Beschryving van de Guinese Goud-, Tand- en Slavenkust, *publicado em holandês nos Países Baixos em 1704 e, no ano seguinte, em traduções francesa,* Voyage de Guinée contenant une description nouvelle et très-exacte de cette côte où l'on trouve et où l'on trafique l'or, les dents d'elephant et les esclaves [*Viagem à Guiné, contendo uma descrição nova e muito exata dessa costa onde se encontram e comerciam o ouro, os dentes de elefante e os escravos*] *e inglesa,* A New and Accurate Description of the Coast of Guinea, Divided into the Gold, the Slave, and the Ivory Coasts [*Uma nova e precisa descrição da costa da Guiné, dividida em Costa do Ouro, dos Escravos e do Marfim*].

A busca do ouro

Não são poucos os que na Europa creem que as minas de ouro estão em nossa posse; que nós, como os espanhóis nas Índias Ocidentais, não temos mais do que pôr os nossos escravos para trabalhar nelas. No entanto, o senhor sabe perfeitamente que não temos nenhuma forma de acesso a esses tesouros, nem creio que um só dentre nós já viu um deles. E o senhor acreditará facilmente no que digo, quando informado de que os negros consideram essas minas sagradas e fazem de tudo para afastar-nos delas.

Para entrar no assunto, esse metal precioso encontra-se geralmente em três tipos de lugares. O primeiro, e o melhor, fica em certos montes ou entre eles, e os negros, sabendo que ali há ouro, cavam poços e, da terra que deles retiram, separam o ouro.

O segundo situa-se em alguns rios e cachoeiras, que lavam com violência grandes quantidades de terra que carregam com ela o ouro.

O terceiro é nas praias, onde (como em Elmina e Axim) existem regatos que trazem o ouro das áreas montanhosas, do mesmo modo que para os rios. Na manhã seguinte a violentas chuvas noturnas, esses sítios são tomados por centenas de negras seminuas, apenas com um pedaço de pano a cobrir o que o pudor exige. Cada uma leva consigo uma gamela ou bandeja, que enche de terra e areia e lava repetidamente com água fresca, até que a bateia fique livre inteiramente de terra. Se nela houver ouro, o peso o conservará no fundo da gamela. Caso o encontrem, guardam-no num recipiente pequeno e voltam ao bateio. Geralmente, prosseguem no trabalho até o meio-dia. [...]

Os meios que têm de obter ouro são, portanto, estes: cavando poços, recolhendo-o nos rios e da última maneira que mencionei.

O ouro assim obtido é de dois tipos. Um é chamado ouro em pó, tão fino quanto farinha de trigo, e é o melhor, que alcança os mais altos preços na Europa. O segundo apresenta-se em pedaços de diferentes tamanhos, alguns não alcançando o peso de um vintém; outros, menos comuns, são tão pesados como vinte ou trinta guinéus. Os negros afiançam que já se acharam peças tão pesadas quanto cem ou duzentos guinéus. Essas peças são chamadas de ouro da montanha; ao serem fundidas, dão melhor resultado do que o ouro em pó, mas como uma grande quantidade de pedrinhas adere a elas, perde-se muito durante a fundição, e por isso o ouro em pó é mais apreciado. [...]

Os negros são habilíssimos artistas na adulteração do ouro. Eles podem de tal modo falsificar ouro em pó e ouro da montanha, que muitos comerciantes [europeus] inexperientes são com frequência enganados. [...] Algumas peças são vazadas com tamanho engenho que, aparentando ter a grossura de uma faca, possuem apenas uma fina cobertura de ouro, o interior cheio de cobre ou ferro. Esse é um tipo de engodo inventado por eles. A mais comum das falsificações do ouro da montanha consiste numa mistura de prata e cobre, com uma proporção de ouro de cor muito forte para facilitar a fraude. [...] Outro tipo de ouro falso, muito comum entre eles, não passa de um pó de coral, que eles fundem e tingem tão habilmente que é impossível distinguir do ouro verdadeiro, a não ser pelo peso. Com esse coral falsificam também ouro em pó, mas o fazem principalmente com limalha de cobre, que tingem. Depois de um mês ou dois, esse ouro falso perde inteiramente o brilho e se começa então a perceber o engodo.

UMA NOVA E PRECISA DESCRIÇÃO DA COSTA DA GUINÉ

Ausência de mendigos

O que mais é de louvar nos negros é que entre eles não há pobres de pedir, pois por mais pobres que sejam jamais mendigam. Isso porque quando um negro sente que não pode subsistir, ele se empenha a si próprio por uma certa quantia, ou seus amigos o fazem por ele, e aquele a quem ele foi entregue em penhor cobre todas as suas necessidades, dele exigindo algum tipo de tarefa que não se confunde com a de um escravo, consistindo principalmente em defender o credor quando necessário e, na época da semeadura, trabalhar para ele. Por isso, [...] aqui não há pedintes, obrigados a mendigar pela pobreza.

UMA NOVA E PRECISA DESCRIÇÃO DA COSTA DA GUINÉ

Crença em Deus

A religião dos negros forneceria assunto para um livro inteiro, por serem tão numerosas e distintas as suas crenças. Não há aldeia ou cidade, nem, atrevo-me a dizer, família que no âmbito privado não difira da outra nessa matéria. Por considerar ocioso descrever todas essas variadas crenças, concentrar-me-ei, no entanto, em falar da religião pública e das formas de adoração, sobre as quais quase todos concordam.

Quase todos os negros da costa acreditam num Deus único e verdadeiro, a quem atribuem a criação do mundo e de todas as coisas, ainda que o façam de uma maneira crua e indigerível, por não serem capazes de formar uma ideia justa da Divindade. [...] Eles jamais fazem oferendas a Deus, nem para Ele apelam em momentos de aflição. Em todas as dificuldades, pedem socorro a seu fetiche [...] e é a ele que rezam para obter êxito em seus empreendimentos. [...] Uma boa parte dos negros[284] crê que o homem foi feito por Anansie, uma grande aranha;[285] o resto atribui a criação do homem a Deus.

UMA NOVA E PRECISA DESCRIÇÃO DA COSTA DA GUINÉ

284 Refere-se especificamente aos povos acãs, da atual República de Gana e da Costa do Marfim.
285 Anansie ou Ananse Kokuroko, a Grande Aranha, era uma denominação que se dava a Nyame ou Onyame, o Deus do céu, o Criador.

Os nomes

Tão logo nasce uma criança e o sacerdote a consagra, ela recebe, caso pertença a uma classe superior à plebe, três nomes (embora seja sempre chamada por um). O primeiro é o do dia da semana em que nasceu. O segundo, se menino, o de seus avôs, e se menina, o de suas avós, ainda que isso não seja estritamente observado pelos negros, alguns dando ao recém-nascido o próprio nome ou o de outro parente. Com o tempo, o número de seus nomes aumenta sempre. Se uma pessoa atua com valentia na guerra, recebe um novo nome por causa disso, e o mesmo sucede quando mata um chefete inimigo. Se matar uma fera voraz, ganha um novo nome. Tomaria um dia recitar todos os seus nomes; é suficiente dizer que aqueles dados a um homem chegam a vinte. O principal deles, pelo qual se tem por mais honrado, é aquele pelo qual lhe chamam quando está bebendo com os seus pares vinho de palma no mercado. O nome pelo qual em geral atende é um daqueles que lhe foi dado ao nascer. Alguns recebem um nome que corresponde ao número de crianças que sua mãe deu à luz, como o oitavo, o nono ou o décimo filho, mas isso somente quando a mãe tem mais de seis ou sete rebentos.

UMA NOVA E PRECISA DESCRIÇÃO DA COSTA DA GUINÉ

Medicamentos

Os medicamentos mais em uso [na costa da Guiné] são o limão e o suco de lima, a malagueta ou grão do paraíso, o cardamomo, raízes, ramos e gomas de árvores, cerca de trinta espécies de ervas verdes que possuem extraordinária virtude curativa.

Os remédios aqui usados parecem frequentemente perniciosos para as enfermidades para as quais são ministrados, mas com eles se obtêm excelentes resultados. [...]

Em caso de cólica violenta, dão durante vários dias, pela manhã e à noite, uma cabaça com uma mistura de suco de lima e malagueta e, para tratar outras doenças, outros ingredientes dessemelhantes. Mas isso é matéria fora de minha alçada, que deixo, portanto, para [...] outros que são melhores juízes do que eu. Quero apenas acrescentar que, por mais estranhas e impróprias que essas mezinhas pareçam, eu vi várias vezes conterrâneos nossos serem curados por elas, enquanto os nossos médicos não sabiam o que fazer.

As ervas verdes, os principais medicamentos usados pelos negros, são de tão maravilhosa eficácia, que é de deplorar-se que nenhum médico europeu tenha até agora procurado descobrir-lhes a natureza e a virtude, pois não apenas imagino, mas creio firmemente que se revelarão mais eficazes na prática da medicina do que os remédios europeus, sobretudo neste país, porque esses, antes de chegar a nós, já perderam todas suas virtudes e estão quase sempre estragados. Acresce que nossa constituição sofre aqui modificações pela ação do clima, e os medicamentos locais, com toda a probabilidade, são melhores para o nosso corpo do que os europeus.

UMA NOVA E PRECISA DESCRIÇÃO DA COSTA DA GUINÉ

David van Niendael

A penúltima das 22 cartas que formam o livro de Willem Bosman, Uma nova e precisa descrição da costa da Guiné, dividida em Costa do Ouro, dos Escravos e do Marfim, *foi escrita para o autor em 1702 por David van Niendael, um funcionário da Companhia das Índias Ocidentais que conhecia bem o reino do Benim.*

O povo do Benim

Os habitantes [do Benim],[286] quando possuem recursos, comem e bebem muito bem; ou seja, do melhor. A dieta comum dos ricos é composta por carne de vaca, de carneiro e de galinha. [...] Os menos afortunados contentam-se com peixe defumado ou seco, o qual, se salgado, é muito parecido com o que se come na Europa. [...]

O rei, os grandes senhores e cada governador que beira ser rico sustentam vários pobres em suas residências, empregando os aptos em vários trabalhos para que possam manter-se, e aos outros ajudam por amor de Deus e para serem conhecidos como caridosos. Por isso, no país não há mendigos. E esse sistema funciona tão bem, que não se veem indigentes entre eles. [...]

286 Os edos ou binis.

As roupas dos negros [do Benim] são mais elegantes, mais enfeitadas e muito mais suntuosas do que as dos negros da Costa do Ouro. Os ricos usam um pano de morim ou algodão de 1 jarda[287] de comprimento e a metade de largura, que serve de ceroula. A cobri-la, enrolam uma vestimenta de algodão fino e branco, que comumente tem de 15 a 20 jardas de comprimento,[288] que pregueiam no centro, lançando sobre ela uma estola com as bordas enfeitadas de franjas ou rendados, de 2 jardas de longo por 2 mãos de largura,[289] semelhante às que usam as negras na Costa do Ouro. A parte superior do corpo está quase sempre nua. Assim se vestem para sair à rua; em casa, usam apenas um pano rústico no lugar da ceroula, coberta por um grande tecido colorido feito na terra e que eles usam como um manto.

Os pobres vestem-se do mesmo modo, mas os tecidos são mais grosseiros, e em matéria de qualidade de panos cada pessoa é governada por suas circunstâncias.

As mulheres dos homens importantes vestem-se com panos de morim tecidos neste país, que são muito delicados e belamente enxadrezados com muitas cores. [...] A parte superior do corpo é coberta por um bonito pano, com cerca de 1 jarda de comprimento, em vez de um véu, como os que as mulheres usam na Costa do Ouro. Adornam o pescoço com colares de coral, muito bem-arranjados ou entrançados. Nos braços mostram braceletes de cobre brilhante ou de ferro. Usam enfeites semelhantes nas pernas e exibem as mãos com tantos anéis de cobre quantos elas possam levar. [...]

Quase todas as crianças andam nuas. Os rapazes, até completarem dez ou doze anos de idade. As meninas, até que a natureza revele que estão maduras. Até então,

287 Cerca de 91 cm.

288 Entre 14 m e 18 m.

289 A estola teria 1,8 m de comprimento e 44 cm de largura.

usam apenas alguns fios de coral ao redor da cintura, que não chegam para lhes cobrir as vergonhas.

Os homens não encrespam ou adornam os cabelos. Contentam-se em deixá-los crescer naturalmente, arrepanhando-os em dois ou três lugares, para amarrar neles um grande coral. Já os cabelos das mulheres são engenhosamente reunidos em grandes e pequenas mechas, dispostas a partir do centro da cabeça. [...] Algumas dividem os cabelos, conforme sejam finos ou grossos, em vinte ou mais rolos ou cachos. Algumas os untam de um óleo obtido das nozes de dendê, e por isso, com o tempo, os cabelos mudam de cor, do negro para uma espécie de verde ou amarelo, o que elas muito apreciam. A minha opinião é de que ficam feiíssimos.

Os homens aqui casam-se com quantas mulheres sejam capazes de manter. [...] Seus casamentos são comumente realizados da seguinte maneira. Se um homem gosta de uma virgem, revela sua paixão a um dos parentes dele mais considerados; este dirige-se à casa da moça e a pede a seus familiares; se ela não já estiver prometida, raramente o pedido é negado. Obtido o consentimento dos pais ou dos parentes, segue-se o matrimônio, o noivo cumulando sua futura esposa com roupas, colares e braceletes. Depois de haver o noivo oferecido uma espécie de banquete às famílias dos dois lados, o casamento se conclui sem nenhuma cerimônia adicional. Esse festim não se passa na casa da noiva nem em nenhuma outra: as comidas e as bebidas são preparadas e enviadas para a casa de cada um dos parentes do casal. [...]

Toda a diferença entre as esposas dos poderosos e as da gente miúda reside no fato de que as últimas andam por onde querem e por onde o seu trabalho as obrigue, enquanto aquelas vivem inteiramente reclusas, para evitar que tenham qualquer oportunidade de transgressão.

Se um homem está em sua residência, acompanhado por algumas de suas mulheres, e recebe a visita de um conhecido, as esposas se retiram imediatamente para outra parte da casa, de modo a não serem vistas. [...]

À mulher grávida não se consente que receba as carícias matrimoniais do marido até que dê à luz. Se o recém-nascido for um menino, será apresentado ao rei, pois é, por direito, propriedade dele, todos os homens da terra sendo tidos como escravos do soberano. Já as meninas pertencem ao pai e viverão em sua companhia até que se tornem mulheres, quando as casará com quem ele escolher.

Oito ou doze dias depois do nascimento, ou às vezes depois de um período maior, tanto os meninos quanto as meninas são circuncidados. Corta-se o prepúcio deles e, delas, um pedaço do clitóris. Além disso, fazem-se pequenas incisões no corpo das crianças, seguindo determinados modelos de figuras. As meninas recebem mais dessas ornamentações do que os meninos, de acordo com a vontade dos pais. [...]

Em todos os territórios do Benim, o nascimento de gêmeos é considerado um bom augúrio, exceto em Arebo,[290] onde se pensa de modo oposto e os gêmeos são tratados de forma bárbara. [Em Arebo], matam a mãe e os recém-nascidos, sacrificando-os a certo demônio que credulamente julgam habitar um bosque perto da cidade. Se o pai for pessoa de alta condição, geralmente livra sua mulher da morte, sacrificando uma escrava em seu lugar. As crianças, porém, não têm possibilidade de redenção, obrigadas a servir de oferenda expiatória que a lei selvagem exige.

290 Arbo ou Arbon, um porto mercantil sobre o rio Benim. A percepção que a sua gente tinha dos gêmeos como uma espécie de abominação e o tratamento que lhes davam poderiam indicar que Arebo, embora subordinada ao obá do Benim, não era uma cidade edo ou bini, mas habitada por outro povo do delta do Níger, como o ijó e o itsequiri.

No ano de 1699, a mulher de um comerciante, chamada Ellaroe ou Mof, deu à luz duas crianças, e o marido a redimiu com uma escrava, mas sacrificou os filhos. Eu tive, depois disso, muitas oportunidades de ver e falar com a mãe desconsolada, que não podia ver um menino sem uma reflexão melancólica sobre o destino dos dela, o que sempre a levava às lágrimas.

No ano seguinte, um fato semelhante passou-se [em Arebo] com a mulher de um sacerdote: pariu gêmeos, que o marido, juntamente com uma escrava, foi obrigado, por força de sua função, a sacrificar com as próprias mãos. Exatamente um ano depois, como se fosse punição infligida dos Céus, a mesma esposa de novo deu à luz duas crianças. Não soube como o sacerdote se houve nessa ocasião, mas sou levado a pensar que a pobre mulher expiou com a morte a sua fertilidade. [...]

Os negros [do Benim] não parecem ter tanto medo da morte quanto os de outras terras. Não têm eles dificuldade em nomeá-la e atribuem a longevidade ou a brevidade da existência aos seus deuses. Apesar disso, tudo fazem para usar os meios que consideram próprios para prolongar a vida. Se adoecem, o primeiro refúgio é o sacerdote, que ali, como na Costa do Ouro, atua como médico. Este, de início, administra ervas verdes; se elas se mostrarem ineficazes, recorre aos sacrifícios. Quando o paciente se recupera, o sacerdote é tido em alta conta; no caso contrário, é despedido e procura-se outro, de quem se espera que tenha êxito. [...]

Ao morrer uma pessoa, o corpo é limpo e lavado. E, se um natural da cidade do Benim falece num local muito distante, seu corpo é inteiramente ressequido sob um fogo suave e colocado num caixão cujas tábuas são juntas com cola, sendo assim trazido para a cidade natal a fim de ser enterrado. [...]

Os parentes mais próximos, as mulheres e os escravos comparecem à cerimônia fúnebre. Alguns raspam a cabeça; outros, a barba ou a metade do crânio. A cerimônia pública dura geralmente catorze dias. Os lamentos e gritos são acompanhados pelos sons de vários instrumentos musicais, ainda que com repetidas pausas, durante as quais todos bebem muito. Quando o funeral termina, cada pessoa volta para sua casa, mas os parentes mais próximos continuam a chorar o morto por vários meses.

UMA NOVA E PRECISA DESCRIÇÃO DA COSTA DA GUINÉ

Jean Barbot

Nascido em 1655 numa família protestante em Saint-Martin, na ilha de Ré, na França, Jean Barbot viu-se obrigado, depois da revogação do Edito de Nantes, a refugiar-se na Inglaterra. Anos antes, em 1678 e 1679, já havia percorrido, a negociar com escravos, as costas da África Ocidental, região a que voltaria, com o mesmo objetivo, em 1681 e 1682. Sobre as experiências africanas, Barbot deixou um diário de sua primeira viagem e dois relatos: um em francês, concluído em 1688, Estat present des costes de Guinée en 1682: Description des costes d'Afrique; depuis le cap Boiador jusques à celuy de Lopo Gonzalves em 1682 [*Estado atual da costa da Guiné em 1682: Descrição da costa da África desde o cabo Bojador até o de Lopo Gonçalves em 1682*]*; e outro em inglês, publicado em 1732,* A Description of the Coasts of North and South Guinea, and of Ethiopia Inferior, vulgarly Angola [*Uma descrição das costas das Guinés do Norte e do Sul, e da Etiópia Inferior, vulgarmente Angola*]. *Jean Barbot faleceu em Southampton em 1712.*

Os jalofos e os cavalos

Os exércitos [jalofos] dispõem de cavalaria. Seus cavalos são pequenos, velozes e briosos, descendentes de animais fugidos da Barbaria. Os ginetes dominam suas montarias com grande habilidade e adoram mostrá-lo sempre que se apresente uma oportunidade. [...] Asseguram-me que muitos dos cavaleiros enfeitiçam os seus animais antes de uma batalha, para fazê-los mais fogosos e velozes. Posso dizer que os jalofos cavalgam com grande destreza, e que alguns deles são capazes de ficar de pé sobre a sela em plena carreira, virar de costas e pôr-se de novo de frente, como se estivessem sobre o chão. Eu vi o vice-rei, enquanto galopava num pequeno cavalo da Barbaria, jogar sua lança para o mais alto que pôde e agarrá-la de novo com a mão ou, quando ela caiu no solo, apanhá-la imediatamente, sem tirar os pés dos estribos ou parar o animal. E esse homem tinha, quando menos, setenta anos. Alguns negros me afiançam que os cavaleiros da guarda do rei podem recolher, enquanto cavalgam, pequenas pedras do chão.

As rédeas dos cavalos vêm da Europa ou são feitas [pelos jalofos] no estilo das bridas inglesas. As esporas são moldadas na mesma peça que o estribo. [Os jalofos] cavalgam *à la turque*, com os estribos altos e os joelhos levantados. As selas são muito bem manufaturadas e decoradas com bordados de lã de várias cores, obtida dos europeus, e com grigris de couro ou de pano entremeados com conchas. Na forma parecem-se com as nossas selas inglesas. O couro é tratado de modo diferente. Com o couro, os africanos, em vez de sapatos, fazem sandálias — uma sola simples, presa à parte alta do pé e entre os artelhos à maneira romana.

Se necessário, o grande *braque* [291] pode pôr no campo de batalha 3 mil cavalos, porque o estado que governa limita com as terras dos mouros árabes que vendem esses animais e pode, por isso, obtê-los mais barato que os outros reis que vivem mais distantes.

ESTADO ATUAL DA COSTA DA GUINÉ

291 Ou rei de Ualo, um dos estados jalofos.

Os acãs

No trato diário, verifica-se que [os acãs] são dotados de esplêndida capacidade mental, de muito discernimento e de compreensão rápida e aguda, entendendo imediatamente o que quer que lhes seja proposto. Possuem memória tão boa que nos deixa perplexos e, embora não saibam ler nem escrever, são de tal modo organizados ao comerciar que nunca se atrapalham. Vi um mercador negociando 4 onças de ouro[292] com quinze diferentes pessoas, cada uma delas com uma proposta de transação distinta, sem cometer um só erro ou se mostrar confundido. [...]

[Suas roupas são completamente distintas das nossas.] Há um tipo de vestimenta muito comum entre os grandes e a plebe, os ricos e os pobres: um pano (da Holanda, Cabo Verde ou outro lugar) enrolado na cintura, que passa por entre as pernas e cujas pontas ficam penduradas na frente e atrás, em alguns até o chão e noutros somente até os joelhos. Assim vestem-se em casa e quando viajam. Quando vão à rua, tomam um corte de sarja de Leyden ou perpetuana, [...] que passam ao redor do pescoço, por cima e por baixo dos ombros, como um manto, e levam na mão, para compor o traje, uma azagaia ou uma vara. [...] Os nobres e os mercadores distinguem-se da gente comum por usar tecidos maiores e mais ricos, cetins da China, tafetás e algodões coloridos indianos, empregados como mantos.

Trazem os cabelos de diferentes maneiras. Alguns os raspam, só deixando uma cruz do tamanho de um dedo polegar; outros, um crescente; outros, ainda, um círculo ou vários círculos. Há quem use tranças e enrole os cabelos em papelotes. Como quer que seja, cada qual procura arranjar os cabelos de uma nova maneira. Entrançar os cabelos é tarefa feminina. A maioria dos homens usa

292 Cerca de 125 g de ouro.

chapéus adquiridos dos brancos, mas os outros trazem chapéus de palha e de pele de cabra ou de cão, essas peles sendo estendidas em blocos de madeira para secar. [...] Pregam neles fetiches, berloques de vidro, chifres de cabra ou pedaços de casca de árvores sagradas. Alguns os enriquecem com pequenas peças de ouro trabalhado ou rabos de macacos. Os escravos andam de cabeça descoberta.

[Os homens livres] adornam pescoço, braços, pernas e até mesmo os pés com muitas fieiras de contas de vidro, coral ou de rassade veneziana.[293] Vi alguns com pencas dessas rassades pendendo do pescoço, intercaladas com numerosos pequenos ornamentos de ouro e pedaços de casca de árvores sagradas, sobre as quais eles murmuram as suas frequentes preces. Usam também nos braços e nas pernas argolas de marfim, a que chamam manilhas, e às vezes três ou quatro em cada braço. Eles próprios as fazem de presas de elefante trazidas da Costa do Marfim ou do interior. [...]

As mulheres desses negros são em geral bem formadas, elásticas e suaves, de estatura média e decididamente cheias de corpo, com belas cabeças, olhos brilhantes, nariz aquilino em sua maioria, cabelo longo, boca pequena, dentes bonitos e pescoço bem moldado. São de espírito vivo, lascivas e ambiciosas, devotadas às suas casas, grandes conversadoras, arrogantes no trato com os inferiores, fascinadas por roupas vistosas e inclinadas a furtar sempre que possam. Cuidam zelosamente da casa e dos filhos e fazem com que as filhas, desde que começam a crescer, as ajudem nos trabalhos caseiros e na cozinha. São contidas na comida e muito limpas, banhando-se diariamente no mar ou no rio. [...] Untam os cabelos com óleo de palma e os enfeitam com ornamentos de ouro, conchas vermelhas e rassades. Muitas vezes pintam o rosto de vermelho ou branco, nas so-

293 Uma conta de vidro colorido, de alto valor na África.

brancelhas e nas faces, e fazem nelas pequenas incisões. Outras apresentam marcas salientes[294] e escarificações nos ombros, seios, barriga e coxas, de tal modo que, de longe, pode pensar-se que estão usando vestes cheias de desenhos (o mesmo acontece com os homens). Em dias de cerimônia, elas sobrecarregam o pescoço, os braços e as pernas com argolas e fitas. Vi algumas em Acra enfeitadas em excesso e me pareceram muito bonitas, pois, apesar da compleição [robusta], eram delicadas e suaves.

ESTADO ATUAL DA COSTA DA GUINÉ

294 Queloides resultantes da aplicação de produtos vegetais sobre incisões feitas na pele.

William Snelgrave

Capitão de navio negreiro, o inglês William Snelgrave fez várias viagens à África Atlântica no início do século XVIII. Em 1734, publicou o livro A New Account of Some Parts of Guinea, and the Slave Trade [*Uma nova descrição de algumas partes da Guiné e do comércio de escravos*], *com informações preciosas sobre o reino do Daomé.*

As tropas do rei do Daomé

À tarde, o intérprete veio e nos disse que o resto do exército [do soberano do Daomé],[295] que estivera saqueando o país de Tuffoe, estava de volta, e perguntou-nos se não queríamos ir ver passarem as tropas pelo Portão do Rei. Fomos para lá e a tropa não tardou em aparecer, marchando com mais ordem do que eu jamais vira entre

295 O reino do Daomé, Daomei, Dahomey, Dangomé ou Danxomé expandiu-se, a partir de meados do século XVII, do planalto entre os rios Zou e Coufo, sobretudo para o sul. Altamente militarizado, impôs-se até o litoral, conquistando Aladá (ou Ardra), em 1724, e, três anos depois, o reino de Huedá e o seu porto, Ajudá. Derrotado pelos franceses em 1894, o reino continuou a existir sem qualquer poder político e integra a República do Benim.

os negros da Costa do Ouro, tidos sempre entre os europeus como os melhores soldados de todos os pretos. Verifiquei que esse exército consistia em cerca de 3 mil soldados regulares, auxiliados por uma turba de pelo menos 10 mil pessoas, que carregavam bagagens, provisões, cabeças de inimigos mortos etc. Cada uma das várias companhias possuía suas cores próprias e oficiais, estando armadas com mosquetes, espadas e escudos. Ao passar pelo Portão do Rei, cada soldado se prostrava e beijava o solo, levantando-se com surpreendente agilidade. A praça que antecedia o Portão do Rei era quatro vezes mais larga do que Tower Hill.[296] Ali, diante de incontáveis espectadores, as tropas fizeram exercícios e, no período de menos de duas horas, deram quando menos vinte rajadas com suas armas de fogo. Depois, por ordem do general, os soldados retiraram-se para a caserna. A saída foi digna de ser vista até por nós, europeus.

Observei que um grande número de meninos acompanhava os soldados e carregava os seus escudos. Perguntei ao intérprete: "Por que isso?". E ele respondeu-me que o rei punha, às custas do estado, a serviço de cada soldado um meninote, a fim de que fosse treinado na dureza [da guerra], acrescentando que a maior parte do atual exército consistia de homens formados dessa maneira.

UMA NOVA DESCRIÇÃO DE ALGUMAS PARTES DA GUINÉ

Malês

Na tenda do grande capitão [daomeano], vi dois senhores negros que usavam longos camisolões, um pano enrolado na cabeça, como um turbante turco, e sandálias nos pés. Perguntei ao intérprete quem eram, e este respondeu:

296 Em Londres, espaço em frente à Tower of London, na margem norte do rio Tâmisa.

São malayes,[297] uma nação que fica no interior, a limitar com os mouros. São iguais aos brancos numa coisa: sabem escrever. Nesse momento, estão aqui cerca de quarenta, capturados em diferentes guerras, uma vez que andam a comerciar de um país para outro. O rei trata-os bondosamente, pois dominam a arte de tingir em diversas cores as peles de cabra e de carneiro, com as quais fazem bolsas de cartuchos para os soldados guardarem pólvora e vários outros usos.

UMA NOVA DESCRIÇÃO DE ALGUMAS PARTES DA GUINÉ

297 Leia-se malês, que era o nome dado aos muçulmanos pelos fons.

John Atkins

John Atkins, que viveu de 1685 a 1757, foi cirurgião da Marinha britânica e, nessa qualidade, seguiu em 1721 para a África Ocidental, em missão de combate à pirataria. Dessa viagem de Atkins, que escreveu também uma obra sobre cirurgia, Navy Surgeon [*Cirurgião naval*], *resultou o livro* A Voyage to Guinea, Brazil, and the West Indies [*Uma viagem a Guiné, Brasil e Índias Ocidentais*], *publicado em 1735. Escreveu ainda uma obra sobre cirurgia,* Navy Surgeon [*Cirurgião Naval*].

Fetiches na Costa do Ouro

Capitão Tom, [...] entendendo um pouco de inglês, [...] pôde [...] satisfazer minha curiosidade sobre os fetiches. Ele acreditava que podiam proteger dos perigos ou curar doenças e, [...] por isso, [os negros da Costa do Ouro] jamais ficavam sem o fetiche, e constantemente lhe faziam oferendas para ter saúde e segurança. Tom usava o seu fetiche preso na perna e não deixava, antes de um trago, de um copo de vinho ou de qualquer alimento, de pôr o dedo nele e dá-lo a provar ao fetiche. É crença geral que este fala e vê, e por isso, quando se vai fazer algo que não se deve, esconde-se o fetiche ou se o envolve num pano para evitar falatório. Essa crença [nos fetiches] resulta da astúcia dos magos (ou sacerdotes) que são consultados, sempre com um presente (uma garrafa de rum, uma cabra, uma galinha, conforme a importância do assunto e as posses da pessoa), sobre doença, negócio ou novo trabalho. [...] Se ele diz que isto ou aquilo sucederá, quase sempre acerta, a sua sagacidade natural o faz calcular as consequências de um ato, e no que diz respeito a remédios e encantamentos a experiência funciona bastante bem. O último recurso [diante de um malogro] é acusar a pessoa de algum crime que afastou a boa influência do fetiche. [...]

Cada pessoa possui, a seu critério, dois, três ou mais fetiches. Leva um consigo ou em sua canoa; os outros mantém em casa e os transmite, caso se revelem eficientes, de pai para filho. Em Cabo Corso[298] há também um fetiche público que guarda a todos e este é a rocha Tabra, um promontório que se projeta do penhasco onde se assenta a fortaleza, fazendo uma espécie de abrigo para desembarque, embora inseguro, porque o mar ali quebra com grande violência, pondo frequentemente em perigo as canoas e as pessoas. [...] O sacerdote sacrifica anualmente a essa rocha um bode e um pouco de rum, comendo e bebendo uma porção da oferenda. O resto lança no mar, com estranhos gestos e invocações, e diz ao povo que crê que recebeu uma resposta verbal de Tabra e quais as estações e épocas serão favoráveis para a pesca. Em troca, cada um dos pescadores considera justo presenteá-lo como forma de reconhecimento.

Eles não apenas parecem pensar haver uma inteligência nas coisas materiais que diretamente lhes causam bem ou mal, mas acreditam também que os sacerdotes têm com elas entendimento e, por isso, conhecem os mais íntimos assuntos das pessoas, por mais distantes que estejam, o que lhes garante admiração e respeito.

UMA VIAGEM A GUINÉ, BRASIL E ÍNDIAS OCIDENTAIS

298 Localidade na Costa do Ouro onde os britânicos possuíam uma fortaleza.

Anders Sparrman

O médico e naturalista sueco Anders Sparrman nasceu em 1748 e faleceu em 1820. Aos dezessete anos de idade, como médico de um navio, visitou a China. Em 1772, foi para o Cabo da Boa Esperança, tendo, a partir dali, acompanhado o capitão James Cook em sua segunda viagem. Voltou ao Cabo em 1775 e no ano seguinte à Suécia, onde se dedicou às atividades científicas. Autor de uma obra sobre ornitologia na Suécia, publicou em 1789, em inglês e com o nome de Andrew Sparrman, A Voyage to the Cape of Good Hope, towards the Antarctic Polar Circle, and Round the World: But Chiefly into the Country of the Hottentots and Caffres from the Year 1772 to 1776 [*Uma viagem ao Cabo da Boa Esperança, na direção do Círculo Polar Antártico e ao redor do mundo, mas especialmente à terra dos hotentotes e cafres, do ano de 1772 a 1776*].

As casas dos hotentotes

As habitações [dos hotentotes] são tão simples quanto suas roupas e igualmente adaptadas à vida pastoral nômade que levam. Não merecem outro nome que não o de choupanas. Embora não sejam mais espaçosas e confortáveis que as tendas e moradas dos patriarcas, são suficientes para as necessidades e desejos do hotentote, que se pode considerar, assim, um homem feliz. [...] Num *kraal* ou aldeia hotentote, todas as cabanas são rigorosamente iguais. [...] Algumas têm a forma circular e outras são oblongas, parecendo uma colmeia redonda ou uma abóboda. O chão tem entre 18 e 24 pés de diâmetro.[299] As mais altas são tão baixas que mesmo no centro do arco é quase impossível para um homem de altura média ficar de pé. Mas nem isso nem a porta, com apenas 3 pés de altura,[300] podem talvez ser considerados como inconvenientes por um hotentote, que não encontra dificuldade para baixar-se e rastejar de quatro e que sempre está mais inclinado a deitar-se do que a ficar de pé.

A fogueira fica no centro de cada choupana, de modo que as paredes não estão muito sujeitas ao perigo de incêndio. Essa posição da fogueira permite que os hotentotes tenham uma vantagem adicional: quando se sentam ou deitam, em círculo, ao redor dela, todos se aquecem igualmente.

A porta, embora baixa, é a única entrada de luz e ao mesmo tempo a única saída para a fumaça. O hotentote, acostumado com isso desde a infância, é envolvido pela fumarada sem que esta lhe afete os olhos. Deitado no fundo da cabana, no meio da nuvem de fumaça, encolhe-se como um ouriço-caicheiro, aconchega-se, envolto numa pele de ovelha, e de vez em quando levanta a coberta e dá uma olhadela, para verificar se deve avivar o fogo ou virar de lado a carne que está assando nas brasas.

UMA VIAGEM AO CABO DA BOA ESPERANÇA

299 Entre 5,5 m e 7,3 m.
300 A porta teria apenas 91 cm de altura.

As armas dos bosquímanos

Há outra espécie de hotentotes, que receberam o nome de bosquímanos porque moram nas florestas ou em lugares montanhosos. São eles [...] inimigos jurados da vida pastoral. Alguns de seus lemas são viver da caça e da pilhagem e nunca manter um animal vivo por uma noite. Por isso são odiados pelo resto da humanidade e perseguidos e exterminados como animais selvagens, cujas maneiras adotaram. Alguns dentre eles são poupados e reduzidos à escravidão. Suas armas são flechas envenenadas, que, atiradas por um arco pequeno, voam até uma distância de duzentos passos e atingem um alvo, com um tolerável grau de precisão, até cinquenta ou mesmo cem passos. Dessa distância podem, furtivamente, matar o animal que caçam para alimento, assim como os seus inimigos ou até mesmo uma fera grande e ameaçadora como o leão, esse nobre animal atingido por uma arma que desprezaria ou da qual nem chegou a dar-se conta. Enquanto isso, o hotentote, escondido e a salvo em sua tocaia, tem absoluta certeza da eficiência de seu veneno, escolhido entre os mais violentos, e não tem de esperar mais do que alguns minutos para ver o leão perder as forças e morrer.

Disse que seus arcos são muito pequenos. Com efeito, não chegam a 1 jarda de comprimento, tendo a grossura no meio de não mais de 1 polegada e as extremidades pontudas.[301] Não sei de que espécie de madeira são feitos, mas não parece que seja muito elástica. As cordas dos arcos que eu vi eram de tendões, mas outras são de uma espécie de cânhamo ou córtex de alguma árvore. Esses arcos são feitos da maneira mais desleixada, e sua eficiência depende mais do veneno das flechas do que da qualidade da arma.

301 Os arcos teriam menos de 1 m de comprimento e menos de 2,5 cm de grossura no meio.

As flechas têm 1,5 pé de comprimento e a mesma grossura do arco.[302] São feitas de um caniço que na base ou extremidade recebe um corte para ajustar-se à corda do arco. Logo acima desse corte há um nó no caniço, e junto a esse nó se enrolam fios de tendões para reforçá-lo. A outra extremidade do caniço recebe um osso muito polido, com 5 ou 6 polegadas de comprimento.[303] A 1 ou 2 polegadas da ponta desse osso,[304] um espinho é amarrado firmemente por tendões, para que a flecha não possa ser retirada da carne com facilidade e haja tempo para que o veneno se dissolva e infeccione a ferida.

UMA VIAGEM AO CABO DA BOA ESPERANÇA

302 As flechas têm 45 cm de comprimento e 2,5 cm de grossura.
303 12 cm ou 15 cm.
304 A 2,5 cm ou 5 cm.

Olaudah Equiano

Segundo sua autobiografia, Olaudah Equiano nasceu em 1745, na Ibolândia, no leste da atual Nigéria. Aos onze anos de idade, foi sequestrado em sua aldeia, vendido como escravo e levado primeiro para a Virgínia e depois para a Inglaterra, onde o seu senhor lhe deu o nome de Gustavus Vassa e o pôs a trabalhar como marinheiro. Adquiriu a liberdade em 1776 e, treze anos depois, publicou The Interesting Narrative of the Life of Olaudah Equiano, or Gustavus Vassa, the African [*A interessante narrativa da vida de Olaudah Equiano, ou Gustavus Vassa, o africano*], *que teve enorme repercussão, sobretudo entre os que combatiam o tráfico transatlântico de escravos. Na época, houve quem alegasse, para desqualificá-lo, não ter ele nascido na África, mas sim nas Caraíbas. Recentemente, sustentou-se que era natural da Carolina do Sul. Tivesse ou não nascido na África, o que escreveu sobre uma aldeia ibo e sobre a travessia num navio negreiro traz a marca do que foi vivido, por ele ou por quem lhe contou aquelas partes da história. Equiano faleceu em 1797.*

Os ibos[305]

A parte da África conhecida pelo nome de Guiné [...] inclui vários diferentes reinos. Desses o mais importante é o reino do Benim, tanto por sua extensão quanto por sua riqueza, fertilidade do solo, poder do rei e número e belicosidade de seus habitantes. Divide-se esse reino em várias províncias ou distritos; e num dos mais remotos e férteis, situado num vale encantador chamado Essaka, eu nasci, no ano de 1745. Essa província fica muito distante da capital do Benim e da costa, pois eu nunca ouvira menção aos homens brancos ou europeus ou ao mar, e a nossa sujeição ao rei do Benim era quase apenas nominal, uma vez que todas as decisões de governo, tanto quanto estava ao alcance de minha compreensão, eram tomadas localmente pelos chefes ou anciãos.

Os modos de vida e o governo de uma gente com poucas relações com outros povos são em geral muito simples, e a história do que se passa numa família ou numa aldeia pode se projetar para toda a nação. Meu pai era um desses chefes ou ancião a que me referi e era tratado como *embreché*,[306] termo que me lembro aplicar-se à mais alta distinção, significando em nossa lín-

305 Povo que vive ao norte do delta do Níger e ao sul da confluência desse rio com o Benue. Dos ibos, só alguns grupos, por influência do reino do Benim, conheciam a monarquia e o poder centralizado. A maioria tinha como unidade política a aldeia ou um grupo de aldeias, regidas por conselhos de ancião e de homens de riqueza e prestígio que recebiam títulos de grandeza. Uma parte dos ibos que viviam a oeste do Níger e algumas comunidades da margem esquerda, entre elas Onitsha, estiveram por algum tempo sob a suserania do obá ou rei do Benim.

306 Ou *Mbreechi*, um membro da sociedade de titulados *ozo*, que se distinguia dos homens comuns pela escarificação conhecida como *itchi*.

Em Angola, na segunda metade do século XIX, obtinha-se o vinho de palma do mesmo modo que, cem anos antes, na Ibolândia.

gua uma marca de grandeza. Essa marca é conferida à pessoa que a merece fazendo-se um corte na pele do alto da testa até as sobrancelhas, pondo-se imediatamente a mão quente sobre a incisão e a esfregando até que ela ganhe relevo e forme um vinco grosso na parte baixa da fronte. A maioria dos juízes e senadores possuía essa marca. Meu pai a tinha desde muito; eu a vi ser imposta a um de meus irmãos; e eu próprio estava destinado a recebê-la. Esses *embrechés*, ou chefes, decidiam disputas e puniam crimes, e para isso se reuniam em assembleia. Os processos eram geralmente rápidos e em muitos casos prevalecia a lei da retaliação.

Lembro-me de um homem levado a julgamento perante meu pai e os outros juízes por ter sequestrado um menino. Embora ele fosse filho de um chefe ou senador, foi condenado a pagar um escravo ou uma escrava. O adultério, porém, era punido muitas vezes com a escravização ou a morte — uma punição que, acredito, vigora na maioria das nações da África, de tal modo nelas é sagrada a honra do leito matrimonial e são ciosos os africanos da fidelidade de suas esposas. Lembro-me de um caso desses: uma mulher foi condenada pelos juízes por adultério e entregue, como de norma, ao marido para ser punida. Este decidiu que ela deveria ser morta. Como, porém, pouco antes da execução revelou-se que a mulher estava amamentando uma criança e que não havia quem quisesse assumir os encargos de ama de leite, ela foi poupada por causa do bebê. Os homens, contudo, não mantém a mesma fidelidade, que deles seria de esperar, às suas mulheres. Possuem várias esposas, embora, na maioria dos casos, não mais de duas.

É este o ritual do casamento. Os noivos são prometidos ainda jovens por seus pais (ainda que tenha conhecido rapazes que noivaram sem interferência dos pais).

Nessa ocasião, organiza-se uma festa, e estando o noivo e a noiva no meio de todos os seus amigos, reunidos para isso, o rapaz declara que doravante a moça deverá ser olhada como sua esposa e que ninguém deverá cortejá-la. Isso é imediatamente difundido pela vizinhança, e a noiva se retira do local. Depois de algum tempo, ela é levada para a casa do marido, e faz-se uma nova festa, para a qual os parentes dos noivos são convidados. Os pais então entregam a moça ao rapaz, acompanhada por muitas bênçãos. É então que se amarra em sua cintura um cordão da grossura de uma rêmige de ganso, que só as mulheres casadas podem usar. A partir daí, ela é considerada plenamente sua mulher, e entrega-se ao novo casal o dote, que consiste geralmente de tratos de terra, escravos, gado, utensílios domésticos e instrumentos agrícolas. Esses presentes são oferecidos pelos amigos dos noivos. Outros são dados pelos pais do noivo aos pais da noiva, os quais a tinham, antes do casamento, como propriedade. Com o matrimônio, ela passa a pertencer apenas ao marido. Terminada a cerimônia, começa a festa, com fogueiras e gritos de alegria acompanhados de música e de dança.

Nós quase somos uma nação de dançarinos, músicos e poetas. Por isso, cada grande evento, como o retorno triunfante de uma batalha ou outro motivo de regozijo público, é celebrado com danças acompanhadas por canções e músicas adaptadas à ocasião. A assembleia é dividida em quatro classes (ou graus de idade), que dançam separadamente ou em sequência, cada qual com características que as distinguem. A primeira classe reúne os homens casados, que em suas danças frequentemente mostram feitos de armas e a representação de uma batalha. Seguem-se as mulheres casadas, que dançam na segunda divisão. A terceira é formada pelos rapazes, e a quarta, pela moças solteiras. Cada uma delas representa alguma cena interessante da vida real, como um grande êxito, uma tarefa doméstica, uma história triste ou um esporte rural. Como o assunto baseia-se em geral em algum acontecimento recente, a dança é sempre nova. Isso dá às nossas danças um sabor e uma variedade que raras vezes vi em outros lugares. Possuímos muitos instrumentos musicais, principalmente tambores de diferentes tipos, uma espécie de guitarra e algo que se parece ao xilofone. [...]

Como nossas maneiras são simples, nossos luxos são poucos. As roupas dos dois sexos são praticamente as mesmas. Consistem geralmente num comprido corte de morim ou musselina enrolado frouxamente no corpo, na forma aproximada de uma capa escocesa. O tecido é usualmente tingido de azul, que é nossa cor favorita. A tintura é extraída de um frutinho e é mais brilhante e intensa do que qualquer uma que tenha visto na Europa. Além disso, nossas mulheres de distinção usam ornamentos de ouro, profusamente, nos braços e nas pernas. Quando as mulheres não estão ocupadas a cuidar da terra, dedicam-se habitualmente a fiar e tecer algodão, que posteriormente tingem e transformam em vestes. Fazem também vasos de cerâmica, dos mais diversos tipos. E cachimbos para tabaco, moldados na mesma fôrma e usados da mesma maneira que na Turquia.

Nossa maneira de viver é extremamente simples. Os nativos desconhecem, na cozinha, aqueles refinamentos que corrompem o sabor: bois, bodes e galinhas suprem a maior parte da alimentação. Esses animais constituem, aliás, a principal riqueza do país e os principais itens de comércio. A carne é geralmente cozida numa panela. Empregam-se para temperá-la pimenta e outras especiarias, e possuímos sal obtido de cinzas de madeira. Nossos alimentos vegetais são principalmente bananas, inhames, feijões e sorgo. O chefe de família geralmente come sozinho. Suas mulheres e escravos têm mesas separadas. Antes de comer, não deixamos nunca de lavar as mãos. Somos sempre extremamente asseados, mas essa é uma cerimônia indispensável.

Depois de lavar as mãos, faz-se a libação, derramando-se um pouco da bebida no solo e jogando-se uma pequena quantidade de comida num certo lugar para os espíritos dos parentes mortos, que os nativos acreditam que presidem suas vidas e os protegem do mal.

Desconhecemos as bebidas alcoólicas fortes. Nossa principal bebida é o vinho de palma. Este é obtido de uma árvore desse nome, sangrando-se seu tronco no alto e prendendo-se ao corte uma grande cabaça. Muitas vezes uma árvore pode produzir de três a quatro galões numa noite. Logo depois de ser recolhido, o vinho é de uma doçura deliciosa, mas alguns dias depois adquire um gosto ácido e forte, embora nunca tenha visto alguém se embebedar com ele. A mesma palmeira produz nozes e azeite. Nosso principal luxo são os perfumes. Um deles é uma madeira odorífica de deliciosa fragrância. Outro, uma espécie de terra: uma porção dela atirada no fogo exala o mais poderoso dos odores. Reduzimos a madeira a pó e a misturamos com óleo de palma, e com isso tanto os homens quanto as mulheres se perfumam.

Em nossas casas buscamos mais o conforto do que o ornamento. Cada chefe de família possui um grande quadrado de terra, rodeado por um fosso, uma cerca ou uma parede feita de barro vermelho que, quando seco, é duro como um tijolo. Dentro desse recinto ficam as casas para acomodar sua família e seus escravos, as quais, se numerosas, têm frequentemente a aparência de uma aldeia. No meio ergue-se a cabana principal, destinada ao uso exclusivo do chefe da família. Consiste ela em dois cômodos: no primeiro, o chefe da família passa o dia com os seus; no outro, recebe os amigos. Ele possui ademais outra cabana, na qual dorme com os filhos homens. De ambos os lados ficam as moradas de suas esposas, que também possuem um cômodo para o dia e outro para a noite. As habitações dos escravos e suas famílias se espalham pelo resto da área cercada.

Essas casas nunca têm mais de um andar. São construídas com estacas de madeira cravadas no solo, ligadas por um trançado de varas, cobertas de barro tanto na parte interna quanto na externa. O teto é de palha. Os cômodos para uso durante o dia são abertos dos lados, mas aqueles em que dormimos são sempre fechados, e suas paredes interiores, cobertas por uma mistura em que entra esterco de vaca, para manter afastados os insetos que molestam durante a noite. Cobrem-se geralmente as paredes e o chão com esteiras. Nossas camas consistem numa plataforma a 3 ou 4 pés do solo,[307] na qual são postas peles e pedaços de uma planta chamada pacova. Nossas cobertas são de morim ou musselina, os mesmos tecidos de nossas roupas. Os assentos comuns são troncos de árvores, mas possuímos bancos, geralmente perfumados, para os visitantes; esses bancos formam a maior parte do nosso mobiliário. Requer-se pouco conhecimento para construir e mobiliar casas como essas. Para fazê-las, cada indivíduo se basta como arquiteto. Ao construir uma casa, ele recebe ajuda de toda a vizinhança, que não espera como recompensa mais do que uma festa.

Como vivemos num país favorecido pela natureza, nossas necessidades são poucas e facilmente satisfeitas. Contamos, é certo, com alguns bens que manufaturamos. Eles consistem principalmente de panos de algodão, cerâmicas, ornamentos e instrumentos bélicos e agrícolas. Não são eles, no entanto, objetos do nosso comércio, que se baseia sobretudo em alimentos. Numa sociedade como essa, há pouco uso para o dinheiro. Dispomos, porém, de moeda miúda, se é que a podemos chamar de moeda. Tem a forma que se aproxima de uma âncora, mas não me lembro de seu valor nem de seu nome. Possuímos mercados, e a eles fui várias ve-

307 Cerca de 1 m do solo.

zes com minha mãe. Neles aparecem de vez em quando, vindos do sudoeste, uns homens corpulentos, da cor de mogno, a quem chamamos *oye-eboe*, que significa *homem vermelho que mora longe*. Geralmente, eles trazem armas de fogo, pólvora, chapéus, miçangas e peixe seco. Apreciamos muito o peixe seco, uma raridade entre nós, que só dispomos de córregos e fontes. Trocamos esses produtos por terra e madeiras odoríficas e por sal obtido das cinzas de árvores. Eles sempre atravessam nosso país com escravos, mas antes de que lhes seja permitido passar, procura-se saber como obtiveram os cativos. Algumas vezes, é verdade, lhes vendemos escravos, mas são sempre prisioneiros de guerra ou indivíduos condenados por sequestro, adultério e outros crimes que consideramos hediondos. [...]

Nossa terra é extraordinariamente rica e fecunda, produzindo todos os tipos de vegetais em grande abundância. Temos bastante sorgo e grandes quantidades de algodão e tabaco. Nossos abacaxis não precisam ser cultivados; são do tamanho dos maiores pães de açúcar e de ótimo sabor. Possuímos os mais diversos tipos de especiarias, em especial pimenta, e uma grande variedade de frutas que jamais vi na Europa, além de diferentes gomas e mel em abundância. Todos os nossos esforços são no sentido de aprimorar esses dons da natureza, e não há ninguém, incluindo crianças e mulheres, que não esteja empenhado nisso. Cada pessoa contribui para o patrimônio comum, e como não conhecemos a ociosidade, não temos mendigos. Os benefícios desse modo de viver são óbvios [...]: revelam-se na boa saúde de nossa gente, no seu vigor e diligência. [...] [Somos] extremamente alegres. Na verdade, o bom humor e a afabilidade são duas das principais características de nosso povo.

Exercemos a lavoura numa grande clareira ou terreno de uso comum, a algumas horas a pé de nossas moradas, e todos os vizinhos para lá se dirigem como um só corpo. Não se usam animais nos trabalhos agrícolas, e os únicos instrumentos são enxadas, machados, pás e pontas de ferro para furar a terra. Às vezes recebemos a visita de gafanhotos, que chegam em nuvens tão grandes que escurecem o ar e destroem as colheitas. Isso, contudo, acontece raramente, mas, quando ocorre, segue-se a fome. Lembro-me de uma ou duas vezes ter isso acontecido. Esse grande terreno de uso comum é muitas vezes teatro de guerra, e por isso os nossos, quando têm de cuidar das plantações, não apenas vão em grupo, mas geralmente levam armas, por medo de um ataque de surpresa. Quando temem uma invasão, guarnecem os caminhos para suas moradas, fincando no solo espetos tão afiados que podem furar o pé, sendo ademais envenenados. Pelo que me recordo dessas batalhas, parece que eram incursões de um pequeno estado noutro para obter prisioneiros ou butim. Talvez fossem incitados por aqueles mercadores que ofereciam produtos europeus. Essa maneira de obter escravos na África é comum, e acredito que mais cativos são feitos em ataques armados e em sequestros do que por outros meios. [...]

Possuímos armas de fogo, arcos e flechas, espadas largas de dois fios e azagaias, bem como escudos que podem proteger um homem da cabeça aos pés. Todos são ensinados a manejar essas armas. Até mesmo nossas mulheres são guerreiras e marcham para a luta corajosamente ao lado dos homens. A nossa comunidade é uma espécie de milícia. Ao ser dado o alarme, [...] todos tomam das armas e arremetem contra o inimigo. Note-se que, quando nossa gente marcha para o campo de batalha, leva à frente uma bandeira ou um estandarte vermelho.

Testemunhei uma vez uma batalha. Tínhamos passado o dia a trabalhar normalmente, quando fomos subitamente atacados. Subi numa árvore a uma certa distância, da qual pude assistir à luta. Dos dois lados, havia tantas mulheres quanto homens, entre elas minha mãe, armada com uma espada larga. Depois de lutar furiosamente por bastante tempo e de muitos terem sido mortos, nosso povo saiu vitorioso e aprisionou o chefe inimigo. Ele foi levado em triunfo e, embora oferecesse um grande resgate por sua vida, foi executado. Durante a batalha, uma virgem importante foi uma das inimigas mortas, e seu braço foi exposto na nossa praça do mercado, onde exibíamos nossos troféus. Dividiu-se o espólio entre os guerreiros, de conformidade com os seus méritos. Os prisioneiros que não foram vendidos nem resgatados, mantivemos como nossos escravos. Mas como era diferente a condição deles daquela dos escravos nas Índias Ocidentais! Entre nós, eles não trabalham mais do que os outros membros da comunidade, e mesmo do que o senhor. Tampouco os alimentos, as vestimentas e a habitação são distintas, embora não lhes seja permitido comer junto com as pessoas livres. É, ademais, pequena a diferença entre eles e o grau superior de importância que possui o chefe de família, e são tratados com a mesma autoridade que este exerce sobre sua casa. Alguns desses escravos são proprietários de outros escravos, para seu uso.

Quanto à religião, os nativos creem num Criador de todas as coisas, que vive no sol, [...] não come nem bebe, mas, segundo alguns, fuma um cachimbo, que é o nosso luxo favorito. Acreditam que ele governa os destinos, especialmente nossa morte e cativeiro, mas, no que diz respeito à doutrina da eternidade, não me lembro de jamais ter ouvido falar nisso. Alguns creem, porém, até certo ponto, na transmigração das almas. Os espíritos que não se reencarnam, sendo amigos queridos e parentes, cuidam sempre dos vivos e os protegem dos maus espíritos de seus inimigos. Por esse motivo, [...] antes de comer, eles sempre põem de lado para [esses espíritos] uma pequena porção da comida e derramam no chão um pouco da bebida. Além disso, fazem frequentemente sacrifícios de animais e aves nos seus túmulos. Eu era muito apegado à minha mãe e não a largava. Quando ela ia fazer essas oblações na sepultura de sua mãe, que era uma cabana de palha pequena e isolada, eu algumas vezes a acompanhava. Ali ela fazia suas oferendas e passava a noite a chorar e a se lamentar. Muitas vezes, nessas ocasiões, eu ficava cheio de terror. O isolamento do lugar, a escuridão noturna e a cerimônia do sacrifício, por natureza lúgubre e apavorante, eram acentuados pelos lamentos de minha mãe e, juntando-se aos tristes cantos dos pássaros que viviam no lugar, imprimiam um indizível terror à cena. [...]

Praticamos a circuncisão como os judeus e fazemos oferendas e festas nessa ocasião, da mesma maneira que eles. Também nossas crianças recebem o nome derivado de algum acontecimento, alguma circunstância ou presságio na ocasião de seu nascimento. Chamaram-me Olaudah, que em nossa língua significa *vicissitude* e também *boa sorte*, alguém que é favorecido, possui voz forte e tem boa reputação. Lembro-me de que nunca degradamos o nome do objeto de nossa adoração; ele é, ao contrário, sempre mencionado com a maior das reverências. Não conhecemos a blasfêmia nem aquelas palavras de insulto e baixo calão tão comuns e tão usadas no linguajar dos povos mais civilizados. As únicas expressões desse tipo que recordo são: "Que você apodreça! Que você inche! Que uma fera o pegue!". [...]

Embora não tenhamos lugares de adoração pública, possuímos sacerdotes e magos ou adivinhos. Não me lembro se eram pessoas distintas ou se estavam reunidos num só indivíduo, mas eram tratados com grande reverência pelo povo. Eles calculavam o tempo e, como seu nome indica, previam os acontecimentos, pois lhes chamamos *ah-affoe-way-cah*, que significa *calculadores* ou *homens do ano*, nosso ano sendo *ah-affoe*. Eles usam barbas e, ao morrer, são sucedidos por seus filhos. A maioria de seus instrumentos e objetos de valor é enterrada com eles. Cachimbos e tabaco também são postos no túmulo com o cadáver, que é perfumado e enfeitado, e lhe são oferecidos sacrifícios de animais. Ninguém acompanha o féretro, exceto outros sacerdotes. Estes o sepultam depois do pôr do sol e, ao voltar para a casa, o fazem por um caminho diferente daquele por que foram.

Esses magos são também nossos médicos. Sangram com aplicação de ventosas e são muito eficientes em curar feridas e expelir venenos. Dominam também métodos extraordinários para descobrir ciúme, furtos e envenenamentos — e seus êxitos derivam sem dúvida da enorme influência que exercem sobre a credulidade e a superstição do povo. Não recordo que métodos eram esses, exceto o que se aplicava aos envenenamentos. [...] Uma jovem fora envenenada, mas não se sabia por quem. Os médicos ordenaram que algumas pessoas levassem o cadáver para o túmulo. Tão logo elas o puseram ao ombro, foram tomados por um impulso e passaram a correr de um lado para outro, sem poder parar. Finalmente, depois de terem atravessado, sem se ferir, um certo número de moitas espinhentas, o cadáver caiu de seus ombros perto de uma cabana e se desfigurou. O dono da casa, feito prisioneiro, imediatamente confessou o envenenamento. [...]

Possuímos serpentes de várias espécies, algumas das quais, quando aparecem em nossas moradas, são tidas como portadoras de boa sorte, e essas nunca molestamos. Eu me recordo de duas dessas serpentes, da grossura da panturrilha de um homem e da cor de um golfinho, que entraram em épocas diferentes nos aposentos da noite de minha mãe, onde eu sempre dormia. Elas enroscavam-se e cantavam como um galo. Alguns dos nossos sacerdotes me recomendaram que as tocasse, se estava desejoso de boa sorte, o que eu fiz, pois são inofensivas e se deixam docilmente pegar. Postas em um pote de barro, foram deixadas num lado da estrada.

Algumas de nossas serpentes são, no entanto, venenosas. Certo dia, uma delas cruzou o caminho por onde eu andava e passou entre meus pés sem me tocar, para grande surpresa dos que viram a cena. Esse incidente foi considerado pelos sacerdotes, por minha mãe e pelo resto do povo como um excelente presságio em meu favor.

Este é o esboço imperfeito do que me concede a memória sobre as maneiras e os costumes do povo entre o qual comecei a respirar.

A INTERESSANTE NARRATIVA DA VIDA DE OLAUDAH EQUIANO

John Matthews

Em 1785, um tenente da Marinha britânica desligou-se dela para se dedicar ao comércio na África, mercadejando principalmente, ao que tudo indica, com escravos. De sua estada na Serra Leoa resultou o livro A Voyage to the River Sierra Leone on the Coast of Africa [*Viagem ao rio da Serra Leoa na Costa da África*], *publicado em 1788.*

A excisão clitoriana entre sossos e mandingas

A circuncisão dos meninos, seja de natureza política ou religiosa, é geralmente praticada na África, embora não por todos os povos. Quanto à circuncisão feminina, sobre ela jamais li ou ouvi falar que se praticasse em outro país que não os dos sossos[308] e dos mandingas. Entre eles, ambos os sexos sofrem a operação quando atingem a puberdade, e essa prática singular nas jovens consiste em cortar-lhes a parte exterior do clitóris. As cerimônias que acompanham o procedimento são muito curiosas: todos os anos, durante a estação seca, na ocasião da primeira aparição da lua nova, as mocinhas de cada aldeia que se julgam em

308 Suçus ou susus, um povo da Alta Guiné.

condições de se casar se juntam, na noite que antecede o dia do rito, e são conduzidas por uma mulher para a parte mais oculta de um bosque. Colocam-se barreiras e feitiços em todos os caminhos que possam levar ao local consagrado, a fim de evitar a aproximação de ignorantes ou profanadores durante o confinamento das moças, que dura uma lua mais um dia. Não são vistas por ninguém, exceto a velha que realiza a operação e que, diariamente, lhes leva alimentos. Se esta, por enfermidade ou outra razão, não pode levar-lhes comida, a pessoa que a substitui, ao aproximar-se, chama em voz alta, deixa os alimentos num lugar determinado e se retira sem ser vista, pois quem quer que interrompa a reclusão, ainda que por acidente, é punido com a morte.

É principalmente durante esse confinamento no bosque, quando o corpo está dobrado pela dor e o espírito afetado pela triste quietude das coisas que as rodeiam, que lhes ensinam os costumes religiosos e as superstições do país, porque até aquele momento não as julgavam capazes de entendê-los e praticá-los. Quando termina o período de permanência no bosque, o suficiente para a cicatrização das feridas, as mocinhas são levadas, durante a noite, de volta à aldeia e recebidas por todas as mulheres, jovens e velhas, que, inteiramente nuas e numa espécie de procissão, com vários instrumentos de música, percorrem as ruas até o amanhecer. Se durante o desfile encontrarem um homem, ainda que este não olhe para elas, pagará com a morte ou a escravidão. Depois de uma lua do término do retiro no bosque, as jovens, de cabeça e corpo cobertos, visitam diariamente, em desfile e ao som de músicas, as casas dos principais da aldeia, diante dos quais dançam e cantam até receberem um presente. Ao expirar o mês, são entregues aos homens designados para seus maridos.

Nunca pude averiguar como e por que razão adotaram a prática [da excisão clitoriana], mas as mulheres a têm em tão alta conta que afirmar que alguém não a fez é a acusação mais infamante que se pode fazer, sendo frequente que mulheres nascidas em outros países, mas que passam a residir onde a operação se pratica, estejam expostas à permanente censura.

VIAGEM AO RIO DA SERRA LEOA

Robert Norris

Mercador de escravos durante dezoito anos, o britânico Robert Norris publicou em 1789, dois anos antes de falecer, o livro Memoirs of the Reign of Bossa Ahádee, King of Dahomy, an Inland Country of Guiney, to Which are Added the Author's Journey to Abomey, the Capital, and a Short Account of the African Slave Trade [*Memórias do reino de Bossa Ahádee, rei do Daomé, um país do interior da Guiné, às quais se acrescentam A viagem do autor a Abomé, a capital, e Um curto relato sobre o comércio africano de escravos*], *este último texto uma apologia do comércio de seres humanos.*

O rei do Daomé e os seus súditos

Os daomeanos [...] reverenciam o seu rei [o *dada* ou *akhosu*] com uma mistura de amor e medo, quase como adoração. "Eu penso no meu rei" — respondeu-me um daomeano, quando lhe perguntei, pouco antes de uma batalha, se não estava apreensivo diante de um inimigo tão forte. "Eu penso no meu rei", afirmou, "e então eu sou capaz de enfrentar sozinho cinco inimigos." Preocupado com sua segurança, disse-lhe: "Ficarei feliz se você escapar dos perigos que o esperam neste dia". "Meu destino é irrelevante", respondeu-me, "minha cabeça pertence ao rei e não a mim. Se ele desejá-la, estou pronto para perdê-la. Se for atravessada por um tiro na batalha, não faz diferença para mim. Ficarei feliz, porque isso se deu a serviço de meu rei." Todos os daomeanos partilham desse sentimento. [...] Qualquer que seja o ato do rei, têm-no como correto: essa submissão e obediência cegas provavelmente não se encontram em nenhum outro lugar.

MEMÓRIAS DO REINO DE BOSSA AHÁDEE

A dança do rei

Esta manhã, recebi mensagem do rei para ir vê-lo. [...].[309] Encontrei-o sentado numa varanda, vestido com uma bata de seda. Depois de inclinar-me para ele, levaram-me para uma cadeira, onde alguns escravos estavam prontos para me proteger com um grande guarda-sol. [...]

Assim que me sentei, os músicos, que, além de trompetes, flautas e sinos, consistiam principalmente numa profusão de tambores de vários tamanhos, começaram a tocar, e a multidão pôs-se a dançar ao som dessa áspera harmonia. Quando uma banda se cansava, era substituída por outra, e essa por duas mais. Após algum tempo, uma mesa foi posta com uma abundância de bons pratos, e jantei. [...]

O rei jamais come em público. É até mesmo um crime supor que ele come ou que é como os demais mortais e

309 Bossa Ahádee ou, como figura nas listas tradicionais dos reis do Daomé, Tegbesu, que reinou de 1740 a 1774. Entre os daomeanos, os reis tinham pelo menos três nomes: o dado quando do nascimento, outro, quando assumia o trono e que era o seu nome forte, e uma alcunha popular. Bossa Ahádee era a alcunha do rei cujo nome forte era Tegbesu.

necessita do revigoramento do sono. Após o jantar, voltou a música, e o rei, acompanhado por uma guarda de 24 mulheres armadas com bacamartes, desceu ao pátio e dançou durante algum tempo, para convencer os seus súditos de sua saúde e boa disposição, o que causou entre estes tamanha alegria que o aclamaram entusiasticamente.

MEMÓRIAS DO REINO DE BOSSA AHÁDEE

O rei ou *alafim* de Oió[310]

Ao nordeste do Daomé fica um extenso país, belo e fértil, habitado por um grande povo guerreiro, chamado *eyoe*, o flagelo e terror de todos os seus vizinhos. Esses *eyoes* são governados por um rei, mas não por um monarca tão absoluto quanto o tirano do Daomé. Se o que se diz dele é verdadeiro, quando sua má conduta causa justa ofensa em seu povo, uma deputação vai vê-lo, para indicar-lhe que, como o peso do governo tem sido tão fatigante, já é tempo de que repouse de seus cuidados e se conceda um pouco de sono.[311] O rei agradece ao povo a atenção que tem para com ele, retira-se para seus aposentos como se fosse dormir e ordena às suas mulheres

310 Reino também conhecido como Oyo, Eió e Catunga, cuja capital, Oió-Ilê, ficava na orla setentrional do planalto iorubano, na Nigéria. A cidade-reino já existiria no século XIV. O reino expandiu-se territorialmente, para formar um verdadeiro império no Iorubo. Na segunda metade do século XVIII, entrou em decadência e, na quarta década do Oitocentos, sob a pressão militar dos muçulmanos de Ilorin, Oió-Ilê foi abandonada, criando-se mais ao sul uma nova cidade de Oió,onde o *alafim* continuou a reinar.

311 Segundo a tradição, na forma que tem hoje, os emissários, todos membros da aristocracia oió, podiam não dizer nada ao *alafim*; bastava entregar-lhe um ovo de periquito esvaziado da clara e da gema por um furo.

que o estrangulem. Ele é imediatamente executado e o seu filho tranquilamente lhe sucede, sob a mesma condição de deter o poder enquanto sua conduta merecer a aprovação do povo.

MEMÓRIAS DO REINO DE BOSSA AHÁDEE

O harmatã

Durante o dia, fomos visitados pelo harmatã, que, descrito cientificamente, daria um capítulo curioso na história dos ventos. [...]

Naquela parte da costa da África que se estende do Cabo Verde ao Cabo Lopez, é frequente, nos meses de dezembro, janeiro e fevereiro, soprar um vento do nordeste, conhecido pelo nome de harmatã. [...] Começa a soprar a qualquer hora do dia ou da noite, em qualquer maré ou fase da lua, e continua durante um dia ou dois, algumas vezes cinco e seis, e já experimentei um que se estendeu por uma quinzena. Em geral, ocorre três ou quatro vezes por estação. Nunca chove durante o harmatã, mas ele pode se desatar após uma chuvarada. É um vento moderado, não mais forte do que a brisa marinha que, na estação seca, vem do oeste, mas é um pouco mais intenso do que o vento da terra que sopra à noite do norte e do nor-noroeste.

O harmatã é sempre acompanhado por um escurecimento e um enevoar da atmosfera: poucas estrelas podem ser vistas através da neblina, e o sol, escondido a maior parte da jornada, aparece apenas durante algumas horas no meio do dia, avermelhado e podendo ser visto sem doer nos olhos. Enquanto sopra o vento, não há orvalho, nem se nota a mais leve umidade na atmosfera. [...] Os vegetais sofrem com ele, e as plantas tenras e as sementes que começam a brotar na terra morrem. [...] Os galhos dos limoeiros, das laranjeiras e das limeiras caem, as folhas tornam-se flácidas e murcham, e os frutos, privados de sua habitual nutrição, ficam entanguidos e amadurecem, ou melhor, amarelecem e secam, antes de atingir a metade de seu tamanho costumeiro. Tudo parece opaco e murcho. A grama seca como feno, do que se aproveitam os nativos para queimá-la [...] e assim impedir que se tornem mato fechado e refúgio para os animais selvagens ou mesmo os inimigos que nele se possam esconder. [...]

Durante o harmatã, o ar fica consideravelmente mais fresco, e o termômetro (em Fahrenheit) cai, em geral, dez a doze graus em relação à temperatura média.[312] Os nativos queixam-se muito da severidade do clima nessas ocasiões e põem as suas roupas mais quentes para proteger-se. [...] Olhos, narinas, lábios e o céu da boca secam de forma desagradável; sente-se a necessidade de beber água constantemente, não tanto para matar a sede, mas sobretudo para reduzir uma dolorosa aridez na goela; os lábios e o nariz racham e doem; e, embora o ar seja fresco, tem-se uma desagradável sensação de formigamento quente na pele, como se ela tivesse sido lavada com amoníaco e lixívia. Se o vento continua por cinco ou seis dias, a pele das mãos e do rosto geralmente se descasca, o que ocorrerá também no resto do corpo se o harmatã continuar por mais tempo. [...]

Se seus efeitos sobre os mundos animal e vegetal são muito desagradáveis, o vento produz também alguns resultados positivos. A atmosfera torna-se extremamente favorável à saúde: favorece surpreendentemente a cura de velhas úlceras e erupções cutâneas; pessoas que sofrem de fluxos e febres intermitentes geralmente se recuperam durante o harmatã; e aqueles enfraquecidos e prostrados pelas febres ou pelos tratamentos para a cura delas, especialmente pelas sangrias, têm suas vidas salvas, apesar

312 Essa queda corresponderia a cerca de 6°C.

dos médicos. O harmatã detém o avanço das doenças epidêmicas: a varíola, as diarreias, a malária, não apenas desaparecem, mas aqueles que as estão sofrendo ficam, quando o vento sopra, praticamente certos da recuperação. E as infecções não se transmitem com facilidade. [...]

A neblina que acompanha o harmatã é causada por um número infinito de pequenas partículas flutuando na atmosfera. Elas são tão minúsculas que não as conseguimos tocar e escapam a qualquer investigação que pude conceber. Não tive êxito ao tentar examiná-las no microscópio, ainda que uma parte delas se deposite na relva, nas folhas das árvores e até mesmo na pele dos negros, fazendo-os parecer esbranquiçados ou, melhor, acinzentados. Essas partículas não são levadas pelo vento até o alto mar. [...] A neblina diminui à medida que nos afastamos da praia. A 4 ou 5 milhas da costa[313] desaparece, embora o vento seja sentido à distância de dez ou doze léguas.[314]

MEMÓRIAS DO REINO DE BOSSA AHÁDEE

A morte do rei do Daomé

[Bossa Ahádee ou Tegbesu faleceu] com cerca de setenta anos de idade, tendo reinado durante aproximadamente quarenta. Sucedeu-lhe o filho Adaunzou.[315]

No momento em que um rei expira, uma cena horrível começa no palácio. [...] As viúvas do soberano morto quebram e destroem móveis, objetos e ornamentos de ouro e prata, artigos de coral — em suma, tudo o que nele há de valor e é propriedade delas ou do rei. Em seguida, matam-se entre si.

313 A 6,5 km ou 8 km da costa.
314 55 km ou 66 km.
315 Ou Kpengla, que reinou de 1774 a 1780.

Adaunzou, após ser designado rei, seguiu apressadamente com os seus seguidores para o portão do palácio e o pôs abaixo. Tomando posse do espaço, fez cessar a carnificina, mas antes de o conseguir uma boa parte do mobiliário estava destruída e 285 mulheres tinham sido assassinadas. [...] Bossa Ahádee [...] desceu à sepultura acompanhado — segundo me disseram — por seis de suas esposas, enterradas vivas, e por todas as que haviam sido mortas na desordem.

MEMÓRIAS DO REINO DE BOSSA AHÁDEE

Archibald Dalzel

Nascido em 1740, Archibald Dalzel foi, aos 23 anos, trabalhar como médico no forte de Anomabu, na Costa do Ouro. Não tardou em converter-se em comerciante de escravos. Por três anos foi o diretor do forte britânico em Ajudá. Estabeleceu-se posteriormente em Londres com o negócio de escravos. Em 1791, foi nomeado governador de Cape Coast Castle, na Costa do Ouro. Dalzel, que morreu em 1811, publicou em 1793 The History of Dahomy, an Inland Kingdom of Africa *[A história de Daomé, um reino no interior da África], no qual se socorre repetidamente de Snelgrave e Norris.*

O rei do Daomé e os seus ministros

[O Daomé] é, talvez, o mais perfeito despotismo que existe na face da terra. Neste país, não se admite nenhum grau de subordinação intermediário entre o rei e o escravo, pelo menos na presença real, quando o primeiro-ministro é obrigado a se prostrar com tanta submissão abjeta quanto o mais insignificante dos súditos. Todos reconhecem o direito do soberano de dispor das pessoas e de seus bens ao seu bel-prazer. É verdade que, fora do palácio, os ministros gozam de grandes privilégios. Embora sejam proibidos de usar sandálias e ornamentos reservados à realeza, [...] podem sentar-se em tamboretes altos, andar a cavalo, ser transportados em redes, usar tecidos de seda, fazer-se acompanhar por um séquito numeroso, com grandes guarda-sóis, bandeiras, tambores, trompetes e outros instrumentos musicais. Quando, porém, entram pelo portão real, põem de lado tudo isso. Trocam a roupa de seda por uma túnica e um par de calças de algodão feitas localmente, embora adornem o pescoço com um valioso cordão de coral, ostentem nos pulsos um par de largos braceletes de prata e, pendurada no ombro, uma cimitarra com cabo também de prata. Na mão trazem um bastão de marfim. Assim podem ser vistos, à espera, no portão real. E só assim podem por ele entrar, e com o maior cuidado e respeito, depois que o rei dá permissão por meio de uma de suas mulheres. Ao entrar, o ministro rasteja de quatro na direção do recinto onde se realizará a audiência. Na presença do rei, deita-se sobre a barriga, esfrega a cabeça com a poeira do chão, pronunciando as mais humilhantes saudações. Nessa postura ele recebe as ordens reais ou lhe comunica algum assunto, pois, na presença do rei, a ninguém, exceto às mulheres, é permitido sentar-se, ainda que no chão. Mesmo as mulheres devem beijar o solo, quando recebem ou transmitem uma mensagem do rei.

A HISTÓRIA DO DAOMÉ

As amazonas

Quaisquer que tenham sido as proezas das amazonas entre os antigos, elas são uma novidade na história moderna. [...] No interior dos muros dos vários palácios reais do Daomé vivem, enclausuradas, não menos do que 3 mil mulheres. Várias centenas delas são treinadas no uso das armas, sob um general feminino e outros oficiais nomeados pelo rei. [...] Essas guerreiras são exercitadas regular-

Uma amazona do Daomé.

mente e fazem suas evoluções com a mesma mestria que os soldados homens; possuem seus grandes guarda-sóis, bandeiras, tambores, trompetes, flautas e outros instrumentos musicais.

A HISTÓRIA DO DAOMÉ

Os oiós e o mar

[O rei Trudo,[316] após sofrer várias invasões dos *eyeos*, ou oiós, concebeu um plano para proteger-se deles.] Sabia que o fetiche dos *eyeos* era o mar, que os seus sacerdotes os ameaçavam de morte, a eles e a seu rei, caso até mesmo ousassem pôr os olhos no oceano. Resolveu, então, se voltasse a ser por eles derrotado, refugiar-se com seu povo no litoral, deixando as cidades do interior à mercê dos invasores, sabendo, como sabia, que não poderiam continuar nelas após esgotarem os alimentos. Quanto aos danos que causariam às casas cobertas de palha e aos muros de barro, estes podiam ser facilmente reparados.

A HISTÓRIA DO DAOMÉ

316 Ou Agaja, que reinou de *c.*1716 a 1740.

James Bruce

Explorador escocês, nasceu em 1730 e morreu em 1794. Cônsul britânico em Argel, viajou pela África do Norte e esteve em Creta, na Síria, na atual Jordânia, no Egito e na Arábia. Aprendeu árabe e amárico antes de empreender, a partir de 1769, sua viagem à Etiópia em busca da fonte do Nilo. Depois de dois anos em terras etíopes, regressou ao Cairo e dali foi a Paris. Retornou então à Grã-Bretanha, onde, em sua propriedade em Kinnaird, escreveu os volumes de Travels to Discover the Source of the Nile in the Years 1768-1773 [*Viagens para descobrir a nascente do Nilo, nos anos de 1768 a 1773*].

O exército do soberano da Etiópia na segunda metade do século XVIII

Ao voltar para Gondar,[317] o exército do rei acampou no mesmo local em que tinha estado. Supunha-se que compreendesse perto de 20 mil infantes, provenientes de Tigrê e suas dependências. Esses soldados de Tigrê eram, sem comparação, os melhores do império. Seis mil deles

317 Capital da Etiópia depois que ali, ao norte do lago Tana, o imperador Fasiladas, em 1636, mandou construir um imponente castelo de pedra e cal.

estavam munidos de mosquetes, o que correspondia a seis vezes mais do que todo o resto da Abissínia podia fornecer, e eram muito hábeis no uso dessas armas de trava de mecha. O resto dos infantes que atravessaram o rio Takazé (ou Atbara) somava cerca de 10 mil, além de 2 mil da guarda pessoal do rei, quinhentos dos quais eram cavaleiros. Destes, pouco menos de duzentos eram seus servidores negros, vestidos com cotas de malha, os cavalos com placas de latão no rosto, com um ferrão de aproximadamente 5 polegadas de comprimento no meio da testa,[318] uma peça incômoda e inútil da armadura dos animais. As bridas eram feitas de correntes de ferro e protegia o corpo dos cavalos um acolchoado fino, recheado de algodão, com duas aberturas nas abas da sela, nas quais o cavaleiro punha as coxas e as pernas, e que as cobria desde os quadris (onde a cota de malha terminava) até um pouco acima dos tornozelos. Nos pés usavam chinelos de couro suave, sem saltos, e os estribos eram do tipo turco ou mouro, nos quais o pé entra completamente e, como são curtos, permitem que o cavaleiro se levante e fique de pé tão firmemente como se estivesse no solo.

As selas eram também do modelo mourisco, altas na frente e atrás. [...] Cada cavaleiro levava um pequeno machado na sela e uma lança com cerca de 14 pés de comprimento,[319] a sua arma de ataque. Essa lança, feita de uma madeira leve trazida das margens do Nilo e tendo uma longa ponta de ferro, inseria-se num suporte preso à sela por uma tira de couro e passava sob ou sobre a coxa. Com a mão direita o ginete a dirigia para o alvo. Cobria a cabeça do cavaleiro um capacete de cobre ou de estanho, com uma grande crista de rabo de cavalo negro. Os oficiais distinguiam-se dos soldados por

318 O ferrão teria 12 cm.
319 Mais de 4 m.

Abyssinian Horsemen.

ABYSSINIAN WARRIORS (my own Silver-mounted Shield).

Guerreiros abissínios, na metade do século XIX.

cerdas tingidas de amarelo, entremeadas com as pretas nessa espécie de penacho de rabo de cavalo.

Em cada capacete havia uma estrela de prata ou de metal branco, e o rosto, até a ponta do nariz, era coberto por um pedaço de material idêntico ao da cota de malha, apenas mais leve, que funcionava como uma viseira. Isso era o que havia de mais incômodo na vestimenta, porque, quente e pesado, roçava irritantemente na bochecha e no nariz ao menor movimento do homem ou do cavalo.

VIAGENS PARA DESCOBRIR A NASCENTE DO NILO

A cavalaria de Sennar[320]

De cada lado de fora do portão [da morada do xeque] havia [...] várias enramadas, sob as quais os soldados se deitavam, os cavalos presos diante deles, com as cabeças voltadas para os abrigos, e a forragem no chão. Em cada um desses abrigos, abertos nos lados, estavam pendurados uma lança, um pequeno escudo oval e uma espada larga. Esse, pelo que entendi, era um local reservado aos estafetas, que, sendo árabes, não tinham ingresso na praça [do palácio do xeque], cujo acesso ficava fechado à noite.

Na parte de dentro do portão havia muitos cavalos,

320 Sennar, sobre o Nilo Azul, no Sudão, era, desde 1504, a capital do sultanato dos funjes, um povo negro muçulmano que, no início do século XVIII, controlava ou tinha por avassalados os territórios que se estendiam do mar Vermelho ao Nilo Branco, das montanhas etíopes quase às fronteiras do Egito. Sennar era um grande centro mercantil e cabeça do que se poderia considerar um império. O chamado Sultanato Negro se foi, porém, desgastando ao longo do Setecentos, com intrigas palacianas que levaram a uma sucessão de guerras civis. No fim do século, suas tropas não mais impunham respeito aos vizinhos.

com as barracas dos soldados atrás deles. Os animais haviam sido colocados em fieiras, as cabeças voltadas para as barracas de seus cavaleiros. Estava diante de uma das mais belas cenas que, no gênero, eu já havia visto. Todos os cavalos tinham mais de 16 mãos de altura[321] e eram da raça dos antigos cavalos sarracenos, bem-feitos e fortes como os nossos animais que puxam carruagens, mas extraordinariamente ágeis em seus movimentos. De quarto dianteiro quase grosso e curto, possuíam os mais bonitos olhos, orelhas e cabeça do mundo. Em sua maioria eram negros, mas alguns deles, de cor branca e preta, e outros, brancos como leite, ainda que fossem potros e, portanto, não devessem com a idade continuar alvos.

Uma cota de malha de aço estava pendurada em cada aposento, defronte ao cavalo, tendo ao lado uma pele de antílope macia como camurça, com a qual se protegia o corcel do orvalho noturno. Um capacete de cobre, sem crista ou plumagem, estava suspenso por um cordão sobre a cota de malha e era a peça mais curiosa do conjunto. Havia ainda uma enorme espada numa bainha de couro vermelho, e sobre o seu pomo viam-se duas grossas luvas. Disseram-me que naquele recinto havia quatrocentos corcéis, os quais, com os cavaleiros e as armaduras completas, eram propriedade do xeque, escravos adquiridos com seu dinheiro.

VIAGENS PARA DESCOBRIR A NASCENTE DO NILO

321 Uma mão, que corresponde a 4 polegadas ou 10,16 cm, é a unidade de medida utilizada para definir o tamanho de cavalos. Esses mencionados mediam portanto mais de 1,62 m de altura.

Mungo Park

Nascido na Escócia em 1771, Mungo Park, que era médico, fez duas viagens de exploração na África. Na primeira, sobre a qual publicou, em 1799, o livro Travels in the Interior Districts of Africa in 1795, 1796, and 1797 *[Viagens pelo interior da África em 1795, 1796 e 1797], percorreu o rio Gâmbia, chegou ao Níger, em Segu, e foi até Colicoru. Na segunda, iniciada em 1805, novamente subiu o Gâmbia, alcançou o Níger na altura de Bamako e, em busca da foz, percorreu toda a sua grande curva até Bussa, na Hauçalândia, onde morreu, provavelmente em 1806, num confronto armado com a gente da terra. As notas que deixou sobre essa segunda expedição foram publicadas postumamente em 1815, num volume intitulado* The Journal of a Mission to the Interior of Africa, in the Year 1805 *[Diário de uma missão ao interior da África no ano de 1805].*

Os fulas

Geralmente, os fulas[322] [...] são de cor castanho-amare-

322 Fulos, fulânis, fulanins, filanins, fulatas, *Fellata, Fulani, Foulah, Fulanki, Fulbé, Foulbe, Peul, Pullo* ou *Pullar*, originariamente um povo de pastores que, a partir do Senegal, se

lada, com feições delicadas e cabelos suaves e sedosos. Depois dos mandingas, são, sem dúvida, a mais importante das nações desta parte da África.[323] Diz-se que seu país de origem é Fuladu, que significa "a terra dos fulas", mas atualmente eles são senhores de muitos outros reinos, à grande distância uns dos outros. A aparência deles não é, aliás, a mesma em diferentes regiões: em Bondu[324] e outros reinos que estão situados na vizinhança dos territórios mouros, são mais amarelos do que nos estados mais ao sul.

Os fulas de Bondu são por natureza suaves e gentis, mas as inclementes disposições do Alcorão os tornaram menos hospitaleiros e mais reservados no comportamento do que os mandingas. Consideram claramente todos os nativos negros como seus inferiores e, quando se referem a diferentes nações, sempre se incluem entre os brancos.

A sua maneira de governar difere da dos mandingas principalmente porque são mais constrangidos pela influência das leis muçulmanas, pois todos os chefes (excetuado o rei) e a grande maioria dos habitantes de Bondu são islamitas e têm a autoridade e as leis do Profeta como sagradas e definitivas. No exercício da fé, no entanto, não são muito intolerantes em relação aos seus conterrâneos que conservam as antigas superstições. Entre eles, não se conhecem perseguições religiosas, nem

---

expandiu pelas savanas até o norte da atual República dos Camarões. Os convertidos ao islamismo empreenderam várias guerras santas e se transformaram na aristocracia de vários estados da África Ocidental.

323 Refere-se ao que hoje denominamos Alta Guiné e Senegâmbia.

324 Ou Bundu, região ao sul de Galam, no alto Senegal e baixo Falemé, onde, no fim do século XVII, se instalou o marabu Malik Si, dando origem a um estado de feição islâmica e população mista, compreendendo fulas, mandingas, soninquês e jalofos.

elas são necessárias, porque o credo de Maomé possui processos de expansão muito mais eficazes. Ao criar em diferentes cidades pequenas escolas, nas quais muitas crianças, tanto maometanas quanto pagãs, aprendem a ler o Alcorão e se instruem nos dogmas do Profeta, os sacerdotes islamitas fixam certos vieses nas mentes e formam o caráter de seus jovens discípulos, que depois os acidentes da vida não apagam nem alteram. Eu visitei muitas dessas pequenas escolas, observei com prazer o comportamento dócil das crianças e desejei de todo o coração que elas tivessem acesso a melhores instrutores e a uma religião mais pura.

A fé muçulmana é acompanhada pela língua árabe, da qual a maioria dos fulas tem algum conhecimento. O idioma deles é cheio de consoantes líquidas, mas há algo de desagradável na maneira como as pronunciam. Um estranho, ao ouvir uma conversa entre dois fulas, tem a impressão de que um está ralhando com o outro.

O modo como os fulas exercem o pastoreio e a agricultura é por toda a parte notável. Até mesmo nos bancos do Gâmbia, a maioria dos cereais é cultivada por eles, e seus rebanhos são mais numerosos e melhores do que os dos mandingas. Em Bondu, os fulas são muito ricos e desfrutam amplamente de tudo o que lhes pode dar a vida. Extremamente hábeis no manejo dos bois, fazem com carinho e familiaridade com que sejam muito mansos. Ao aproximar-se a noite, eles os recolhem do mato e os abrigam em cercados, chamados *korrees*, que são construídos na vizinhança das aldeias. No meio de cada *korree* erguem uma cabana, na qual um ou dois pastores vigiam o gado durante a noite, a fim de evitar que seja roubado, e mantêm acesas as fogueiras dispostas ao redor do curral para afugentar os animais selvagens.

O gado é ordenhado de manhãzinha e ao anoitecer. O leite é excelente, mas a quantidade obtida de cada vaca é inferior à que se consegue na Europa. Os fulas usam o leite principalmente como bebida, quando já está azedo. Obtêm dele um creme muito espesso e o convertem em manteiga, batendo-o violentamente numa grande cabaça. A manteiga, ao ser derretida em fogo brando e liberta de impurezas, é guardada em pequenos potes de argila, e entra na maioria de suas comidas. Serve também para untar os cabelos e é aplicada largamente nos rostos e braços. [...]

Além do gado vacum, que constitui a maior riqueza dos fulas, possuem alguns excelentes cavalos, que parecem resultar da mistura de árabes com a raça original africana.

VIAGENS PELO INTERIOR DA ÁFRICA

Segu

Segu [ou Sego], a capital de Bambara,[325] [...] consiste na verdade em quatro cidades distintas: duas na margem setentrional do Níger, chamadas Segu Korro e Segu Boo, e duas na borda meridional, Segu Soo Korro e Segu See Korro. Todas elas estão cercadas por altas muralhas de barro. As casas são construídas de argila e apresentam plantas quadradas e tetos planos. Algumas têm dois andares e muitas são pintadas de branco. Em todos os bairros, veem-se mesquitas no meio do casario; e as ruas, embora estreitas, têm a largura suficiente para os seus propósitos, uma vez que são desconhecidos no país os veículos de roda. Pela pesquisa que fiz, tenho motivos para acreditar que Segu tem cerca de 30 mil habitantes. O rei de Bambara reside permanentemente em Segu See

325 O estado Bambara, Bamana ou *Bamananke* de Segu teria tido, na metade do século XVII, uma vida curta de reino baseado na agressão militar e no saque. Foi recriado, de modo mais sólido, por Biton Kulabali na segunda década do Setecentos. Os bambaras foram durante muito tempo hostis ao islamismo.

Korro. Ele emprega um grande número de escravos no transporte de uma margem para a outra do rio, e o dinheiro que recebem (ainda que o preço da passagem seja apenas dez cauris por pessoa) constitui, no curso de um ano, uma renda considerável para o rei. As canoas são construídas de modo singular, cada uma delas formada pelos troncos escavados de duas grandes árvores, ligados não lado a lado, mas pelas pontas. As embarcações são, por isso, muito compridas e desproporcionalmente estreitas, e não possuem nem toldo nem mastros. Apesar disso, mostram-se espaçosas: vi uma atravessar o rio com quatro cavalos e várias pessoas. Quando eu cheguei ao local de embarque, a fim de atravessar para a parte da cidade onde reside o rei, encontrei um grande número de pessoas à espera. [...]

A vista da imensa cidade, as numerosas canoas a navegar no rio, o excesso de gente e as terras cultivadas que envolviam a urbe combinavam-se para compor um panorama de civilização e esplendor que eu não esperava encontrar no coração da África.

VIAGENS PELO INTERIOR DA ÁFRICA

Um lugar de oração

[Em Kamalia, uma aldeia mandinga,] os bixirins vivem separados dos cafres[326] e constroem suas cabanas, umas distantes das outras, nos arredores do vilarejo. Eles possuem um lugar reservado para suas orações, ao qual dão o nome de *missura* ou mesquita, mas que não passa de um terreno nivelado e delimitado por troncos de árvores, tendo uma pequena projeção para leste, onde o marabu ou sacerdote fica de pé, a conduzir as preces. Mesquitas desse tipo são muito comuns entre os negros

326 No sentido de pagãos ou infiéis.

convertidos, mas, não possuindo paredes nem teto, só podem ser usadas quando faz bom tempo. Se chove, os bixirins praticam as devoções em suas casas.

VIAGENS PELO INTERIOR DA ÁFRICA

Os poetas

O amor [pela] música é naturalmente acompanhado do gosto pela poesia, e, afortunadamente para os poetas da África, não sofrem eles o descaso e a indiferença com que, em países mais refinados, se tratam os devotos das Musas. Dividem-se em duas classes. Os mais numerosos são os cantadores, chamados *jilli kea*. [...] Em cada cidade, há um ou mais deles. Improvisam canções em honra de seus chefes ou de qualquer indivíduo a quem desejam homenagear. E — a função mais nobre de seu ofício — recitam os fatos históricos do país. Na guerra, acompanham as tropas ao campo de batalha, louvando os grandes feitos dos antepassados para despertar nos soldados o espírito da emulação pela glória. A outra classe é formada pelos devotos da fé muçulmana, que viajam pelo país cantando hinos e promovendo cerimônias religiosas para obter a intervenção do Todo-Poderoso, tanto para evitar calamidades quanto para assegurar o êxito de uma empresa. Ambos os tipos de bardos são muito usados e respeitados pelo povo, e pagamentos generosos lhes são feitos.

VIAGENS PELO INTERIOR DA ÁFRICA

Ferro, aço e ouro

Os [mandingas] que trabalham o ferro não são tão numerosos quanto os *karrankeas*,[327] mas parece que aprenderam

327 Os curtidores e artífices que lidam com o couro.

o ofício com o mesmo empenho. Os negros do litoral, sendo abastecidos a baixo preço pelos comerciantes europeus, não procuram manufaturar artigos de ferro. Já no interior, os nativos fundem esse metal em tamanha quantidade que não apenas com ele fazem todas as armas e instrumentos de que necessitam, mas também o têm como produto de comércio com os estados vizinhos. Quando estive em Kamala, havia uma forja bem próxima da cabana em que me alojava, e o dono e os seus ajudantes não faziam segredo sobre a maneira como trabalhavam, de forma que os presenciei a reduzir o minério. O forno era uma torre circular de argila, com cerca de 10 pés de altura e 3 de diâmetro,[328] rodeada em dois níveis por vime, a fim de impedir que a argila, com a violência do calor, rachasse e partisse em pedaços. Na parte mais baixa, no nível do solo (mas não tão baixa quanto a base do forno, que era um poço côncavo), havia sete aberturas, em cada uma das quais se punham três tubos de barro. As aberturas eram novamente rebocadas, a fim de impedir a entrada de ar por qualquer sítio que não fossem os tubos, de modo que, ao abri-los e fechá-los, se regulava o fogo. Esses tubos eram feitos cobrindo-se com uma massa de argila e capim um rolo liso de madeira. Quando o barro começava a secar, retirava-se o rolo, e se punha ao solo o tubo resultante da operação. O minério de ferro que eu vi era muito pesado, vermelho-fosco com manchas acinzentadas. Partiram-no em pedaços do tamanho de um ovo de galinha. Um feixe de lenha foi posto no forno, coberto por uma quantidade considerável de carvão, que já vinha pronto das matas. Sobre isso aplicou-se uma camada de minério de ferro e outra de carvão, e assim por diante até que o forno ficou quase cheio. Acendeu-se o fogo por um dos tubos, ativado durante algum tempo por foles feitos de pele de cabra. A operação prosseguiu, de início muito lentamente, e se passaram algumas horas antes que

328 Cerca de 3 m de altura e menos de 1 m de diâmetro.

as chamas atingissem o alto do forno. A partir daí e durante toda a noite, o fogo tornou-se muito forte, e os que estavam trabalhando punham, de vez em quando, mais carvão no forno. No dia seguinte, o fogo abrandou e na segunda noite alguns dos tubos foram retirados, permitindo-se que o ar tivesse livre acesso ao interior do forno. O fogo era, porém, ainda muito forte, e uma chama azulada se levantava alguns pés acima do alto do forno. No terceiro dia, todos os tubos foram retirados, a ponta de muitos vitrificada pelo calor. Mas não se recolheu o metal a não ser alguns dias depois, quando tudo estava completamente frio. Parte do forno foi então demolida, e o ferro apareceu na forma de uma grande massa irregular, com pedaços de carvão incrustados. Era sonoro. E, partido, a fratura apresentava uma aparência granulada, como aço. O dono informou-me que não se aproveitava boa parte dessa massa, mas que nela havia suficiente ferro de qualidade para justificar o trabalho. Esse ferro, ou, melhor, esse aço, transforma-se em vários instrumentos, sendo repetidamente aquecido numa forja, cujo calor é acentuado por um par de foles duplos de construção muito simples, sendo feito com duas peles de cabra, cujos tubos se unem antes de entrar na forja e garantem um sopro constante e bastante regular. O malho, as pinças e a bigorna são todos muito simples, e a perícia dos ferreiros (especialmente no fabrico de facas e lanças) não é destituída de mérito. O ferro, na verdade, é duro e quebradiço, e requer muito trabalho antes de poder ser usado.

A maioria dos ferreiros africanos está também familiarizada com o método de fundir o ouro. No processo, usam um sal alcalino, obtido de uma lixívia do talo de milhete evaporado até ficar seco. Eles também repuxam o ouro em fio e formam com ele uma grande variedade de ornatos, alguns dos quais executados com excelente bom gosto e inventiva.

VIAGENS PELO INTERIOR DA ÁFRICA

Lacerda e Almeida

Francisco José de Lacerda e Almeida nasceu em São Paulo, em 1753. Estudou matemática e filosofia na Universidade de Coimbra. Regressou ao Brasil em 1780, como astrônomo da comissão de demarcação de limites. Fez várias viagens científicas pelo interior do país, que registrou em diários de grande interesse. Em 1797 foi nomeado governador dos Rios de Sena e encarregado de procurar ligar por terra Moçambique a Angola. Morreu em 1798, nas proximidades do lago Moéro, durante a expedição em que pretendia atravessar a África de leste a oeste. De suas experiências africanas deixou dois testemunhos, o Diário da viagem de Moçambique para os Rios de Sena *e* Instruções e diário da viagem da Vila de Tete, capital dos Rios de Sena, para o interior da África.

Na ilha de Moçambique

Em pouco mais de dois meses que estive em Moçambique nem uma só vez choveu, e todos os dias e noites foram claríssimos e os mais belos do mundo.

DIÁRIO DA VIAGEM DE MOÇAMBIQUE PARA OS RIOS DE SENA

No rio Zambeze

Depois de ter navegado meia légua por este canal chamado Nhacativa, por onde o rio Zambeze despeja uma parte das suas águas no mar, cheguei ao mesmo Zambeze, que neste lugar terá 700 a 750 braças de largo.[329] Que notável diferença nestes terrenos; desde ontem as ribanceiras e o solo mudaram de face. Até ali a terra é muito baixa, as margens seguidas de mangues e caniços, o desembarque penoso pelo muito lodo das mesmas margens e a terra de má qualidade, porém os campos abundantíssimos de ótima caça. [...]

A beleza do dia que sucedeu ao tenebroso de ontem, a largura do rio que corre represado entre margens de 4 e 5 braças[330] de altura e a inumerável quantidade de patos, marrecas, gansos, garças e outras aves que pela variedade e beleza das cores das suas plumas alegravam os olhos e estavam aos bandos sobre as ilhas me fizeram recordar com saudades de outros semelhantes dias que passei nos vastíssimos sertões do Brasil.

DIÁRIO DA VIAGEM DE MOÇAMBIQUE PARA OS RIOS DE SENA

Os maraves

Passei por três pequenas povoações, e em todas elas estavam maraves,[331] grandes e pequenos, com os seus arcos de frechas na mão; porém dispersos e sem forma de dar ou esperar combate. É de notar que qualquer cafre, ain-

329 Cerca de 1,5 km.

330 Entre 8,8 m e 10 m.

331 Maravis, malavis, maláuis, *Malawi* ou *Marawi*, povo que vivia na região limitada a oeste pelo rio Luangua, a leste pelo lago Maláui e pelo rio Chire e ao sul pelo Zambeze. Dividia-se em vários reinos e se expandiu militarmente para leste e para o sul.

Zanjes: rapaz e moça da África Índica.

da muito pequeno, não sai para fora de casa sem arco e frecha, ainda quando seja para ir à casa do seu vizinho. Este é um costume que jamais perdem.

Que gente tão bem fornida, bem-feita e gentil! Não me fartava de os ver. Vieram, na forma do costume, alguns dos seus maiores pedir alguma coisa gratuitamente, por modo de tributo que costumam pagar todos os portugueses, que passam pelas suas terras, e eles mesmos estipulam o que se lhes deve dar, conforme a fazenda, ou volume dela, que observam, e as forças do passageiro.

INSTRUÇÕES E DIÁRIO DA VIAGEM DA VILA DE TETE, CAPITAL DOS RIOS DE SENA PARA O INTERIOR DA ÁFRICA

Padre Vicente Ferreira Pires

Vicente Ferreira Pires nasceu na Bahia, onde foi batizado em 1765. Ordenou-se sacerdote católico em 1793, em Portugal. Três anos depois, foi enviado em embaixada pelo príncipe regente d. João, na companhia do padre Cipriano Pires Sardinha, ao dadá ou rei do Daomé. Cipriano Pires Sardinha morreu na África, em Ajudá, em 1797. Vicente Ferreira Pires, que, em 1800, ofereceu a d. João um longo e pormenorizado relato do que viu, soube e tratou durante sua missão — Viagem de África em o reino de Dahomé —, *ainda estava vivo e morando em Portugal em 1806.*

A arrebentação no golfo do Benim

E, finalmente chegamos [à praia do Daomé. E desembarcamos] em uma grande canoa. Com felicidade passamos o chamado banco, que é bem assim como um cordão de areia sobre o qual o mar faz continuada ressaca, em distância da praia enxuta 40 braças pouco mais ou menos.[332]

Esta passagem é perigosíssima. Todo o perigo consiste no que vou expor:

332 Cerca de 90 m.

Aquém do cordão, por costume, se formam três rolos de mar, que fazem seu abatimento sobre o mesmo cordão, e por isso aqueles negros remadores das canoas contam em distância proporcionada primeiro, segundo e terceiro rolo, e nestes termos costuma então o mar fazer um pequeno jazigo, tanto quanto basta a dar tempo para remarem as canoas além do banco; mas, como isso não tem compasso (bem a nosso pesar), muitas vezes acontece na ação da canoa ir a passar o cordão, vir o primeiro rolo do mar ainda inesperado e irremediavelmente é profundada.

Ora, poderia ser que alguns destes desgraçados passageiros se salvassem a nado, ainda mesmo quando se virassem as canoas além do cordão, mas infalivelmente é um impossível, por causa dos imensos e disformes tubarões daquela costa, que, apenas qualquer desgraçado cai ao mar antes do cordão, como além do cordão, é logo imediatamente tragado por esses monstros marinhos.

Há uma coisa bem célebre a este respeito, que parece antipatia, pois jamais escapa um branco, que não seja devorado; e não consta que um etíope tenha passado por igual sorte, pois que estes, quando as canoas se viram uma ou mais vezes, hábil e ligeiramente as tornam a endireitar, embarcando-se dentro delas, e dirigindo-as para onde as convém; o que dá a entender não ser de bom paladar destes monstros a carne de cútis negra e, portanto, amarem mais a cor alva, pois que nem um só escapa. Ou talvez os negros, como mais espertos, não esperem pela catástrofe.

VIAGEM DE ÁFRICA EM O REINO DE DAHOMÉ

Os costumes do jirau

Todos os anos se fazem duas festas chamadas *costumes do jirau*.[333] [...]

333 Trata-se do *hwetanu* ou *xuetanu*, a cerimônia na qual os

Um grande átrio, fronteiro à porta do palácio do rei em Abomé, serve de campo onde se representa a sanguinosa cena. Fora da porta do palácio se forma um pequeno anfiteatro, com a elevação de 3 ou 4 palmos,[334] para se assentar o rei e toda a família do paço. Para estas funções são também convidados, além de todos os outros feudatários, príncipes e potentados, os três governadores das fortalezas de Gregué,[335] os quais têm assento à direita do rei. Em suas cadeiras os grandes da terra estão sentados ou deitados no chão [...], em cima dos seus couros com banquinhos, o que só nestas duas ocasiões lhes é permitido usar diante do rei. O mais povo existe aos bandos, munidos de todas as qualidades de instrumentos negrais, e sempre em contínua e furibunda cantarola, fazendo uma espécie de círculo, para o átrio ficar livre.

Isto disposto, começa o rei a receber grandes presentes, tanto dos governadores brancos[336] como de todos os grandes e mais povo, os quais, conforme as suas posses, lhe oferecem; e assim também o rei costuma, igualmente, fazer mercês nesses dias, não só brindando aqueles de quem havia primeiro recebido, mas ainda premiando a outros com dignidades ou algumas peças do seu tesouro.

Para fazer ideia da utilidade que o rei recebe dos tais presentes, chamados *do costume*, é bastante dizer que os governadores avaliam de comum cada presente que dão em perto de 800 mil réis, e recebem em troco duas negri-

---

daomeanos reafirmavam sua submissão e fidelidade ao soberano e aos ancestrais e ofereciam, para honrá-los e servi-los, sacrifícios humanos.

334 Entre 66 cm e 88 cm.

335 Glehue ou Grégoué, porto de Ajudá e nome que também se dava a essa cidade.

336 Refere-se aos comandantes dos fortes europeus existentes no litoral.

Sacrifícios humanos nos Grandes Costumes.

nhas, que podem valer 40 mil réis, e portanto nestes dias é que o rei recolhe avultadas somas, tanto em fazendas como em tabaco de rolo, aguardente e mantimentos.

No meio deste átrio se forma um jirau quadrado, e para o que, com bastante mágoa, se saberá o fim. [...]

Costuma o rei mandar pôr em reserva, e na prisão, certo número de criminosos de morte, tempos antes de se celebrarem estas funções.

Uma semana antes, ficam presas todas aquelas pessoas que são da eleição do rei, sem mais motivos, mandando-as ajuntar com aqueles criminosos reservados, de forma que façam o número de cem pessoas. Estes infelizes estão em uma grande senzala, [...] e cada um deles preso a uma coluna de pau com um cavalo, também preso à mesma coluna e assim ficam [até dois dias depois], em que o rei com toda sua comitiva vai visitá-los e ver a quantidade de comer que se lhes dá, ordenando que de tudo se lhes dê muito, tanto ao preso negro como ao preso cavalo.

É nesta ocasião que os tais padecentes se servem de toda a sua habilidade como seja, cantar, dançar, repetir versos; tudo para ver se o rei de algum deles se agrada, o que às vezes sucede, e neste caso aquele que entreteve o rei é solto e ainda em cima é premiado. [...]

Cada uma destas desgraçadas vítimas, depois de toda maniatada na postura que vulgarmente se diz de cócoras, se mete em um cesto grande, o qual é conduzido por outro negro, levando igualmente o companheiro cavalo pela mão. Formando assim a função, se encaminham para o lugar da assembleia, puxada [por dois ministros do rei], Mingá e Ganjó, este como inspetor dos cavalos, e aquele como administrador dos grandes costumes do rei. Apenas chegam, circulam o átrio, entrando sempre pelo lado onde está o rei; e então, nesta passagem tornam de novo a fazer diversos jeitos, para ver se podem dar gosto ao rei, e entanto alcançar a vida; e, se, com efeito lhe agradam, o que é raro, lança-lhe a ponta da sua capa, com que o salva, o que pode fazer na primeira, segunda e terceira vez, que passam pelo anfiteatro onde está o rei.

Logo, acabada a última passagem, o *paca*,[337] que está postado diante, manda que se arroje ao chão o padecente, e de um fio lhe tira a cabeça, bem como a de seu cavalo, cujas cabeças vão para cima do jirau, e a este tempo igualmente o *ató*, terrível ajudante do *paca*, puxa pelos corpos, e os arrasta para fora do círculo, e assim continuam na mesma ordem, até finalizarem o resto dos padecentes.

VIAGEM DE ÁFRICA EM O REINO DE DAHOMÉ

Uma audiência do rei do Daomé

Divisamos o rei em pouca distância, recostado no chão, sobre uma colcha e almofada de damasco, cercado de mulheres que, segundo o meu golpe de vista, me pareceu chegarem ao número de trezentas pessoas, tendo ele à

337 O carrasco do rei.

sua direita o alfanje como cetro. Estava nu de meio corpo, embrulhado em um bom pano branco, com várias voltas de corais no pescoço e um barrete branco bordado na cabeça, cachimbo de ouro na mão, uma ceroula de seda escarlate à maneira de calças mouriscas. Nos pés trazia alparcatas de sola, presas em cordões de ouro.

Todas estas mulheres de que falei, têm suas diferentes ocupações, de maneira que tantos títulos, lugares, cargos e patentes há fora no sexo masculino, assim também nomeia o rei e têm o feminino. Entre estas também estavam suas mulheres, parentas e outras para o serviço do rei; bem como uma que pega no escarrador de ouro; outra com a pensão do cachimbo para o acender, outra para assoprar o fogo de um fogareiro de prata, que ali estava; outra denominada *a barbeira*; outra com uma chave de ouro presa em cordões do mesmo metal ao pescoço; a qual era pertencente a uma frasqueira de prata, que o rei tinha junto a si; [...] acompanhado, porém, este número de mulheres por um só homem, como eunuco, que, coberto com outro igual pano ao das outras mulheres, tem só o emprego e grande desvelo de abanar as moscas ao rei, com uns ponteiros enfeitados, bem como vassourinhas.

Aquela que tem o escarrador tem todo o cuidado [para que] não escape alguma porção de saliva, quando o rei cospe no dito escarrador; porque, do contrário, a que está mais perto do lugar onde caiu a nojosa saliva deve logo limpá-la com seu pano, para que não fique o mais leve resquício. Desta sorte disposta a assembleia, chegamos ao rei etíope, e lhe demos a embaixada, segundo as ordens, que nos foram confiadas, o qual a recebeu e aceitou com todo o acatamento e respeito. Dado fim o dito exórdio, se tornou a deitar, e nós nos assentamos em duas cadeiras antigas de encosto, porém cada uma coberta com suas colchas de damasco. Então, passamos o que vou a contar.

Dispostos os intérpretes como disse, nos assentamos e, desta maneira, ouvimos em português, pelo *leguedé*, intérprete do rei. Respondemos pelo mesmo idioma, [...] e logo o rei nos fez perguntar como estava seu irmão, o rei de Portugal, ao que respondemos. Depois disto Meú, que estava de joelhos na mesma atitude, se encaminhou para nós, pegando em um cesto, que se achava no chão, dentro do qual estava uma cuia grande muito asseada, cheia de água elementar e, tirando desta com outra pequena cuia uma porção, bebeu primeiro e, tornando a encher a segunda vez, deu a beber.

Logo depois, metendo a mesma cuia dentro de uma panela de barro, tirou uma porção do pito, e, bebendo primeiro, nos deu depois; até que, finalmente [pela] terceira vez tirou uma pequena salva de prata com quatro copinhos, e os encheu de aguardente, e na forma predita, bebeu primeiro, e depois foi ao rei com os três copinhos cheios. O rei pegou no seu, e nos mandou os outros; o Meú nos fez saber que tocássemos os copos no do rei, por ser este o costume nas grandes e respeitáveis saúdes. Depois nos disse o rei, que bebia à saúde do grande gosto que tinha de nos ver na sua presença, o que há tanto desejava; a que nós lhe respondemos o melhor que nos foi possível.

VIAGEM DE ÁFRICA EM O REINO DE DAHOMÉ

Morte e sepultamento do rei

Logo que o Rei adoece, de madrugada, ao meio-dia e à meia-noite, é circulado o palácio por bandos de negros, com cantarolas e atabaques, gaitas e mais instrumentos próprios de madeira, que, depois de fazerem este círculo, se dirigem à casa de Meú e Mingá, a fazerem o mesmo que fizeram no palácio. Esta função, entre os etíopes, significa que o rei está melhor, inda mesmo que quanto esteja pior, ou tenha morrido naquele instante. Com efeito, morrendo, acontece fazerem a mesma orquestra, em cuja morte se guarda o maior segredo, e não é sem crime quem nisso fala. Salvo, depois de passar o tempo premeditado de dezoito luas, ou dezoito meses, pois só em ocasiões de guerra se faz pública a morte do rei, sendo esta repentina.

Porém, morto o rei, de qual das formas for, este corpo, depois de lhe fazerem a barba, lavam-no e o vestem da mesma forma que ele andava em vida, e assim mesmo é conduzido com todo o segredo para o dito palácio de Abomé, acompanhado pelos grandes do reino e suas mulheres. Ora, neste palácio já se achava edificada por ele mesmo a sua sepultura, o que costumam todos fazer assim que tomam posse do governo, sendo como primeiro objeto o cuidarem da casa para a morte, que, segundo o modo de pensar daqueles ímpios, não julgam mais que uma passagem para o outro mundo, igual a este em que existimos. [...]

No centro do dito palácio de Abomé, se fez um grande subterrâneo, o qual poderá ter 100 palmos em quadro,[338] segundo me contaram. É todo feito de paredes de barro, para aguentar a terra, tendo a entrada como em ladeira na distância de 30 palmos; e com a largura de 5:[339] quanto baste para a entrada de um homem. Meú e Mingá, por efeito de seus cargos, têm por obrigação de darem cem homens, ou seus escravos entre ambos, os quais nesta ação se degolam, para irem servir ao defunto rei, e destes degolados se lhes apara o sangue para amassar com ele o barro, quanto baste para formar um caixão em que o rei deve ser metido; cujo caixão é depositado sobre um jirau de grades de ferro, que já se acha ordenado no meio do subterrâneo.

Disposto assim o caixão, se lhe introduz o corpo do defunto rei, pondo-lhe por cabeceira uma caveira de algum dos reis que o defunto havia vencido, e debaixo

338 2,2 m.

339 A entrada ficaria à distância de 6,6 m e teria 1,1 m de largura.

do jirau se lhe introduzem todas as caveiras e ossos dos mais reis também por ele vencidos, e logo depois se lança sobre tudo isto um grande pano de veludo preto.

É preciso advertir que, quando o rei toma posse do governo, forma igualmente uma companhia chamada *abaiás*, que vêm a ser oitenta negras, como um corpo de guarda de sua pessoa, as quais em sua vida lhe servem para diversas ocupações e ministério para sua comodidade, bem como umas para cantarem e outras para dançarem; mas, por isso mesmo que são como guardas do seu corpo, devem igualmente acompanhá-lo depois de morto, e para este efeito se introduzem dentro do dito subterrâneo, bem como mais cinquenta homens, também de sua guarda; e estes são os melhores, e escolhidos daqueles que o rei tinha.

A estes se lhes quebram as pernas, o que não era costume, mas, em razão de acontecer pela morte de um rei estes cinquenta membrudos etíopes arrombarem o teto do subterrâneo, inflamados de raiva e exasperação, e assim vencendo, fugirem com efeito, por isso costumam dar-lhes estes martírios, para que outra não suceda.

Além destes cinquenta homens entra mais imensidade de gente de ambos os sexos, que por sua vontade querem ir acompanhar o defunto rei, para cujo fim se acha o buraco do subterrâneo aberto pelo decurso de três dias, tendo no mesmo subterrâneo mantimentos para sustentação do defunto rei e das pessoas que dentro existem.

Findo este tempo, tudo quanto entrou fica dentro, e logo a entrada do subterrâneo é entulhada, sem que dê mais ar, ou claridade dentro da cova. Nestes três dias reina em toda a cidade o maior silêncio possível, de maneira tal que nem uma só pessoa pode usar de pano novo e tampouco rir-se ou mostrar sinal de alegria. Antes, pelo contrário, deve usar dos panos mais velhos e sujos, e com semblante triste, tudo em consequência da pena que devem ter pela morte do rei.

É da grandeza do filho e novo rei mandar para o subterrâneo, onde existe o seu pai, muitos trastes de ouro e prata, e panos de seda; mas permite que, passados os três dias, os secretários e as mulheres do rei defunto tirem todas estas dádivas, na hora de fechar o buraco, e entre si façam delas rateio.

Findas as dezoito luas, que são dezoito meses, como eles contam, então propriamente se faz pública a morte do rei, e o novo eleito, com toda a sua família, e grandeza, se juntam em o dito palácio de Abomé, e então declara que é morto o rei seu pai, como se ele morrera naquele dia, por cuja causa recebe de todo o seu povo e tributários ofertas, como presentes que são ao defunto; onde faz não pequena colheita, não ficando de fora os três governadores [europeus] das fortalezas [de Ajudá],[340] que por convite também são obrigados a concorrer com as suas ofertas, a que lhe chamam *costume do rei*, ou *grande festa do jirau*.

É nesta mesma ocasião que o novo rei manda degolar três negros e três negras dos melhores da sua família, para que vão dizer a seu pai que ele já publicou a sua morte e que, portanto, está governando o reino.

No dia imediato ao da sua aclamação, vai o dito filho com Meú e Mingá fazer abrir o subterrâneo, de onde tira a caveira e os ossos de seu pai, os quais com a mão esquerda apresenta ao seu povo, tendo na direita um pequeno machadinho, que com ele demonstra ter até aquele dia governado o reino; e que tudo quanto fez, foi por ordem de seu pai, como se estivesse fora da terra.

Com esta publicação todo o povo se prostra no chão, dando sinais do maior sentimento, mas imediatamente que ele se aclama rei, larga a caveira e machadinha, e toma um alfanje, que é como cetro, com o qual faz pu-

340 Uidá, Judá, Ouidah, Whydah ou Fida, que era o porto do reino do Daomé.

blicar o pleno poder do seu governo, e que dali em diante tudo quanto for feito é por sua conta como rei.

É então quando, repentinamente, tudo passa ao estado da maior alegria, e batuques, e de novo torna o povo a dar presentes ao novo rei. Finalmente, finalizada esta aclamação, se retira a grandeza e o povo da terra, ficando o novo rei, com a sua família, e os dois secretários, tendo já posto em reserva bastantes prisioneiros de guerra, e outros mais de seu arbítrio, aos quais manda matar, tanto de um como de outro sexo, que sempre fazem o número de trezentas pessoas, pouco mais ou menos, de cujos mortos manda aparar o sangue para amassar com ele outra quantidade de barro capaz de edificar sobre o dito subterrâneo uma casa semelhante a um grande forno, para a deposição dos ossos e caveiras do rei seu pai; cuja casa, ou fosso, é feita com o dito barro e caveiras dos reis que foram aprisionados pelo defunto rei.

Formada esta casa, ou fosso, é então forrada de preciosas sedas e galões, e no meio existe uma panela formada do mesmo barro, semelhante a um assador de castanhas, em cuja panela se mete a caveira do referido rei. Por estes buracos da panela é por onde o novo rei vai dar aguardente e búzios a seu pai, quando o vai visitar naqueles dias assinalados, o que também se pratica com as caveiras de seus avós, ficando daí em diante uma negra de sentinela junto à casa, ou forno, para enxotar as moscas, a não se porem na dita panela.

VIAGEM DE ÁFRICA EM O REINO DE DAHOMÉ

Thomas Winterbottom

Nascido em 1766, o médico Thomas Masterman Winterbottom foi para a Serra Leoa em 1792. Sobre os quatro anos que ali passou escreveu um livro, An Account of the Natives Africans in the Neighbourhood of Sierra Leone, to which is Added An Account of the Present State of Medicine Among Them [*Um relato sobre os nativos africanos da vizinhança da Serra Leoa, ao qual se acrescenta Um relato sobre o estado atual da medicina entre eles*], *publicado em 1803. Winterbottom foi o primeiro médico a descrever a doença do sono. Autor de várias obras de medicina, faleceu em 1859.*

A doença do sono

Os africanos estão muito sujeitos a uma espécie de letargia, da qual têm muito medo, porque em todos os casos se mostra fatal. [...] Essa doença é muito frequente nas terras dos fulas, e diz-se que é muito mais comum no interior do que na costa. As crianças só raramente ou nunca são afetadas por essa enfermidade, que não é mais comum entre os escravos do que entre os homens livres, embora se afirme que os escravos do Benim são muito sujeitos a ela. No início da doença, o paciente é tomado por um apetite voraz, comendo o dobro do que está normalmente acostumado, e engorda muito. Após algum tempo, o apetite cai, e o paciente gradualmente definha.

Em alguns casos, embora isso seja pouco comum, quem dela sofre fica estrábico e há exemplos, ainda mais raros, de ser tomado por convulsões. Pequenos tumores ganglionares são algumas vezes observados no pescoço do paciente, um pouco antes do início da enfermidade, mas isso pode ser causado por outras circunstâncias acidentais e não pela doença. Os comerciantes de escravos, no entanto, consideram, ao que parece, esses tumores como um sintoma da propensão à letargia e jamais compram um cativo que os apresente, ou dele se livram assim que notam estar afetado pela doença. A disposição para dormir é tão forte que não dá uma trégua para que a pessoa possa alimentar-se; e até mesmo o repetido recurso ao chicote — um remédio frequentemente usado — não consegue manter o pobre desgraçado desperto. [Os tratamentos prescritos pelos cirurgiões europeus] não apresentam nenhum resultado, e a doença se revela fatal em três ou quatro meses. Os nativos ignoram o que a provoca, e os suadouros são o único remédio que usam contra ela e do qual esperam obter algum êxito. Só o empregam em casos incipientes; quando a enfermidade já está avançada, creem ser inútil fazer qualquer coisa. A raiz de uma planta, chamada pelos sossos *kalee*, e as folhas secas de outra, a que os sossos dão o nome de *fingka*, são fervidas, durante algum tempo, numa vasilha de ferro com água. Retirada do fogo, senta-se o paciente sobre ela e o cobrem com panos de algodão, para que transpire abundantemente. Esse tratamento é repetido duas ou três vezes por dia e continua durante bastante tempo, até a cura ou o agravamento da doença. Nenhum remédio de uso interno é dado ao enfermo.

UM RELATO SOBRE OS NATIVOS AFRICANOS

João da Silva Feijó

Nascido no Rio de Janeiro em 1760 e falecido no Ceará em 1824, esse naturalista e matemático formado em Coimbra foi coronel de engenharia e professor da Academia Militar do Rio de Janeiro. Serviu por vários anos em Cabo Verde, tendo, entre outros trabalhos, escrito um "Ensaio econômico sobre as ilhas de Cabo Verde para servir de plano à história filosófica das mesmas — 1797", publicado, em 1813, no jornal O Patriota, *do Rio de Janeiro, e refundido em 1815 sob o título "Ensaio econômico sobre as ilhas de Cabo Verde — 1797", nas* Memórias econômicas da Academia de Ciências de Lisboa.

Os panos de Cabo Verde

Os panos, que constituem ao mesmo tempo o vestuário das mulheres do país e a moeda corrente, são fabricados a maior parte pelos escravos, em teares os mais irregulares que se podem imaginar, por serem formados instantaneamente de pedaços de estacas e canas atadas com cordas de cascas de bananeiras, que, concluída a obra, passam a servir de combustível aos mesmos tecelões, à exceção do pente, e órgão; sendo por isso o trabalho daqueles tecidos o mais grosseiro e irregular, porque os operários não fazem nisso ofício próprio; sendo a falta de economia e o excessivo preço por que são reputados aqueles panos, consequências necessárias da falta de arte, e fabricantes.

Estes panos são formados de seis bandas ou faixas da largura, pouco menos de 1 palmo, sobre 7 até 8 de comprimento, cosidas umas às outras pelas suas ourelas, para constituírem a largura total de 4 para 5 palmos.[341] E conforme o seu obrado ou trabalho assim determinam a espécie. Uns são meramente de algodão e outros com interposição de seda ou lã, das três cores, vermelha, amarela e verde. Uns e outros ou são lisos ou com lavores (a que chamam no país, *bixo*), cuja diversidade concorre também a fazer o seu valor intrínseco no comércio, assim como na mesma espécie variam de qualidade conforme a ilha em que são fabricados. [...]

[...] [Na ilha do Fogo], na da Brava, na de Santo Antão e São Nicolau, além dos panos, também se fabricam colchas de algodão branco e amarelo, de mais ou menos estimação, segundo o seu trabalho, lavores e espécies que entram no seu tecido, ou seja, a lã ou seda etc., e meias de algodão, feitas de agulha, mais ou menos finas, entre as quais são mais estimáveis pela qualidade as da Ilha do Fogo. [...]

É o anil [...] a única tinta de que usam aqueles insulares para tingirem os seus panos. No método de o preparar seguem em tudo o trabalho de Madagascar, da costa de África e de alguns outros sítios da Índia. Tomam as folhas desta planta, colhidas quando principia a florescer, e, depois de as pilarem, fazem com a pasta uns bolos, que depois de secos perfeitamente, guardam para quando precisam. Então, para prepa-

341 As faixas têm menos de 22 cm de largura e até 1,7 m de comprimento e resultam no pano com largura total de até 1,1 m.

rarem a sua tinta, desfazem estes bolos em decoada de cinzas de purgueiras ou de bananeiras, deixando chegar a dissolução a uma perfeita putrefação. Logo que a veem bem ferrete, passam a ensopar as meadas de algodão, ou os mesmos panos que querem tingir, levando-os e repetindo uma e mais vezes esta manipulação, segundo pede a necessidade, para se lhes dar um azul mais ou menos carregado.

ENSAIO ECONÔMICO SOBRE AS ILHAS DE CABO VERDE

Thomas Bowdich

Nascido em Bristol, na Inglaterra, em 1791, Thomas Edward Bowdich foi, em 1817, funcionário da African Company of Merchants, para Cape Coast Castle, na Costa do Ouro. No ano seguinte, incumbiram-no de uma missão diplomática junto ao asantehene *ou rei dos axantes, da qual resultou o seu livro* Mission from Cape Coast Castle to Ashantee, with a Descriptive Account of that Kingdom [*Missão do Castelo de Cape Coast ao Axante, com uma narrativa descritiva daquele reino*], *lançado em Londres em 1819, quando já estava de volta à Inglaterra. Foi viver por algum tempo em Paris e em Lisboa. Em 1823, chegou a Bathurst (atual Banjul), determinado a explorar o interior da Serra Leoa, mas morreu de malária em 1824. No mesmo ano, foi publicado o seu livro* An Account of the Discoveries of the Portuguese in the Interior of Angola and Mozambique [*Um relato das descobertas dos portugueses no interior de Angola e Moçambique*].

Kumasi

Entramos em Kumasi[342] às duas horas da tarde. [...] Fo-

342 Capital do império ou confederação Axante. Esse estado surgiu, no fim do século XVII, da união de várias cidades-reino,

Parede externa de uma residência de pessoa importante em Kumasi.

ou *amantos*, acãs, em torno de Osei Tutu, o rei de Kumasi, e se tornou poderoso depois de derrotar o reino de Denkira, por volta de 1700. Conquistado militarmente pelos britânicos em 1896, viu o seu rei, ou *asantehene,* ser exilado e, posteriormente, em 1924, ser devolvido a Kumasi. A nação axante, com suas estruturas tradicionais e seu *asantehene*, persiste, ativa, na atual República de Gana.

mos recebidos por mais de 5 mil pessoas, em sua maioria guerreiros, e por uma estrondosa música marcial. [...] Vimo-nos forçados a olhar somente para o chão, por causa da fumaça que nos envolvia, produzida pela incessante descarga de numerosas espingardas. Detemo-nos, enquanto os capitães dançavam, no centro de uma roda formada por seus soldados, e uma confusão de bandeiras inglesas, holandesas e dinamarquesas eram agitadas em todas as direções. [...] Os capitães usavam um barrete de combate com chifres de carneiros dourados projetando-se para a frente e os lados cheios de grandes plumas e penas de águias, [...] e vestiam um pano vermelho, cobertos de amuletos e enfeites de ouro e prata. Traziam amplas calças de algodão e enormes botas de um couro vermelho sem brilho, que se alongavam até as coxas. [...]

Uma área de aproximadamente 1 milha de circunferência[343] estava apinhada de esplendor. À distância, resplandeciam o rei, seus vassalos e capitães, cercados por servidores de todos os tipos. [...] Mais de cem bandas começaram a tocar à nossa chegada os hinos reservados a cada um dos chefes; as cornetas opunham-se umas às outras, acompanhadas pelas batidas de inumeráveis tambores e instrumentos de metal, cedendo de vez em quando ao som suave de suas flautas compridas.

MISSÃO DO CASTELO DE CAPE COAST AO AXANTE

343 1,609 km.

Dixon Denham

Militar e explorador inglês, nascido em Londres em 1786 e falecido em Freetown em 1828. Na passagem de 1822 a 1823, com Hugh Clapperton e Walter Oudney atravessou o Saara, indo de Trípoli ao Bornu (no norte da atual Nigéria). Explorou as margens do lago Chade. Foi mais tarde designado governador da Serra Leoa, mas só exerceu o cargo por cinco semanas, morrendo de febres. A descrição de sua expedição foi publicada, juntamente com a de Clapperton, em 1826, sob o título Narrative of Travels and Discoveries in Northern and Central Africa, in the Years 1822, 1823 and 1824 [*Narrativa de viagens e descobrimentos na África do Norte e Central, nos anos de 1822, 1823 e 1824*].

O sultão de Bornu

Logo depois que amanheceu, fomos convocados à presença do sultão de Bornu. Ele nos recebeu num espaço ao ar livre, diante da residência real: mantiveram-nos a uma distância considerável, enquanto sua gente se aproximou a cavalo até mais ou menos 100 jardas.[344] Após desmontarem e se prostrarem diante dele, tomaram seus

344 Cerca de 90 m.

lugares no terreno em frente, mas com as costas voltadas para o real senhor, como é o costume do país. Este estava sentado numa espécie de gradeado de bambu ou de madeira perto da porta de seu jardim, num assento que, de longe, parecia estar forrado de seda ou cetim e, através desse gradeado, apreciava a assembleia diante dele, que formava uma espécie de semicírculo, desde o seu assento até perto de onde nós estávamos esperando. Nada poderia ser mais absurdo e grotesco que algumas, não todas, das figuras que formavam essa corte. [...]

É indispensável aos que servem na corte de Bornu ter barriga e cabeça grandes; e aqueles a quem a natureza lamentavelmente não deu barriga grande, ou não a adquiriram se empanturrando, dão jeito na falta dessa protuberância com uma espécie de estofo que, quando eles montam a cavalo, dá a curiosa impressão de que a barriga está pendendo sobre o cabeçote da sela. As oito, dez ou doze camisolas de diferentes cores, que são usadas uma por cima das outras, ajudam a aumentar a largura da pessoa: a cabeça é envolta em rolos de musselina ou linho de várias cores, embora na maioria das vezes brancos, de modo a deformá-la o mais possível. [...] Além disso, estão cobertos de amuletos em pequeninas bolsas de couro; o cavalo também apresenta esses grigris em volta do pescoço, no alto da testa e ao redor da sela.

NARRATIVA DE VIAGENS E DESCOBRIMENTOS NA ÁFRICA DO NORTE E CENTRAL

Os eunucos de Bornu

O sultão de Bornu possui em seu harém, como eunucos, mais de duzentos jovens de Bagirmi[345] com menos de vinte

345 Reino a sudeste de Bornu, que nele costumava prear escravos. Foi um importante centro de formação religiosa islâ-

anos, enquanto o sultão de Bagirmi (que dizem ter perto de mil esposas) dispõe do triplo desse número de desventurados, provenientes de Bornu e de Canem, escolhidos entre os jovens mais saudáveis que lhe caíram nas mãos como prisioneiros e foram poupados do massacre geral a fim de que o servissem dessa maneira. [...]

Quando, certo dia, eu me abrigava da violência de uma repentina chuvarada, sob o pórtico do jardim do xeque, o chefe dos castrados levou-me para ver uns doze desse grupo, que se recuperavam da experiência penosa da iniciação por que haviam [recentemente] passado: magros e enfraquecidos, embora alimentados e tratados com o maior cuidado (pois se tornam extremamente valiosos e são vendidos para qualquer mercador turco por 250 ou trezentos dólares), aqueles pobres restos de rapazes de promissora saúde passaram diante de mim. Não pude conter minha emoção ou disfarçar a pena de que fora tomado e que se mostrava claramente em minha fisionomia. Então, o empedernido chefe do serralho, que parecia feliz com o fato de tantos rapazes terem sido reduzidos ao mesmo estado dele, exclamou:

— Ora, cristão, para que tudo isso? Eles não passam de bagirmis! Cães! Cafres! Inimigos! Era para terem sido esquartejados vivos e agora vão tomar café, comer açúcar e viver toda a vida num palácio.

NARRATIVA DE VIAGENS E DESCOBRIMENTOS
NA ÁFRICA DO NORTE E CENTRAL

Boi de sela

As bestas de carga usadas pelos habitantes são o boi e o asno. Dos últimos, há nos vales de Mandara uma raça de alta qualidade. Só possuem camelos os estrangeiros e os

---

mica. A partir do fim do Setecentos, tornou-se, apesar de ser um país muçulmano, um produtor e exportador de eunucos.

chefes que servem o xeque ou o sultão. O boi carrega toda espécie de cereais e outros produtos para o mercado. Uma pequena sela de junco trançado é posta sobre ele, e ali, em suas costas largas e possantes, são amarrados sacos feitos de pele de cabra cheios de grãos. Uma tira de couro é passada pela cartilagem de suas ventas e serve de freio, enquanto em cima da carga monta seu dono, a esposa ou o escravo. Às vezes a filha ou a mulher de um rico xoua[346] monta no seu boi particular e vai à frente dos animais carregados; enfeitada de maneira extravagante com âmbar, argolas de prata, coral e toda espécie de ornamentos, seu cabelo escorrendo de tanta gordura, tendo em volta de cada olho um aro preto de *kohl*,[347]com ao menos 1 polegada de largura,[348] posso dizer que ela está arrumada para a conquista no mercado apinhado de gente. Forros atapetados são postos em seu desgracioso palafrém: ela senta com uma perna para cada lado e, com bastante graça, guia o animal pelo focinho. Apesar de sua índole pacífica, ela por vaidade o tortura, fazendo-o pular e empinar.

NARRATIVA DE VIAGENS E DESCOBRIMENTOS
NA ÁFRICA DO NORTE E CENTRAL

346 *Showa, Shoua* ou *Shwa*, árabes que viviam na região do lago Chade.

347 Palavra árabe para designar uma pintura mineral preta utilizada, desde o Antigo Egito, para ressaltar nas mulheres a beleza dos olhos. Obtém-se, na maioria dos casos, do sulfeto de chumbo pulverizado e se aplica no contorno dos olhos e nas pálpebras. As mulheres se maquiam com *kohl* no Oriente Médio, no subcontinente indiano, na Etiópia e nas regiões islamizadas da África.

348 2,54 cm.

Hugh Clapperton

Oficial da Marinha e explorador, nascido na Escócia em 1788. Na companhia de Walter Oudney e Dixon Denham, atravessou o Saara, indo de Trípoli a Bornu, no fim do ano de 1822 e início de 1823. Viajou, então, pela Hauçalândia (no norte da atual Nigéria) e visitou Socotô, a capital do império fula. Logo após regressar a Londres, foi incumbido de continuar o diálogo com o califa fula, Mohammed Bello. Em 1825, desembarcou em Badagry (no litoral da Nigéria), atravessou o Iorubo e chegou a Socotô. Cumpriu sua missão, mas morreu em 1827 nas cercanias daquela cidade.

De sua participação na travessia do Saara deixou memória nos textos que constam de Narrative of Travels and Discoveries in Northern and Central Africa, in the Years 1822, 1823, and 1824 [*Narrativa de viagens e descobrimentos na África do Norte e Central, nos anos de 1822, 1823 e 1824*], *publicada em 1826 juntamente com os textos de Dixon Denham. Do que se passou na sua viagem pelo Iorubo e novamente pela Hauçalândia ficou o livro* Journal of a Second Expedition into the Interior of Africa [*Diário de uma segunda expedição ao interior da África*], *publicado postumamente em 1829.*

As mulheres de Bornu

A roupa das mulheres de Bornu consiste em um ou dois panos azuis, brancos ou listrados. O pano é enrolado bem justo no corpo e vai do busto até abaixo dos joelhos. Quando usam mais de um, como as mulheres de certa importância, o segundo é jogado sobre a cabeça e os ombros. Suas sandálias, assim como as dos homens, são de couro curtido ou cru, conforme as posses da pessoa. O cabelo é enrolado em três tranças bem apertadas, a primeira como uma crista passando pelo cocuruto, e as outras duas, uma de cada lado da cabeça, todas muito besuntadas de índigo. Pintam sobrancelhas, mãos, braços, pés e pernas dessa mesma cor, menos as unhas das mãos e dos pés e as palmas das mãos, que são tingidas de vermelho com hena. As pestanas são pintadas com antimônio cru em pó. Os enfeites das orelhas não são pendurados como os nossos. São pequenos botões ou tachas verdes fixados nos lóbulos. As mais pobres usam cordões de contas de vidro em volta do pescoço, e as ricas, argolas ou enfeites nos tornozelos feitos de chifre ou latão. Ornamentos de prata são muito raros, e os de ouro dificilmente são vistos.

NARRATIVA DE VIAGENS E DESCOBRIMENTOS
NA ÁFRICA DO NORTE E CENTRAL

Kano

Kano deve ter entre 30 mil e 40 mil habitantes, dos quais a metade é formada por escravos. Essa estimativa é, naturalmente, conjectural e deve ser considerada com as devidas reservas, embora eu tenha cuidadosamente desinflado meus cálculos brutos. Nesse número não se incluem os forasteiros que durante os meses de seca chegam em massa de toda parte da África, desde o Mediterrâneo e as Montanhas da Lua, até Sennar e Axante.

A cidade é muito insalubre por causa do grande pântano que quase a divide em duas, além de um grande número de poças de água estagnada, cavadas para obter argila para construir casas. Os esgotos das casas dão para a rua, causando frequentemente um mau cheiro abominável. No lado norte da cidade, há dois morros dignos de nota, cada um com cerca de 200 pés de altura,[349] a leste e a oeste um do outro, e com um espaço insignificante entre ambos. [...] Kano tem forma oval irregular, cerca de 15 milhas de circunferência,[350] e é rodeada por um muro de barro de 30 pés de altura,[351] costeado por um fosso seco do lado de dentro e por outro do lado de fora. Há quinze portões, inclusive um construído recentemente. Os portões, de madeira coberta de ferro laminado, são abertos e fechados com regularidade ao nascer e ao pôr do sol. Do lado de dentro há uma plataforma, e embaixo dela, dois postos de guarda que servem para defesa de cada entrada. As casas não ocupam mais que um quarto da área dentro dos muros: o espaço vago é tomado por roças e hortas. O vasto pântano, que quase corta a cidade de leste a oeste e é atravessado por uma faixa de terra onde fica o mercado, inunda-se na estação das chuvas. Sendo a água da cidade considerada insalubre, mulheres estão constantemente a vender nas ruas o líquido tirado de fontes da vizinhança. As casas são feitas de barro, a maioria de formato quadrado, à moda mourisca, tendo um aposento central com o teto sustentado por troncos de palmeira, onde se recebem as visitas e os forasteiros. Os cômodos do andar térreo dão para essa sala e são geralmente usados como despensa ou depósito. Uma escada leva a uma galeria aberta, que dá vista para a sala e serve de passagem para os quartos do

349 6 mil m.
350 24 km.
351 Cerca de 9 m.

segundo pavimento, iluminados por janelas pequenas. No quintal dos fundos, há um poço e outras instalações úteis. Dentro do terreno que cerca a casa, veem-se algumas cabanas redondas de barro, com telhado de talos de sorgo, cobertos por um capim comprido. Essas cabanas são claras, limpas e mais amplas que as de Bornu. A morada do governador[352] ocupa um vasto espaço e lembra uma aldeia murada. Contém até uma mesquita e várias torres de três ou quatro andares, com janelas de estilo europeu, mas sem vidraça ou batentes. É preciso passar por duas dessas torres para se chegar ao conjunto de aposentos internos ocupados pelo governador.

O *soug*, ou mercado, é bem suprido com tudo que é necessário e com bens de luxo para atender à demanda do interior. Como já disse acima, o mercado fica numa faixa de terra entre dois charcos, e esse lugar cobre-se de água na estação da chuva, de modo que, consequentemente, o mercado só funciona nos meses de seca, quando é frequentado por muita gente, tanto forasteiros quanto moradores: não há, aliás, mercado na África mais bem organizado. O xeque do *soug* concede permissão às barracas durante um mês, e a taxa que elas pagam forma uma parte das rendas do governador. O xeque também determina os preços de todos os artigos, o que lhe dá o direito a uma pequena comissão de cerca de cinquenta cauris por venda no valor de quatro dólares ou 8 mil cauris. [...] Há outro costume regulado com a mesma exatidão e praticado em toda parte: o vendedor devolve ao comprador uma parcela do que lhe foi pago. [...] O desconto é de dois por cento no valor da compra; mas se a barganha for feita numa casa alugada, o senhorio é quem recebe a importância do desconto. Eu posso falar aqui da grande conveniência do cauri [como moeda], pois não pode ser falsificado em nenhuma for-

352 Ou seja, do emir.

ja e, graças à habilidade dos nativos para lidar com as grandes somas, constitui um meio de troca bem ajustado a qualquer transação, das menores às maiores. [No mercado] há áreas reservadas para diferentes artigos. As mercadorias de tamanho pequeno ficam em barracas no meio da feira; o gado e os bens de grande porte, nas margens do mercado. Numa parte, vendem-se madeiras, capim seco, talos de feijoeiro para forragem, feijão, milhetes, milho, trigo etc. Nessa outra, cabras, ovelhas, asnos, bois, cavalos e camelos. Numa terceira, cerâmica e índigo. Numa quarta, verduras, legumes e frutos de toda espécie, tais como inhame, batata-doce, melancia, melão, mamão, limão-doce, castanha de caju, ameixa, manga, toranja, tâmara. E assim por diante. Assa-se pão com farinha de trigo de três maneiras diferentes: como bolinhos, como as nossas roscas e como um delicado bolo de vento, com mel e manteiga derretida por cima. O arroz também é feito em bolinhos. Vaca e carneiro são mortos todos os dias. Ocasionalmente, come-se carne de camelo, mas muitas vezes, seca. O animal geralmente é morto — como diria um irlandês que trata da engorda do gado — para salvar sua vida, embora seja considerado pelos árabes um grande petisco quando a carcaça é gorda. Os açougueiros nativos são mestres de seu ofício tanto quanto os nossos, pois mostram com algumas talhadas a carne gorda e, às vezes, grudam um pouco de lã de ovelha numa carne de cabra, para que o ignorante pense que é carneiro. Quando um touro gordo é trazido ao mercado para ser morto, seus chifres são pintados de vermelho com hena; tocadores de tambor acorrem e uma gentarada se aglomera; as notícias sobre o tamanho e a gordura do animal se espalham e todos correm para comprar-lhe a carne. A pintura dos chifres é feita com folhas verdes da árvore de hena, que, esmagadas, formam uma espécie de papa. Perto dos matadouros há algumas casas que servem refeições ao ar livre: cada uma consiste apenas de uma fogueira, tendo em volta alguns espetos de madeira, nos quais são tostados alternadamente pequenos pedaços de carne magra e gorda, nunca maiores que uma moeda de pêni. Tudo tem uma aparência limpa e confortável; e uma mulher faz as honras da mesa, tendo no colo uma fosca tampa de panela, da qual serve os comensais que ficam todos à sua volta. [...] Aqueles que têm casa comem em casa. As mulheres nunca frequentam essas barracas de vender comida e, mesmo em casa, comem separadas dos homens.

Na parte central do mercado, numerosas barracas de bambu alinham-se em ruas simétricas. Ali se vendem vestimentas e os produtos mais caros, e fazem-se e consertam-se pequenos objetos e ornamentos de uso pessoal. Bandas de música desfilam de um lado para o outro, a fim de atrair compradores para determinadas barracas. Nelas veem-se um grosseiro papel de cartas, produzido na França e trazido da Barbaria, tesouras e facas de manufatura local, antimônio cru e estanho, ambos produzidos no país, seda vermelha, não trabalhada, com a qual fazem cintos e faixas ou entremeiam nos mais finos panos de algodão, braceletes e pulseiras de bronze, contas de vidro, coral e âmbar, anéis de estanho e poucas bijuterias de prata, mas nenhuma de ouro, túnicas, fazendas e xales de turbante, panos de lã grosseira de todas as cores, chita comum, roupas mouriscas, trajes vistosos dos mamelucos da Barbaria, peças de linho egípcio, com listras ou galões de ouro, lâminas de espada de Malta etc. etc. O mercado fica apinhado de gente todo dia, da manhã à noite, até mesmo em seu sabá, que é reverenciado na sexta-feira. Os mercadores conhecem as vantagens do monopólio como qualquer povo do mundo; tomam muito cuidado para não ter excesso de estoque no mercado, e, se alguma coisa cai de preço, é imediatamente retirada por alguns dias. O mercado possui um regulamento da maior correção, e as leis são executadas rigorosa e imparcialmente. Se um corte de tecido lá adquirido é levado, sem ser desembrulhado, para Bornu ou outro lugar distante, e ali se descobre ser de qualidade inferior, é costume mandá-lo de volta na mesma hora, estando escrito dentro de cada pacote o nome do *dylala*, ou intermediário. Nesse caso, o *dylala* precisa descobrir o vendedor, o qual, pelas leis de Kano, é obrigado a devolver imediatamente o dinheiro da compra.

O mercado de escravos é formado por dois barracões compridos, um para homens, outro para mulheres, onde eles são postos em fileiras e bem vestidos para serem mostrados; o dono ou um de seus escravos de confiança senta-se perto deles. Jovens ou velhos, robustos ou definhados, bonitos ou feios, são vendidos sem distinção; mas, por outro lado, o comprador os inspeciona com a maior atenção, da mesma maneira como um marinheiro voluntário é examinado por um médico antes de entrar para a Marinha: ele verifica língua, dentes, olhos, membros e se esforça para descobrir se tem hérnia, ao forçar-lhe a tosse. Se verificar serem defeituosos ou doentios, ou até mesmo sem razão específica alguma, podem ser devolvidos dentro de três dias. Quando levados para casa, despem suas vestimentas finas, que são devolvidas ao antigo dono. A escravidão aqui é tão comum, ou então a mentalidade dos escravos é tal, que eles sempre parecem muito mais felizes que seus donos. As mulheres, em especial, cantam com a maior alegria durante todo o tempo em que trabalham. Os indivíduos tornam-se escravos por nascimento ou por serem prisioneiros de guerra. Os fulas frequentemente libertam os escravos quando o dono morre ou por ocasião de alguma festa religiosa. A carta de alforria tem de ser assinada diante do cádi e autenticada por duas testemunhas, e entre eles, como entre nós, os analfabetos usam a marca de uma cruz no lugar do nome. Os escravos homens são usados em diversos tipos de atividade: construção de casas, trabalho com o ferro, tecelagem, fabrico de sapatos ou roupas e no comércio; as mulheres fiam, cozinham e vendem água pelas ruas. Dos vários povos que frequentam Kano, os nupés[353] são os mais admirados por sua diligência: assim que chegam, dirigem-se ao mercado e compram algodão para suas mulheres fiarem, as quais, se não são empregadas nisso, fazem e vendem *billam*, uma espécie de mingau de polvilho e tamarindo. Todos os escravos desse povo são muito requisitados, sendo invariavelmente ótimos negociantes; e, uma vez comprados, nunca são vendidos de novo para fora do país.

NARRATIVA DE VIAGENS E DESCOBRIMENTOS
NA ÁFRICA DO NORTE E CENTRAL

Solidariedade entre os nupés

Durante minha estada [em Koolfu, na terra dos nupés], testemunhei muitos atos de bondade verdadeira e de bom coração. Quando a cidade de Bali se incendiou, as pessoas enviaram no dia seguinte o que podiam doar, a fim de socorrer os infelizes. A dona de minha casa, que havia dado um bom número de suas escravas em casamento a homens livres, cuidava delas, quando adoeciam, como se fossem suas filhas. Para ajudar uma dessas moças que tivera um filho, enviou-lhe, por ocasião da festa de dar o nome à criança, setenta diferentes pratos de carne, cereais e bebidas. Nos meus tratos com eles, sempre procuraram e conseguiram me enganar, mas me acreditavam possuidor de riquezas inesgotáveis e, além disso, eu era diferente deles em cor, roupagem, religião e

353 Nupes ou tapas, que viviam a oeste da confluência do Benué com o Níger, às margens deste último rio. A partir provavelmente do início do século XVI aglutinaram-se num grande reino, com o poder assentado na cavalaria e em flotilhas de canoas.

modos de vida. Consideravam-me, portanto, uma ave a ser depenada. Se fossem patifes de verdade, teriam levado tudo o que eu tinha, mas, ao contrário, nunca me furtaram uma só coisa, sempre me trataram com o maior respeito e se mostraram mestres em cortesia.

Creio que, em geral, na Inglaterra, se pensa que, se um escravo se afeiçoou a seu dono, dará a vida por ele. Exemplos desse tipo não [são] assim tão comuns, quando se considera que todos esses escravos foram, desde crianças, criados pelo senhor e não conhecem outro pai ou protetor, mas sabem que, se fugirem ou forem vendidos por mau comportamento, jamais serão bem tratados como antes. Aqueles que foram escravizados já adultos, e mesmo meninos e meninas, fogem sempre que podem e levam consigo bens ou gado do senhor. E não há noite sem fugas.

DIÁRIO DE UMA SEGUNDA EXPEDIÇÃO AO INTERIOR DA ÁFRICA

René Caillié

O francês René Caillié nasceu em 1799 e faleceu em 1838. Aos dezesseis anos, engajou-se num navio e foi ao Senegal e a Guadalupe. Em 1818, voltou à África e integrou uma expedição a Bondu, mas ficou doente e foi obrigado a retornar à França. Seis anos depois, voltou ao Senegal, decidido a visitar Tombuctu. Para isso, preparou-se cuidadosamente, aprendendo árabe, estudando o Alcorão e seguindo o comportamento dos muçulmanos. Vestido como tal e apresentando-se quase sempre como árabe, iniciou, em 1827, com parcos recursos próprios, a partir do rio Nuñez, a viagem a Tombuctu, onde chegou em abril de 1828. Passou uma quinzena na cidade. Juntou-se então a uma caravana e com ela atravessou o Saara até Tânger, de onde regressou à França. Famoso como o primeiro europeu a conseguir sair vivo de Tombuctu, escreveu um longo relato de suas aventuras, Journal d'un voyage à Temboctou et à Jenné, dans l'Afrique Centrale *[Diário de uma viagem a Tombuctu e a Jenné, na África Central], publicado em 1830.*

Jenné

Os primeiros viajantes chamaram Jenné de *Terra do Ouro*. No entanto, esse metal não existe nas redondezas; é trazido de longe pelos mandingas de Kong e pelos mercadores de Buré. É o principal item de comércio desses negociantes. Eles também mercadejam escravos, que mandam para o Tafilete e para outros lugares como Mogador, Túnis e Trípoli. [...]

A cidade de Jenné tem cerca de 2,5 milhas de circunferência.[354] É cercada por uma muralha muito bem construída, com cerca de 10 pés de altura e 14 polegadas de espessura,[355] e várias portas, todas pequenas. As casas, construídas com tijolos secos ao sol [...], são do mesmo tamanho que as de uma aldeia europeia. A maior parte tem um único andar [...]. Possuem terraços, não têm janelas dando para a rua, recebendo ar somente do pátio interno. A única entrada, de tamanho normal, é fechada por uma porta feita de tábuas de madeira, bastante grossas e, ao que parece, serradas. A porta é trancada na parte de dentro por uma corrente dupla de ferro e na exterior, por um ferrolho de madeira, feito na terra. Algumas, no entanto, têm fechaduras de ferro. Os cômodos são longos e estreitos. As paredes, principalmente as externas, são rebocadas com areia, pois não possuem cal. Em cada casa, há uma escada levando ao terraço. Como não existem chaminés, os escravos cozinham ao ar livre. As ruas não são retas, mas se apresentam bastante largas para um país que não usa carruagens: oito ou nove pessoas podem caminhar ombro a ombro numa delas. Essas vias são bem cuidadas e se varrem diariamente. Os arredores de Jenné são pantanosos e desnudos de árvores. [...]

A cidade de Jenné é bulhenta e animada. Não há dia em que não cheguem e partam várias caravanas de mercadores, com todos os tipos de produtos úteis. Na cidade, ergue-se uma mesquita feita de barro, encimada por

354 Cerca de 4 km.
355 3 m de altura e 35 cm de espessura.

dois minaretes maciços e não muito altos. O templo foi toscamente construído, mas é muito grande. Está entregue a milhares de andorinhas, que nele fazem os seus ninhos. Isso gera um odor desagradável, e, para evitá-lo, tornou-se habitual que os fiéis se reúnam para a oração num pequeno pátio externo. Nas cercanias da mesquita, sempre encontrei alguns pedintes, reduzidos à mendicância pela velhice, cegueira e outras enfermidades.

Sombreiam a cidade alguns baobás e mimosas, tamareiras e outras árvores.

Na população de Jenné inclui-se um bom número de residentes estrangeiros: mandingos, fulas, bambaras e mouros. Falam as suas línguas maternas, além de um dialeto chamado *kissour*, que é de uso corrente até Tombuctu. Calculam-se os seus habitantes entre 8 mil e 10 mil. No passado, a cidade era independente, mas agora pertence a um pequeno reino, do qual Ségo-Ahmadou[356] é o soberano. Ele é um fula e um fanático islamita, além de um grande conquistador. [...] Jenné era sua capital, mas esse zeloso discípulo do Profeta, julgando que a intensa atividade comercial da cidade interferia em seus deveres religiosos, afastando os verdadeiros crentes de suas devoções, fundou outra cidade no banco direito do rio [Níger]. Chamou-lhe *El-Lamdou-Lillahi*[357] (*Em louvor de Deus*), as palavras iniciais de uma prece do Alcorão. [...]

Os habitantes de Jenné são extremamente ativos e trabalhadores — muito semelhantes aos negros pagãos que encontrei no sul. São, em suma, inteligentes e exploram o trabalho dos escravos. Entre os homens livres, os ricos dedicam-se ao comércio, e os pobres, a vários

356 Ou Seku Ahmadu, líder fula que criou, na região do chamado delta interior do Níger, o estado islâmico de Massina, que comandou com o título de califa durante quase trinta anos até sua morte em 1853.

357 Ou, melhor, Hamdullahi.

ofícios e profissões. Em Jenné vivem alfaiates que fazem roupas que enviam para Tombuctu, e ferreiros, fundidores, construtores de casas, sapateiros, ceramistas, enfardadores, carregadores e pescadores. [...]

Todos os habitantes são maometanos. Eles não permitem que infiéis entrem na cidade e quando os bambaras vêm a ela ter, são obrigados a recitar as preces muçulmanas e, se não o fazem, são impiedosamente espancados pelos fulas, que formam a maioria da população.

DIÁRIO DE UMA VIAGEM A TOMBUCTU E A JENNÉ

Tombuctu

Chegamos finalmente a Tombuctu, quando o sol se punha no horizonte. Vi a capital do Sudão[358] que por tanto tempo fora o objeto de meus desejos. Ao entrar nessa cidade misteriosa, que provoca curiosidade em todas as nações civilizadas da Europa, senti uma indescritível satisfação. Nunca antes experimentara uma emoção semelhante e minha euforia era extrema. Fui, contudo, obrigado a refrear meus sentimentos e só a Deus confiar minha alegria. [...] Olhei então ao meu redor e a vista que tinha diante de mim não correspondia às minhas expectativas. Tinha formado uma ideia de todo diferente da grandeza e riqueza de Tombuctu. Ao primeiro olhar, a cidade não oferecia senão uma massa de casas feias, construídas de terra. Para todos os lados não se via mais do que uma imensa planície de areia amarelada. O céu, até o horizonte era de um vermelho pálido, e toda a natureza tinha um aspecto monótono, nela prevalecia o mais profundo silêncio. Não se ouvia sequer o trinar de um pássaro. Apesar disso, não posso negar a impressão

358 Aqui no sentido de Sudão Ocidental ou de *Bilad al-Sudan*, o “país dos negros”.

de que estava diante de uma grande urbe, erguida no meio da areia, nem abafar a admiração por seus fundadores, que tiveram de vencer enormes dificuldades. [...]

Ao dar uma volta pela cidade, não a achei tão grande nem tão populosa como esperava. O comércio não correspondia à sua fama. Não havia, como em Jenné, uma afluência de estrangeiros vindos de todo o Sudão. Nas ruas de Tombuctu, vi apenas camelos carregados de mercadorias, alguns poucos grupos de cidadãos, sentados em esteiras, a conversar, e mouros dormitando à sombra das portas de suas casas. [...]

No entanto, os comerciantes mouros que vivem em Tombuctu recebem mercadorias de Adrar, Tafilete, Tuate, Trípoli, Túnis e Argel. Da Europa chegam-lhes tabaco e variados artigos, que enviam por canoas para Jenné e outros lugares. Tombuctu pode ser considerada o principal *entrepôt* desta parte da África. Todo o sal obtido das minas de Taoudeni ali vai ter no dorso dos camelos. Os mouros do Marrocos e de outros países que viajam para o Sudão passam de seis a oito meses em Tombuctu, vendendo suas mercadorias e tendo os seus camelos recarregados. [...]

A cidade tem a forma de um triângulo, medindo cerca de 3 milhas de circunferência.[359] As casas são grandes, mas não muito altas, e todas térreas. [...] São feitas com tijolos arredondados, amassados com as mãos e endurecidos ao sol. As paredes, exceto no que tange à altura, assemelham-se às de Jenné.

As ruas de Tombuctu mostram-se limpas e suficientemente largas para permitir a passagem, lado a lado, de três cavaleiros. Dentro e fora da cidade há muitas cabanas de palha de base circular, como as dos pastores fulas. São as moradas dos pobres e dos escravos que comerciam para seus donos.

359 Pouco mais de 3 km.

Tombuctu possui sete mesquitas, duas das quais grandes, e todas encimadas por minaretes de tijolos.

A cidade misteriosa, objeto de curiosidade há tanto tempo e sobre cuja população, civilização e comércio com o Sudão prevalecem tantas ideias exageradas, situa-se numa imensa planura de areia branca, sem outra vegetação que algumas árvores mirradas e arbustos [...] que não crescem mais do que 3 ou 4 pés.[360] Nenhum muro protege a cidade e nela pode-se entrar por qualquer lado. [...]

Em Tombuctu vivem de 10 mil a 12 mil pessoas, todas envolvidas em atividades mercantis. [...]

Embora uma das maiores cidades que vi na África, Tombuctu não possui outro recurso que não o comércio de sal, seu solo sendo completamente impróprio para qualquer cultivo. Os habitantes recebem de Jenné tudo que necessitam: milhete, arroz, legumes, manteiga, mel, algodão, roupas do Sudão, conservas, velas, sabão, pimentas, cebolas, peixe seco, pistache etc. [...]

No sudoeste da cidade, veem-se grandes escavações, com entre 35 e 40 pés de profundidade.[361] São reservatórios, que enchem com as chuvas. Ali os escravos recolhem água para beber e cozinhar. [...]

Todos os habitantes de Tombuctu são zelosos muçulmanos e se vestem como os mouros. [...] São de uma intensa cor negra. [...]

[Do alto da torre da maior das mesquitas] não pude deixar de olhar com assombro para a cidade extraordinária que tinha diante de mim, criada somente para atender às necessidades do comércio e destituída de qualquer recurso exceto a sua posição acidental como um lugar propício às trocas.

DIÁRIO DE UMA VIAGEM A TOMBUCTU E A JENNÉ

360 Entre 90 cm e 1,2 m.
361 10 m a 12 m.

Osifekunde

Nascido provavelmente por volta de 1798 em Ijebu, na atual Nigéria, Osifekunde foi vendido como escravo ao Brasil, onde viveu durante vinte anos. Quando seu senhor, que era francês, decidiu viajar a Paris, em 1836 ou 1837, levou-o com ele. Ao chegar à França, Osifekunde ficou automaticamente liberto, como determinava a lei. Quando seu ex-dono regressou ao Rio de Janeiro, Osifekunde não o acompanhou: permaneceu em Paris, trabalhando em várias casas como empregado doméstico. O etnólogo francês Marie Armand Pascal d'Avezac-Macaya entrevistou-o repetidas vezes e registrou o que dele ouviu num longo artigo, "Notice sur le pays et le peuple des Yébous en Afrique"["Notícia sobre o país e o povo dos ijebus, na África], publicado em 1845 nas Mémoires de la Société ethnologique. *Como Osifekunde não se adaptava ao clima da França, D'Avezac tomou as providências para mandá-lo para a Serra Leoa. O seu protegido preferiu, porém, retornar ao Brasil, ainda que sob o risco de ser reescravizado.*

Circuncisão e escarificações

Ao completar seis ou sete anos, o ijebu[362] é submetido à

362 Os ijebus são um povo de língua ioruba, que no século XIV

escarificação e à circuncisão. A primeira, chamada *ella* [ou *ila*] é comum a ambos os sexos. A segunda, *oufon*, só aos homens, não se aplicando operação semelhante nas mulheres.[363]

Ambas são feitas, mediante pagamento, por um especialista chamado *alakila*, que utiliza como instrumento uma lâmina pequena, larga e de corte duplo, parecida com uma raspadeira e mantida sempre muito afiada. A lâmina prende-se a um cabo delicado e arredondado de madeira, que o especialista segura entre o polegar e o dedo do meio, como fazemos com uma caneta.

A circuncisão é, por toda parte, um rito religioso, cercado de cerimônias e com a intervenção de um sacerdote, mas assim não se passa entre os ijebus. Nenhum *alase* [ou sacerdote] preside a operação, que é deixada inteiramente ao *alakila*.

Já a escarificação é uma espécie de insígnia, um emblema nacional, o mesmo para todos os indivíduos do mesmo grupo e diferente de um povo para outro, de modo a dar a cada um deles um distintivo. Consiste num certo número de incisões mais ou menos profundas, numa ordem e lugar determinados. [...]

Em Ijebu (e sua dependência, Remo), a escarificação nacional é formada por seis cortes verticais, começando na parte inferior do estômago e se alongando até o peito, onde as duas linhas do meio terminam, enquanto as demais se estendem simetricamente e tomam a direção dos sovacos.

---

ou início do XV se aglutinou, na margem norte da laguna onde fica a cidade de Lagos, num reino mercantil, que controlou boa parte das rotas comerciais entre o litoral e o interior. São grandes produtores de tecidos, sobretudo os riscados de azul e branco, que tinham mercado certo no Brasil. A sua capital foi ocupada pelos ingleses em 1896. O rei de Ijebu, o *avujale*, existe até hoje e é o líder de seu povo.

363 Isto é, não se praticando a excisão clitoriana.

Os de Idoko, um tributário de Ijebu, mostram em torno do pescoço uma fieira dupla de pequenos entalhes oblíquos, cada fieira paralela à outra, mas com os entalhes inclinados em direções opostas.

Os de Eggwa, outro tributário de Ijebu, distinguem-se por cinco ou seis longas incisões em cada bochecha, desde as têmporas até o maxilar inferior.

NOTÍCIA SOBRE O PAÍS E O POVO DOS IJEBUS

Doenças e remédios

Os ijebus têm seus próprios médicos, chamados *olouchigou* [ou *onisegun*], que prescrevem aos doentes certas *ekboghi* [ou *egbogi*] ou remédios.

Entre os ijebus, as mais frequentes enfermidades sérias são as abaixo mencionadas.

Ayani parako ou varíola, que é tratada com compressas quentes embebidas de remédios. O tratamento geralmente dá certo, desde que adotado no início da moléstia.

Eba [*iba*] ou pneumonia, reconhecida por uma tosse seca, acompanhada frequentemente por escarros de sangue. É essencial que imediatamente se deem ao doente calmantes, ou os sintomas podem aumentar de intensidade, seguindo-se o emagrecimento, a perda de forças e a morte. A tosse comum de um resfriado é chamada *okko* [ou *iko*] e não se confunde com aquela perigosa doença.

Elougo ou febre, mais frequente entre as mulheres do que entre os homens. Trata-se pondo-se diante de uma fogueira e bebendo uma infusão quente de uma planta chamada *Ewe eloukeze,* sem semelhança com as plantas do Brasil e da Europa.

Oyanou [*isuna, iyana*] ou disenteria, que se combate comendo bananas cozidas na brasa e embebidas num molho de óleo de palma e cascas de banana queimadas.

Olokouroun [*olokunrun*] ou hidropisia, contra a qual não existe medicamento.

Os ijebus, além de tratarem essas doenças, estão familiarizados com técnicas cirúrgicas para fazer frente a sérios ferimentos causados por acidentes. Ventosas são com frequência usadas. [...] O *olouchigou* também realiza cirurgias que requereriam instrumentos especiais que só se produzem na Europa. Com uma faca muito afiada e uma serra aguda, não receia fazer amputações, e os resultados quase sempre justificam a audácia.

Em casos mais simples, curam-se os ferimentos com a simples aplicação de uma pasta composta por pólvora dissolvida em suco de limão. Uma espécie de cauterização, seus resultados são rápidos e seguros.

NOTÍCIA SOBRE O PAÍS E O POVO DOS IJEBUS

Tecidos de Ijebu

Os ijebus vestem-se quase sempre com panos produzidos por eles próprios. São fazendas de algodão, matéria-prima que obtêm localmente. Nas famílias, as tarefas de colher algodão, fiá-lo, tecê-lo e tingi-lo estão costumeiramente a cargo das mulheres, e sabe-se ser muito grande a quantidade de tecidos manufaturados em Ijebu e dali exportados, não apenas para os países vizinhos, mas até mesmo para o Brasil, cujos navios vêm buscar em Lagos essa mercadoria tão apreciada pela gente de origem africana transplantada para aquela terra distante. As cores mais comuns, depois da branca e da azul, são a amarela, a vermelha, a carmesim e a verde. Alguns panos são de uma só cor, outros são multicoloridos.

NOTÍCIA SOBRE O PAÍS E O POVO DOS IJEBUS

Thomas Birch Freeman

Missionário metodista, nascido em 1809 em Hampshire, na Inglaterra, e falecido em 1890 em Acra. Filho de africano e inglesa, chegou à Costa do Ouro em 1838 e atuou como missionário até 1857, quando se tornou funcionário colonial, tendo exercido o cargo de comandante civil de Acra. Entre 1839 e 1843, fez duas viagens a Kumasi e uma à Nigéria Ocidental e ao Daomé. O diário relativo às viagens à capital dos axantes foi publicado em forma de livro, Journal of Two Visits to the Kingdom of Ashanti, in Western Africa [*Diário de duas visitas ao reino de Axante, na África Ocidental*], *em 1843. No ano seguinte, esses textos, acrescidos dos diários das visitas à Nigéria e ao Daomé, apareceram sob o título* Journal of Various Visits to the Kingdoms of Ashanti, Aku, and Dahomi, in Western Africa [*Diário de várias visitas aos reinos de Axante, Aku e Daomé, na África Ocidental*].

O rei dança

No início da tarde, soubemos que o rei [dos axantes, ou *asantehene*] desejava ver-nos, e por volta das quatro horas mensageiros vieram dizer-nos que o soberano nos esperava na sua residência. Fomos conduzidos a um pátio espaçoso, onde o rei estava sentado [...] sob um esplêndido guarda-sol de seda, cercado por sua família, muitas princesas, filhos dos dois reis anteriores, sua irmã e várias de suas esposas. [...] À nossa direita, estavam de pé vinte meninos, cada qual a empunhar uma espada com o punho de ouro, várias das quais cobertas de ornamentos também de ouro. Um deles usava um gorro decorado com penas de águia e um par de chifres de carneiro de ouro. Muitos da família real vestiam-se de sedas finas e mostravam enfeites de ouro nos tornozelos, punhos, peito, ombros e pescoço. O rei usava um belíssimo pano tecido localmente, com um barrete de pele de leopardo ricamente ornado de ouro. Tinha enfeites semelhantes nos braços e nas pernas. Suas sandálias estavam carregadas de ouro e prata. [...]

[Com a exceção de dois príncipes, dos componentes da banda de música e dos eunucos palacianos,] nenhum homem-feito estava presente, [...] por causa das esposas reais, uma vez que aos axantes adultos é vedado vê-las. [O rei fez questão de dizer-nos que aquela era uma ocasião especial em nossa homenagem.]

A banda começou a tocar, e várias das mulheres do rei e algumas moças entre quinze e vinte anos de idade, pertencentes à família real, cobertas de ornamentos de ouro, entregaram-se a uma espécie de dança, movendo-se ao redor do pátio, uma atrás da outra, em rápidos e graciosos movimentos. [...] Estavam belamente vestidas e comportavam-se com grande decoro. Enquanto elas bailavam, o rei permaneceu sentado. Quando pararam, o rei desceu para o pátio e começou a dançar. Ao passar por nós, disse-nos não ser de norma que o rei dos axantes dançasse para suas mulheres na presença de estranhos, mas que o fazia para mim, em honra da rainha da Inglaterra. Parou de dançar e retomou o seu assento. Então várias das mulheres, entre as quais a rainha-mãe, passaram a bailar, entoando ao mesmo tempo canções de guerra em louvor do monarca e de seus ancestrais. [...]

O rei desceu novamente ao pátio e se juntou à dança das mulheres, [que lhe louvavam os feitos guerreiros]. [...] Ele tomou de um dos meninos que estavam de pé perto dele sua espada de empunhadura dourada e, tendo-a amarrado à cintura, dançou um pouco. De outro menino tirou um mosquete fortemente ornado de ouro e prata, e de novo dançou. Depois, voltou-se para mim, apertou-me a mão e afastou-se, bailando com suas mulheres. Ao tomar para si a espada e o mosquete, mostrava-nos que, quando os axantes vão para a guerra, ele era um dos combatentes.

DIÁRIO DE VÁRIAS VISITAS AOS REINOS DE AXANTE, AKU E DAOMÉ, NA ÁFRICA OCIDENTAL

Theodore Canot

O nome verdadeiro do famoso traficante de escravos capitão Theodore Canot era Théophile Conneau. Franco-italiano, nascido em Alessandria, na Itália, em 1804, começou a trabalhar no comércio de escravos em 1826, dele só se retirando depois que o último de seus navios foi destruído pelos ingleses em 1850. Foi preso por duas vezes: primeiro pelos franceses e depois, em 1847, pelos britânicos. Levado para Nova York a fim de ser submetido a julgamento, fugiu, após pagar fiança, para o Brasil, onde ficou por pouco tempo. Faleceu em Paris, em 1860. Anos antes, encomendara ao jornalista norte-americano Brantz Mayer que lhe escrevesse as memórias de negreiro, com base nos seus diários e anotações, bem como em numerosas conversas. O livro, Captain Canot; or, Twenty Years of an African Slaver [*Capitão Canot, ou vinte anos de um traficante de escravos na África*], *foi publicado em 1854, em Nova York.*

O imame de Futa Jalom

O "palácio" do *ali-mami*[364] do Futa Jalom,[365] como todas

364 *Almami*, em fulfulde, ou idioma dos fulas, é uma corruptela de imame, aqui na acepção de califa.
365 Estado teocrático muçulmano, fundado em 1726 por Alfa

as moradas reais nessa parte da África, é uma cabana de adobe, cercada por um telheiro e protegida por um muro que a guarda da intrusão do rebanho. Na frente da casa, sob o abrigo da varanda, vi, apoiado numa pilha de felpudos tapetes de peles de carneiro, o imame, cujos pés intumescidos eram abanados por escravas com leques de folha de palmeira. Dirigi-me resolutamente para ele [...] e, após um forte *salaam*, fui apresentado por Ahmah-de-Bellah como seu "irmão branco". O imame imediatamente estendeu-me ambas as mãos e, segurando as minhas, fez-me sentar ao seu lado sobre as peles de carneiro. Então, olhando intensamente para o meu rosto e para o fundo dos meus olhos, perguntou-me gentilmente, com um sorriso, qual era o meu nome.

— Ahmah-de-Bellah, respondi, em conformidade com os usos locais. Enquanto eu pronunciava o nome maometano pelo qual eu tinha trocado o meu próprio com o seu filho [...], o velho, que ainda segurava as minhas mãos, pôs um de seus braços em torno de minha cintura e apertou-me ainda mais contra ele. Então, levantando os braços para o céu, repetiu várias vezes:

— Deus é grande! Deus é grande! Deus é grande! E Maomé é o seu profeta!

A isso seguiu-se uma série de perguntas sobre mim e minha história. [...]

O príncipe era um homem de pelo menos sessenta anos. Sua figura era nobre e impunha respeito. Se não era um gigante — tinha 6 pés e várias polegadas de altura —,[366] seus membros e tronco apresentavam proporções perfeitas. Sua cabeça oval, da cor do mogno, não tinha cabelos nas têmporas e estava coberta por um turbante, cujas pontas desciam em duas dobras pelas maçãs do rosto. O contorno

---

ou Alifa Ba, nas montanhas de que recebeu o nome. Existiu até ser conquistado pelos franceses nos últimos anos do século XIX.

366 O que equivale a quase 2 m de altura.

de suas feições era admiravelmente regular e, embora seus lábios fossem grossos e o nariz, um pouco achatado, este não apresentava as repulsivas narinas da raça negra. Tinha a testa alta e perpendicular e sua boca brilhava com o marfim dos dentes quando falava ou sorria. Tive depois muitas oportunidades para falar com o príncipe e fiquei sempre encantado com a afetuosa simplicidade de seu comportamento. Como era costume do país educar o primogênito da família real para o trono, o *ali-mami* de Futa Jalom tinha sido criado quase que dentro da mesquita. O príncipe pareceu-me, por isso, mais um meditativo "homem dos livros" do que um guerreiro, enquanto o resto da famíla, e principalmente seus irmãos mais novos, nunca tinham sido isentos dos deveres militares, no país ou fora dele. Como um bom muçulmano, era um cavalheiro sereno e sóbrio, jamais provando álcool ou qualquer coisa mais forte do que uma bebida fermentada obtida de certas raízes e adoçada, assemelhando-se ao hidromel. Suas conversas comigo foram sempre afáveis e preocupadas com o meu conforto. Não dizia meia dúzia de sentenças sem intercalá-las fluentemente com citações do Alcorão. Algumas vezes, no meio de uma conversa agradável, [...] ele a interrompia porque chegara a hora das orações; em outras, não tinha cerimônia em dar a entrevista por terminada porque chegara o momento das abluções. [...] Nunca pude fazê-lo entender como um navio podia ser tão grande que nele coubessem provisões para seis meses de viagem.

CAPITÃO CANOT

Mahommah Gardo Baquaqua

Nascido numa família muçulmana em Djougou, no norte da atual República do Benim, Mahommah Gardo Baquaqua foi escravizado ainda menino ou já rapazola, e passou pelas mãos de um dono na África antes de ser vendido para o Brasil, onde foi adquirido primeiro por um padeiro em Pernambuco e, depois, por um capitão de navio, no Rio de Janeiro, que o usou como marujo. Em 1847, no porto de Nova York, Baquaqua fugiu do barco e da escravidão. Protegido pela Igreja batista, converteu-se ao cristianismo e começou a ser treinado para ser missionário em sua terra, tendo passado dois anos no Haiti. De volta aos Estados Unidos, cursou, entre 1850 e 1853, o New York Central College. Transferiu-se para o Canadá, onde ditou para um pastor protestante, Samuel Moore, a história de sua vida, publicada em 1854, An Interesting Narrative, Biography of Mahommah G. Baquaqua, a Native of Zoogoo, in the Interior of Africa (a Convert to Christianity), with a Description of that Part of the World; including the Manners and Costums of the Inhabitants [*Uma narrativa interessante, a biografia de Mahommah G. Baquaqua, um nativo de Zoogoo, no interior da África* (*e convertido ao cristianismo*), *com a descrição daquela parte do mundo; assim como das maneiras e costumes de seus habitantes*]. *Seguiu depois para a Grã-Bretanha, com a esperança de encontrar patrocinador para seu regresso à África. Estava em Londres em 1857 e, a partir de então, não se sabe mais dele.*

A cobrança de dívidas

As dívidas são às vezes cobradas da seguinte maneira. Se uma pessoa em determinada cidade possui uma dívida com outra que reside noutro povoado e se recusa a efetuar o pagamento, ou o atrasa, o credor pode apoderar-se de um vizinho do devedor que por acaso encontre. Se esse tiver com ele algum dinheiro ou bem de valor, o credor está autorizado a confiscá-lo, dizendo-lhe que procure ressarcir-se com o devedor quando voltar à sua cidade. Caso não possua nada com ele, o credor pode aprisioná-lo até que a dívida seja paga.[367]

UMA NARRATIVA INTERESSANTE

O respeito aos idosos

[Na minha terra] os idosos são tratados com muito respeito. Ao falar com eles, nunca usamos *senhor* ou *senhora*, mas sempre um termo afetuoso, como *pai* e *mãe* ou, no caso de terem aproximadamente a mesma idade, *irmão* e *irmã*. As crianças são educadas para ser obedientes e polidas: não se permite que elas contradigam um velho nem que se sentem em sua presença. Quando veem uma pessoa de idade aproximar-se, imediatamente se desco-

367 Ele ficaria, portanto, como uma espécie de penhor. Entre certos povos da África Ocidental, o devedor pode, ao contrair um empréstimo, oferecer um parente ao credor, que o poria a trabalhar para ele como se fosse seu escravo, considerando sua labuta como o equivalente a juros.

brem e, se estão calçadas, prontamente tiram os sapatos. Ajoelham-se diante dos idosos, e estes reciprocam com gesto semelhante, ordenando-lhes que se levantem. Em todas as ocasiões fazem-se deferências à idade. Os melhores assentos estão reservados para pessoas velhas e, nos santuários, o lugar logo em seguida ao do sacerdote.

UMA NARRATIVA INTERESSANTE

George Tams

Médico alemão que se engajou, em 1841, numa frota comercial de seis navios, organizada pelo cônsul-geral de Portugal em Antona, Ribeiro Santos. Dessa viagem a Angola, Tams deixou um longo relato, Visit to the Portuguese Possessions in South-Western Africa, *publicado em 1845 em inglês e, em português, em 1850, sob o título* Visita às possessões portuguesas na costa ocidental d'África.

Devoções dos cabindas

Quase todos [os nossos remadores cabindas] possuíam um ídolo que carregavam sob a tanga e conversavam, quando instados, com esses pequenos deuses, rezando para eles em voz baixa. Depois, comunicavam-nos a substância do entendimento que tinham tido com eles. [...] Sentado, de pernas cruzadas, no chão, o negro, seguindo um ritual prescrito, segurava na mão direita o ídolo ou manipanço. Este é uma pequena figura humana, desajeitadamente esculpida na madeira e geralmente vestida de trapos sujos. Dá-se ao cabinda um copo de brande ou água. Ele põe na boca um gole e o cospe no manipanço, para com essa libação o predispor ao diálogo. Começa a murmurar preces ininteligíveis e, em seguida, cola o manipanço em sua orelha esquerda. Após alguns minutos, repete em voz alta o pedido ou a pergunta que fez ao ídolo. Se o manipanço não se mostra disposto a responder-lhe imediatamente, o que com frequência ocorre, o cabinda repete as preces no mesmo tom baixo de voz e volta a pôr o ídolo contra a orelha, a fim de verificar se obterá resposta. [...]

Antes de receber resposta, o devoto encosta a parte baixa do ídolo no nariz. Supõe-se, assim, que a comunicação se efetua por meio das narinas. Ao se produzir o efeito desejado, o ídolo é novamente levado à orelha. O negro é então tomado por convulsões violentas, e as contorções de seu corpo indicam que o manipanço começou a conversar com ele. Enquanto continua a olhar fixamente para a pequena escultura que sua mão segura, ele transmite aos espectadores as comunicações que recebeu. Em seguida, repetindo-se a libação já descrita, termina a cerimônia.

VISITA ÀS POSSESSÕES PORTUGUESAS NA COSTA OCIDENTAL D'ÁFRICA

Tatuagens e escarificações em Angola

Se não é incomum encontrar um homem de Benguela ou uma de suas belas conterrâneas marcados somente na face ou na testa por um corte fino, um círculo regular ou uma pequena e delicada estrela, outros não ostentam apenas esse tipo de ornamento, mas uma grande variedade de figuras cortadas em quase todas as partes do corpo.

Não há provavelmente um único negro, de Benguela às fronteiras nortistas do governo [português] de Luanda, que não apresente esse tipo de marcas. Em Cabinda, [...] contudo, esse costume não parece ser geral, pois vi cabindas [...] que não mostravam essas marcas.

Excetuada a pequena nação de Cabinda, cada tribo possui sua tatuagem particular, e cada indivíduo é, de modo geral, marcado pelo emblema ou símbolo de sua tribo. Essa insígnia característica é geralmente cortada na omoplata, e uma pessoa conhecedora nessa peculiar heráldica nacional é capaz de determinar os diferentes clãs de uma caravana que passa. [...]

Na sua primeira meninice, o negro recebe das mãos do pai a incisão com o símbolo da tribo, mas outras escarificações são posteriormente acrescentadas, de acordo com a fantasia do indivíduo. Assim, o corpo inteiro pode ser gradualmente tomado por desenhos, até que não haja lugar para outros mais. [...]

A cor da figura tatuada é sempre mais pálida do que o resto da pele, e só pode agradar aos olhos, ou mesmo ser tolerada por eles, quando uma tintura azul ou vermelha é aplicada sobre o corte ainda fresco. O azul deve-se ao índigo, constantemente empregado pelos negros. [...] A escarificação é feita com uma pedra afiada ou por um instrumento de ferro.

VISITA ÀS POSSESSÕES PORTUGUESAS NA COSTA OCIDENTAL D'ÁFRICA

Mansfield Parkyns

Nascido em 1823, na Inglaterra, Mansfield Parkyns cursava o Trinity College, em Cambridge, quando, em 1842, tomado pela tentação da aventura, viajou para Constantinopla, dali para o Cairo e, em 1843, para a Etiópia, onde ficou durante três anos. De volta a Londres, publicou em 1853 os dois volumes de Life in Abyssinia: Being Notes Collected during Three Years' Residence and Travels in that Country [*Vida na Abissínia: Notas coligidas durante três anos de residência e viagens naquele país*]. *Mansfield Parkyns faleceu em 1894.*

Travesseiros de madeira

[Na Etiópia] a maioria dos travesseiros é de madeira: ou um bloco quadrado, com cerca de 4 polegadas de comprimento e 3 de largura,[368] ligeiramente escavado num dos lados para acomodar a cabeça, ou esculpido com muito bom gosto, com o apoio caprichosamente talhado como a base de um candelabro. Tem entre 7 e 8 polegadas de altura,[369] e a parte onde repousa a cabeça apresenta a forma de um crescente. Deste último tipo

368 10 cm de comprimento e cerca de 7 cm de largura.
369 Entre 18 cm e 20 cm de altura.

vi alguns feitos de marfim, pintados com hena. Impõe travesseiros desse jeito o costume que tem essa gente de entrançar e arranjar os cabelos da maneira mais extravagante possível e de untá-los com manteiga, pois não poderiam pôr a cabeça numa almofada sem lambuzá-la de gordura e estragar o penteado. Usam, por isso, travesseiro de madeira, no qual apoiam a orelha, deixando o cabelo inteiramente livre.[370] No início, é fatigante ser obrigado a manter a cabeça, durante toda a noite, numa única posição, e não a mais confortável. Com o hábito, porém, nos acostumamos a quase tudo.

VIDA NA ABISSÍNIA

Um almoço festivo

Nas ocasiões festivas, como o dia de seu onomástico, de um batismo, de um casamento etc., um homem rico costuma reunir os amigos e vizinhos e matar uma vaca e um ou dois carneiros. As partes mais nobres da vaca são comidas como *broundo*, ou bife cru. [...]

Na Abissínia, o abate de animais é acompanhado por uma cerimônia ritual, como nos países maometanos. O animal é jogado por terra com a cabeça voltada para leste, e enquanto a faca passa por sua garganta, o magarefe declama: "Em nome do Pai, do Filho e do Espírito Santo".

Antes mesmo de o animal deixar de se debater na agonia da morte, as pessoas começam a esfolá-lo, e pedaços de carne crua são dele cortadas e servidas. Na realidade, cada um arranca o seu naco e o come enquanto ainda [está] quente e palpitando. Tem-se, e com razão, essa carne como muito mais gostosa do que quando já fria. A carne crua,

370 Esse tipo de travesseiro, no qual se apoia o pescoço, é de uso em quase toda a África.

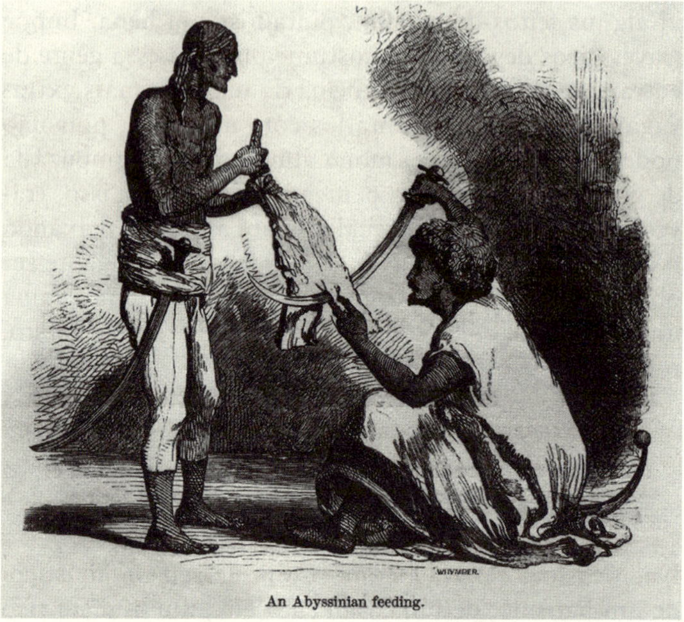

Abissínio servindo-se de carne.

depois de pouco tempo, endurece, enquanto, consumida fresca e quente, é muito mais tenra do que o mais tenro peso pendurado durante uma semana na Inglaterra. O gosto é um pouco desagradável nas primeiras vezes, talvez por restrição mental, mas muda de feição quando nos acostumamos com essa maneira de comer carne. Não tenho, aliás, dificuldade em acreditar que um homem habituado desde a infância a julgue preferível à carne cozida.

VIDA NA ABISSÍNIA

Frederick E. Forbes

Oficial da Marinha britânica, nascido em 1819. Fez parte da esquadra repressora do tráfico de escravos na costa atlântica, tendo escrito a respeito disso o livro Six Months' Service in the African Blockade: From April to October, 1848, in Command of H.M.S. Bonetta [*Missão de seis meses no bloqueio africano: de abril a outubro de 1848, no comando do navio de Sua Majestade Bonetta*]. *No cumprimento de duas missões junto ao rei do Daomé, escreveu um diário que, com outros textos, inclusive suas reflexões contrárias ao comércio de seres humanos, foi publicado em 1851, mesmo ano de sua morte:* Dahomey and the Dahomans: Being the Journals of Two Missions to the King of Dahomey, and Residence at this Capital, in the Years 1849 and 1850 [*Daomé e os daomeanos: Os diários de duas missões ao rei do Daomé e da residência em sua capital, nos anos de 1849 e 1850*].

Duas paisagens

[Entre as cidades de Aladá[371] e Cana,[372] no Daomé], atravessamos uma bela região de savanas ondulantes, salpicadas

371 Ou Ardra, que foi capital do reino do mesmo nome, conquistado pelo rei daomeano Agaja em1724.
372 Ou Cannah, a segunda cidade real, a sudeste da capital, Abomé.

de árvores magníficas — sicômoros de 130 pés de altura[373] e gigantescas árvores de algodão com suas enormes raízes a se espalhar por mais de 40 pés quadrados.[374] A variedade de flores era notável e, juntamente com as cores variadas e brilhantes das borboletas, tornava a cena ao mesmo tempo perfumada e bonita. Quem nunca viajou pelo Daomé não acreditará na beleza do cenário. A África é geralmente considerada “uma vastidão selvagem de areia sem vida e céu”, e não se supõe que possa oferecer uma região tão romântica e linda, onde grandes cachos de uvas, de casca grossa, mas saborosas, cresce por todos os lados.

Às 8h30, entramos na bela e derramada cidade de Cana, após atravessar um bonito regato, situado num pitoresco bosquezinho. Cana estende-se por 6 milhas quadradas.[375] Nela há quatro grandes palácios, e cada casa possui uma porção de terra cultivada a dividi-la das vizinhas. Aqui principia, tão ampla quanto qualquer uma na Inglaterra, uma estrada larga e limpa que leva até Abomé, com vias secundárias igualmente boas ligando os palácios. O mercado é enorme, tendo lugar, como ocorre com as outras grandes feiras no Daomé, uma vez a cada quatro dias. Tamanha é a serenidade desse lugar que provoca ideias que nada têm com a África. As vistas são lindas; as casas, limpas, arrumadas e calmas. Um grande número de idosos de ambos os sexos são expressões da paz, pois enquanto as hordas do monarca e seus nobres levam a guerra e a devastação aos países vizinhos, Cana [...] se mantém em paz há duzentos anos.

DAOMÉ E OS DAOMEANOS

373 Quase 4 m de altura.
374 Pouco menos de 4 m^2.
375 Cerca de 16 km^2.

As amazonas

As amazonas não se casam e, como elas mesmas dizem, mudaram de sexo. "Nós somos homens", afirmam, "e não mulheres." Vestem-se de modo semelhante a eles, comem do mesmo jeito, e mulheres e homens emulam entre si: o que os homens fazem, elas procuram fazer melhor. Todas têm o maior cuidado com suas armas, pulem os canos das espingardas e, exceto quando a serviço, as mantêm encapadas. Não prestam serviço no palácio, exceto quando o rei se apresenta em público, e então uma guarda de amazonas protege a pessoa do soberano. Nos desfiles, contudo, essa guarda cabe aos homens, e fora do palácio há sempre um forte destacamento de soldados prontos para a ação. As amazonas moram em barracas dentro dos muros do palácio, sob os cuidados dos eunucos e do *camboodee* ou tesoureiro. Em todas as ações, sejam de soldados ou de amazonas, há sempre alguma referência a cortar cabeças. Em suas danças — e é obrigação deles e delas serem excelentes dançarinos —, [...] a mão direita imita o gesto de quem serra, como se estivesse cortando o pescoço de alguém. Em seguida, usando as duas mãos, simulam rematar com uma torcedura o feito sangrento. [...]

A roupa dos soldados e das amazonas consiste numa túnica, calças curtas e um barrete — tudo uniforme. [...]

É raro que se peça a europeus que acreditem na existência de amazonas — mulheres guerreiras preparadas para as batalhas e terror das tribos vizinhas, vestidas como os soldados e armadas de mosquetes e espadas. Essas mulheres negras não só são capazes de prodígios de coragem e muitas vezes, num ataque feliz, salvam a honra dos soldados masculinos, levando todos de roldão, para depois revelarem serem mulheres aos espantados e envergonhados prisioneiros, mas também superam os seus colegas homens em crueldade e todas as paixões fortes. [...]

Amazonas, tendo à frente o rei do Daomé, a caminho da Guerra.

As amazonas moram no harém [real] e, quando dele saem, partilham das honras das esposas do soberano. Um sino avisa ao transeunte que não deve olhar para elas, e elas não têm oportunidade de conversar com quem quer que seja do sexo oposto. Na soleira dos portões reais põe-se um feitiço de determinada natureza que tornaria grávida a ofensora, que nele acredita religiosamente. Não é incomum que uma sugestionável amazona adoeça e confesse o nome do sedutor, embora saiba que o resultado imediato disso é serem ela e o amante decapitados.

Ao meio-dia assistimos ao desfile do exército das amazonas — ostensivamente a prestação de juramento de fidelidade dessa tropa extraordinária [...]. Sob um dossel de guarda-sóis no lado sul do mercado [de Abomé], cercado de ministros, cabeceiras, anões, corcundas etc., o rei, vestido como soldado, sentou-se num banco ornado com caveiras. [...] À direita, sob numerosos guarda-sóis, via-se a corte feminina [...].

Os regimentos de amazonas estavam acampados em diferentes partes da praça. Quando cheguei e tomei lugar à direita do rei, um regimento já estava marchando e um arauto gritava: "*Ah Haussoo-lae-beh Haussoo!*" ou "Ó rei dos reis!".

Um regimento de mateiros avançava. Como emblema, cada amazona tinha três faixas de cal branca ao redor das pernas. Assim que chegaram defronte do trono, saudaram o rei, e uma das oficiais se adiantou e jurou, em nome do regimento, que iriam para a guerra, conquistar ou morrer.

— Não conquistamos — exclamou — toda a terra dos maís? Sempre conquistaremos ou morreremos.

Então, outra oficial deu um passo à frente e disse:

— Quando os atapans[376] souberam de nosso avanço, fugiram. Se vamos à guerra e não retornamos como conquistadoras, que morramos. Se eu recuo, minha vida está nas mãos do rei. Conquistaremos a cidade que atacarmos ou nos enterraremos em suas ruínas.

Mal essa havia acabado de jurar, outra saiu das fileiras e afirmou:

— Somos oitenta, da brigada da direita, que [como] se sabe nunca deu as costas ao inimigo. Se alguém tem algo a nos censurar, que nos faça saber.

[...] Após ter novamente saudado o rei, o regimento saiu da praça.

[Outros regimentos se apresentaram, fazendo as

376 Ou atakpames. Os daomeanos invadiram as suas terras várias vezes. As principais campanhas foram em 1840 e 1849, decididas em favor do Daomé graças a amazonas.

amazonas declarações semelhantes. Um deles encerrou seu desfile com uma dança]. E rastejando de joelhos e com as mãos no solo, elas, de repente, com um grito, se puseram de pé e se retiraram com passos rápidos.

DAOMÉ E OS DAOMEANOS

Heinrich Barth

Explorador alemão, nascido em Hamburgo em 1821 e falecido em Berlim em 1865. Após várias viagens pelo Norte da África, Egito, Palestina, Síria, Turquia e Grécia, foi designado, juntamente com o astrônomo Adolf Overweg, para acompanhar o explorador britânico James Richardson em missão ao Sudão Central e Ocidental em 1850. Com a morte de Richardson e Overweg durante a viagem, Barth continuou-a sozinho. Durante cinco anos, percorreu a região entre Trípoli, o lago Chade e Tombuctu, reunindo suas observações nos cinco volumes publicados em 1857 e 1858 simultaneamente em alemão e em inglês, de Travels and Discoveries in North and Central Africa [*Viagens e descobertas na África do Norte e Central*].

Indústria e comércio em Kano

No dia seguinte, montei novamente a cavalo e, guiado por um rapazola que conhecia bem a topografia da cidade [de Kano], percorri durante várias horas todos os bairros, deleitando-me, do alto da sela, com as múltiplas cenas da vida pública e privada de conforto e felicidade, de luxo e miséria, de atividade e ócio, de indústria e indolência, que se mostravam nas ruas, nas praças de mercado e nos pátios internos das moradias. Desenrolavam-

Vista de Kano.

-se diante de mim as cenas mais animadas do que era em si mesmo um pequeno mundo, tão diferente em suas formas externas do que se vê nas cidades europeias, mas tão semelhante na sua realidade íntima.

Aqui, um grupo de lojas repletas de artigos produzidos na terra e no estrangeiro, com vendedores e compradores dos tipos mais variados em compleição e roupagem, todos, porém, a buscar o seu pequeno ganho e esperando enganar uns aos outros. Ali, um grande barracão, como se fosse um ergástulo, cheio de escravos seminus e semifamintos, arrancados de suas casas, de suas esposas ou maridos, de seus filhos e pais, enfileirados como gado, a olhar, desesperados, para os compradores, procurando ansiosamente descobrir nas mãos de quem estarão destinados a cair. Noutra parte, veem-se todas as coisas que pede a vida, os ricos adquirindo os mais deliciosos ingredientes para a sua mesa, e os pobres, parados, a olhar ávidos para um punhado de grãos. [...]

Num movimentado *mariná*, um terraço descoberto de barro, com vários potes de tintura, há pessoas ocupadas nas diferentes tarefas de seu ofício. Aqui, um homem, mexendo o líquido, mistura com o índigo alguns pedaços de madeira corante, a fim de lhe dar o matiz desejado. Ali, outro tira um camisolão do pote de tintura ou o pendura numa corda amarrada às arvores. Acolá, dois homens batem um bubu e cantam, felizes. Mais adiante, um ferreiro está ocupado a fazer com seus rudes meios uma adaga, que causará surpresa, pela qualidade de sua lâmina afiada, àqueles que se preparavam para rir de seus instrumentos de trabalho.

O principal artigo de comércio em Kano é um produto local: os panos de algodão tecidos e tingidos ali e nas cidades vizinhas. [...]

A grande vantagem de Kano reside no fato de ali se complementarem a manufatura e o comércio [de têxteis], quase todas as famílias participando de uma e de outro. Há nisso realmente algo de notável, pois os tecidos do país chegam ao norte até Murzuk, Gate e mesmo Trípoli; a oeste, não apenas até Tombuctu, mas de certo modo até as praias do Atlântico, os próprios habitantes de Arguim vestindo-se com fazendas tecidas e tingidas em Kano; a leste, até Bornu, onde entram em contato com os panos ali fabricados; ao sul, competem com a indústria nativa de Igbira e Ibo, enquanto a sudeste, invadem todo o planalto de Adamaua e só se detêm diante da nudez dos pagãos *sans-cullotes*, que não usam roupas.

O fornecimento de tecidos a Tombuctu não é de todo levado em conta na Europa, onde continuamente se fala das fazendas finas de algodão ali produzidas, quando, na verdade, provêm de Kano ou de Sansandi. [...] Segundo as estimativas mais modestas, só as exportações para

Tombuctu representariam a carga de trezentos camelos anualmente, no valor de 6 milhões de *kurdis* em Kano — uma quantia de dinheiro que fica no país e redunda em benefício de toda a sua população, uma vez que o algodão e o índigo são nele produzidos e preparados. ([O meu leitor terá uma ideia mais clara do que isso representa ao saber que] com cinquenta ou sessenta *kurdis* [...] por ano uma família inteira pode viver sem aperto, nessa importância incluindo-se todas as despesas, inclusive as com vestimentas). [...]

Se considerarmos que a produção têxtil em Kano não tem origem em fábricas imensas, que degradam o homem e o submetem às condições mais precárias de vida, mas dá emprego e suporte às famílias, sem obrigá-las a sacrificar seus hábitos domésticos, podemos concluir que Kano deve ser um dos lugares mais felizes do mundo. [...]

Além dos tecidos, os principais artigos da indústria local que têm um amplo mercado são as sandálias. São elas feitas com grande esmero e, como as fazendas, são exportadas para mercados distantes. Sendo, porém, baratas, não se comparam em importância com os panos. Curiosamente, as sandálias feitas em Kano por sapateiros árabes, com couro da região, são exportadas em grandes quantidades para a África do Norte. [...]

Não mencionarei aqui outros trabalhos em couro porque não pesam no comércio, mas as peles curtidas e os pelegos tingidos de vermelho [...] têm sua importância, sendo enviados em grandes quantidades até mesmo para Trípoli.

Abstraindo-se as manufaturas, o principal produto africano vendido no mercado de Kano é o *guro* ou noz-de-cola. Embora seja um importante artigo de reexportação, que gera vultosos lucros, grandes somas de dinheiro são gastas pelos locais nesse produto de luxo, que se tornou tão necessário para eles quanto o chá ou o café para nós. [...] As importações de noz-de-cola por Kano somam certamente mais de quinhentas cargas de jumentos por ano. Cada uma delas alcançará o preço de 200 mil *kurdis* se o produto, que é muito delicado e sujeito facilmente a estragar, chegar em boas condições. [O valor anual dessas importações seria], em média, de 80 milhões a 100 milhões [de *kurdis*]. Dessa soma, penso ser correto asseverar que cerca da metade corresponde ao que é consumido pela gente da terra, sendo o resto comerciado fora dela. Devemos ter em mente, porém, que a maior parte do comércio de cola está nas mãos de mercadores de Kano e que eles e suas famílias dele retiram o sustento.

Um ramo muito importante do comércio de Kano é certamente o de escravos, mas é extremamente difícil dizer quantas dessas desafortunadas criaturas são exportadas, mais, em pequenas caravanas, para Bornu e Nupe do que para o Gate ou o Fezzan. Não penso que os escravos exportados anualmente por Kano superem os 5 mil, mas um considerável contingente é vendido como escravo doméstico tanto para os habitantes do país quanto para os vizinhos. [...]

Outro importante item do comércio é o natro, em trânsito de Bornu para Nupe, que em Kano passa sempre por várias mãos, deixando ali um considerável lucro. A mercadoria é barata, mas a quantidade é grande e emprega um grande número de pessoas.

Menciono também o sal, que é todo importado, sendo quase que inteiramente consumido em Kano. Dos 3 mil camelos carregados de sal que compunham a caravana em que fui para Katsina, suponho que um terço foi vendido em Kano.

VIAGENS E DESCOBERTAS NA ÁFRICA DO NORTE E CENTRAL

Id al-Fitr, em Bornu

[Para as festas do *Id al-Fitr*],[377] pus as melhores roupas e, montado em meu cavalo, [...] dirigi-me de manhãzinha para a cidade oriental, ou *billa gedibe*. A grande via estava coalhada de homens a pé ou a cavalo, todos bem vestidos e movimentando-se de um lado para o outro. Haviam-me dito que o xeque iria rezar na mesquita, mas logo descobri que iria fazer suas preces fora da cidade, e por isso uma numerosa tropa de cavaleiros seguia para o portão do norte. A fim de saber onde seria a cerimônia, dirigi-me à casa do vizir e topei com ele de saída, montado a cavalo, na companhia de outros ginetes.

No mesmo instante, várias cavalgadas chegavam de diferentes bairros, formadas por *kashellas*, ou oficiais, cada qual com seu esquadrão de cem a duzentos cavaleiros, todos, mas principalmente os que compunham a cavalaria pesada, esplendidamente vestidos. A maior parte destes usava um casaco acolchoado, o *degibbir*, tendo sobre ele vários *tobes* com toda a sorte de desenhos e cores.[378] Cobriam a cabeça com o *buge*, um capacete semelhante ao usado pelos nossos cavaleiros da Idade Média, feito, contudo, de metal mais leve e ornado com as mais vistosas plumas. Os cavalos estavam inteiramente cobertos por um grosso tecido chamado *libbedi*, com várias listras coloridas, [...] não deixando expostos senão os pés. Protegia e adornava a testa do animal uma placa metálica. Havia cavaleiros com cotas de malha. [...]

A cavalaria ligeira usava apenas dois ou três vistosos

377 *Id al-Fitr* ou *festa do fim do jejum*, como o seu nome indica, marca alegremente o término do Ramadã.

378 O *tobe*, nas savanas sudanesas, é uma túnica frouxa e longa que se usa sobre a roupa. O nome é dado também a um grande pano que se enrola ao corpo vestido e se amarra num dos ombros.

Guerreiros da região do Chade.

tobes e gorros brancos ou coloridos, mas os oficiais e outros indivíduos importantes vestiam albornozes de qualidade excelente ou mais grosseira, geralmente vermelhos ou amarelos, postos de tal maneira sobre o corpo que expunham à vista o forro de seda ricamente colorido.

Todos esses estonteantes grupos de cavaleiros, com alguns excelentes animais empinando, dirigiam-se ao portão do norte da *billa gedibe*, enquanto a tropa do xeque vinha do sudoeste. A visão dessa tropa, ao menos de uma pequena distância, como seria o caso de um cenário de teatro, era magnífica. À frente vinham cavaleiros, seguidos por escravos fardados com suas espingardas. Atrás deles cavalgava o xeque, num albornoz branco, como usual numa cerimônia religiosa, mas com um xale vermelho enrolado na cabeça. Em seguida, viam-se quatro magníficos corcéis, cobertos por um *libbedi* de seda de várias cores — o do primeiro cavalo listrado de branco e amarelo; o do segundo, de branco e castanho; o do terceiro, de branco e verde-claro; e o do quarto, de branco e vermelho-cereja. Essa era seguramente a parte mais interessante e notável do desfile.

Depois dos cavalos, mostravam-se os quatro grandes estandartes do xeque e os quatro pequenos dos mosqueteiros, acompanhados por numerosos ginetes.

A essa cavalgada do xeque juntaram-se as outras e todos se dirigiram para Dawerghu, a uma distância de cerca de 1 milha.[379] Lá o xeque armou sua tenda, consistindo numa ampla cúpula de consideráveis dimensões, com listras azuis e brancas, as cortinas, que se mantiveram semiabertas, com um lado branco e o outro vermelho. Nessa tenda, o xeque, o vizir e os mais importantes cortesãos rezaram, enquanto o grosso dos cavaleiros e dos homens a pé se agrupou ao redor da tenda, nas mais variadas, pitorescas e imponentes posturas.

VIAGENS E DESCOBERTAS NA ÁFRICA DO NORTE E CENTRAL

Em Tombuctu

Às dez horas nosso grupo finalmente pôs-se em marcha, subindo as dunas logo atrás da aldeia de Kabara que me tinham impedido, para meu grande desgosto, de ver a cidade do alto de nosso terraço. Era notável o contraste entre esse cenário desolado e as férteis margens do rio [Níger] que tinha acabado de deixar atrás de mim. Toda a área apresentava decididamente as características de um deserto, embora o caminho fosse acompanhado de ambos os lados por moitas espinhentas e árvores mirradas, que, em alguns trechos, tinham sido cortadas a fim de tornar a estrada menos obstruída e mais segura, uma vez que era infestada pelos tuaregues, mais temidos ainda, no momento, porque poucos dias antes haviam assassinado três pequenos comerciantes. [...]

Após atravessar duas depressões, [...] que, em determinados anos, quando o rio subia a níveis incomuns, [...]

379 Uma milha corresponde a 1,609 km.

Vista de Tombuctu.

eram inundadas e chegavam a formar um canal navegável, [...] aproximamo-nos da cidade [de Tombuctu], mas as suas construções de barro escuro — por não estarem iluminadas por um sol intenso, uma vez que o céu se apresentava coberto de nuvens e a atmosfera repleta de poeira — mal se distinguiam da areia e do lixo que se acumulava ao seu redor. Não tivemos tempo para olhar a cena atentamente porque um grupo de pessoas caminhava em nossa direção para saudar e dar as boas-vindas ao estrangeiro. Esse era um momento muito importante, pois se tivessem a menor das suspeitas sobre o meu caráter, poderiam impedir-me de entrar na cidade e até mesmo atentar contra a minha vida.

Por isso, seguindo o conselho que me foi dado de me antecipar à saudação dos que tinham vindo ao nosso encontro, saí a galope no encontro deles, de espingarda na mão, e fui recebido com muitos salamaleques. [...]

Tendo atravessado o lixo que se amontoava em torno das decadentes muralhas de barro da cidade, e cruzando uma fieira de cubatas de caniço sujo, [...] entramos em ruas e becos tão estreitos [...] que mal deixavam passar dois cavalos emparelhados. Não fiquei, contudo, surpreso com o volume de gente e a riqueza desse bairro da cidade, o Sane-Gungu, com casas de dois andares e fachadas exibindo até mesmo tentativas de adornos arquitetônicos.

Dando uma volta para oeste, sempre seguidos por um grande magote de gente, passamos diante da casa do xeque El Bakay. Desejei saudá-lo com um tiro de pistola, mas, prudentemente, desisti de fazê-lo, porque minhas armas estavam carregadas com balas. Coube, por isso, a um dos nossos honrar a residência de nosso hospedeiro. Chegamos então à casa que me estava destinada, do outro lado da rua, e alegrei-me por me encontrar a salvo em minha nova morada.

Sempre que possível, eu subia ao terraço de minha casa. Tinha dali uma excelente vista dos bairros da parte setentrional da cidade. Ao norte ficava a maciça mesquita de Sankore, que tinha acabado de ser restaurada em todo o seu antigo esplendor [...] e dava a toda a área um caráter imponente. Nem a mesquita Sidi Yahia nem a "grande mesquita", ou Djingareyber, podiam ser vistas desse ponto, mas, para leste, o cenário se estendia por uma ampla extensão de deserto e, para o sul, as mansões dos comerciantes estavam ao alcance dos olhos. Era variado o estilo dos prédios. Via casas de argila de diferentes tipos, algumas baixas e tacanhas, outras com um segundo andar bastante elevado na parte da frente e com arremedos de ornamentação arquitetônica, o conjunto sendo interrompido por algumas poucas cabanas redondas de esteira.

Situada apenas alguns pés acima do nível médio do rio [Níger] e a uma distância de cerca de 6 milhas de seu principal braço,[380] [Tombuctu] atualmente tem a forma

380 Pouco menos de 10 km.

de um triângulo, cuja base acompanharia o rio, enquanto seu vértice apontaria para o norte, tendo por centro a mesquita de Sankore. Durante, porém, o ápice de seu poder, a cidade se estendia cerca de mil jardas a mais para o norte. [...][381]

Em nossos dias, calculo que a circunferência da cidade seja um pouco mais de 2,5 milhas, mas pode acercar-se de 3 milhas, se levarmos em conta a ponta dos ângulos.[382] Apesar do pequeno tamanho, Tombuctu pode ser chamada de cidade — *medina* —, quando se compara[da] com as mesquinhas povoações de todas as terras dos negros. No presente, não é murada. Seus antigos muros, que parecem não ter sido jamais de maior importância, tendo mais a aparência de um contraforte, foram destruídos pelos fulas ao pela primeira vez entrarem na cidade, no ano de 1826. O traçado das ruas é parcialmente retangular e parcialmente sinuoso. A maior parte das vias não é calçada: consiste de terra dura e cascalho. Algumas ruas possuem uma espécie de esgoto no meio. Além do grande e do pequeno mercado, quase não há áreas abertas; uma exceção é a pequena praça em frente da mesquita de Yahia, chamada Tumbutu-bottema.

Embora pequena, a cidade está bem ocupada, e quase todas as casas estão em bom estado. Nela há cerca de 980 casas de barro e cerca de duzentas cabanas cônicas de esteira, estas últimas, com poucas exceções, formando os subúrbios da cidade a norte e a nordeste, onde um enorme volume de lixo, acumulado ao longo de vários séculos, formou grandes montes. [...]

Os únicos edifícios públicos de nota são as três grandes mesquitas: a Djingareyber, construída por Mansa Musa, a de Sankore, erguida em tempos antigos às custas de uma mulher rica, e a de Sidi El Bami. [...] Além

381 Quase 1 km.

382 Até 4800 m.

dessas mesquitas, não existe atualmente nenhum prédio público importante. Do palácio real, ou Madugu, onde os soberanos de Songai costumavam residir esporadicamente, assim como da casbá, construída posteriormente, [...] não ficaram traços. [...]

O número de habitantes permanentes da cidade soma cerca de 13 mil, enquanto a população flutuante, durante os meses de maior tráfego e comércio, especialmente de novembro a janeiro, pode chegar a 5 mil e, em condições favoráveis, até mesmo a 10 mil. [...]

O comércio exterior [de Tombuctu] é alimentado por três grandes vias: a vinda de sudoeste pelo [Níger] (pois a jusante do rio não há atualmente quase que comércio algum) e dois caminhos provenientes do norte, o de Marrocos numa ponta e o de Gadamés na outra. Nas transações, o ouro é o principal item, ainda que todo o metal precioso exportado por [Tombuctu] pareça ser pouco, quando comparado aos padrões europeus. [...] O ouro é trazido de Bambuk[383] ou de Buré,[384] em maior quantidade daquele lugar do que deste. O ouro do país de Uângara[385] não chega a este mercado; é exportado diretamente para aquela parte do litoral chamada Costa do Ouro. O ouro de Bambuk é de cor mais amarela, o de Buré é quase avermelhado e o de Uângara apresenta um matiz esverdeado. A maior parte desse ouro chega à cidade em forma de anéis. Não me lembro ter visto ouro em pó trazido ao mercado em pequenas bolsas de couro, ou dele ter ouvido falar [...], mas isso deve ocorrer, uma vez que a maior

383 Região na confluência do rio Falemé com o alto Senegal, de onde se retirava ouro desde tempos imemoriais.

384 Região no alto rio Níger.

385 Vangara ou Gangara. Discute-se onde ficaria essa área. Há quem pense que a palavra *uângara* seria uma corruptela de *gangarã*, "buraco do chão" ou "mina", e se aplicaria a todas as regiões auríferas.

parte do ouro em pó que recebem Gadamés e Trípoli passa por Tombuctu [...]. Além de anéis, belas joias são trabalhadas no ouro, mas, pelo que pude apurar, a maioria delas provém de Ualata, que é famosa por isso.

O segundo item mais relevante no comércio, e, sob muitos aspectos, ainda mais importante do que o ouro, é o sal. Sal e ouro são produtos trocados ao longo do Níger desde tempos imemoriais. O sal é trazido de Taodeni[386] [...], e as suas minas são exploradas desde 1596, quando as antigas minas de Teghaza, situadas cerca de 70 milhas mais para o norte,[387] foram abandonadas. Desses depósitos de Teghaza parece que se extraiu sal desde tempos remotos, ou, quando menos, desde antes do século XI. [...]

A noz-de-cola, ou *guro*, um dos maiores luxos da terra dos negros, é também um importante artigo de comércio [em Tombuctu]. Graças a ela, os nativos não sentem necessidade do café, que eles poderiam cultivar com facilidade, pois o cafeeiro parece ser nativo em muitas partes da África.

VIAGENS E DESCOBERTAS NA ÁFRICA DO NORTE E CENTRAL

386 No sul do Saara.
387 112 km.

David Livingstone

Médico, missionário e explorador escocês (1813-73), viveu de 1841 até sua morte na África Central, que percorreu extensamente, tendo sido o primeiro europeu a dar notícias do lago Ngami, do alto Zambeze, do lago Niassa (ou Maláui), do rio Lualaba e do lago Bangweolo, onde viria a falecer. Entre 1853 e 1856, atravessou o continente, de Luanda a Quelimane. Sua última grande viagem, iniciada em 1866, tinha por objetivo chegar à nascente do Nilo. Por falta de notícias, acreditou-se que estivesse morto ou perdido no centro da África, mas convalescia em Ujiji, próximo à margem oriental do lago Tanganica, onde o encontrou Henry Morton Stanley. Uma lenda viva de seu tempo, Livingstone foi um grande adversário do comércio de escravos, e seus relatos sobre a violência dos traficantes árabes comoveram e indignaram a Europa. Publicou Missionary Travels and Researches in South Africa [*Viagens missionárias e explorações no sul da África*], *em 1857, e* Narrative of an Expedition to the Zambezi and its Tributaries, and of the Discovery of the Lakes Shirwa and Nyassa: 1858-64 [*Narrativa de uma expedição ao Zambeze e aos seus afluentes, e da descoberta dos lagos Shirwa e Niassa: 1858-64*], *em 1865. Postumamente, em 1874, editaram-se* The Last Journals of David Livingstone in Central Africa, from 1865 to His Death [*Os últimos diários de David Livingstone na África Central, de 1865 até sua morte*].

Entre os tsuanas[388]

Secheli[389] desposou as filhas de três de seus chefes subalternos. [...] Esse costume é um dos que contribuem para cimentar a união da tribo, cuja forma de governo é o patriarcado: cada homem, por força da paternidade, é o chefe de seus filhos; estes erguem suas cabanas em torno da dele, e, quanto mais numerosa for a família daquele homem, maior sua importância. Daí que seja motivo de júbilo o nascimento de crianças e que sejam tratadas com bondade. No centro de cada círculo de casas há um lugar com uma fogueira chamado *cotla*. É ali que todos os membros da família se reúnem, trabalham, fazem as refeições e partilham as novidades do dia. Um pobre agrega-se à *cotla* de um rico e passa a ser considerado como fazendo parte da família. Um subchefe dispõe de certo número de *cotlas* ao redor da sua, e a reunião de todas essas *cotlas*, no centro das quais fica a do chefe, forma a cidade. O círculo de cabanas que imediatamente cerca a do chefe é ocupada por suas esposas e por todos aqueles que possuem com ele algum laço de parentesco. Ele liga os subchefes à sua pessoa e ao seu governo por meio das alianças com as filhas deles, com as quais ele se casa ou que dá em matrimônio a seus irmãos. As pessoas ricas buscam aliar-se às grandes famílias. Se alguém depara com um bando de estranhos e os serviçais do principal indivíduo do grupo não proclamarem, desde o primeiro momento, o parentesco de seu senhor com o tio do chefe tal ou com o próprio chefe tal, ouvirá aquele ordenar em voz baixa: "Diga-lhe quem somos nós". O serviçal começará então, contando os dedos, a descrever a árvore genealógica de seu senhor, uma des-

388 *Tswana*, *Batswana*, bechuana, *Becwana*, *Betschuana*, *Betjouana*, povo que vive na Botsuana.

389 Régulo de um grupo de tsuanas.

crição que termina com a notícia de que o líder do grupo é primo dessa ou daquela personagem ilustre.

VIAGENS MISSIONÁRIAS E EXPLORAÇÕES NO SUL DA ÁFRICA

O deserto de Calaári

O Calaári só recebeu o nome de deserto porque não é banhado por nenhuma água corrente e as fontes ali são raras. Além disso, não possui vegetação abundante nem numerosos habitantes. A relva lhe cobre o solo, que produz uma grande variedade de plantas, e nele se encontram vastos cerrados, compostos não apenas de arbustos e sarças, mas também de árvores grandes. É uma planície imensa, cortada em vários lugares pelos leitos secos de antigos rios e atravessada em todas as direções por prodigiosos rebanhos de certos tipos de antílopes, cujo organismo exige pouca ou nenhuma água. Nessa região encontram-se inúmeros roedores, que são presas de pequenos felinos, e uns e outros compõem a alimentação dos bosquímanos e dos tsuanas, que ali habitam. O solo é geralmente de areia dura, ligeiramente colorida, isto é, de silício quase em estado de pureza. Nos antigos leitos dos rios ressequidos encontram-se muitos terrenos de aluvião que, endurecidos pelo sol, formam grandes reservatórios onde a água da chuva se conserva durante muitos meses do ano.

VIAGENS MISSIONÁRIAS E EXPLORAÇÕES NO SUL DA ÁFRICA

A organização dos jovens entre os cololos

A organização militar [dos cololos][390] é a mesma que se encontra entre todos os tsuanas. [...]

390 Ou *Kololo*, povo tsuana que dominou parte do médio Zambeze.

Todos os rapazes de dez a catorze ou quinze anos são escolhidos para ser, durante toda a vida, os companheiros de um dos filhos do chefe. São levados para um recanto retirado da floresta, onde foram erguidas cabanas para abrigá-los. Os homens de idade madura ali os ensinam a dançar e os iniciam ao mesmo tempo em todos os mistérios da administração e política africana. Cada um desses jovens deve compor um hino em seu próprio louvor, chamado *léina*, isto é, *um nome*, e é obrigado a recitá-lo com certa eloquência. Julga-se necessário infligir-lhes um grande número de golpes para que adquiram os conhecimentos que lhes querem transmitir; por isso, ao sair da reclusão, mostram geralmente muitas cicatrizes. Os bandos ou regimentos que formam são os *mopatos*, e cada qual recebe uma denominação especial, como os *Tsatsis* (Sóis), os *Bousas* (Governadores) etc. Ainda que habitem diferentes bairros da aldeia, atendem ao chamado do filho-chefe que têm por comandante e agem sob suas ordens. Entre eles reina uma espécie de igualdade, de comunidade parcial que se mantém mesmo depois que se separam, e se tratam por *molecanés*, isto é, camaradas. Se se apartam das regras que lhes foram ensinadas, como, por exemplo, se forem pouco devotados aos interesses comuns ou comerem sozinhos quando têm na vizinhança algum de seus camaradas, ou se contra eles houver provas de covardia, ou, numa palavra, se cometerem uma falta qualquer, podem levar uma surra dos companheiros. Permite-se igualmente açoitar um membro de um *mopato* mais novo, mas nunca um que pertença a bando mais antigo. Em tempo de guerra, quando se apresentam muitas dessas companhias, a mais antiga não se dirige ao campo de batalha, mas fica na aldeia para proteger as mulheres e as crianças. Se um fugitivo vem abrigar-se numa comunidade, ele é incorporado ao *mopato* correspondente àquele de que fazia parte na tribo que deixou.

VIAGENS MISSIONÁRIAS E EXPLORAÇÕES NO SUL DA ÁFRICA

Thomas J. Hutchinson

Médico e funcionário da Coroa britânica, nascido na Irlanda em 1820. Aos 31 anos, foi para a África Ocidental e, em 1854, participou como médico-chefe da expedição para explorar o rio Níger. Entre 1855 e 1861, exerceu o cargo de cônsul na baía de Biafra e em Fernando Pó (hoje Bioko) e, em seguida, o de governador dessa ilha. Foi depois cônsul em Rosário, na Argentina, e em Callao, no Peru. Faleceu em 1885. São três as suas obras sobre a África: Narrative of the Niger, Tshadda, and Binuë Exploration [*Narrativa da exploração do Níger, Tshoda e Benué*], *de 1855,* Impressions of West Africa [*Impressões da África Ocidental*], *de 1858, e* Ten Years' Wanderings among the Ethiopians [*Perambulações de dez anos entre os etíopes*].

Exorcismando uma cidade

Em Velha Calabar,[391] verifica-se bienalmente um estranho costume de exorcismar a cidade, livrando-a de todos os demônios e espíritos maus que, na opinião das autoridades locais, dela se apossaram durante os últimos dois

391 Ou simplesmente Calabar, cidade-estado mercantil do povo efique, a leste do rio Cross, na baía de Biafra.

anos. Dão a essa cerimônia o nome de *Judok*, e um rito similar é cumprido anualmente na Costa do Ouro. Chegado o momento, fazem uma porção de imagens, denominadas *nabikems*, e as espalham indiscriminadamente pela cidade. Essas imagens são moldadas com varetas e esteiras de bambu nas mais diferentes formas. Algumas procuram reproduzir um corpo humano com braços e pernas. Artistas imaginativos põem nelas um chapéu velho de palha, um cachimbo na boca e um bastãozinho amarrado na ponta do braço, como se estivessem se preparando para uma viagem. Muitas das imagens pretendem retratar animais de quatro pernas; outras, crocodilos; outras, pássaros. Espera-se que os espíritos maus, no correr de três semanas ou de um mês, nelas façam suas moradas, mostrando, ao fazê-lo, na minha opinião, uma enorme falta de gosto. Quando chega a noite destinada à expulsão deles, tem-se a impressão de que toda a cidade enlouqueceu. A população banqueteia-se, bebe e sai em grupos a bater nos cantos vazios, como se estes contivessem o que acossar e gritando com toda a força. Dão-se tiros, e os *nabikems* são destruídos com violência, queimados e jogados no rio. A orgia prolonga-se até o amanhecer e a cidade fica livre, por mais dois anos, da influência do mal.

IMPRESSÕES DA ÁFRICA OCIDENTAL

Richard Burton

Richard Francis Burton (1821-90), viajante, explorador e escritor inglês, falava 29 idiomas entre europeus, asiáticos e africanos. Viveu na Índia e logrou, vestido de afegão, visitar os lugares sagrados de Meca e Medina. Em 1856, quando estava em busca das nascentes do Nilo, revelou à Europa o lago de Tanganica. Sobre o que viu e experimentou na região dos Grandes Lagos escreveu o livro The Lake Regions of Central Africa [*A região dos lagos na África Central*], *publicado em 1860. Cônsul britânico em Fernando Pó (atual Bioko) de 1861 a 1864, foi mandado em embaixada ao rei Glelê, do Daomé, do que resultou a sua obra* A Mission to Gelele, King of Dahome [*Uma missão a Glelê, rei do Daomé*], *de 1864. Foi, depois, cônsul em Santos (1865-9), Damasco e finalmente Trieste, onde morreu. Publicou quase cinquenta livros, vários deles sobre a África, por onde extensivamente viajou. Entre suas obras mais famosas destacam-se as traduções do* Livro das mil e uma noites, *em dez volumes, e d'*Os lusíadas, *até hoje considerada a melhor versão em inglês para o poema de Camões. Em 1869, lançou* Explorations of the Highlands of Brazil [*Viagens aos planaltos do Brasil*].

Sacerdotes, adivinhos e curandeiros na África Oriental

As religiões fetichistas geram uma abundância de homens santos profissionais. O *mfumo* [...] é um vidente ou adivinho. O *mchawi* é um mágico ou adepto da magia negra. [...] Ele pratica o *mgonezi*, ou predição de conflito e fome, de morte e doença, observando a posição relativa de pedacinhos de pau semelhantes a palitos, que joga no chão. O mandachuva ou senhor da chuva, conhecido entre as tribos do Cabo até o norte do Equador, é chamado na África Oriental *mganga*; para os árabes é o *tahib*, doutor ou médico.

O *mganga*, que nas regiões centrais é o *mfumo*, pode ser considerado o embrião de uma ordem sacerdotal. Esses malandros, que pululam por toda a parte, são de ambos os sexos; as mulheres, porém, geralmente se limitam a exercer o lado médico da profissão. Esta é hereditária: o mais velho ou o mais inteligente começa sua educação esotérica ainda menino e sucede as funções do pai. [...] O *mganga* possui muito poder: é tratado como um sultão, cuja palavra é lei, e como um doador de vida e de morte. Recebe um título majestoso, pode usar as insígnias de chefe, feitas com a base de uma concha cônica. É reconhecido também por uma certa quantidade de cabaças engorduradas e enegrecidas, cheias de remédios e objetos mágicos, penduradas na cintura, e por um pouco mais do que a habitual falta de asseio — santidade e sujeira estando na África, como no resto do mundo, intimamente ligadas. Esses homens deslocam-se de cidade em cidade, recebendo como honorários carneiros e cabras, bois e provisões. Suas pessoas, contudo, não são sagradas, e por atos criminosos são punidos como qualquer outro malfeitor. O maior perigo para eles é terem fama em demasia. Um mágico de grande renome raramente, e

Um sacerdote-curandeiro da região do Bunqueia, a oeste do lago Tanganica.

só raramente, tem morte natural: como muito se espera dele, um grande malogro tem consequências mais violentas do que seria de esperar.

O ofício de *mganga* inclui muitas obrigações. O mesmo indivíduo é um médico que utiliza tanto meios naturais como sobrenaturais, um mistagogo ou sacerdote-feiticeiro, um detector de feitiçaria, por meio do *judicium dei* ou ordália, um conjurador, um áugure e um profeta.

Como regra, todas as doenças, de um furúnculo ao marasmo senil, são atribuídas a *phepo*, *hubub* ou *afflattus*. As três palavras são sinônimas. *Phepo*, em suaíli,[392] [...] significa um vento forte, um redemoinho (o diabo) e um espírito mau, geralmente de um muçulmano. *Hubub* é o termo árabe para, literalmente, ventania e, metaforicamente, possessão. A frase africana para designar um homem em transe é *Ana phepo*, "ele tem um demônio". Espera-se que o *mganga* cure o paciente ao expelir dele o mau espírito. [...] Os principais remédios são o bater dos tambores, a dança e as bebidas, até que se chegue ao momento auspicioso. O espírito é então atraído do corpo do possuído para algo inanimado, que ele concordará em habitar. Este, denominado *Kéti*, ou tamborete, pode ser determinado tipo de conta, dois ou mais pedaços de madeira atados por uma tira de pele de cobra, uma garra de leão ou leopardo ou outra coisa semelhante, amarrado ao redor da cabeça, do braço, do punho ou do tornozelo. Papel é ainda considerado um excelente medicamento pelos sukumas e por outras tribos, que trocam um pequeno pedaço por bens valiosos: parece mesmo que a grande atração desse talismã deriva de sua raridade ou dificuldade em obtê-lo. [...]

392 A língua franca da África Oriental.

Existem outros meios místicos para devolver a saúde aos enfermos; um exemplo será suficiente. Pedacinhos de madeira, como fósforos, são untados com ocre, e se marca com ele o corpo do paciente. Canta-se um encantamento, o possuído responde, e, ao fim de cada música, um espírito sai dele, sendo o sinal para isso dado pelo *mganga*, ao lançar ao solo um dos pedacinhos de madeira. Alguns infelizes chegam a abrigar uma dúzia de espíritos, [...] e o *mganga* cobra um honorário diferente para as múltiplas expulsões. [...]

Na África Oriental, da Somália ao Cabo [da Boa Esperança] e em todo o interior, entre os negroides e os negros do norte ao sul do Equador, o mandachuva ou senhor da chuva é uma personagem importante, que não perde a oportunidade para tirar vantagem das esperanças e dos medos do povo. Um período de seca traz fome, doenças e desolação entre as raças imprevidentes, que, por isso, relacionam os mais estranhos fenômenos com o objeto de seus desejos, uma estação de chuvas abundantes. O inimigo possui feitiços capazes de dispersar as nuvens. O estrangeiro que traz consigo aguaceiros é visto como um bom augúrio. Em geral, porém, espera-se o pior desse prodígio: ele será precedido e acompanhado por chuvas fertilíssimas, mas, ao partir, os poços e as fontes secarão e se seguirá a seca ou um surto de varíola. [...] O *mganga* precisa remediar o mal. Para seus exorcismos vale-se, como os fetichistas em geral, de coisas imundas, venenosas ou difíceis de encontrar, como o *album graecum* das hienas,[393] os dentes de cobras ou o cabelo dos leões. Estes e artigos semelhantes são obtidos com gran-

393 Também conhecido como jasmim-de-cachorro, é o excremento seco de cachorros e hienas.

des dificuldades pelos rapazes da tribo para o uso do mandachuva. Este é hábil em prognosticar o tempo, e as chuvas nas regiões tropicais são facilmente previsíveis. Não é incomum, no entanto, que ele se revele um falso profeta e, quando todos os recursos falham, tenha de fugir para salvar a vida.

O *mganga* é também vidente e adivinho. Ele antevê o êxito ou o malogro de um empreendimento comercial, de uma guerra e de gazuas; prevê a fome e as epidemias e propõe os meios para impedir essas calamidades. [...] Sua palavra pode apressar ou retardar a marcha de uma caravana, e, em sua função de áugure, interpreta o voo dos pássaros e os gritos das feras. [...]

O *mganga* tem outras obrigações menores. Nas caçadas de elefantes, ele deve atirar a primeira lança e levará a culpa se o animal escapar. Marca o marfim com pintas dispostas em linha ou com outros desenhos para que este alcance o litoral sem estorvo ou impedimento. Cobre o *kirongozi* ou guia com grigris, para protegê-lo das más intenções que ameaçam quem vai na vanguarda, e o proíbe insistentemente de dar precedência a quem quer que seja, inclusive o *mtongi*, o chefe ou proprietário da caravana. Nas batalhas, ajuda sua tribo com suas artes mágicas: pega uma abelha, recita sobre ela determinados encantamentos e a solta na direção do inimigo. O inseto, instantaneamente, será seguido por um exército de abelhas e dispersará o inimigo, por mais numeroso que este seja.

A REGIÃO DOS LAGOS NA ÁFRICA CENTRAL

Addo-kpon, o rei do "mato"

Uma das peculiaridades do monarca daomeano é que ele é duplo; não apenas possui dois nomes, ou é dual, como o micado espiritual e o *taikon* temporal, no Japão, mas é

Guezo, rei do Daomé.

dois reis em um. Glelê,[394] por exemplo, é o rei da cidade, e *Addo-kpon*, o do "mato", ou seja, o da gente do campo que se contrapõe à cidade. O alter ego do falecido Gezo[395] era Ga-pkwe. Esse rei do campo possui uma mãe oficial, a *dan-like*, o seu *min-gan* [ou *migan*], ou carrasco-mor, o *wimekho*, e seu *meú*, ou chefe do cerimonial, o *awesu*, pai do *yevogan*[396] de Ajudá. Seu palácio fica em Akpwe-ho, uma aldeia na estrada para Aja, cerca de 6 milhas de Abomé.[397] Como ainda é feito de palha, e não terá paredes de sopapo enquanto Abeokuta[398] não for conquistada, não me deixaram visitá-lo. Na casa estão funcionários masculinos e femininos, eunucos e esposas. [...]

Os viajantes silenciam sobre essa estranha instituição. Presumo que a duplicação seja invento recente, para permitir ao rei comerciar. [...] Simmenkpen (Adahoonsou II)[399] foi o primeiro a exercer pessoalmente o monopólio do comércio, o que seus antecessores considerariam ignóbil e seus sucessores deixaram de fazer. Não se pode mais dizer dos daomeanos que "eles têm um rei que compra e vende", embora *Addo-kpon* aufira todos os ganhos da produção do palácio, no qual muitas coisas, como cerâmicas, cachimbos e tecidos, são manufaturadas e monopolizadas.

UMA MISSÃO A GLELÊ

394 Rei do Daomé de 1858 a 1889.
395 Guezo, rei do Daomé de 1818 a 1858.
396 Uma espécie de vice-rei de Ajudá. Era o responsável pelo comércio externo do Daomé e por suas relações com os europeus e brasileiros.
397 Quase 10 km.
398 Cidade egba, no Iorubo. Sofreu vários ataques dos daomeanos, que jamais conseguiram submetê-la.
399 Ou Kpengla, que reinou de 1774 a 1789.

A terra dos mortos

Dos egípcios dizia-se que viviam em Hades e não às margens do Nilo. Os daomeanos chamam este mundo de sua "plantação", e o próximo, de "casa". [...]

Ku-to-men, ou Terra dos Mortos, é o lugar que acolhe o *nidon*, aquela parte do homem que o continua depois da morte. Nesse "outro mundo", não se é recompensado ou punido [...] conforme balança do bem e do mal feito nesta terra. Aquele que escapa da punição aqui está a salvo lá. Lá, quem na vida terrena tiver sido rei continuará rei, e o escravo, escravo para sempre. O caçador e o guerreiro continuarão a caçar e a guerrear e a dedicar-se às tarefas dos vivos. Quando há sol e chuva, afirmam os daomeanos que os fantasmas estão indo para o mercado, como nós dizemos que o diabo está espancando sua mulher. [...] Ku-to-men é uma reprodução swedenborgiana deste mundo e fica debaixo da terra. Como é de esperar, é visitado com a mesma frequência que o "purgatório" de São Patrício. Muitas pessoas, caindo enfermas, acreditam que estão sendo chamadas pelo espírito de algum antepassado. Elas recorrem a certos sacerdotes — principalmente os dedicados aos deuses da varíola, do ferro e do arco-íris, mas não aos da serpente ou do mar — e pagam um dólar a um deles para descer ao Ku-to-men a desculpá-las [por não atenderem ao chamado]. O sacerdote cobre-se com um pano e, após o transe, relata como, no subterrâneo, entre os mortos, os viu comendo, bebendo e se divertindo. E trará de volta do Hades até mesmo contas raras que se sabe foram enterradas com certo cadáver; e algumas vezes terá de penhorar suas roupas para obter um espécime ou uma falsificação delas. [...] Alguns sacerdotes, exatamente como os nossos médiuns, pretendem convocar os espíritos. Por outro lado, com certa frequência, os finados retornam no corpo de uma criança ao mundo dos vivos, sem sair da Terra dos Mortos — o que alguns viajantes confundiram com metempsicose. É curioso, mas os daomeanos têm um medo doentio de perder a vida: a morte não é jamais mencionada na presença do rei, exceto por meio de algum eufemismo, como "a árvore caiu". Como regra, quanto mais precisos forem o conhecimento e a crença num mundo futuro, menor será o valor que os crentes atribuem à presente existência.

UMA MISSÃO A GLELÊ

John Hanning Speke

Militar e explorador inglês (1827-64). Serviu como oficial do Exército britânico na Índia, tendo viajado para o Himalaia. Em 1854, integrou a expedição chefiada por Richard Burton à Somália, interrompida por um ataque pela gente da terra e do qual saíram ambos seriamente feridos. Dois anos depois, explorou com Burton a região dos Grandes Lagos e, contra a opinião deste, concluiu que o Nilo nascia no lago Vitória (ou Nianza). Em 1860, voltou com James Augustus Grant ao lago Vitória e precisou o local de onde saía o Nilo. Em sua obra, destaca-se Journal of the Discovery of the Source of the Nilo [*Diário da descoberta da nascente do Nilo*], *publicado em 1863.*

As mulheres da corte de Caragué

À tarde, [como me dissessem] que as mulheres do rei e dos príncipes [de Caragué][400] eram tão gordas que não podiam pôr-se de pé, fui saudar Wazezeru, o irmão mais velho do soberano — o qual, tendo nascido antes do pai ter ascendido ao trono, não se incluía na linha de sucessão —,

400 Reino entre o lago Vitória e os lagos Eduardo (ou Ruero) e Kivu. Tornou-se poderoso a partir do início do século XVII.

com a esperança de verificar pessoalmente se a informação era correta. Era, sem qualquer dúvida. Ao entrar na cabana, vi o velhote e sua principal mulher sentados lado a lado num banco de barro coberto de palha, [...] tendo diante deles numerosos vasos de madeira cheios de leite. [...] Fiquei muito surpreso com o modo amigo como me recebeu e, mais ainda, com as dimensões extraordinárias de sua mulher, que, embora agradavelmente bela, era gordíssima e não podia se levantar. [...] Entraram, então, os seus filhos, todos modelos do tipo abissínio de beleza e de maneiras polidas como *gentlemen* de fina educação. Tinham sabido pelo rei de meu livro de gravuras e todos queriam vê-lo. Não demorei em mostrá-lo e se encantaram, especialmente ao reconhecer algumas das figuras de animais. Mudei, então, de conversa, e perguntei o que faziam com tantos vasos de leite. O próprio Wazezeru explicou-me, apontando para sua mulher:

— Ela é o resultado desses vasos. Desde sua mais tenra juventude, levamos esses vasos para a sua boca, uma vez que é moda na corte ter esposas muito gordas.

Pela manhã, após longa e divertida conversa com Rumanika [o rei de Caragué], visitei uma de suas cunhadas, casada com outro irmão mais velho, nascido antes de Dagara [o pai de Rumanika e seu antecessor] ascender ao trono. Ela era outra dessas mulheres obesas, incapaz de se erguer a não ser para se pôr de quatro. Como queria ter melhor visão dela e medi-la, induzi-a a me permitir que o fizesse, oferecendo-lhe em troca mostrar minhas pernas e meus braços nus. Ela mordeu a isca e, depois de ter se posto de lado e se arrastado até o meio da cabana, cumpri o prometido e tomei suas dimensões, [grossura dos braços, 1 pé e 11 polegadas; do busto, 4 pés e 4 polegadas; das coxas, 2 pés e 7 polegadas; da panturrilha, 1 pé e 8 polegadas; altura, 5 pés e

8 polegadas].[401] Todas essas medidas são exatas, exceto a da altura, pois creio que teria obtido um número mais acurado se a tivesse medido deitada no chão. Sem prever as dificuldades, tentei levantá-la para medi-la. Tínhamos conseguido isso, com grande esforço de ambos, quando ela arriou o corpo, desmaiando, por lhe ter o sangue afluído à cabeça. Enquanto isso, a filha, uma mocinha de dezesseis anos, estava sentada completamente nua bebericando o leite de um vaso. O pai, com uma vara na mão, não permitia que parasse. Como engordar é a primeira obrigação da vida de uma mulher da corte, deve ser forçada a isso, ainda que à custa de pancada. Flertei um pouco com a mocinha e a convenci a levantar-se e apertar minha mão. Seu rosto era encantador, mas seu corpo era redondo como uma bola.

DIÁRIO DA DESCOBERTA DA NASCENTE DO NILO

401 Ou, respectivamente, cerca de 58 cm nos braços; 103 cm no busto; 66 cm nas coxas; 50 cm na panturrilha; e 1,72 m de altura.

Anna Hinderer

Inglesa, Anna Martin Lynn Hinderer nasceu em 1827 e faleceu em 1870. Com seus diários e cartas, organizou-se um livro, publicado em 1872, Seventeen Years in the Yoruba Country [*Dezessete anos no país dos iorubás*], *no qual se relatam as suas experiências no Iorubo, especialmente em Ibadan, como mulher e colaboradora de seu marido, o missionário David Hinderer.*

Ibadan

Ibadan possui as características comuns às cidades iorubanas.[402] As casas obedecem todas a um modelo: um quadrado que envolve um pátio sem cobertura. Os cômodos ocupados pela família são baixos e escuros, sem janelas, cobertos por um teto inclinado de folhagens que

402 Iorubá é o nome genérico aplicado, desde a metade do século XIX, a um conjunto de povos (auoris, egbas, egbados, ijebus, ijexas, quetos, oios, ondos e vários outros) que vivem no sudoeste da Nigéria, no sudeste da República do Benim e em alguns bolsões do Togo, falam o mesmo idioma, embora com variações dialetais, veneram muitos dos mesmos deuses, partilham mesma cultura e se organizavam politicamente em cidades-estado. São tambem chamados nagôs, akus e lucumis.

Um mercador iorubá muçulmano.

se projeta para além das paredes e, sustentado por postes, forma uma varanda. É ali que os visitantes são recebidos e se realizam as transações. Há também telheiros para abrigar os cavalos, as cabras, os carneiros e as aves domésticas, que se amontoam no pátio durante o dia. Uma porta abre-se para a rua e é a única interrupção na monotonia da parede de barro. As ruas, contudo, se avivam com as barracas, que fazem o papel das lojas e, aqui e ali, pelas casas dedicadas aos orixás. Entre elas há espaços abertos, sombreados por árvores e que se usam como mercados. Ali, em meio a um zunido de vozes, são ouvidos sons estridentes que fazem lembrar a um inglês os gritos nas ruas de Londres, e se processa um intenso comércio de produtos das roças e das manufaturas indígenas. Destas últimas há grande variedade, pois em Ibadan são numerosos os tecelões, os alfaiates, os ferreiros, os carpinteiros, os seleiros, os ceramistas e os curtidores. Algumas pessoas dedicam-se a extrair óleo de palma e a fazer sabão. A principal ocupação, porém, é a de cultivar a terra, e todos a ela se dedicam, qualquer que seja a profissão que tenham. Cada um tem direito ao pedaço de terra, fora da cidade, que puder lavrar, desde que essa gleba não seja já utilizada por outrem. Quando o senhor Hinderer, ao se estabelecer em Ibadan, perguntou quanto devia pagar pela terra que pretendia cultivar, o chefe lhe respondeu, rindo: "Pagar! Quem paga por uma gleba? A terra pertence a Deus; ninguém pode pagar por ela!".

DEZESSETE ANOS NO PAÍS DOS IORUBÁS

Iá

[Entre os iorubás] existe uma *iyalode* ou mãe da cidade, a quem as mulheres submetem todas as suas disputas, antes de serem levadas ao rei. Ela é, na verdade, uma espécie de rainha, uma pessoa de grande influência e tratada com muito respeito. Enviei-lhe um mensageiro para comunicar-lhe que gostaria de visitá-la. Mandou-me dizer que ficaria encantada com minha visita. [Sendo assim], fui vê-la [...]. Deparei-me com uma senhora do tipo maternal, cercada por seus servidores e outras pessoas, num ambiente cerimonioso e de grande ordem. Disse-lhes por que estava em sua terra e lhes roguei que viessem ouvir a Palavra de Deus e enviassem suas crianças para nossa escola. Entre as duas *iás*, eu e ela, estabeleceu-se uma forte amizade, tendo lhe presenteado um fino turbante de veludo e uma sacola de seda. Ela afirmou que doravante haveria duas mães da cidade: ela, a *iyalode*, e eu, a *iyalode fun fun*, a *iyalode* dos brancos. [...] Três dias após minha visita, ela enviou-me saudações e pediu-me que aceitasse uma cabra e uma cabaça de inhames, para que eu fizesse uma festa para minhas crianças e minha gente.

DEZESSETE ANOS NO PAÍS DOS IORUBÁS

Abade Laffitte

O sacerdote católico francês Jacques Laffitte foi em 1861 para Ajudá, a fim de integrar-se ao Vicariato Apostólico do Daomé, criado pelo papa um ano antes. De suas experiências deixou um livro ditado pela incompreensão rancorosa e agressiva, Le Dahomé: Souvenirs de voyage et de mission [*O Daomé: recordações de viagem e de missão*], *publicado em 1873.*

O culto das serpentes em Ajudá

Em Ajudá alguns desses animais imundos [as serpentes] são tidos por deuses e objeto de culto público. A jiboia, que é a rainha da espécie, é tratada como uma grande senhora. Possui uma casa e vários negros a seu serviço, entre os quais um médico, encarregado especialmente de cuidar de sua penosa digestão.

Antes de nossa chegada ao país, a jiboia desfilava com grande pompa, uma vez por ano, pelas ruas e praças de Ajudá. No dia escolhido para a solene exibição do monstro, era interdito aos brancos e aos negros sair de casa. Determinava-se, além disso, que mantivessem as suas portas e janelas cerradas, sendo-lhes proibido olhar pelas aberturas causadas nas tábuas pelo calor. A pena de morte era o terrível castigo para quem se afastasse dessas normas. Um branco, julgando que não o observavam, cometeu a imprudência de dar uma olhadela no cortejo no momento em que este passava diante de suas janelas. Denunciado pelos negros a seu serviço, morreu envenenado poucos dias depois.

Um outro europeu foi mais feliz do que ele, e a esse europeu devo os pormenores do que passo a descrever.

Antes de retirar a jiboia de sua casa, tem-se o cuidado de a empanturrar de carne. Quando ela está farta e inteiramente absorvida pelo trabalho da digestão, os mais dignos dos feiticeiros se prosternam diante dela, levantam-na da terra com um imenso cuidado e a põem, como uma massa inerte, dentro de uma rede de dormir. Nesse momento, ouvem-se cantos e o desfile começa. O monstro, levado por oito homens fortes, balança no seu leito aéreo. [...] Homens e mulheres vestidos de seda o precedem; uma música infernal segue atrás dele. Os sons roucos que a jiboia lança no ar, alternando com os cânticos da multidão, aumentam o caráter selvagem dessa exibição. Organizado dessa forma, o cortejo percorre as ruas, detém-se nas praças da cidade e, durante algumas horas, Ajudá se assemelha a uma vasta necrópole assombrada por espectros de formas estranhas, ainda mais pavorosos do que aqueles que uma imaginação delirante vê sair de túmulos entreabertos.

A agitação da jiboia, que está terminando a digestão, põe fim à cerimônia, porque a deusa, farta de honras, poderia, à guisa de agradecimento, envolver com excessiva ternura o braço ou a cabeça de um daqueles que a levam na rede. [...]

A numerosa família dos répteis fornece ainda outras divindades aos habitantes de Ajudá: belas cobras de 1,5 metro de comprimento, de cor verde-escura raiada de negro, recebem a todas as horas do dia suas oferendas e suas preces. Essas serpentes são inofensivas. Durante o dia vagam livremente pelas ruas e praças e entram até mesmo nas casas; à noite, porém, recolhem-se no templo a elas dedicado e passam a noite enroladas nos bambus do teto. De manhãzinha, antes de saírem para suas ocupações, os nativos, temerosos, fazem a essas divindades as suas súplicas, sempre acompanhadas de oferendas conforme as suas posses e a importância do que pedem. Quando as encontram no caminho, prosternam-se diante delas, de testa contra o solo. [...]

Um negro, ao encontrar uma delas afastada da cidade, corre a prevenir o feiticeiro encarregado do templo que lhes é dedicado. Este agarra a cobra, enrola-a no braço e a devolve à sua morada, ao mesmo tempo que lhe pede perdão pela violência que é obrigado a cometer.

O DAOMÉ

Henry Morton Stanley

Jornalista e explorador nascido no País de Gales, em 1841, e falecido em Londres, em 1904. Ficou famoso ao realizar, em 1871 e 1872, uma expedição à África em busca do dr. David Livingstone. De 1874 a 1877, esteve na África, tendo sido o primeiro europeu a percorrer o rio Congo (ou Zaire) da cabeceira à foz e a marcá-lo no mapa. Entre 1879 e 1884, foi o principal colaborador do rei Leopoldo II, da Bélgica, na formação do chamado Estado Livre do Congo. Entre 1887 e 1889, explorou as montanhas Ruwenzori e os lagos vizinhos. Entre seus livros, destacam-se How I Found Livingstone [*Como encontrei Livingstone*], *de 1872,* Through the Dark Continent [*Através do continente negro*], *de 1878, e* In Darkest Africa [*Na África mais profunda*], *de 1890. Postumamente, em 1909, foi publicada sua autobiografia.*

O exército do *kabaka* ou rei de Buganda

[Para combater os sogas][403] Mutesa[404] chamara às ar-

403 *Basoga* ou *Vuasoga*, povo que vive a leste de Buganda, entre os lagos Kyoga e Vitória, onde, desde possivelmente o fim do século XVI, formou vários microestados.

404 *Kabaka* ou rei de Buganda entre 1856 e 1884. Buganda,

mas 150 mil homens, a que se juntavam perto de 50 mil mulheres e outros tantos rapazes e raparigas; de sorte que depois de examinar os diversos acampamentos dos gandas[405] e de calcular a força numérica dos contingentes enviados pelas nações tributárias, deduzi que o acampamento de Mutesa teria pelo menos 250 mil pessoas.

Esta cifra poderá parecer exagerada, porém aqueles que conhecem os usos e a população de Buganda, assim como a natureza e extensão da autoridade de Mutesa, não ficarão mais surpresos com este número do que com os 5 milhões e 250 mil soldados que Xerxes trouxe para invadir a Grécia. [...]

A guarda avançada saíra do acampamento muito cedo, de sorte que não pude assistir à partida; desejoso, porém, de ver desfilar o corpo principal desse grande exército, fui colocar-me logo pela manhã na orla do acampamento.

Em frente, com a sua legião, marchava Mkuenda [...].Este chefe [era] um jovem alto, robusto, bravo como um leão; tinha grande experiência de guerra, sabia dirigi-la com muita habilidade, era exímio no manejo da lança e possuía, além destas, outras qualidades de excelente guerreiro. Notei que os chefes gandas, se bem que islamizados, não abandonam o costume de pintar o corpo quando marcham para a guerra, do mesmo modo que continuam crendo em todos os fetiches nacionais, porque todos os combatentes que passavam a

---

cuja origem se perde no mito, ampliou consideravelmente o seu território, na margem norte do lago Vitória, no decorrer do século XVI. Com solos privilegiados, expandiu a cultura dos bananais e enriqueceu com o comércio lacustre. No fim do Seiscentos já era uma grande potência militar na região. Nos dois séculos seguintes, dilatou os seus territórios e estabeleceu sua suserania sobre vários estados vizinhos.

405 Baganda ou *Vuaganda*, a gente de Buganda.

A guarda do rei de Buganda.

trote diante de mim iam horrorosamente sarapintados de ocre e gesso. A força que marchava sob o comando de Mkuenda podia calcular-se em 30 mil pessoas, entre guerreiros e gente da comitiva, e posto que, na véspera, o caminho não fosse mais que uma simples trilha de cabras, a impetuosidade dessa legião a meio trote em pouco tempo abriu uma larga avenida. Em seguida, com seu séquito, as bandeiras desfraldadas e ao som de tambores e pífaros, marchava o velho general Kangaú [...]. Ele e os seus guerreiros, sem os vestuários usuais, avançavam rapidamente com o corpo e o rosto pintados de branco, preto e encarnado.

Passou em seguida uma divisão de 2 mil guerreiros escolhidos, todos homens altos, experimentados no manejo da lança e do escudo, ligeiros e de passo rápido, cantando os seus gritos de guerra, *Kavya*, *Kavya* (as duas últimas sílabas do título de Mutesa, quando era jovem — Mukavya, ou "rei"), enquanto passavam correndo, agitando as lanças e batendo com elas contra os escudos.

Atrás deles, em marcha veloz, ao som de tambores e pífaros, com os estandartes soltos ao vento, avançava a guarda do imperador, tendo duzentos homens à frente, cem de cada lado do caminho, rodeando Mutesa e o seu *katekiro*,[406] e outros duzentos fechando a retaguarda e formando um cortejo de aspecto imponente e guerreiro.

Mutesa caminhava a pé, com a cabeça descoberta, vestido com uma túnica de pano azul riscado, apertada na cintura por um talabarte de fábrica inglesa, e com as faces coradas com um encarnado brilhante — como os imperadores romanos, que, ao voltarem em triunfo, pintavam o rosto com vermelho intenso. O *katekiro* o precedia, trajando um casaco de casimira de cor cinzenta escura [...]. Julgo que esta disposição tinha por fim iludir qualquer assassino emboscado nos montes; e, se era com essa intenção, pareceu-me a precaução inteiramente dispensável, porque a marcha era tão rápida que só uma carabina poderia ser eficaz, e [...] os sogas não possuem dessas armas.

Depois da guarda imperial, continuaram sucedendo-se as legiões, umas após outras, com os seus chefes à frente, distinguindo-se pelo modo de tocar os tambores, que os ouvidos indígenas sabem diferenciar. Marchavam todos num passo extraordinariamente rápido, mais como soldados correndo para o combate do que como guerreiros em marcha. Segundo me disseram era sempre costume marchar de corrida em empresas deste gênero.

ATRAVÉS DO CONTINENTE NEGRO

406 Uma espécie de primeiro-ministro.

O camponês ganda

O camponês de Buganda realiza o ideal de felicidade a que aspiram e estimariam gozar todos os homens. Para o representarmos na imaginação, devemos afastar do espírito a imagem do negro sujo, embriagado e estúpido, rodeado de mulheres gordas e de um bando de crianças de ventre saliente. Podereis acusá-lo de indolente, contudo não o será tanto que descure de seus próprios interesses. Seus jardins são bem tratados, as plantas são perfeitamente cuidadas, os campos, cobertos de grãos; a sua habitação é nova e não necessita reparos; os pátios estão limpos, e as paliçadas que os rodeiam, nas melhores condições. [...]

Ei-lo saindo da sua cabana. É um homem de tez bronze-avermelhada, em todo o vigor da juventude; traja, com muito asseio e decência, ao modo do seu país, um manto escuro preso no ombro e pendente até os pés. [...]

À sua frente, no primeiro plano, estende-se a horta, que ele admira com satisfação. Nos canteiros, recortados por aleias curvilíneas, crescem batatas, inhames, ervilhas, favas, tomates e feijões de várias espécies, uns arrastando-se no solo, outros sustentados em ramas. O jardim abunda em cafeeiros, mamona, mandioca e tabaco; de ambos os lados alinham-se as roças de milho, trigo e cana-de-açúcar. Por detrás da casa e dos pátios que a cercam veem-se campos muito extensos, cobertos por duas qualidades de bananeiras, chamadas *do paraíso* e *dos sábios*; estas plantações bastavam para sustentar qualquer ganda, dando-lhe os frutos e os grãos de que tira o seu vinho de *pombé*. Por entre as bananeiras, elevam-se copadas figueiras, cuja casca serve para fazer as roupas. Além das plantações, há um terreno inculto onde todos podem deixar pastar as cabras ou vacas que lhes pertençam.

É evidente que este homem aprecia a privacidade, porque cercou a sua habitação e as cabanas da sua fa-

Palácio do rei de Uganda.

mília de pátios fechados com altas e sólidas paliçadas, deixando apenas ver o cume dos tetos. Enquanto o proprietário contempla o seu jardim, entremos e apreciemos pessoalmente o seu modo de vida.

No primeiro pátio, encontramos uma cabanazinha quadrada, consagrada ao espírito que impera nos atos da família, o *Muzimu*[407] da casa. [...]

Passando para o outro pátio por uma porta lateral, desembocamos em frente de uma grande cabana de forma cônica e artisticamente construída, cuja porta arqueada e guarnecida de um pedaço de cana é abrigada por uma saliência do teto. [...] Ao entrarmos, a escuridão não nos deixa ver coisa alguma. Pouco a pouco, vão os nossos olhos acostumando-se à sombra e começamos a distinguir os objetos. O que em primeiro lugar prende a nossa atenção é a quantidade de pilares que há no interior da cabana e que servem para sustentar o teto. São em tão grande número que dão a ideia de um antro no meio da floresta. [...]

A cabana é dividida em dois compartimentos, um na frente, outro no fundo, por um tabique feito de canas e

407 Divindade protetora.

aberto ao centro. [...] No compartimento do fundo há algumas camas enfileiradas ao longo da parede, para uso do dono da casa e de sua família. No quarto da entrada, por cima da porta, veem-se alguns talismãs, ao cuidado e poder dos quais o aldeão confia a guarda da sua morada e de tudo o que ela contém.

Os móveis são raríssimos, e os utensílios pouco numerosos e de má qualidade. Como móveis podem classificar-se talvez dois tamboretes feitos de um único pedaço de madeira maciça e uma espécie de tabuleiro de jogar o gamão; como utensílios vê-se meia dúzia de vasos de barro e pratos feitos de vime. Algumas lanças, um escudo, duas enxadas, grossos bastões feitos da maceira, tubos de cachimbo e uma tigela que serve para a fabricação do vinho de banana completam o inventário.

Por detrás dessa habitação elevam-se duas cabanas de menores dimensões, igualmente cercadas de pátios, onde se podem ver as mulheres da família trabalhando. Umas pisam bananas para lhe extraírem o suco, que, depois da fermentação, se chama *maramba* — de gosto delicioso quando bem-feito; outras preparam ervas para cozinhar ou escolhem-nas para fazer drogas medicinais ou algum feitiço poderoso; outras ocupam-se em secar as folhas do tabaco, enquanto as de mais idade fumam em cachimbos de haste longa e, no meio das baforadas, aspiradas lentamente, narram os episódios da sua vida.

ATRAVÉS DO CONTINENTE NEGRO

Capelo e Ivens

Hermenegildo Capelo (1841-1917) e Roberto Ivens (1850--1898), oficiais da Marinha portuguesa, empreenderam, no último quartel do século XIX, duas demoradas expedições científicas ao interior da África. Na primeira (1877-80), que durou seiscentos dias, exploraram as bacias hidrográficas do Zaire (ou Congo) e do Zambeze. Na segunda (1884), atravessaram o continente, de Porto Pinda, no litoral de Angola, até Quelimane, em Moçambique. Escreveram relatos pormenorizados dessas viagens: De Benguela às Terras de Iaca *e* De Angola à Contracosta, *publicados respectivamente em 1881 e 1886.*

Dois mascarados no Caçanje[408]

Uma tarde, voltando de pequena excursão aos matos vizinhos, encontramos no acampamento um homem mascarado, que corria de um para o outro lado.

Compunha-se o fato de uma espécie de rede, que o envolvia completamente, feita com a folha do borasso; da cintura pendia-lhe tufada saia de capim; viam-se-lhe nos tornozelos manilhas de sementes de leguminosa, na

408 Ou Baixa do Caçanje, região de Angola, entre os rios Lui e Cuango.

Os dois *mu-quiches*.

mão uma campainha, no pulso dois guizos. O rosto estava oculto por uma grande máscara de madeira.

— O *mu-quiche*! — exclamavam todos.

É o feiticeiro do mato, que tudo adivinha e sabe.

O mascarado, começando então umas voltas doudejantes, dirigia palavras mordazes àqueles junto de quem passava, a julgar pelas gargalhadas, até que por fim se aproximou de nós, executando uma dança selvagem, ao som da campainha e dos guizos.

Em seguida estendia-nos a mão pedindo esmola, e percorrendo o círculo dos espectadores, recebia o que lhe davam.

De repente saiu da floresta outra criatura não menos esquisita.

Era o segundo *mu-quiche*, que, com fato semelhante, caminhava em longas andas, ora aparecendo em uma clareira, ora escondendo-se no mato; manifestando desconfiança do primeiro, e sumindo-se enfim na espessura do bosque.

Nenhuma das perguntas feitas a respeito destas entidades obteve resposta satisfatória.

DE BENGUELA ÀS TERRAS DE IACA

Comidas de Angola

O relógio marca cinco horas da tarde. Tudo está em movimento; chegou a hora de preparar a comida.

Comecemos pela direita. A primeira criatura com que deparamos é uma mulher, tendo junto aos pés uma panela ligeiramente inclinada, a qual há pouco tirou do lume, cuja substância gomosa mexe com um comprido pau, deitando a intervalos pequenos punhados de farinha. [...] É o *infundi*, feito com a raiz de mandioca que as raparigas vão de manhã bombicar às lavras.

Mulher handa, do sudoeste de Angola.

Colhido e descascado o tubérculo, divide-se conforme o comprimento, e seguidamente seco constitui a bala. Coloca-se de molho durante três dias, ao fim dos quais começa a fermentação acética; quando enxuto passa a designar-se bombó. Levado ao pilão dá origem à farinha que vistes, denominada fuba.

Não é este, porém, o seu único emprego.

Aí adiante acha-se sentada com negligência uma guapa moça, acometida por dois porcos, que quase inconscientemente enxota com o pé, para lhe não roubarem o conteúdo de duas quindas.

Esfrega entre as mãos uma pasta branca, com que forma pequenos cilindros, os quais embrulha em largas folhas e empilha junto de si. É a quiquanga, feita da mesma mandioca antes de enxuta, reduzida à pasta no pilão.

O seu cheiro nada tem de agradável.

Se lhe adicionardes alguma pimenta e a secardes, constituirá um artigo que os indígenas apreciam e transportam para longe.

Esta outra jovem, que observais à esquerda, de joelhos e com um filho às costas, é a *mu-cajé* de algum negociante.[409] Prepara-lhe a farinha serrada, a que já se habituou com a residência no litoral.

A lata que vedes no chão, crivada de furos feitos a prego, é o invólucro de uma caixa de conservas, hoje transformado em ralador.

Sobre a face mais áspera esfrega ela a raiz, logo depois de colhida, reduzindo-a a pó grosseiro, que, bem espremido, é posto em pequenos tachos e seco ou torrado sobre as brasas.

Se sois curioso, perguntai-lhe como se come em geral aquele artigo, dir-vos-á:

— Cru, em farófia ou em pirão. [...]

409 Ou companheira.

Farófia é a simples mistura da farinha com vinagre, azeite ou água, a que se junta jindungo [...];[410] pirão é o mesmo gênero cozido em água até ao estado pastoso, adubado com azeite de palma, cebola, tomate, sal e pimenta. [...]

Vede este moleque de ventre desenvolvido, cujo mal curado umbigo emerge 6 centímetros da parede abdominal; rapaz que quando nos aproximamos fugiu para junto da mãe, agarrando-se-lhe às pernas.

Conserva entre os dentes um rolo do feitio dos de tabaco americano, que também segura com a destra. É o nogado do mato, verdadeira delícia dos garotos, que se consegue amassando a jinguba em mel e envolvendo-a em folhas.

Transponhamos o largo. [...]

Cinco raparigas trabalham ao pilão e outra está junto de uma lareira.

Trata-se de pulverizar três artigos importantes, a saber: o milho, a massambala [...][411] e o massango [...],[412] de aplicações diferentes, como o fabrico do *jimbolo*, espécie de pão, simplesmente amassado com água ou adicionando-lhe ovos, e o do matete, papas que se cobrem de mel.

Não é disso, porém, que as jovens agora cuidam; mas de obter a cerveja do mato, que se denomina *ualua*, *guimbombo* ou garapa, conforme as terras, ou outra bebida, a *quissangua*.

A primeira arranja-se como estais vendo.

Põe-se o milho de infusão durante três dias, e, quando começa a germinar, estende-se em amplas folhas e fica exposto ao sol, sendo logo triturado.

O processo é o mesmo que o da cerveja para obter a

410 Malagueta.

411 Sorgo.

412 Ou masangu, espécie de gramínea.

diástase, depois coze-se em água, até levantar grande escuma, e retira-se para decantação. Juntam-se-lhe raízes de mandioca e de luco, o que lhe dá um travo amargo semelhante ao do nosso lúpulo.

Ao princípio é doce, mas passado o tempo azeda e promove embriaguez.

Os exigentes senhores, pouco dispostos a esperar, substituem-na muitas vezes por este outro líquido de que vedes uma panela cheia.

É a *quissangua*, de rápido fabrico.

Num vaso cheio de água a ferver deita-se uma porção de farinha de milho, massango ou massambala, junta-se-lhe mel e suspende-se a escumação. Deixa-se esfriar, coa-se por um pano (quase sempre sujo, que lhe dá um *tic* de catinga) e bebe-se!

Falta notar dois gêneros de bebidas, que por aqui não há: o *quingunde*, cujo preparo é moroso e consiste na infusão do mel em água, provocando a fermentação, e o *malavo*, ou vinho de palma [...].

Reparai agora nas enormes bananas, que estes mais pobres e esfaimados assam diligentes, e as variedades de legumes que aquela velha megera está cozendo.

Entre elas a mais importante comida é o amarelado macunde, espécie de feijão fradinho, tenro e fácil de cozer.

Uma fila de galantes raparigas vem entrando. [...] À cabeça trazem enormes quindas, donde podeis ver sair os dois cabos das pequenas enxadas. Dentro está a jinguba [...][413] para cozer e torrar, e os grandes inhames [...] que apanharam de tarde para ficarem ao lume até a próxima manhã.

Alguns frutos do Palma Christi,[414] para fins medicinais; quatro cogumelos, dois toros de cana [...], seis be-

413 Amendoim.

414 Palma-crísti ou mamoneira, de onde se extrai o óleo de rícino.

rinjelas [...], dois jilós, uma dúzia de *jinguengues* e quatro talhadas de abóbora completam os pequenos farnéis, à mistura com dois ratos e uma toupeira que os garotos apanharam nas lavras.

Chegou a hora da refeição; fujamos para junto daquele grupo presidido pelo chefe, que acocorado cerca três enormes pratos e uma cesta imensa de *infundi*.

Vão comer. Com um bochecho de água procedem à lavagem dos dedos, esguichando da boca, sobre estes, o respectivo líquido.

O soba é o primeiro. Vede como mete a mão no amplo bolo, puxando com dificuldade uma parte para fazer uma bola, que mergulha no molho gomoso do prato da direita. É um cozido de quiabos [...], que eles muito apreciam por facilitar a ação de ingerir o *infundi*.

O segundo procede pela mesma forma, dirigindo-se ao prato da esquerda.

Nesse notais uma matéria verde, que se denomina *mienguelecas*, espécie de esparregado feito de folhas de abóbora e mandioca, em água e azeite de palma ou jinguba.

Nas regiões da grande malvácea [...] servem as folhas desta para o mesmo fim, com processo idêntico.

Os mais glutões atacam o terceiro prato, que é um guisado de galinha, à mistura com mandioca desfeita, depois de começar a fermentação acética.

Um churrasco (carne assada na brasa) completa o banquete.

DE BENGUELA ÀS TERRAS DE IACA

O imperador da Lunda

A extensa região que na África austral-tropical se estende entre os paralelos de 6 graus e 12 graus e os meridianos de 20 graus e 25 graus, é conhecida pelo nome

O *muata-ianvo*, ou imperador da Lunda, só podia aparecer em público numa liteira ou no ombro de um escravo.

de Lunda, vasto império[415] que só pode comparar-se ao de Uganda [...].

O seu chefe supremo é o *cabeba muata-ianvo*[416] e a re-

415 No vale do rio Kalany, entre os lundas, a centralização do poder sob um rei sagrado talvez tenha começado no século XV, se não no XIV. No correr do tempo, os lundas expandiram-se para leste e oeste e formaram o sistema de suseranias e vassalagens a que chamamos império.

416 *Muantiânvo*, *Mwata Yamvo*, *muata jambo*, *Mwaant Yaav Naweej*, *Mata Iafa* ou *Muato Nvo*.

sidência *mu-sumba*[417] [...]. Os habitantes são os *ba-lunda* ou ainda *ca-lunda*; os tributários têm nomes especiais. [...]

O estado dos *ianvos* é hereditário em linha colateral, como pela maior parte dos povos em África. O *cabeba* considera-se senhor absoluto da vida dos seus súditos.

O sobrinho ou herdeiro presuntivo denomina-se *cha-nama*, com domicílio particular no Tenga, [...] na margem esquerda do Cassai e cerca do paralelo 9 graus.

O segundo sucessor intitula-se *soana-molopo* e reside ao sul da *mu-sumba*, em sítio indeterminado.

Existe, além disso, na Lunda, com habitação especial, uma criatura do sexo feminino chamada *lucoquessa*,[418] representando, segundo eles, a mãe do primeiro *muata-ianvo*, que tem grande influência no governo do país, porquanto os seus conselhos tomam-se sempre em consideração.[419]

A maneira por que se sucedem no estado estas mulheres é pouco conhecida, e poderá talvez supor-se que vai em linha reta de mães a filhas.

O *muata-ianvo* acha-se cercado de uma corte numerosa, entre a qual figuram, como principais: o *mutia*, pai do *ianvo*; o *calala*, chefe do exército e espécie de general encarregado de transmitir as ordens à gente armada; o *mueme cutapa*, executor de alta justiça, geralmente tio de *ianvo*; e muitos macotas[420] e suas *a-cajes* (concubinas), que habitam com ele.

A família dos *ianvos* constitui uma dinastia não mui-

417 Ou *mussumba*, palácio de um soberano da Lunda, capital do reino.

418 *Luconquexa* ou *lukonkesha*.

419 Na realidade, nada se podia decidir sem sua presença. Bastava que ela deixasse de comparecer a um conselho para que este ficasse impedido de deliberar.

420 Macotas são os grandes chefes que estão junto a um rei e são seus conselheiros.

to antiga, substituindo outra que há bastantes anos reinou na Lunda. [...]

Ao *ianvo*, quando é investido no estado, cumpre fazer nova habitação para si; jamais pode ficar na do morto, e até muitas vezes muda de residência.

O lugar que se escolhe para tais construções é num ponto elevado, sem vegetação, exceto o rasteiro capim, entre o curso do rio Garanhi, afluente do Quifanjimbo, cercando-o quase do sueste ao noroeste, e o do rio Luiza, presumido afluente do mesmo Garanhi. [...]

De ordinário compõem-se de uma paliçada retangular, que as fecha completamente e, variando de grandeza, podem abranger 1500 metros de lado; encerram ao centro a residência do chefe, com dois muros circulares e um corredor de permeio, sobre os quais se eleva vasta cúpula.

Em redor e ao longo da paliçada estão as casas que constituem o harém, domicílio de todas as mulheres do régulo.

Este, chegado o prazo em que resolve mudar-se, segue para isso praxes especiais.

Chama os chefes, avisa-os das suas intenções, transmite-se a ordem aos escravos, que logo partem em procura de madeiras para a nova edificação, cuja forma lhes é determinada, e conduzem todas as árvores que cortam, a fim de se reunirem materiais.

Preparado tudo, numa só noite, à luz dos archotes, é construída a real residência, que ao romper do dia aparece de pé.

Pouco distante da *mussumba* acham-se os vastos mercados, verdadeiros bazares com ruas alinhadas, onde as farinhas, a *ginguba*, o azeite de palma, as carnes verdes e secas, as massambalas, o sal, o tabaco, o *malavo* (vinho de ráfia), as mabelas e outros artigos se permutam por fazendas, como baeta azul e encarnada, algodões, chitas, miçanga grossa branca e pequena vermelha, pólvora, armas e manilha. [...]

O *ianvo* recebe quase sempre [...] [numa] espécie de terreiro que circunda a sua residência, onde se veem cinco ou seis peles de leão, cozidas pelas extremidades e com as caudas para fora, as quais formam o tapete dos dias de grande gala; no centro há um pequeno banco onde ele se senta; na frente e partes laterais estão pontas de elefante para a comitiva.

Os ornamentos e o extravagante trajo de *ianvo* nos atos solenes compõem-se dos seguintes objetos:

Quatro pequenos chavelhos, forrados de *cassungo* (miçanga de cores), postos na cabeça, dois para diante e dois para trás, com duas grandes penas de marabu aos lados; largas faixas acima dos cotovelos, bordadas a contas, com exóticos escudos e grande número de fios de miçanga ao pescoço; na mão direita o célebre *lucano* (insígnia do estado), espécie de manilha, tecida de tendões humanos etc., e sem a posse do qual o *muata-ianvo* não pode governar a Lunda; um saiote de baeta encarnada, e as pernas do joelho até aos tornozelos guarnecidas de *cassungo*, tendo embaixo às vezes umas poucas de *jizambo* (manilhas de capim forradas de arame); untura no corpo com azeite de palma e um ou dois anéis nos dedos das mãos, eis aqui, caro leitor, como em dias de recepção se apresenta o homem que hoje à superfície do nosso planeta governa despoticamente um estado de cerca de 19 600 léguas quadradas[421] e dispõe da vida de 300 mil a 400 mil homens, como lhe apraz.

Sentado num imenso escabelo de pau, coberto de panos em desalinho, rodeia-se de uma corte de devassos e corruptos companheiros, denominados macotas, que passam os dias em zumbaias ao chefe e a satisfazer-lhe os mais iníquos desejos, se os não empregam na embriaguez que o malavo lhes proporciona, fumando o tabaco

421 Cerca de 457 km^2.

em longos cachimbos, ou a liamba, [...] sujeitos a repetidos ataques de furor e consequentes letargos.

DE BENGUELA ÀS TERRAS DE IACA

Uma festa dimba[422]

Denomina-se a festa da *hela*, e é celebrada em junho, época em que termina por estas regiões a colheita.

Assim que a lua cheia se aproxima, começam as mulheres de todas as aldeias a fazer a *hela*, espécie de cerveja confeccionada com o sorgo, que depois de umedecido, seco e triturado, é metido num funil de capim para dirigir a água coada através da massa, que mais tarde, fermentando, constitui a bebida.

Dois indivíduos dos mais importantes de qualquer aldeia saem após, bem sarapintados, para, na qualidade de festeiros, prepararem as cousas, e ao primeiro rebate acodem todos com armas e grotescos traços pelo rosto etc.

Atingido que seja um determinado número, começa a cena, e de senzala em senzala prossegue a festa, tocando e cantando, recebendo aqui um boi, além farinha, mais longe bebida, em inferneira contínua, que por dias se prolonga.

Ai do habitante encontrado em caminho, pois, vítima destes energúmenos que à solta percorrem os campos, o roubam e mesmo espancam, escapando-lhes das mãos a muito custo.

O mesmo viajante estranho à terra, embora o considerem mais, não deixa por isso de ser roubado, ficando invariavelmente em plena campina como Adão andava no paraíso!

O notável, porém, é que o régulo, chefe supremo da ter-

422 Os dimbas, *Ndimba*, *Bandima* ou *Ovandimba*, povo do grupo herrero, do sudoeste de Angola.

ra, perde durante o primeiro dia todas as regalias e superioridade de que goza em seus domínios. Assim, quando lhe chega a notícia dos festeiros terem partido para percorrer os primeiros lugares, ele esconde-se. A multidão avança então no sentido da sua residência e para à grande distância.

Três latagões armados e tintos de cores extravagantes partem na direção da embala, e chegando aí cautelosos, fazem um giro ao redor.

Nem alma viva aparece! Escondidos, os habitantes tremem de susto; o soba, recluso no quarto, nem respira; a sua presença então acarretar-lhe-ia imediato termo à existência.

De uma das portas feitas na paliçada saem inopinadamente três tipos. São mulheres. A da frente, pequenita, quando muito de oito anos, traz ao pescoço um amuleto, semelhante à pá de ferro minúscula; a segunda, já idosa, é a esposa mais velha do soba; a terceira, espécie de criada, conduz com todo o cuidado uma cabaça de *hela*.

Ao vê-las, os espiões afastam-se, depõem as armas e prostram-se por terra, enquanto a princesa donairosa caminha para o sítio onde se acha o grosso da gente, e entregando a cabaça da *hela* mágica e a pequena pá que a há de mexer, deixa os feiticeiros que a esgotam, levantando o interdito ao régulo.

Livre este, pode logo sair.

Não atinamos bem com a significação desta mascarada, que finaliza por contínuas danças, parecendo intencionalmente mostrar uma como que supremacia eventual do povo sobre o chefe supremo.

DE ANGOLA À CONTRACOSTA

O cobre no Catanga

Galerias vimos nós na mina de Kalabi propriamente dita, em que as fissuras tinham sido aproveitadas nas partes discordantes da formação para originá-las, e retirando pouco a pouco folhas do xisto, acabaram por abrir passagem triangular, por onde penetravam os mineiros.

Kalabi achava-se abandonada, na ocasião em que a visitamos, por causa, conforme ouvimos, de um desabamento acontecido dois anos antes que vitimara muita gente.

A possuidora deste jazigo é uma mulher com quem depois nos encontramos, chamada Inafumo, e parece que, segundo determinados sonhos desta senhora, assim se opera a exploração em zonas especiais da mesma mina.

Foi ela quem entreviu em noites de pesadelo o celebrado filão, jazigo, ou o que quer que fosse, causa do aludido desastre; e por isso, ainda dominada pelo desgosto de haver causado tão grande mal, a opulenta dama não consentia que se bulisse em cousa alguma naquele lugar.

Esperava pacientemente novo sonho, para então dar começo aos trabalhos.

Supérfluo será citar aqui o processo indígena da exploração, que é assaz primitivo e baseado na fragmentação. O metal derrete-se em fornos ou panelas, donde deriva por tubos ou calhas feitos de argila, para moldes, que variam desde a forma aproximada da cruz de Malta, até linguados mais ou menos longos, redondos ou quadrangulares.

A gente de Catanga faz com este metal numerosos artefatos, manipulando-o de modo facílimo.

Assim, sujeitando-o à martelagem, reduzem-no a longas e finas barras, que depois por fieiras sucessivas eles adelgaçam até ao ponto de fazerem fios da grossura de qualquer das cordas dos instrumentos musicais da Europa, com que guarnecem cabos de machadas, canos de armas, e sobretudo feixes de pelo de cauda do búfalo ou gnu, para confeccionar as celebradas manilhas e braceletes, que têm hoje voga por todo o sertão.

Resumidamente, o país de Catanga há de ser no futuro importante centro de exploração, atento o valor de suas minas, que devem tornar-se numerosas, como nos afirmaram os indígenas. O cobre dali, quer em cruzes, quer em braceletes e manilhas de fio, percorre hoje todo o sertão, desde o Maniema e Urua, até a Genji e Bié, só esperando regular meio de transporte pelo Niassa ou Luangua, para seguir em direitura ao mar.

DE ANGOLA À CONTRACOSTA

Um régulo de Manyema, região entre o lago Tanganica e o rio Lualaba.

Uma aula de geografia

O velho régulo dignou-se explicar no terreno e com o próprio bastão o correr das águas do Luapula sobre o Lualaba, hidrografando por maneira tal, que houvemos de segui-lo em 1 milha quase de extensão,[423] para chegarmos ao sítio onde pretendia figurar a confluência dos dois rios, bem como nos descreveu as furnas de Uncurroé, dois poços de água fervente, ao norte de Kicondja e oeste do Lualaba, donde se escapam vapores sulfurosos e em que se dá a raridade, segundo ele, de funcionarem alternadamente. Falou também de um cone de lodo de 3 metros de alto, na lagoa Lizuala-Kowamba, donde saem vapores sulfúricos, convidando-nos de novo a que fôssemos lá, prometendo deixar-se fotografar na manhã seguinte, depois de tomarmos juntos um copo de pombé.[424]

DE ANGOLA À CONTRACOSTA

O elefante

Nas matas do oeste, sobretudo próximo do Lualaba, é [assaz frequente] o elefante. Abunda em tal quantidade este quadrúpede que obtêm sempre resultado todas as tentativas de caça feitas naquele sertão. Raro é o sobeta de vulto que não possua no seu quarto [...] algumas dúzias de pontas, assim como rara é a partida de caçadores que, após dez ou quinze dias de pesquisa, não consiga abater dois ou três destes animais. [...]

O elefante africano é um animal verdadeiramente respeitável. Ao vê-lo, grave e silencioso, arrastando a sua enorme massa por meio das florestas, tromba recurvada,

423 Uma milha corresponde a 1,609 km.
424 Ou pombe, bebida fermentada de farinha de milho e arroz.

Tropel de elefantes.

orelhas em movimento alternado de descanso e de atenção, sempre cauteloso, suspendendo ao menor ruído para escutar ou prevenir o bando, fugindo à menor suspeita de perigo, para derruir em seu caminho quanto lhe sirva de obstáculo, nenhum viajante deixa de impressionar-se.

Tal quadrúpede é um exagero que não parece pertencer ao nosso século, e nada conforme com o crescimento da atual vegetação, pois amesquinha o arvoredo em redor, quando aparece entre ele.

As crescidas mimosas do planalto, que o paquiderme tanto aprecia, são verdadeiros arbustos, se as compararmos com as alentadas proporções do gigantesco quadrúpede. [...]

Quando ferido e iracundo, tromba alevantada, a curda cauda à guisa de vassoura erguida, impõe mais do que respeito; faz medo, é imponente!

Nós, que o vimos muita vez de perto e até nos fotografamos nele sentados, [...] jamais deixamos de experimentar pavor, arrepio súbito, inexplicável, como aquele que sente o homem em presença de um perigo, conhecendo ser impossível evitá-lo.

E afinal não é tão perigoso como a princípio pode supor-se, salvo circunstâncias especiais.

O elefante africano [...] difere do indiano, não só na forma como nos hábitos.

Um viajante, mais entendido em semelhante assunto do que nós, diz:

> Divergem os elefantes dos dois continentes por três distinções peculiares. O dorso do elefante africano é côncavo, o do indiano convexo; a orelha daquele, enorme, cobrindo a espádua quando voltada para trás, enquanto a da variedade indiana é comparativamente pequena.
>
> A fronte do elefante africano é convexa, a parte superior do crânio derivando para trás com rápida inclinação, enquanto a cabeça do indiano apresenta uma superfície achatada logo acima da tromba. O tamanho médio do elefante do grande continente excede o da Índia, sendo as fêmeas africanas em geral do tamanho dos machos de Ceilão.
>
> Pelos seus hábitos os dois parecem diferir também.
>
> Em Ceilão o elefante vive na floresta durante o dia, saindo só para a planura ao cair da tarde, enquanto em África este divaga pelas grandes planuras à hora do calor, só por acaso fugindo aos ardores do sol, para se aproximar da água. [...]

[O elefante africano] habita no mais denso das florestas, alimentando-se das pontas das mimosas e da casca de raízes.

Para isso tem que revirar as árvores, a fim de atingir a parte mais elevada, e isso faz ele com a maior facilidade.

Escolhida a planta que pretende aproveitar, lança-lhe a tromba à parte superior do tronco, puxando.

A este abalo em geral, estoura a raiz e a árvore cai. Se, porém, não cede inteiramente a este esforço, vindo bater com a ramagem em terra, o paquiderme baixa a cabeça, e, metendo uma defensa por entre as raízes, as faz rebentar ao impulso da sua poderosa alavanca.

O elefante emprega sempre o dente esquerdo, e assim se explica a circunstância de, ao vê-lo de perfil, apresentar mais caído este do que o outro.

E, circunstância estranha, é também para a esquerda que vira a tromba no ato de apanhar; e por isso os indígenas recomendam que, quando alguém de perto seja perseguido pelo dito animal, corra para o lado direito.

A destruição operada em poucas horas por um bando de elefantes numa floresta é realmente extraordinária. De noite o ruído é espantoso, tendo nós ocasião de o testemunhar pela primeira vez na margem direita do Cabompo, onde mais de cinquenta paquidermes andaram toda a noite a 1 milha do nosso campo,[425] que não podiam descobrir por estar no fundo de um vale, a sotavento deles.

Centenas de árvores no dia seguinte jaziam no solo, umas partidas, outras com grandes rachas, cobrindo com suas ramagens as pegadas do maior dos mamíferos, parecendo mais destroço operado por formidável tempestade do que obra de um grupo de animais.

Algumas observamos nós com 4 e 5 palmos de circunferência de tronco,[426] não só reviradas, mas fendidas pelo meio.

Em bandos de vinte, trinta e mais, marcham cautelosos, sobretudo quando procuram a água, o que em geral sucede pela noite, indo quase sempre um macho na frente, para explorar o campo.

As fêmeas são tímidas e menos previdentes quando andam com os filhos, talvez porque, muito extremosas, estes lhes absorvam todos os desvelos, fazendo-as esquecer os perigos.

425 A cerca de 1,609 km.

426 Entre 90 cm e 1,1 m de circunferência.

As crias são para o elefante um objeto do mais sério cuidado.

Assim, não é raro ver as mães rolarem na lama e esfregarem-se nos filhos, ou, tomando com a tromba porções do mesmo lodo, distribuir-lho pela pele para assim os defenderem da ação do sol e dos ataques de parasitas.

Sempre que um rio caudaloso tem de ser transposto, machos e fêmeas colocam-se em linha, de uma a outra margem, e formam uma como que barreira para moderar o ímpeto das águas, ao abrigo da qual passam os filhos. Em suma, este vivente é de todos os habitantes do mato o mais pressentido; em geral custa ao caçador aproximar-se dele, tendo de lhe seguir a trilhada, e, ao senti-lo perto, desviar-se a sotavento, evitando todos os ruídos.

Ao menor barulho, escapa-se.

Habitualmente, antes do bando observa-se um macho que, de tromba no ar, perscruta quanto o rodeia, farejando quaisquer eventualidades, para fazer, sendo necessário, o sinal de alarme.

Poucas vezes se encontra o elefante solitário como o rinoceronte, e só excepcionalmente, e em idade muito avançada, pode dar-se esse fato.

DE ANGOLA À CONTRACOSTA

O rinoceronte

Dos muitos animais que na África austral se encontram, é sem dúvida um dos mais curiosos de descrever o rinoceronte, embora dele muito já se tenha dito.

Habitando largas zonas do continente, onde facilmente pode encontrar a alimentação peculiar, o rinoceronte vê-se com frequência, desde as margens do Orange até ao equador, por toda a zona florestal do centro.

Quatro espécies ali habitam, segundo parece, deixando de citar uma especial de que os indígenas muitas vezes nos

Ataque de um rinoceronte.

falaram, distinta por não ter defensa alguma, e que julgamos ser mistificação pouco vulgar. Duas, de um pardo escuro, compreendem os chamados *rinocerontes-negros*; as outras duas, acinzentadas, abrangem os chamados *rinocerontes-brancos*. São acordes os indígenas em declarar o preto (porque não distinguem as duas espécies) mais pequeno e perigoso, enquanto o branco, de maior vulto, é mais pacífico, declaração que nós podemos também corroborar, por havermos observado os dois, tendo notado com mais frequência estes. Advertimos, porém, que o preto a que nos referimos tem um chifre só, ou o outro é tão pequeno que mal se observa a distância, e não o de dois chifres iguais, *Rhinocerus Keitloa*, conhecido no Calaári, cujo habitat desconfiamos se não estende até aos lagos.

O rinoceronte é espécie de hábitos solitários, vive isolado nas florestas, nunca em bando, pasta pelo dia, recolhe-se na hora de maior calor; procura várias vezes a água, não só para beber, como para se esfregar no lodo, do qual se cobre inteiramente, como observamos em certo dia em que de longe estivemos assistindo às abluções de um destes quadrúpedes. Talvez paste também de noite, como o elefante; jamais tivemos ocasião de observar isso, sendo, contudo, de crer que à claridade da lua se entregue à semelhante tarefa.

Apesar de feio, sórdido e pelado, não é tão repelente como o da Índia, que tem dobras e refegos na pele, quando sendo, aliás, a deste lisa e contínua; é desconfiado e pressentido, tem os olhos pequenos e próximos do focinho.

Alimenta-se de vegetais, raízes, ervas, tubérculos, sendo extremamente guloso da cana do sorgo, em que faz verdadeiros destroços.

Entre os costumes do dito animal vamos registrar um muito curioso. Sempre que no meio dos matos vimos os seus dejetos, achavam-se estes espalhados, e essa dispersão, acompanhada de fundos sulcos na terra, afigurava-se-nos fora feita com corpo resistente.

Inquirido o fato, soubemos ser costume do rinoceronte, quando termina as dejeções, andar em redor do local, espreitando a floresta. Certificando-se de que ninguém o observa, num ímpeto de fúria arremessa para longe, com a ajuda da defensa, a matéria defecada.

Então ninguém ouse dele aproximar-se, dizem os indígenas, tal é o furor de que se acha possuído! É doido, acrescentam eles, e essa loucura efetivamente se dá por vezes, pois o rinoceronte, que em geral se afasta dos acampamentos e aglomerações de gente, aparece, às vezes, de súbito num quilombo, não se arreceando das fogueiras ou dos homens, que debanda e destrói em caminho. Este singular procedimento, assaz verificado, explicaram-nos uns caçadores, declarando que sempre que tinham morto algum dos ditos animais, encontraram, ao abrir o crânio, uns bichos longos, de ¼ de polegada,[427] cobertos de pelo, alojados entre as membranas que forram a massa cere-

427 Cerca de 6 cm.

bral. Estes vermes movem-se com facilidade, e aos ataques por eles dirigidos a certas regiões do encéfalo deve o bicho os momentos de raiva a que aludimos.

É um dos habitadores das florestas mais respeitados, pelo seu vulto e força, pois nesta não lhe excede muito o elefante, afastando-se dele os leões, búfalos etc. Deve ter longa vida, a julgar pelo tempo que leva a completa formação da grande defensa, que no branco, conhecido por *Rhinocerus Oswel II*, chega a atingir a altura de um homem.

DE ANGOLA À CONTRACOSTA

Serpa Pinto

Alexandre de Serpa Pinto (1846-1900), oficial do Exército português que já havia explorado o Bongo, subindo o rio Zambeze, foi designado para compor com Hermenegildo Capelo e Roberto Ivens a expedição de 1877 ao centro da África. Logo no início da missão, Serpa Pinto separou-se de seus companheiros para tentar a travessia do continente, o que levou a bom termo em fevereiro de 1879, indo de Benguela a Pretória. Narrou seu feito em Como eu atravessei África, *publicado em 1881. Serpa Pinto foi posteriormente governador de Cabo Verde.*

A morte entre os quilengues[428]

Entre o povo, os cadáveres são enterrados em lugar escolhido, e conduzidos à cova numa pele de boi, cobertos de pano de algodão branco. Os dias de nojo são dias de grande festa em casa do finado. Os sobetas têm sepultura reservada, e são ali conduzidos dentro de uma pele de boi preparada em odre, depois de lhe vestirem as melhores roupas.

Todos estes povos não admitem causas naturais de doença ou de morte. Sempre que adoece ou morre al-

428 Povo banto do sudeste de Angola.

guém, ou foram as almas do outro mundo (uma certa é designada) que produziu o mal ou então foi algum vivo que fez o feitiço ao doente ou ao morto. Logo que morre alguém, se os parentes não estão na localidade, mandam-nos prevenir, e no entanto penduram o cadáver em um grande pau a 200 ou 300 metros da porta da povoação e esperam que eles venham para fazer o enterro.

Logo que eles chegam ou se estão na localidade, procede-se imediatamente à adivinhação para saber a causa da morte.

Para isso amarram o cadáver a uma vara comprida e pegando dois homens nas extremidades, levam o corpo ao lugar destinado às adivinhações, onde o espera o adivinho e o povo formado em duas alas.

O adivinho, tomando na mão direita um coral branco, começa a adivinhação.

Depois de fazer mil momices e grande grita e de ter feito mexer o morto, que o povo acredita que mexeu sem intervenção estranha, o adivinho declara que foi a alma do fulano ou de fulana que o matou, ou então que foi feitiço dado por alguém que ele designa.

No primeiro caso, o enterro faz-se em paz, abrindo uma cova no mato, em qualquer lugar indistintamente, e lançando nela o cadáver que cobrem de pedras, paus e terra; mas no segundo caso a pessoa designada pelo adivinho como feiticeiro é agarrada e, ou paga ao mais próximo parente a vida do morto, ou lhe cortam ali a cabeça, indo dar parte do ocorrido ao sova, a quem tem de levar de presente uma cabra para ele escutar o caso.

Contudo pôde dar-se o caso de um acusado negar firmemente a sua culpabilidade na morte, e então tem direito de defesa.

Para isso, vai ele buscar um cirurgião que vem, na presença do povo, proceder às provas da inocência ou culpabilidade do acusado.

O cirurgião chega à presença dos parentes e do povo e

compõe uma bebida venenosa de que tomam quantidades iguais o acusado e o mais próximo parente do morto.

A beberagem produz uma espécie de loucura temporária e é naquele dos dois em que ela se manifesta com mais intensidade que recai a culpa da morte.

Se é no acusado, ou paga a vida do defunto, ou morre; se é no parente, tem este de indenizar o acusado pela acusação feita, dando-lhe logo um porco para lhe pagar o trabalho de ir buscar um cirurgião, e depois tem de lhe dar o que o acusado exigir, sejam dois bois, dois escravos, um fardo de fazenda etc. etc.

COMO EU ATRAVESSEI ÁFRICA

Formigas

Quando começava a faina de cortar madeira para acampar, vi de repente os meus pretos dispersarem-se em várias direções, fugindo espavoridos. Não atinava eu com a causa de tal terror, e dirigi-me ao sítio onde eles trabalhavam, a investigar o que seria. No lugar onde eu tinha mandado construir o campo, milhões da terrível formiga chamada pelos bienos[429] quissonde, saíam da terra, e dela fugiram os meus homens. A formiga quissonde é uma das mais temíveis feras do continente africano. Dizem os naturais que ataca e mata o elefante, introduzindo-se-lhe na tromba e nos ouvidos. É inimigo que se não pode combater, e atacando aos milhares, só se lhe pode escapar na fuga.

O quissonde tem entre 6 e 8 milímetros de comprido, cor castanho-clara muito luzidia.

As mandíbulas deste feroz himenóptero são fortíssimas e de grandeza desproporcionada.

Da sua mordedura no homem sai logo um jato de sangue.

429 Ou vavyie, povo de língua umbunda, do centro de Angola.

Os chefes conduzem as suas falanges a grandes distâncias, e atacam todo animal que encontram no seu caminho.

Por mais de uma vez, durante a minha viagem, tive de fugir aos ataques deste feroz inseto. Algumas vezes vi nos caminhos centenares delas, esfregadas aos pés, levantarem-se e continuarem a sua marcha, primeiro lentamente, depois com a sua celeridade ordinária, tanta é a sua vitalidade.

Vem a propósito falar aqui de outras formigas mais vulgares do que o quissonde.

Uma é pequena, de 3 milímetros a 4 de comprido, negra e como o quissonde armada de fortes mandíbulas. Chamam-lhe os bienos *olunginge*. É o maior inimigo das térmitas, contra as quais dirige terríveis ataques e que vence apesar da desproporção do seu tamanho.

Estas pequenas formigas são um verdadeiro benefício, pela enorme destruição que causam nas larvas, ninfas e ovas das térmitas.

Em alguns pontos encontrei nas habitações das térmitas uma grande quantidade de formigas enormes, atingindo o comprimento de 20 milímetros, que vivem em comunidade com os abundantes nevrópteros da África Austral.

Estas formigas, suponho eu, que, pouco dadas ao trabalho de construir habitações, vão procurar nas construções termíticas abrigo e morada.

Nenhum destes pequenos insetos ataca o homem além do quissonde, que o ataca sempre, e ainda nas margens do rio Bembe fez dispersar os meus carregadores.

COMO EU ATRAVESSEI ÁFRICA

Luenas

Estes luínas[430] têm uma boa presença, são altos e robus-

430 Ou luenas, povo banto do leste de Angola e da fronteira ocidental da Zâmbia.

tos. Uma pele de antílope primorosamente curtida, passada entre as pernas e presa no cinto de couro na frente e nas costas, e um amplo capote de peles é o seu vestuário. Os três chefes traziam carabinas raiadas de grande calibre, de fábrica inglesa. Os outros sobraçavam grandes escudos de forma ogival, de 1 metro e 40 centímetros de comprido por 60 centímetros de largo, e estavam armados de um feixe de azagaias de arremesso. O peito e os braços cheios de amuletos. Os pulsos são ornados de manilhas de cobre, latão e marfim, e por baixo dos joelhos trazem de 3 a 5 manilhas muito finas de latão. O que neles é admirável são as cabeças, não pelo cabelo, que é cortado curto, mas pelos enfeites que lhe põem.

A do chefe Cicota está coberta de uma enorme cabeleira, feita da juba de um leão. Os outros traziam penachos de plumas multicolores verdadeiramente assombrosos.

COMO EU ATRAVESSEI ÁFRICA

No deserto do Calaári, o Grande Macaricari

Naquele deserto de Calaári,[431] país tão notável, onde a natureza se comprouve a juntar os mais disparatados elementos, onde a floresta pomposa toca a planície árida e seca, onde a área solta é continuação do terreno argiloso ao mesmo nível, onde a secura está, muitas vezes, perto da água; naquele deserto, que por vezes quer imitar o Saara, outras a pampa da América, outras os estepes da Rússia; naquele deserto elevado 3 mil pés ao mar,[432] uma das cousas mais notáveis é o Grande Macaricari.

O Grande Macaricari é uma bacia enorme, bacia onde o terreno se deprime de 3 a 5 metros, e que deve ter

431 Kalahari.
432 Cerca de 91 km.

no seu maior eixo de 120 a 150 milhas,[433] e no menor de 80 a 100 milhas.[434]

Como todos os *macaricaris*, afeta a forma proximamente elíptica, e tem como todos o seu maior eixo no sentido leste-oeste.

Macaricaris são, em língua massarua,[435] bacias cobertas de sais, onde a água das chuvas se conserva por algum tempo; desaparecendo na estação estiva, pela evaporação, e deixando ali outra vez depositados os sais que dissolvera. São abundantíssimos os *macaricaris* naquela parte do deserto, e eu visitei muitos, cujos eixos maiores, sempre no sentido leste-oeste, tinham 3 milhas, e mais.[436]

As bacias são de areia grossa, coberta por uma camada cristalina de sais, que atinge a espessura de 1 a 2 centímetros.

Creio que não é só cloreto de sódio o sal que forma aquela camada, ainda que é aquele que predomina.

Os depósitos calcários que aquelas águas deixam pela ebulição evidenciam que os sais de cal também se contêm na camada cristalina dissolvida nelas, em proporção notável. [...]

O grande lago recebe na estação chuvosa um volume enorme d'águas pelos rios Nata, Simoane, Cualiba e outros; sendo que todas as águas que naquelas latitudes caem desde a fronteira do país dos matebeles[437] vêm a ele, porque o terreno eleva-se progressivamente a leste até ao meridiano 28 graus ou 28 graus e 30 minutos de Greenwich.

433 De 193 km a 241 km.

434 De 128 km a 161 km.

435 Os massaruas (*Masarwa* ou *Sarwa*) são um povo coissã que nomadiza no deserto do Calaári.

436 A partir de 4,8 km.

437 Matabeles, *Ndebele*, *Amandebele*, povo banto angúni do oeste da atual República do Zimbabué.

Estas águas, que formam torrentes enormes, devem encher o Grande Macaricari em pouco tempo.

Este enorme charco comunica com o lago Ngami pelo [rio] Botletle, e o seu nível é o mesmo daquele lago; dando esta circunstância lugar a um fenômeno muito notável. Estando os dois lagos distanciados de alguns grãos, muitas vezes as grandes chuvas caem a leste, e o Macaricari transborda, sem que as fontes que alimentam o Ngami tenham aumentado de volume. Então o Botletle corre a oeste do Macaricari para o Ngami. Outras vezes dá-se o caso inverso, e o Ngami envia as suas águas ao Macaricari. Este é o seu curso natural, sendo o Ngami alimentado por um rio permanente e volumoso.

Mas o que sucede a toda essa água que de todos os lados corre ao grande charco? Desaparecerá só pela evaporação?

Não haverá também ali uma grande infiltração que por condutos misteriosos e subterrâneos vá dar nascença a esses inúmeros riachos, que em plano inferior correm ao mar de uma e outra costa?

O que é feito das águas do Cubango, rio volumoso e permanente, que desaparece nesse deserto insondável?

As águas do Cubango, na minha opinião, chegam ao Grande Macaricari e desaparecem ali.

O Botletle não é mais do que o Cubango, que tem um alargamento a que chamaram o Ngami.

Sem o Grande Macaricari, a parte da África Austral compreendida entre o paralelo 18 e o rio Orange, seria um país fertilíssimo, e nas condições climatológicas e meteorológicas que a protegem, seria um país de grande futuro.

Bastava o Cubango para a fertilizar. Mas o Cubango, bem como todos os rios que quiseram entrar no Calaári, encontrou no seu caminho um país arenoso e perfeitamente horizontal, que lhe dispersou as águas, como que dizendo: "Não passareis daqui"; e a pouca que encontrou um esgoto, e pensou salvar-se, foi cair no Grande Macaricari, que a bebeu ávido, sem que ainda assim pudesse matar a sua sede insaciável.

Os rios que têm as suas nascentes ao sul do paralelo 18, e a oeste do meridiano 27, ao norte do Orange, e a oeste do Limpôpo, não são permanentes; e, caudalosas torrentes na estação das chuvas não são mais do que sulcos arenosos na estação ativa.

As águas de quase todos vão a essa linha que une o Ngami ao Grande Macaricari onde se perdem, talvez para volverem de novo numa estação das chuvas.

Algumas vezes, como naquele ano, até a Botletle mostrou aos habitantes dos juncais das suas margens o seu fundo arenoso e branco.

COMO EU ATRAVESSEI ÁFRICA

Uma casa bôer

O país em torno de Piland's Berg é muito cultivado, e aqui e além alvejam no sopé da serra algumas casas de bôeres.

Dirigi-me a uma delas.

Fizeram-me entrar numa sala, que em todas as casas dos habitantes do Transvaal desempenha o duplo fim de casa de mesa e sala de visitas.

Aquela tinha suficiente pé-direito, era espaçosa e alegre. As paredes, pintadas a fresco, representavam cupidos vendados, despedindo traiçoeiras flechas contra corações enormes engrinaldados de rosas, isto sobre um fundo azul celeste, dando em aguada pouco nítida.

O pintor não fora nenhum Rubens ou Van Dyck, mas preciso declarar que ainda assim me surpreendeu o trabalho artístico daquela sala; superior ao de umas certas salas de mesa, de muitas casas de Lisboa. [...]

A sala da casa bôer, além das pinturas das paredes,

pouco mais tinha de notável. Uma grande mesa, algumas cadeiras, uns vasos com plantas floridas nos vãos das janelas. Cortinas pendentes de guarnições de pau despolido, feitas de caça branca, com um recorte encarnado, e cujas extremidades inferiores, muito longe do chão, davam às janelas esse ar desastrado de uma menina de catorze anos, que, trajando vestido nem curto nem comprido, nos deixa perplexos, sem saber se devemos cortejar uma dama ou beijar uma criança.

A um canto, sobre uma pequena mesa, o livro dos bôeres, uma Bíblia enorme, com fechos de prata, sobre uma encadernação outrora vermelha e hoje cor indefinida, pelo uso das mãos sebentas, de três gerações de bôeres.

Faziam-se as honras da casa duas damas transvaalianas, vestidas, como todas as do país, de chita, e trazendo na cabeça toucas brancas. Uns poucos de pequenos, quase todos do mesmo tamanho, agarravam-se aos vestidos delas e trepavam-lhes aos joelhos. O modo porque eram recebidos parecia mostrar-me que eram todos filhos de ambas as damas; o que me causava o maior espanto, e me fazia entrever uma cousa nova para mim.

Veríssimo servia-me de intérprete. [...] Antes de lhe dizer o que queria, perguntei-lhes: "De quem eram filhos aqueles meninos?". Ambas, ao mesmo tempo, com esse orgulho de todas as mães [...], responderam: "São nossos".

O caso complicava-se com aquela resposta, e eu cada vez entendia menos.

Entrei em explicações e soube afinal que os pequenos eram uns de uma, outros de outra; mas, como elas seguiam o costume bôer, de viverem dois casais na mesma vida doméstica, todos eles eram reputados filhos de cada uma. [...]

No Transvaal, dois casais podem viver sob o mesmo teto, e comerem da mesma panela; e dois amigos combinam casar no mesmo dia e irem viver juntos com suas mulheres; e depois com filhos e netos, para sempre. E vivem, e são felizes, e não há ali intrigas e desgostos entre eles! Ainda, entre eles, compreende-se; mas entre elas! É admirável.

A vida patriarcal dos bôeres revela-se neste traço.

COMO EU ATRAVESSEI ÁFRICA.

Henrique de Carvalho

O oficial do Exército português Henrique Augusto Dias de Carvalho nasceu em Lisboa em 1843 e faleceu na mesma cidade em 1909. Serviu ao seu país em Macau, São Tomé, Moçambique e Angola, antes de ser designado para chefiar, em 1884, uma expedição à corte do muata-ianvo, *imperador da Lunda, com o objetivo de assinar com ele e outros potentados africanos acordos de vassalagem a Portugal. Durante quase quatro anos, Henrique de Carvalho explorou a região que se estende, no norte de Angola e sul do Congo, entre o Malanje e a Lunda. Posteriormente, foi governador do distrito da Lunda, em Angola. Antes de sua morte, esteve por dois anos na Guiné, à frente de uma companhia de comércio. Entre suas obras destacam-se* Descrição da viagem à Mussumba do Muatiânvua, *em quatro volumes,* Método prático para falar a língua da Lunda *e* Etnografia e história tradicional dos povos da Lunda. *Postumamente, publicou-se* Guiné: apontamentos inéditos.

Uma rainha xinje

É de uso neste estado,[438] que é designado pelo das mu-

438 O reino xinje de Capenda-ca-Mulemba. Os xinjes são um

lheres, por serem estas que dão o herdeiro ao capenda,[439] poderem elas escolher cônjuge entre os homens do seu povo, porém o preferido só vive com a mulher até esta ter dois filhos dele, sendo então por ela nomeado conselheiro e potentado (*muana angana*), concedendo-lhe terra e povo para constituir o seu governo.

Mona Mahango, já depois de coabitar com Quinonga, tivera por companheiro Quibulungo de quem também lhe nasceram dois filhos que ainda viviam, Mona Candala e Mona Pire. Este homem estava também estabelecido em terra sua. Agora o terceiro cônjuge desta princesa era Mona Quienza, de quem tinha por enquanto só um filho, Mona Cambongo de dez para onze anos, criança muito simpática e de um tipo que se podia até considerar bonito.

Dos dois filhos mais velhos, Mona Mucamba deixara descendência, e Mucanzo já tinha doze filhos. [...]

Os filhos de Mona Mahango e mesmo os netos, quando saem de suas povoações, vão escarranchados sobre os ombros de homens escolhidos da classe inferior do povo para esse serviço. Estes das mãos fazem estribos, e o seu andar é tão certo que os cavaleiros equilibram-se bem, não tendo necessidade de se segurarem com as mãos à cabeça da montada.

Notando nós que Quinonga quando vinha ver-nos se apresentava sempre asseado e bem vestido, e que quando era chamado por Mona Mahango ia sujo e mal-arranjado, disse-nos fazê-lo de propósito, para esta não saber o que ele possuía, aliás podia tirar-lhe o melhor do seu haver, porque nesta terra só Mona Mahango é senhora, todos os mais são seus servos e tudo que têm lhe pertence.

Ninguém se pode apresentar diante de sua senhora mais bem vestido e asseado do que ela, e noutro tempo

---

povo banto do nordeste de Angola, do mesmo grupo linguístico dos lundas e dos quiocos.

439 Título do rei, que também dá nome ao estado.

era mesmo crime que importava pena de morte. Considerava-se um insulto à sua autoridade e não havia perdão para o delinquente, sobretudo para os que tivessem sido seus amásios, porque se podia supor que queriam considerar-se iguais a ela.

Devemos também notar de passagem que os próprios filhos de Mona Mahango tratavam o pai como se fosse indivíduo da classe mais ínfima, chamado apenas pela necessidade que sua mãe tivera de um homem para os gerar.

Como nenhum homem que é chamado para tal mister se pode a ele esquivar, os filhos que nascem dessa união são os próprios que na maioridade têm em maior repugnância o papel que desempenhara seu pai no estado com relação a sua mãe.

Acreditamos que o fato de o pai, logo que nasce o segundo filho, ter de afastar-se da corte, e não mais exercer ação sobre os filhos, contribui muito para essa repugnância, e atualmente, como estes sabem que entre nós o escravo era o indivíduo mais ínfimo da sociedade, quando falavam de seu pai diziam-nos: "Ele não vale nada no estado, é um escravo de Mona Mahango". Por seu turno este, tratando-se do filho, como ele podia herdar o Estado de Capenda, dizia: "O senhor meu filho *capenda*...".

Enquanto o referido indivíduo vive maritalmente com Mona Mahango, representa-a para todos os efeitos, dá ordens em nome dela, e mesmo nas audiências toma a palavra e fala ao povo em seu nome, segundo o que com ela tenha antes combinado, sendo certo que todos o consideram e respeitam; porém depois os estranhos à sua povoação tratam-no como se fora outro qualquer, não deixando contudo, quando na sua presença, de o respeitar como Muana Angana.

DESCRIÇÃO DA VIAGEM À MUSSUMBA DO MUATIÂNVUA

A escolha do jaga do Caçanje

Morrendo um jaga[440] fazem-se as cerimônias fúnebres em que intervém o herdeiro, e reúnem-se logo os macotas (conselheiros) que não podem ser *jagas*, e também os *maquitas*, as famílias dos quais e por uma determinada escala se foi buscar o herdeiro. Os primeiros são descendentes dos que fizeram parte da corte que acompanhou o primeiro *jaga* Quingúri, do seu país (o dos Cabundos), sendo o que tem maior grau entre eles o *tendala*.

Este é o mestre de cerimônias, o qual, depois de receber o povo numa grande audiência, principia por dançar desenfreadamente ao som dos instrumentos de pancada na arena formada pelos espectadores. Vai depois buscar o filho do *maquita* que deve ser eleito e apresenta-o ao povo, discursando sobre todas as qualidades que nele concorrem para ser um bom jaga.

Depois disto pode este já exercer as funções, porque não tem havido exemplo do povo não ter recebido bem a apresentação de um jaga, terminando sempre esta por grandes festas durante três, quatro e mais dias segundo as posses da família do eleito.

Não deve o escolhido adiar por muito tempo o sujeitar-se ao cumprimento dos preceitos estabelecidos, aliás começa a intriga, e, reinando esta, poucos dias ele lhe sobrevive, sendo morto por feitiços (nós lhe chamaremos veneno).

Para a primeira prova ou preceito, é o jaga encerrado numa casa durante oito dias com uma rapariga nova, que também antes se sujeita a certas cerimônias para ser agraciada com um título de grandeza.

A ambos se untam os corpos com matérias gordurosas, não lhes faltando alimentação abundante, que lhes

440 No caso, a palavra refere-se ao rei dos imbangalas da Baixa do Caçanje, em Angola.

é enviada pelos macotas, e ninguém os perturba e nem mesmo os vê.

Vivem durante aqueles oito dias um para o outro, mas logo em seguida o *tendala* vai buscar o jaga e isola-o numa casa especial, onde sofre a circuncisão. Esta casa é feita de modo que a porta fica à beira de um riacho, e no dia em que o jaga sai para ser saudado pelo seu povo, deposita-se o cadáver de um homem recentemente morto e gotejando sangue dos peitos e outras partes do corpo através do riacho em frente da entrada, de modo que o jaga saindo, o mais bem trajado que é possível, há de passar sobre ele, ensopando os pés no sangue derramado. Nessa ocasião um *maquita* que o espera dá-lhe uma faca como insígnia e com ela o jaga corta a cabeça à vítima e banhando as mãos no sangue atira com ela ao povo que a recebe com grandes alaridos, gritos e assobios, enquanto ele esfrega as mãos uma na outra procurando assim enxugá-las.

Sendo rodeado depois só por *maquitas*, estes despem-no e suspendem-lhe, adiante e atrás, de uma corda posta à cintura, peles pequenas de animais e põem-lhe na cabeça e nos braços e pernas diversas insígnias do poder.

Agacham-se depois os *maquitas*, esfregam-se com terra e rojam-se pelo chão, ao mesmo passo que tocam os instrumentos e que o povo berra, assobia e bate palmas. O jaga passa então entre os *maquitas* que se levantam para o seguir e aproxima-se do povo que logo o cerca.

Dança então dando grandes pulos e levantando de quando em quando as peles para que todos vejam que foi circuncidado.

É depois disto que passam à última prova. Enterra a azagaia que traz na mão no corpo de um rapaz que esteja na roda quando acabou de dançar, e retira para descansar, enquanto se cozem em panelas as pernas daquela vítima de mistura com galinhas, carne de cabra e de outros animais, não faltando a de um boi se a houver.

A cerimônia continua geralmente até o sol posto, vindo ele para fora onde está o povo acompanhado já com os da sua corte. O *tendala* apresenta-lhe então uma das panelas, e ele dançando mete nesta a mão e tira um pedaço de carne que ali mesmo come.

Todos em seguida tratam de meter por sua vez as mãos nas diversas panelas e comem também. Desde então até madrugada só se dança e bebe; ultimamente é já aguardente.

Daí em diante o jaga tem de se acautelar dos *quixindas* (escravos), que são induzidos para o matarem de algum modo pelos que lhe invejam o cargo.

O jaga quando morre fica exposto em completa nudez enquanto se não apresenta o herdeiro para o cobrir com uma esteira, e é então que, depois de lhe arrancarem um dente, que se guarda num cofre especial como relíquia, o vestem e lhe fazem o enterro de noite, sepultando-o com dois rapazes e duas raparigas. Sobre as grandes elevações de terra que fazem no lugar em que o sepultaram, depositam um homem e uma mulher mortos na ocasião para serem pasto das feras, com receio que estas ainda venham procurar o corpo do jaga.

DESCRIÇÃO DA VIAGEM À MUSSUMBA DO MUATIÂNVUA

Uma canção de mulheres

Destinamos então o dia para visitar as povoações do Quingui e do Quijila e agradecer-lhes a lembrança de nos felicitarem pela nossa aproximação do seu sítio, fazendo-nos ele ver as suas raparigas dançar e cantar.

A dança em si já não nos era novidade, a não ser pelo traje das dançarinas que fazia lembrar os saiotes que estamos acostumados a ver na Europa, diversos panos de cores diferentes, presos em roda da cintura por um cordão que se não vê, por ser coberto

O mascarado Camuanga.

com os mesmos panos, que sobre ele sobrepunham, e todos estes unidos uns aos outros. Sobre os peitos cruzavam-se, em grande quantidade, fiadas de contas e miçangas; em roda da cabeça, muitas fitas, que pareciam ser bordadas a miçangas, mas que eram feitas com as fiadas — e ainda as hastes, de trepadeiras, entrelaçadas na cabeça, pelo corpo e nos saiotes, que tudo produzia um efeito agradável à vista, à luz dum esplêndido luar, como as vimos; esse efeito tinha até um tanto de fantástico.

As músicas, pelo canto, eram diferentes, mas o acompanhamento de pancadaria sempre o mesmo.

A Maria, mulher do intérprete Bezerra, encarregou-se de interpretar a letra do canto, que se tornou mais compreensível de verter para o português, a qual aqui transcrevemos como se encontra no nosso diário:

Os passarinhos vão, os passarinhos vêm,
Alegres cantam, comem, bebem e fogem.
Nós, raparigas, cantamos e dançamos,
Só comemos e bebemos o que nos querem dar,
E somos amarradas se fugimos.

[Coro]
Triste é a vida da mulher, triste é a vida da mulher!
Há...! Há, Há!

[Solista]
Não estás contente com a tua sorte,
Um rapaz, teus olhos procuram;
A Camuanga te induza a bom caminho,
Tuas companheiras não te tiram felicidade
Vai — que nós choramos.

[Coro]
Triste é a vida da mulher, triste é a vida da mulher!
Há...! Há, Há!

[Solista]
Um rapaz seria a minha escravidão,
O que invejo é a liberdade dos passarinhos,
A Camuanga é enganadora das raparigas,
As minhas companheiras não quero deixar
Com elas continuo dançando e cantando.

[Coro]
Triste é a vida da mulher, triste é a vida da mulher!
Há...! Há, Há!

[...]
O entretenimento da dança durou até madrugada, na qual, os nossos rapazes, tomaram parte, por vezes, e terminou dando-lhes nós retalhos de fazendas e uma porção de miçangas, para dividirem entre os músicos e as dançarinas.

Entre os figurantes chamou mais a nossa atenção um indivíduo que, isolado desde a véspera, andava mascarado, todo vestido até o pescoço, duma espécie de fazenda de sacos de serapilheira, imitando nas formas as mulheres.

O material do fabrico desta veste, em que também eram envolvidos os pés, e tomara uma cor pardacenta, eram fibras de plantas maleáveis. A cara era coberta duma máscara feita de madeira leve, barrada de vermelho, e a cabeça oculta com uma gadelha preta, de caudas de animal, presas a uma cobertura feita de entrançado das mesmas fibras, e o todo seguro à cabeça, por as tais fitas de miçangas. Na cintura, o figurante, sobre a veste, trazia adiante e atrás, suspensos, pedaços de mabela fina, e sobre os peitos postiços um pedaço da mesma qualidade da mabela. Ao pescoço e a tiracolo fiadas de contas grossas completavam o resto do traje.

Na mão empunhava uma espécie de enxota-moscas; uma cauda de quadrúpede encabada num rolo de fibras coberto de miçangas.

Era isto uma *muquixi*,[441] das mulheres, o que figura do tal ídolo, Camuanga, das cantigas, em cujo nome só as dançarinas falam, quando ele não está presente, porque muito o respeitam, e receiam dos seus feitiços.

DESCRIÇÃO DA VIAGEM À MUSSUMBA DO MUATIÂNVUA

441 Ou, melhor, um muquixe.

Richard Austin Freeman

Médico britânico, servindo na Costa do Ouro, participou, em 1888-9, da expedição a Bontuku, capital do reino de Jaman, Gyaman ou Giaman, que tinha por objetivo pôr aquele estado sob o protetorado da Coroa inglesa. Sobre essa expedição e suas experiências africanas publicou, em 1898, o livro Travels and Life in Ashanti and Jaman [*Viagens e vida em Axante e Jaman*].

Os guarda-sóis

Os sons que ouvíamos eram produzidos pelos músicos reais e, ao olhar na direção de onde provinham, vimos um cortejo que se aproximava [a] passos lentos. A multidão de chefes e servidores que formavam a procissão tinha uma bela aparência, cada qual usando suas melhores roupas em honra dos homens brancos e com um grande número de enormes guarda-sóis com cobertura de veludo, como era de norma nas cerimônias dos nativos. Não sei por que é assim, mas parece-me claro que o guarda-chuva é um símbolo especial de magnificência e nobreza. Não apenas nesses países do interior, nos quais os guarda-sóis são feitos localmente e têm uma aparência deslumbrante, tendo a cobertura de veludo de cores variadas e brilhantes, com franjas e ornamentos de ouro, mas também na costa e mesmo em lugares relativamente civilizados como a Serra Leoa, o guarda-sol é o sinal visível da dignidade e importância de quem o ostenta. [...] A glória e o prestígio social conferidos pelo guarda--sol variam conforme o seu tamanho, um fato que iria confirmar [quando da] nossa recepção em Kumasi: o guarda-sol do rei [dos axantes] era muito maior do que todos os outros.

Tal era o caso nesse momento: o guarda-sol do rei de Bekwe[442] distinguia-se nitidamente, pelo tamanho, dos que cobriam os demais chefes.

Enquanto o cortejo avançava, os guarda-sóis eram continuamente erguidos e abaixados, possivelmente com a ideia de que funcionassem como leques de abanar, ou mais provavelmente para aumentar a grandiosidade de sua exibição. [...]

Esses guarda-sóis [de manufatura local] são de excelente qualidade e dimensões impressionantes. Têm em geral 5 a 8 pés de diâmetro e a haste de 8 a 10 pés de altura.[443] As aspas ou varetas móveis são similares às de uma sombrinha europeia, mas feitas de madeira, e de madeira é o anel que corre ao longo da haste. A mola que, num guarda-sol europeu, mantém as varetas abertas é substituída por uma cavilha de madeira inserida num buraco aberto na haste. A cobertura é geralmente de veludo de variadas cores brilhantes e composta por gomos de matizes contrastantes, as costuras ocultadas por debruns de ouro. [...] A cobertura, em muitos ca-

442 Um dos reinos acãs que, no fim do século XVII, sob a liderança de Kumasi, formaram a confederação ou império Axante. Cada qual mantinha sua autonomia, mas subordinado, como uma espécie de rei provincial, ao *asantehene*, ou grande rei dos axantes.

443 De 1,5 m a 2,4 m de diâmetro, a haste de 2,4 m a 3 m de altura.

sos, é decorada com meias-luas, estrelas ou figuras de animais, recortadas de tecidos com fios de ouro e pregadas no veludo, e a ponta termina com um ornamento de ouro, representando quase sempre um animal, possivelmente o totem do dono do guarda-sol.

VIAGENS E VIDA EM AXANTE E JAMAN

O dom da palavra

Cada rei ou chefe importante africano tem o seu intérprete, língua ou porta-voz, em geral um corcunda. Perguntei a razão dessa escolha, e me responderam que os corcundas possuem uma voz de excepcional doçura, e eu verifiquei que as vozes dessas pessoas deformadas facilmente se distinguiam das dos demais pelo tom claro e alto, que, ao que parece, agrada aos ouvidos africanos e torna o que enunciam especialmente audível. Por meio desses intérpretes todas as conversações cerimoniosas são conduzidas, mesmo quando o rei ou os chefes falam o mesmo idioma. Esses porta-vozes profissionais são comumente grandes adeptos da arte da retórica e exibem uma fluência de fala e uma riqueza de gesticulação impressionantes.

A arte da oratória atinge, na África Ocidental, um notável nível de perfeição. Nas reuniões públicas, cada porta-voz, quando chega sua vez, levanta-se e derrama uma enchente de palavras, com uma facilidade e exuberância que espantam o estrangeiro, e faz com que as acompanhe com gestos tão variados, graciosos e expressivos que são um prazer para a vista, ainda quando não se possa entender o assunto da oração. Essa exibição oratória parece causar um grande prazer à audiência, pois o africano é um orador nato e um conhecedor da arte, o que se confirma nas cortes de justiça [das áreas da Costa do Ouro controladas pelos britânicos], onde as testemunhas se dirigem ao júri da maneira mais hábil e desembaraçada possível. Vi até mesmo meninos de oito ou dez anos de idade se endereçarem à corte com um completo controle e uma facilidade de expressão e graça de gestos de fazer inveja a um membro do parlamento inglês.

VIAGENS E VIDA EM AXANTE E JAMAN

A dança do grande fetiche

À noite, deu-se a dança do grande fetiche [...], Sakrobúndi ou Sakrobudi, cuja "esfera de influência" parece ser muito ampla, nela se incluindo Jaman, Grunxe e outros países mais ao norte.

Não encontrei sinais da adoração dessa divindade em Axante [...], e foi diminuta a informação que pude colher sobre ela, não só porque o idioma de Jaman era pouco compreendido pelos que me acompanhavam [...], mas também porque os africanos são em regra extremamente reticentes sobre tudo que se refere às suas crenças religiosas. Quando pressionados a descrevê-las, geralmente dão respostas enganosas. [...] Parece, no entanto, que a devoção a Sakrobúndi foi introduzida em Jaman há pouco tempo, vinda do norte — possivelmente de Grunxe, Mossi ou Dagomba. Uma característica curiosa e constante dos ritos ligados a esse deus é o uso de máscaras de madeira pelos sacerdotes. [...] São geralmente enormes e representam a cabeça de um antílope com chifres curvos [...] ou um rosto humano grotesco encimado pelo mesmo tipo de chifres. [...] É de crer que o fetiche Sakrobúndi está de algum modo ligado a um antílope de chifres curvos que existe na área. [...]

Durante a cerimônia, os dançarinos formaram um círculo incompleto, como um C, e se deslocaram lentamente em torno do centro. A linha curva era composta metade por homens e metade por mulheres, e cada um desses dois grupos estava organizado numa gradação

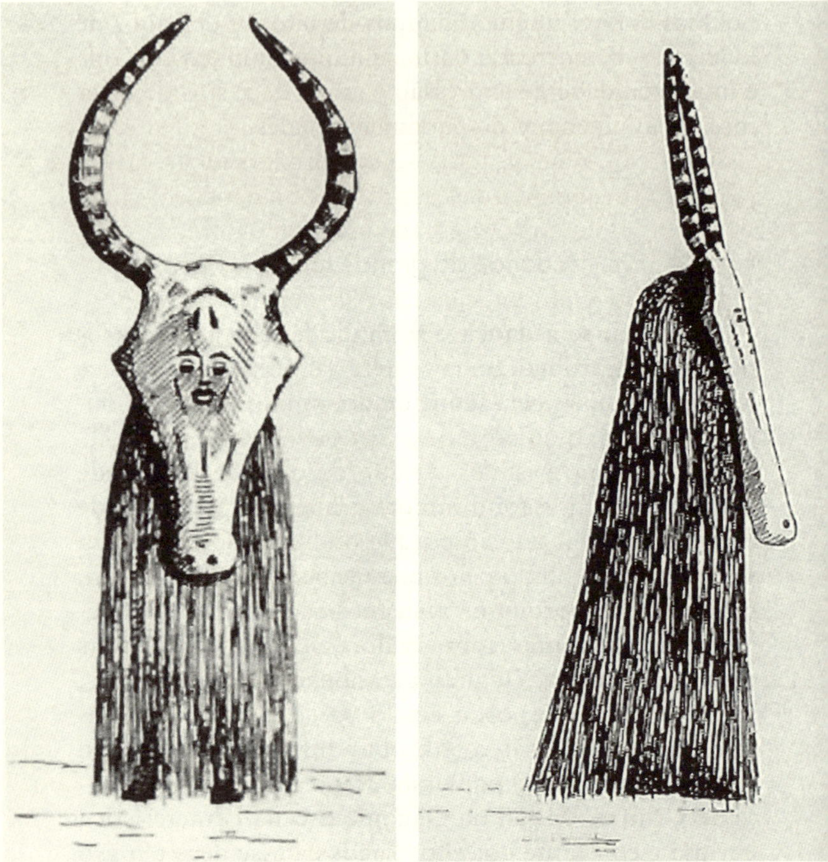

Sakrobúndi de perfil e de frente. Pode-se calcular o tamanho da máscara pelos pés que aparecem sob a cobertura de palha.

regular. Primeiro vinham os homens adultos, os velhos tendo precedência; depois, os jovens e os meninotes; e, finalmente, crianças de três ou quatro anos. Esse grupo era seguido pelo das mulheres, as mais velhas à frente, depois as senhoras jovens, as moças, as meninas e as pequerruchas que mal sabiam andar.

Todos os participantes estavam vestidos especialmente para a ocasião. A maioria deles usava um saiote feito de fibras flexíveis (não tecidas), formando uma franja longa, e todos tinham braçadeiras do mesmo material, com uma borla semelhante a uma vassoura, logo acima dos cotovelos. Todos tinham também, principalmente na perna direita, uma curiosa tornozeleira de palha entrançada, de desenho muito elegante e habilmente bem-feita. O entrançado era concebido de modo que formava uma série de projeções piramidais [...] que continham uma pedra pequena ou um fragmento de quartzo que chocalhava quando se sacudia a perna. Cada dançarino usava entre uma e seis dessas tornozeleiras. Além disso, tinha na mão uma daquela espécie de vassoura que pendia das braçadeiras e, durante a dança, se abaixava e simulava estar varrendo o chão. [...]

No centro do círculo estava a mais impressionante figura do grupo, o principal sacerdote [...], coberto da cabeça aos pés pelo mesmo tipo de fibras flexíveis de que eram feitos os saiotes [dos demais dançarinos]. Sobre esse traje mostrava uma enorme máscara de madeira com a aparência de uma cabeça de antílope com um par de chifres recurvos. A máscara estava pintada de vermelho e branco, e os chifres decorados com anéis alternados dessas cores, para representar as projeções anulares existentes nos chifres do animal. Na fronte desenhara-se uma face humana grotesca e sobre ela havia dois buracos para o sacerdote poder ver. Dançava de forma estranha e misteriosa, produzindo um efeito assustador. Os dançarinos que formavam o círculo mantinham uma postura curvada e cantavam repetidamente um breve refrão. [...]

Enquanto cantavam, varriam o solo com suas vassouras e se moviam de lado com passos curtos, de modo que o círculo girava em torno de seu centro. Faziam todos os movimentos simultaneamente, como uma companhia de soldados bem treinados. [...] O efeito era o de uma imensa máquina. Cada vez que 60 ou 70 pés batiam no chão ao mesmo tempo, as tornozeleiras chocalhavam ao mesmo tempo, gerando um som semelhante ao de uma onda sobre uma praia escarpada e cheia de pedras, embora mais curto e mais agudo. No fim de cada frase cantada, o mesmo número de pares de mão batia, ao mesmo tempo, palmas.

Dentro do círculo, um grupo de homens pulava, agitando suas vassouras, com grande animação e graça de movimentos. [...]

O sacerdote, apesar da natureza impressionante de sua vestimenta, estava longe de ficar inativo, pois saltava e dava cambalhotas com inesperada agilidade, correndo daqui para ali no centro do círculo e, uma e outra vez, pondo-se de joelhos e balançando a sua máscara monstruosa de uma maneira horripilante.

De vez em quando, ele se recolhia numa casa de fetiches que havia ao lado, a fim de cumprir alguma parte oculta da cerimônia. [...] Estava armado com uma pequena chibata, com a qual estimulava, quando necessário, a devoção do rebanho, e era auxiliado por uma espécie de sacristão, que lhe ajeitava a roupa e endireitava a máscara.

As cabriolas dessa personagem grotesca davam alegria aos seus seguidores, mas, apesar disso, não era difícil perceber que ele era olhado com um temor reverente, pois cada vez que se aproximava do círculo, os dançarinos recuavam, com uma expressão de medo.

VIAGENS E VIDA EM AXANTE E JAMAN

Cauris

A concha cauri (*Cypraea moneta*) é a moeda universal em toda a África Ocidental, ainda que, em Axante, seja em grande parte substituída pelo ouro em pó. Até mesmo nas cidades do Protetorado Britânico ela é ainda usada em todas as pequenas transações, pois os locais se recusam categoricamente a aceitar as moedas de cobre [...]. O cauri não se encontra nos litorais da África Ocidental; é nativo dos oceanos Pacífico e Índico. As conchas são provavelmente trazidas, em grande parte, para a África Ocidental por caravanas provenientes das costas do Índico, principalmente de Zanzibar, mas eram antigamente — e talvez ainda sejam — importadas em grandes números por mercadores europeus, pois, em 1848, só Liverpool recebeu 60 toneladas, destinadas a alimentar o comércio com a África Ocidental. O uso de cauris como moeda não é peculiar à África nem costume de origem recente, pois conchas de uma espécie semelhante (*Cypraea annulus*) foram encontradas [...] nas ruínas de Nimrod, e pode-se supor que seu uso na África Ocidental seja bastante antigo, uma vez que a enorme quantidade de cauris existente em toda a região indica um longo período para ser acumulada.

Esse tipo de moeda apresenta muitas vantagens. As conchas são leves, praticamente indestrutíveis e, não possuindo valor em si mesmas, não há qualquer tendência de serem retiradas de circulação para outros usos, como as moedas metálicas. São, contudo, extremamente inconvenientes nas grandes transações, em razão do enorme volume que seria necessário. Além disso, quando em grande número podem perder poder relativo de troca, uma vez que seu valor flutua continuamente. [...] Os comerciantes locais evitam esses problemas ao reservar os cauris para compras pequenas, conduzindo os negócios mais importantes por escambo direto ou com ouro em pó, cujo valor é razoavelmente constante.

VIAGENS E VIDA EM AXANTE E JAMAN

A arte dos tambores

A música de percussão da África Ocidental, como muitas outras instituições nativas, é mal compreendida pela maioria das pessoas [...]. Muitas execuções com tambores são extremamente complexas e evidenciam não só uma habilidade técnica considerável, mas também um notável senso de ritmo. Não estou naturalmente falando do baticum sem importância de um único tam-tam, com o qual alguns nativos se divertem, mas dessas performances que reúnem de uma dúzia a vinte ou trinta tambores, cada qual tocando a sua parte e deixando cair as notas nos momentos próprios com perfeita precisão. Na África Ocidental, um concerto de tambores é inteiramente distinto de qualquer outra exibição instrumental que conheço, excetuada a dos sineiros. Na maioria das apresentações com a participação de vários músicos, todos ou grande parte dos instrumentos soam simultaneamente, mas nos concertos de tambores cada instrumento toca separadamente, e cada executante tem sua parte bem determinada e deve bater no tambor em intervalos bem definidos, assim como os sineiros deve puxar as cordas numa certa ordem. [...] Não apenas cada tambor toca em tom diferente, como também cada tipo de tambor possui uma qualidade de som peculiar: este tem um timbre de madeira, este outro um tinido metálico, um terceiro é profundo e cavernoso, enquanto um quarto, sendo também profundo, tem um som surdo e abafado. Muitos dos tambores menores dispõem de um dispositivo que permite que o músico altere a tensão do couro e assim varie o tom enquanto toca. Certo número desses instrumentos tocando em concerto, com as notas se seguindo umas às outras de modo tão rápido que dá a impressão de um som contínuo, produz um efeito complexo e curioso, que, quando o ouvinte se acostuma com o som e reconhece a perfeição do ritmo e a extrema precisão da performance, está longe de ser desagradável.

VIAGENS E VIDA EM AXANTE E JAMAN

O céu dos pescadores

Numa de suas visitas, Flint fez-se acompanhar por um camarada chamado Kwesi Akon. Esse homem era pescador por profissão e, como a maioria dos companheiros de ofício, tinha um conhecimento bastante bom de uma tosca espécie de astronomia, o que é necessário aos pescadores de Elmina, que são ousados homens do mar e podem muitas vezes chegar ao amanhecer sem ter qualquer visão da terra. [...]

Era considerável o seu conhecimento das estrelas, pois não somente podia nomear os principais planetas, constelações e estrelas fixas, mas era também capaz de dizer quais as condições meteorológicas prevalecentes quando estavam visíveis.

O seu arranjo das constelações era semelhante, mas não idêntico, ao dos astrônomos europeus, mas, por exemplo, a constelação de Orion — chamada por ele *Mraul* — incluía as Gemini, que formavam a cabeça de *Mraul*, enquanto Sirius compunha a cauda. A Aldebarã dava o nome de *Etsi*, que parecia incluir a constelação de Taurus, e a ela acrescentava Capela e Menkalinan como o rabo de *Etsi*. Conhecia as Plêiades como *Abirowoh na numba* (*a velha com seus filhos*), Canopus, *Antrofi*, e Arcturus, *Antopa*. Kwesi sabia evidentemente a diferença entre os planetas e as estrelas fixas, pois não os incluía em nenhuma constelação. Identificava Júpiter como *Nana Nyankupong Obunda eshun*, que é um dos nomes do Deus Supremo, e de Vênus dizia que era a mulher da lua — *Cher-cher-piawur*. Achei muito curiosa essa associação de Vênus com a lua e me perguntei se o olhar do africano, que é excepcionalmente agudo, é capaz de perceber as fases daquele planeta.

VIAGENS E VIDA EM AXANTE E JAMAN

Mary Kingsley

Mary Henrietta Kingsley nasceu em Londres, em 1862. Aos trinta anos de idade, resolveu romper a rotina de solteirona vitoriana e usar uma pequena herança para ir à África Ocidental continuar os estudos que seu pai fazia sobre as religiões tidas por primitivas e, em especial, sobre os sacrifícios rituais. Em 1893 foi para Luanda, dali seguindo para o Estado Livre do Congo, o Congo Francês e o Protetorado britânico da Costa do Níger. Em todos esses lugares recolheu espécies de peixes, incumbência que recebeu do zoólogo Albert Günther, do Museu Britânico. Após curto período em Londres, retornou à África em dezembro de 1894, onde, atuando como pequena comerciante e sem jamais usar roupas que não fossem as de uma senhora vitoriana passeando nas ruas de Londres, explorou as florestas do Gabão, tendo revelado ao mundo três novas espécies de peixes, que levam o seu nome. De volta à Inglaterra, publicou, em 1897, Travels in West Africa *[Viagens na África Ocidental] e, em 1899,* West African Studies *[Estudos sobre a África Ocidental]. Durante a segunda Guerra dos Boers, trabalhou como enfermeira voluntária na Cidade do Cabo, ali morrendo, em 1900, de febre tifoide.*

Poligamia

[Um missionário, numa visita a várias aldeias fans,[444] ouviu daqueles entre os quais foi pregar] uma nova justificativa para a poligamia: permitir que um homem tivesse o bastante para comer. Isso soa sinistro vindo de uma tribo notoriamente canibal, mas explica-se porque os fans são uma gente que está sempre faminta e requer uma grande quantidade de comida. É costume entre eles alimentarem-se cerca de dez vezes por dia, os homens passando a maior parte do tempo nas casas de reunião, no fim da rua, para onde as mulheres lhes levam constantemente tigelas cheias de diferentes tipos de comida. Quando os homens estão fora da aldeia, nas florestas de borracha ou caçando elefantes, e têm de preparar os próprios alimentos, não podem comer tudo o que gostariam. Ao voltar, porém, dessas expedições, param no caminho a cada duas horas para uma substanciosa merenda. [...]

Há outras razões para a poligamia, além da cozinha. A primeira é que é totalmente impossível para uma só mulher fazer todo o trabalho de uma casa — cuidar das crianças, cozinhar a comida, preparar a borracha e levá-la ao mercado, buscar num regato a água para o uso diário, cultivar a roça etc. etc. Quanto mais esposas, menor o trabalho, diz a mulher africana; e conheci homens que prefeririam ter uma só e gastar o dinheiro com si próprios, de modo civilizado, mas foram levados à poligamia por suas mulheres — e, como é natural, isso é mais comum nas tribos que não possuem escravos, como os fans. [...] Esse costume, pelo que sei, prevalece em todos os povos africanos, [...] o que é bem sabido pelos etnólogos, o que levou um missionário a dizer-me: "Um

444 *Fang* ou *Fanwe*, povo de língua banta que vive no Gabão, na República do Congo e nos Camarões.

golpe precisa ser dado na poligamia, e esse golpe deve ser desferido com uma mamadeira”.[445] [...]

Mais do que todas as outras, a poligamia é a instituição que governa o dia a dia dos nativos, e como os missionários procuram participar da vida cotidiana — e não apenas da mercantil e legal, como o comerciante ou o funcionário do governo —, é o costume que mais lhes opõe resistência. Todos os missionários o enfrentam e negam o ingresso na Igreja daqueles que o praticam. A consequência é que muitos homens que dariam bons cristãos são excluídos do aprisco. Esses homens hesitam em afastar de suas casas mulheres que, durante anos, viveram e trabalharam para eles, e não só para eles — muitas vezes também para seus pais. [...]

Um velho chefe que tinha três mulheres acreditava profunda e intensamente que, ao lhe ser vedada a sagrada comunhão, estava condenado ao castigo eterno. O missionário lhe havia descrito pormenorizadamente como era o inferno, e o chefe temeu pelo que o aguardava. Por outro lado, não queria mandar embora as três mulheres com quem vivia há tantos anos. Considerou que poderia chegar a um compromisso, abandonando duas e indo para a Igreja com a terceira, para com ela casar-se, entre hinos e flores de laranjeira. As três mulheres, porém, uniram-se: nenhuma se casaria com ele ou aceitaria separar-se das outras [o que fez com que o pobre chefe, atormentado, expusesse o seu dilema a quem quer que estivesse disposto a escutá-lo].

Os mercadores brancos seus amigos disseram-lhe que deixasse de ser burro. Alguns chefes como ele afirmaram-lhe que o melhor que tinha por fazer era dar-lhes

445 Mary Kingsley alude ao fato de o marido deixar de ter relações sexuais com a mulher enquanto ela estiver amamentando. Em geral, na África, as crianças costumavam sugar os seios da mãe até três ou mais anos de idade.

as mulheres e casar com uma jovem da escola missionária. Pessoalmente, nenhum deles tinha escrúpulos com relação à poligamia e, como o velho chefe (sendo agora um "homem dos missionários") não podia vender suas esposas, eles fariam, ao aceitá-las, o melhor que podiam, como amigos, para ajudá-lo a resolver o problema. Outros chefes [...] apenas exclamaram: "Que raio de compromisso tolo você assumiu!".

VIAGENS NA ÁFRICA OCIDENTAL

A alma dos sonhos

[Acredita-se geralmente, na África Ocidental,] que as almas humanas são de vários tipos distintos, sendo um deles o espírito que existe antes do nascimento, durante a vida e depois da morte. [...] Prevalece a crença de que seriam quatro as almas que cada um dos seres humanos possui: a alma que continua a existir após a morte, a alma encarnada num animal selvagem na floresta, a sombra projetada pelo corpo e a alma que atua nos sonhos. [...]

Esta última é a causa de inúmeras desgraças que afetam o nosso amigo africano. [...] A alma dos sonhos [...] sai de seu proprietário, quando este tira uma soneca, para fazer travessuras, lutar ou fuxicar com outras almas dos sonhos, e muitas vezes não volta para o dono quando este está despertando. Por isso, se alguém se dispuser a acordar um homem, deve fazê-lo com todo o cuidado e suavemente, ou seja, de forma gradual e lenta, a fim de dar tempo à alma de regressar ao corpo. Pois, se alguma das quatro almas de um homem tiver a comunicação com seu corpo interrompida, este ficará seriamente enfermo.

Darei um exemplo. Certo indivíduo desperta de súbito, por uma razão ou outra, antes que sua alma dos sonhos tenha tempo de voltar para ele. Sentindo-se muito doente, solicita a presença de um médico curandeiro.

Este diagnostica a enfermidade como um caso de ausência da alma dos sonhos e imediatamente põe um pano sobre a boca e o nariz do paciente, até que [ele] comece a se mostrar sufocado. [...] O curandeiro toma, o mais rápido que puder, outra alma dos sonhos, que ele, se for cuidadoso, trouxe numa cesta. O paciente é deitado de costas, tira-se o pano que o sufocava, e o curandeiro, pondo as mãos com a alma dos sonhos sobre o nariz e a boca do doente, sopra com força para que ela entre nele. Se isso for feito de modo correto, o paciente se cura. Pode suceder, contudo, que essa nova alma escape por entre os dedos do curandeiro e, antes que se possa dizer uma só palavra, fuja para o cimo de um algodoeiro com cerca de 100 pés de altura[446] e dali chilreie clara e alegremente. [...] Se o doutor dispõe de um ajudante, este infeliz tem de trepar na árvore para capturar a alma dos sonhos. [...]

Existem feiticeiros — não os confundam com os médicos curandeiros — que se dedicam a pôr armadilhas para almas dos sonhos. [...] Geralmente, essas armadilhas são potes contendo algo de que a alma gosta, e nessa isca escondem-se facas ou anzóis — anzóis, quando se deseja capturar a alma; facas, quando se quer machucá-la.

Quando uma alma assim ferida retorna ao dono faz com que este se sinta muito mal. Os sintomas, porém, são de todo distintos daqueles causados pela perda de uma alma dos sonhos. [...]

É quase sempre por um motivo baixo e mercenário que se captura uma alma com um anzol. Muitos pacientes insistem em que se lhes devolva a alma que é deles e não querem uma substituta do estoque do curandeiro. Esta, por isso, tem de ser comprada do feiticeiro que a capturou. Muitas vezes, no entanto, o feiticeiro atua por

446 30 m.

encomenda de alguém que, sem coragem para matar um inimigo, lhe paga para capturar a alma e assim atormentá-lo. A alma não é apenas aprisionada, mas torturada — suspensa, por exemplo, sobre o fogo —, de modo que, embora o paciente já tenha uma nova alma dos sonhos dentro dele, padecerá enquanto a original estiver nas mãos do torturador.

ESTUDOS SOBRE A ÁFRICA OCIDENTAL

Bibliografia

AL-BAKRI. *Description de l'Afrique setentrionale par Abou--Obeïd El-Bekri*. Org. e trad. de MacGuckin de Slane. Paris: [s.n.], 1965 [Argel, 1911].

ÁLVARES, padre Francisco. *Verdadeira informação das terras do Preste João das Índias*. Lisboa: Agência-Geral do Ultramar, 1974 [1540].

ANÔNIMO. *The Periplus of the Erythraean Sea*. Trad. e comentários de G. W. B. Huntingford. Londres: The Hakluyt Society, 1980.

ATKINS, John. *A Voyage to Guinea, Brazil, and the West Indies*. Londres: Frank Cass, 1970 [1735].

BARBOSA, Duarte. *O livro de Duarte Barbosa*. Introd. e notas de Neves Águas. Mem Martins: Europa-América, s.d.

BARBOT, Jean. *Barbot in Guinea: The Writings of Jean Barbot on West Africa, 1678-1712*. Org. de P. E. H. Hair, Adam Jones e Robin Law. Londres: Hakluyt Society, 1992. 2 v.

BARROS, João de. *Ásia. Primeira década*. Fac-símile da 4ª ed. Revisão e pref. de António Baião. Lisboa: Imprensa Nacional/Casa da Moeda, 1988.

BATTELL, Andrew. *The Strange Adventures of Andrew Battell of Leich*. Org. e notas de E. G. Ravenstein. Londres: Hakluyt Society, 1901.

BOSMAN, Willem. *A New and Accurate Description of the Coast of Guinea*. Introd. de John Ralph Willis e notas de J. D. Fage e R. E. Bradbury. Londres: Frank Cass, 1967 [1705].

BRUCE, James. *Travels to Discover the Source of the Nile in the Years 1768-1773*. Edimburgo: A. Constable, Manners and Miller, 1805. 8 v.

BURTON, Richard F. *The Lake Regions of Central Africa*. Londres: Longman, Green, Longman & Roberts, 1860.

______. *A Mission to Gelele, King of Dahome*. Introd. e notas de C. W. Newbury. Londres: Routledge and Kegan Paul, 1966 [1864].

CADAMOSTO, Luís de. *Viagens de Luís de Cadamosto e Pedro de Sintra*. Trad. de João Franco Machado. Pref. e notas de Damião Peres. Lisboa: Academia Portuguesa da História, 1948.

CADORNEGA, Antônio de Oliveira. *História geral das guerras angolanas*. V. I e II anotados e corrigidos por José Matias Delgado. V. III Anotado e corrigido por Manuel Alves da Cunha. Lisboa: Agência Geral das Colônias, 1940-2.

CAILLIÉ, René. *Journal d'un voyage à Temboctou et, à Jenné dans l'Afrique Centrale*. Paris: Imprimerie Royale, 1830. 3 v.

CANOT, Captain Theodore. *Adventures of an African Slaver*. Composto por Brantz Mayer. Introd. de Malcolm Cowley. Nova York: Dover, 1969 [1854, com o título *Captain Canot; or, Twenty Years of an African Slaver*].

CAPELO, H.; IVENS, R. *De Benguela às Terras de Iaca: Descrição de uma viagem na África Central e Ocidental*. Lisboa: Imprensa Nacional, 1881. 2 v.

______. *De Angola à Contracosta: Descrição de uma viagem através do continente africano*. Lisboa: Imprensa Nacional, 1886. 2 v.

CARVALHO, Henrique Augusto Dias de. *Descrição da viagem à Musumba do Muatiânvua*. Lisboa: Imprensa Nacional, 1890-4. 4 v.

CASTENEAU, Francis de. *Entrevistas com escravos africanos na Bahia oitocentista*. Trad. de Renseigments sur l'Afrique Centrale et sur une nation d'hommes à guerre qui s'y trouverait d'après de rapport des nègres du Soudan, esclaves à Bahia, por Marisa Murray. Rio de Janeiro: José Olympio, 2006 [1851].

CAVAZZI DE MONTECUCCOLO, João Antônio. *Descrição histórica dos três reinos do Congo, Matamba e Angola*. Trad., notas e índices do padre Graciano Maria de Leguzzano. Introd. de F. Leite de Farias. Lisboa: Junta de Investigações do Ultramar, 1965. 2 v.

CLAPPERTON, Hugh. *Journal of a Second Expedition into the Interior of Africa from the Bight of Benin to Soccatoo*. Londres: Frank Cass, 1966 [1829].

______. *Hugh Clapperton into the Interior of Africa: Records of the Second Expedition, 1825-1827*. Org. de Jamie Bruce Lockhart e Paul E. Lovejoy. Leiden/Boston: Brill, 2005.

COELHO, Francisco de Lemos. *Duas descrições oitocentistas da Guiné*. Introd. e notas de Damião Peres. Lisboa: Academia Portuguesa da História, 1990.

CORDEIRO, Luciano. *Questões histórico-coloniais*. Lisboa: Agência Geral das Colônias, 1935. 3 v.

COUTO, Diogo do. *Da Ásia*. Lisboa: Régia Oficina Tipográfica, 1777-88. v. 11 a 24.

CRAWFORD, O. G. S. *Ethiopian Itineraries circa 1400-1524, Including Those Collected by Alessandro Zorzi at Venice in the Years 1519-24*. Cambridge: Hakluyt Society, 1958.

CUOQ, Joseph M. (org.). *Recueil des sources arabes concernant l'Afrique Occidentale, du VIIIe au XVIe siécle*. Paris: Centre National de La Recherche Scientifique, 1975.

CURTIN, Philip D. (org.). *Africa Remembered: Narratives by West Africans from the Era of the Slave Trade*. Madison: The University of Wisconsin Press, 1967.

D'ALMADA, André Álvares. *Tratado breve dos Rios da Guiné do Cabo Verde*. Porto: Tipografia Comercial Portuense, 1841.

DALZEL, Archibald. *The History of Dahomy, an Inland Kingdom of Africa*. Introd. de J. D. Fage. Londres: Frank Cass, 1967 [1793].

DIODORUS SICULUS. *Library of History*. Trad. de C. H. Oldfather. Cambridge/ Londres: Harvard University Press (Loeb Classical Libray), 1935.

DENHAM, Dixon; CLAPPERTON, Hugh. *Narrative of Travels and Discoveries in Northern and Central Africa, in the Years 1822, 1823, and 1824*. Boston: Cummings, Hilliard/ Philadelphia: Carey and Lea, 1826.

DONELHA, André. *Descrição da Serra Leoa e dos Rios de Guiné do Cabo Verde (1625)/ An Account of Sierra Leo-*

ne and the Rivers of Guinea of Cape Verde (*1625*). Org., introd. e notas de Avelino Teixeira da Mota. Trad. inglesa e notas de P. E. H. Hair. Lisboa: Junta de Investigações Científicas do Ultramar/Centro de Estudos de Cartografia Antiga, 1977.

DUBOIS, Sieur B. *Les Voyages faits par le Sieur D. B. aux îles Dauphine ou Madagascar, et Bourbon ou Mascarenne, ès années 1669, 70, 71 et 72*. Paris: [s.n.], 1673.

DUYVENDAK, J.J.L. *China's Discovery of Africa*. Londres: Probsthain, 1949.

EQUIANO, Olaudah. *The Interesting Narrative of the Life of Olaudah Equiano, or Gustavus Vassa, the African*. 5ª ed. Edimburgo: J. & J. Robinson, 1792 [1789].

ESTRABÃO (Strabo). *Geography*. Trad. de H. L. Jones. Cambridge/Londres: Harvard University Press (Loeb Classical Library), 1932.

FEIJÓ, João da Silva. *Ensaio e memórias econômicas sobre as ilhas de Cabo Verde* (*século XVIII*). Org. e ensaio de Antônio Carreira. Lisboa: Instituto Caboverdeano do Livro, 1986.

FERNANDES, Valetim. *O manuscrito "Valentim Fernandes"*. Leitura e revisão de António Baião. Lisboa: Academia Portuguesa da História, 1940.

_____. *Códice Valentim Fernandes*. Leitura e notas de José Pereira da Costa. Lisboa: Academia Portuguesa da História, 1997.

FILESI, Teobaldo. *China and Africa in the Middle Ages*. Trad. de David L. Morison. Londres: Frank Cass, 1972.

FREEMAN, Richard Austin. *Travels and Life in Ashanti and Jaman*. Londres: Frank Cass, 1967 [1898].

FREEMAN, Thomas Birch. *Journal of Various Visits to the Kingdoms of Ashanti, Aku, and Dahomi, in Western Africa*. Londres: Frank Cass, 1968 [1844].

HAMDUN, Said; KING, Noël. *Ibn Battuta in Black Africa*. Londres: Rex Collings, 1975.

HERÓDOTO. *Histoires*. Trad. de P. E. Legrand. Paris: Les Belles Lettres, 1948-61.

_____. *História*. Trad. de Mário da Gama Kury. Brasília: Editora da Universidade de Brasília, 1988.

HINDERER, Anna. *Seventeen Years in the Yoruba Country*. Londres: Seeley, Jackson, and Halliday, 1872.

HODGKIN, Thomas (org.). *Nigerian Perspectives: An Historical Anthology*. 2ª ed. Londres: Oxford University Press, 1975.

HOPKINS, J. F. P.; LEVTZION, N. *Corpus of Early Arabic Sources for West African History*. Cambridge: Cambridge University Press, 1981.

HUTCHINSON, Thomas J. *Impressions of Western Africa*. Londres: Frank Cass, 1970 [1858].

IBN BATTUTA. *A través del Islam*. Introd., trad. e notas de Serafín Fanjul e Federico Arbós. Madri: Alianza Universidad, 1987.

IBN KHALDUN. *Discours sur l'Histoire universelle. Al-Muqaddima*. Introd., trad. e notas de Vincent Monteil. 3ª ed., Beirute/Arles: "Thesaurus" Sindbad, 1997 [1967-1968].

KINGSLEY, Mary H. *Travels in West Africa*. Org. de Elspeth Huxley. Londres: The Folio Society, 1976 [1897].

______. *West African Studies*. Introd. de John E. Flint. Londres: Frank Cass, 1964 [1899].

LACERDA E ALMEIDA, Francisco José de. *Diários de viagem*. Pref. de Sérgio Buarque de Holanda. Rio de Janeiro: Instituto Nacional do Livro/Imprensa Nacional, 1944.

LAFFITTE, Abade. *Le Dahomé: Souvenirs de voyage et de mission*. 5ª ed. Tours: Alfred Mame, 1880 [1873].

LAW, Robin; LOVEJOY, Paul E. *The Biography of Mahommah Gardo Baquaqua: His Passage from Slavery to Freedom in Africa and America*. Princeton: Marcus Wiener, 2001.

LESSA, Clado Ribeiro de. *Viagem de África em o reino de Dahomé, escrita pelo padre Vicente Ferreira Pires no ano de 1800 e até o presente inédita*. São Paulo: Companhia Editora Nacional (Brasiliana), 1957.

LIVINGSTONE, David e Charles. *Explorations dans l'Afrique Australe et dans le Bassin du Zambèse*. Trad. de Henriette Loreau e compêdio de J. Berlin-De Launay. Paris: Hachette, 1873.

LOBO, padre Jerônimo. *Itinerário e outros escritos inéditos*. Org. de padre M. Gonçalves da Costa. Porto: Livraria Civilização Editora, 1971.

MANSO, Visconde de Paiva. *História do Congo (Documentos)*. Lisboa: Academia Real das Ciências de Lisboa, 1877.

MAREES, Pieter de. *Description and Historical Account of the Gold Kingdom of Guinea (1602)*. Trad. e notas de Albert Van Dantzig e Adam Jones. Londres: British Academy/ Oxford University Press, 1987.

MONCLARO, Padre Francisco de. "Relação feita pelo padre Francisco de Monclaro, da Companhia de Jesus, da Expedição ao Monomotapa, comandada por Francisco Barreto". In: *Documentos sobre os portugueses em Moçambique e na África Central — 1497-1840*. V. 8 (1561-1588). Lisboa: National Archives of Rhodesia / Centro de Estudos Históricos Ultramarinos da Junta de Investigações Científicas do Ultramar, 1975.

MORAES, Nize Isabel de. *À la Découverte de la Petite Côte au XVIIE siècle (Senegal et Gambie)*. Dacar: Université de Dakar — IFAN, Cheikh Anta Diop de Dakar, 1998.

NORRIS, Robert. *Memoirs of the Reign of Bossa Ahádee, King of Dahomy, an Inland Country of Guiney, to which are Added the Author's Journey to Abomey, the Capital, and a Short Account of the African Slave Trade*. Londres: Frank Cass, 1968 [1789].

PAIS, Pero. *História da Etiópia*. Leitura paleográfica de Lopes Teixeira e nota biobibliográfica de Alberto Feio. Porto: Livraria Civilização Editora, 1945. 3 v.

PARK, Mungo. *Travels in Africa*. Org. e introd. de Ronald Miller. Londres: J. M. Dent (Everyman Library), 1969.

PARKYNS, Mansfield. *Life in Abyssinia: Being Notes Collected during Three Years' Residence and Travels in that Country*. Londres: John Murray, 1853. 2 v.

PEREIRA, Duarte Pacheco. *Esmeraldo de situ orbis*. Introd. e notas de Damião Peres. Lisboa: Academia Portuguesa da História, 1988.

PIGAFETTA, Filipo. *Relazione del Reame di Congo*. Introd. e notas de Giorgio Raimondo Cardona. Milão: Bompiani, 1978.

PILOTO anônimo português. *Viagem de Lisboa à ilha de São Tomé*. Trad. de Sebastião Francisco de Mendo Trigoso e notas de Augusto Reis Machado. Lisboa: Portugália, s.d.

PILOTO anônimo português. *Viagens de um piloto português do século XVI à costa de África e a São Tomé*. Introd., trad. e notas de Arlindo Manuel Caldeira. Lisboa: Comissão Nacional para as Comemorações dos Descobrimentos Portugueses, 2000.

PINTO, Serpa. *Como eu atravessei África*. Londres: Sampson Low, Marston, Searle e Rivington, 1881. 2 v.

PLÍNIO, o Velho. *Natural History*. Trad. de H. Rackham, W. H. S. Jones e D. E. Eichholz. Cambridge/Londres: Harvard University Press (Loeb Classical Library), 1938-62. 11 v.

RAMUSIO, Giovanni Battista. *Navigazioni e Viaggi*. Org. de Marica Milanesi. V. 1 Turim: Giulio Einaudi, 1978.

RECLUS, Elisée. *Nouvelle Géographie Universelle*. V. XII e III. Paris: Hachette, 1887 e 1888.

SANTOS, Frei João dos. *Etiópia Oriental e vária história de cousas notáveis do Oriente*. Introd. de Manuel Lobato, notas de Manuel Lobato e Eduardo Medeiros, fixação do texto de Maria do Carmo Guerreiro, Célia Nunes Carvalho e Maria Amélia Rodrigues Coelho. Lisboa: Comissão Nacional para as Comemorações dos Descobrimentos Portugueses, 1999 [1609].

SANTOS, Maria Emília Madeira. *Viagens de exploração terrestre dos portugueses em África*. Lisboa: Centro de Estudos de História e Cartografia Antiga, 1988.

SNELGRAVE, William. *A New Account of Some Parts of Guinea and the Slave-Trade*. Londres: Frank Cass, 1971 [1734].

SPARRMAN, Andrew. *A Voyage to the Cape of Good Hope, towards the Antarctic Polar Circle, and Round the World: But Chiefly into the Country of the Hottentots and Caffres from the Year 1772, to 1776*. Parth: Morison, 1789.

SPEKE, John Hanning. *Journal of the Discovery of the Source of the Nile*. Nova York: Dover, 1996 [Edimburgo, 1863].

STANLEY, Henry Morton. *Através do continente negro*. Trad. de Mac-Noden. Lisboa: Mendonça & Irwin, 1880. 3 v.

TAMS, G. *Visit to the Portuguese Possessions in South-Western Africa*. Trad., introd. e notas de H. Evans Lloyd. Nova York: Negro Universities Press, 1969 [1845].

TELES, padre Baltazar. *História geral de Etiópia-a-Alta*. Porto: Livraria Escolar Progredior, 1936.

TRACEY, Hugh. *António Fernandes, descobridor do Monomotapa (1514-1515)*. Trad. e notas de Caetano Montez. Lourenço Marques: Arquivo Histórico de Moçambique, 1940.

VELHO, Álvaro (?). *Roteiro da primeira viagem de Vasco da Gama*. Apres. e notas de Neves Águas. Mem Martins: Europa-América, s.d.

ZURARA, Gomes Eanes da. *Crônica do descobrimento e conquista da Guiné*. Introd., notas e glossário de José de Bragança. Porto: Livraria Civilização Editora, 1937.

______. *Crônica dos feitos de Guiné*. Pref., sel. e notas de Álvaro Júlio da Costa Pimpão. Lisboa: Livraria Clássica Editora, 1942.

Jean-Jacques Rousseau

Do contrato social

Tradução de
EDUARDO BRANDÃO
Organização e introdução de
MAURICE CRANSTON

Do contrato social é um tratado político escrito pelo filósofo Jean-Jacques Rousseau e publicado pela primeira vez em 1762. Polêmico e controverso, o livro suscitou um debate que dura até os dias de hoje e que atravessa muitos campos do conhecimento humano.

Rejeitando a ideia de que qualquer um tem o direito natural de exercer autoridade sobre o outro, Rousseau defende um pacto, o "contrato social", que deveria vigorar entre todos os cidadãos de um Estado e que serviria de fonte para o poder soberano. Aos olhos dele, é a sociedade que degenera o homem, um animal com pendor para o bem.

Extraído de uma obra maior, *Do contrato social* é um livro que trata de questões ligadas à política e à lei, à liberdade e à justiça. A sociedade imaginada por Rousseau foi considerada por muitos um modelo de totalitarismo, enquanto para outros foi uma poderosa declaração de princípios democráticos.

Esta edição inclui prefácio do cientista político Maurice Cranston, que examina as ideias políticas e históricas que influenciaram Rousseau, além de inserir *Do contrato social* no contexto de sua vida e personalidade extraordinárias.

Stephen Crane

O emblema vermelho da coragem

Um episódio da Guerra Civil Americana

Tradução de
SÉRGIO RODRIGUES
Prefácio de
GARY SCHARNHORST
Apresentação de
JOSEPH CONRAD

Um dos primeiros clássicos modernos da literatura norte-americana, *O emblema vermelho da coragem* foi também pioneiro ao retratar de maneira realista a Guerra Civil americana, do ponto de vista de um soldado jovem e inexperiente. O livro trata da história de Henry Fleming, um jovem que se alista no exército sonhando com grandes feitos e atos de coragem. Nas fileiras de combate, a história é outra, e Henry acaba fugindo do inimigo durante seu batismo de fogo. Esse momento de covardia lança Henry num espiral de autocomiseração e dúvida, conforme ele apela à sorte e ao instinto para sobreviver ao pesadelo da guerra.

Imortalizado no cinema por John Huston em *A glória de um covarde* — cujos bastidores a jornalista Lilian Ross investigaria no magistral *Filme*, livro-reportagem publicado pela Companhia das Letras —, o livro *O emblema vermelho da coragem* alçou seu autor ao cânone da literatura de guerra, e o consagrou entre os maiores escritores norte-americanos.

LEIA MAIS PENGUIN-COMPANHIA

CLÁSSICOS

Essencial Jorge Amado

Além de ter se tornado um dos maiores nomes da nossa literatura e o escritor brasileiro mais difundido no exterior, Jorge Amado é um verdadeiro clássico das nossas letras. Seus romances, como *Capitães da Areia*, *Gabriela, cravo e canela*, *Dona Flor e seus dois maridos* e *Tieta do Agreste*, se tornaram extremamente populares, foram traduzidos e publicados em mais de cinquenta países, viraram filmes e novelas. Seus personagens ganharam vida e construíram a imagem de um Brasil mestiço e marcado pelo sincretismo religioso, um país alegre e otimista, sem porém negar as profundas diferenças sociais e os conflitos que marcam a realidade brasileira.

Escritor profícuo, Jorge Amado também é dono de uma das obras mais vastas da literatura brasileira. Em *Essencial Jorge Amado*, o historiador Alberto da Costa e Silva, que, ao lado de Lilia Moritz Schwarcz, coordena a Coleção Jorge Amado na Companhia das Letras, realizou uma seleção a fim de oferecer ao leitor um panorama geral desta obra. Esta edição dá um giro por toda a produção do autor: são trechos de romances, reportagens, contos e uma novela completa, *A morte e a morte de Quincas Berro d'Água*.

Cada trecho é precedido de um comentário de Alberto da Costa e Silva, que contextualiza a obra e a aproxima do leitor de hoje. Além disso, o historiador também assina a introdução do livro.

Alexis de Tocqueville

Lembranças de 1848

As jornadas revolucionárias em Paris

Tradução de
MODESTO FLORENZANO

O ano é 1848. Ao longo de um inverno particularmente rigoroso, agitações políticas e sociais espalham-se pela França. A população de Paris, centro nevrálgico da monarquia, subleva-se no final de fevereiro, forçando a abdicação e a fuga do rei Luís Filipe. Uma forte reação conservadora, porém, logo se impõe no governo republicano e na nova Assembleia Constituinte. No mês de junho, dezenas de milhares de operários levantam barricadas na primeira revolução socialista moderna, cuja repressão implacável resulta na morte de quase 5 mil pessoas.

Em *Lembranças de 1848*, Alexis de Tocqueville oferece à posteridade seu testemunho daquele momento crucial da história da França e de toda a Europa, reconstituindo com vividez os fatos e personagens do drama revolucionário de seu ponto de vista de cidadão, deputado e ministro do "partido da ordem" (como Marx denominou as forças reacionárias de então).

LEIA MAIS PENGUIN-COMPANHIA

CLÁSSICOS

Essencial Joaquim Nabuco

Organização e introdução de
EVALDO CABRAL DE MELLO

Joaquim Nabuco (1849-1910) foi um dos primeiros pensadores brasileiros a ver na escravidão o grande alicerce da nossa sociedade. Sendo ele um intelectual nascido e criado no ambiente da aristocracia escravista, a liderança pela campanha da Abolição não só causa espanto por sua coragem e lucidez como faz de Nabuco um dos maiores homens públicos que o país já teve.

A defesa da monarquia federativa, a campanha abolicionista, a atuação diplomática, a erudição e o espírito grandioso do autor pernambucano são apresentados aqui em textos do próprio Nabuco, na seleção criteriosa e esclarecedora feita pelo historiador Evaldo Cabral de Mello, também responsável pelo texto de introdução.

Selecionados de suas obras mais relevantes, como *O Abolicionismo* (1883), *Um estadista do Império* (1897), *Minha formação* (1900), entre outras, os textos permitem acompanhar não apenas a trajetória de Nabuco, a evolução de seu pensamento e de suas atitudes apaixonadas, mas sobretudo o tempo histórico brasileiro em algumas de suas décadas mais decisivas.

Machado de Assis

Quincas Borba

Introdução de
JOHN GLEDSON
Notas de
CRISTINA CARLETTI

Publicado pela primeira vez em livro em 1891, portanto depois de *Memórias póstumas de Brás Cubas* (1880) e antes de *Dom Casmurro* (1899), *Quincas Borba* é uma das obras mais marcantes da fase realista de Machado de Assis. O romance remete ao Machado contista que começava a abordar temas historicamente mais próximos de sua época e a explorar os conflitos psicológicos de seus personagens.

O romance, narrado com o ceticismo e a ironia implacável tão presentes na obra machadiana, conta a história do provinciano Rubião — herdeiro do filósofo Quincas Borba — e dos tipos urbanos que o levam à ruína.

Esta edição de *Quincas Borba*, além de mais de uma centena de notas explicativas, traz uma extensa e abrangente introdução do britânico John Gledson, estudioso do autor e tradutor de *Dom Casmurro* para o inglês.

Lima Barreto

Recordações do escrivão Isaías Caminha

Introdução de
ALFREDO BOSI
Prefácio de
FRANCISCO DE ASSIS BARBOSA
Notas de
ISABEL LUSTOSA

Mais de cem anos depois de sua primeira edição, *Recordações do escrivão Isaías Caminha* não poderia ser mais atual. Ambientado no Rio de Janeiro no começo do século XX, este livro de estreia de Lima Barreto narra a história de um jovem negro, culto e inteligente que, embora tenha todos os atributos para ser inserido na sociedade, é massacrado pelo preconceito racial.

Resgatando a atualidade da obra do escritor, o crítico Alfredo Bosi, que assina a introdução, destrincha o romance do ponto de vista da crítica literária se atendo especialmente à figura do narrador, que oscila entre as fantasias de prestígio social e o cotidiano sempre à beira de humilhações.

Esta edição traz ainda um prefácio de Francisco de Assis Barbosa, pesquisador e historiador que fez um dos mais importantes estudos sobre a obra de Lima Barreto. Complementando a fortuna crítica do livro, mais de cem notas de Isabel Lustosa, que resgatam a história social e cultural da *belle époque* carioca e desvendam o caráter memorialista do romance ao apontar as verdadeiras figuras por trás dos personagens.

Esta obra foi composta em Sabon por warrakloureiro/ Alice Viggiani
e impressa em ofsete pela Geográfica sobre papel Pólen Soft
da Suzano Papel e Celulose para a Editora Schwarcz em novembro de 2012